新编给水排水工程常用管渠水力计算图表

宁希南　编著
李　田　主审

中国建筑工业出版社

图书在版编目（CIP）数据

新编给水排水工程常用管渠水力计算图表/宁希南编著. —北京：中国建筑工业出版社，2016.11
ISBN 978-7-112-19770-5

Ⅰ.①新… Ⅱ.①宁… Ⅲ.①给水管道-水力计算-图表②排水管道-水力计算-图表 Ⅳ.①TU991.32-64 ②TU992.22-64

中国版本图书馆CIP数据核字（2016）第213587号

本书作者利用CAD技术编程，绘制了给水排水工程常用管渠水力计算图，本书内容简要，图表清晰，查阅方便，并配套有《给水排水工程常用管渠水力计算》软件，书中的例题和软件使用说明介绍了查图方法和配套软件使用方法。该软件还附有压缩空气管道和通风管道的比摩阻计算。本书结合配套软件一起使用，可提高数据的精度，使用范围也更广。

本书可供给水排水工程和环保工程的规划、设计、施工人员使用，也可作为相关专业院校的教学参考书。

责任编辑：王　鹏　俞辉群
责任设计：李志立
责任校对：王宇枢　党　蕾

新编给水排水工程常用管渠水力计算图表
宁希南　编著
李　田　主审
*
中国建筑工业出版社出版、发行（北京西郊百万庄）
各地新华书店、建筑书店经销
霸州市顺浩图文科技发展有限公司制版
北京建筑工业印刷厂印刷
*
开本：787×1092毫米　1/16　印张：20¼　字数：479千字
2016年10月第一版　2016年10月第一次印刷
定价：**68.00**元（附网络下载）
ISBN 978-7-112-19770-5
（29148）

前　　言

《给水排水工程实用设计手册·水力计算图表》自2008年出版以来，受到广大读者欢迎，在给水排水工程设计领域发挥了重要作用。

近几年来，给水排水工程采用了许多新技术、新材料、新工艺，给水排水工程技术标准和规程、规范也进行了相应的修订。为了适应新形势下给水排水工程规划、设计工作的需要，参考《给水排水工程实用设计手册·水力计算图表》(以下简称原书)，重新编写了《新编给水排水工程常用管渠水力计算图表》(以下简称本书)。

1. 在原书内容基础上，本书新增加或完善了如下内容：

① 根据《自应力混凝土输水管》GB 4084—1999 中的规格尺寸，增加了承插式自应力钢筋混凝土输水管水力计算图；根据《预应力混凝土管》GB 5696—2006 中的规格尺寸，增加了预应力混凝土输水管水力计算图；根据《预应力钢筒混凝土管》GB/T 19685—2005 中的规格尺寸，增加了预应力钢筒混凝土输水管水力计算图。

② 根据《埋地硬聚氯乙烯排水管道工程技术规程》CECS 122：2001 中的公称直径，增加了埋地硬聚氯乙烯圆形排水管水力计算图(适用于室外市政排水)。

③ 增加了建筑排水用硬聚氯乙烯圆管水力计算图(适用于室内建筑排水)和建筑排水用灰口铸铁圆管水力计算图(适用于室内建筑排水)。

④ 扩大了钢管和铸铁管水力计算的范围，钢管水力计算的最大管径由 $DN2000$ 扩展至 $DN2600$，铸铁管水力计算的最大管径由 $DN1000$ 扩展至 $DN1500$。

⑤ 扩大了国标塑料管水力计算的范围，国标塑料管公称压力由 0.6MPa 和 1.6MPa 两种规格扩展至 0.63MPa、0.8MPa、1.0MPa、1.25MPa、1.6MPa、2.0MPa 和 2.5MPa 共七种规格。

⑥ 扩大了钢筋混凝土圆形排水管水力计算的范围，钢筋混凝土圆形排水管水力计算的最大管径由 $D=3000$mm 扩展至 $D=3500$mm；扩大了矩形断面暗沟水力计算的范围，矩形断面暗沟水力计算的最大尺寸由 $B=4000$mm 扩展至 $B=8000$mm。

⑦ 完善和扩大了梯形断面明渠水力计算图，原书的梯形断面明渠水力计算图查图和计算较烦琐，现改为了不同底宽($B-400\sim6000$mm)分别出图的梯形断面明渠水力计算图，可直接查图得出结果。

2. 本书配套有《给水排水工程常用管渠水力计算》软件，该软件不仅可以精确计算本书水力计算图中的内容，还可以扩充计算。例如书中没有的大管径球墨铸铁管、给水用PE(聚乙烯)管、钢丝网骨架塑料(聚乙烯)复合管、PPR(无规共聚聚丙烯)管等，只要在软件的相应页面输入其计算内径和相关数据，就可以根据需要得出其水力计算数据。

为节省篇幅，本书对有些水力计算公式适用于各种材质给水管道的水力计算，未绘制水力计算图，但可使用本书配套的《给水排水工程常用管渠水力计算》软件进行水力计算。在本书内容基础上，依据现行国家新规范，本书的配套软件新增加或修改了如下内容：

① 增加了消防给水管道或室外塑料管道的水力计算，其计算公式是根据《消防给水及消火栓系统技术规范》GB 50974—2014 中第 10.1.2 条第 1 款规定的消防给水管道水力计算公式，该公式水力摩阻系数 λ 按柯列布鲁克-怀特公式计算。

② 增加了内衬水泥砂浆金属管道的水力计算，其计算公式是根据《消防给水及消火栓系统技术规范》GB 50974—2014 中第 10.1.2 条第 2 款规定的内衬水泥砂浆球墨铸铁管水力计算公式和《室外给水设计规范》GB 50013—2006 第 7.2.2 条第二款规定的对混凝土管（渠）及采用水泥砂浆内衬的金属管道水力计算公式，该公式采用舍齐公式计算。

③ 增加了室内外输配水管道的水力计算，其计算公式是根据《消防给水及消火栓系统技术规范》GB 50974—2014 中第 10.1.2 条第 3 款规定的室内外输配水管道水力计算公式和《建筑给水排水设计规范》GB 50015—2003（2009 年版）中第 3.6.10 条规定的给水管道水力计算公式，该公式采用海澄-威廉公式计算。

④ 增加了通风管道单位管长沿程压力损失计算，修改了压缩空气管道单位管长沿程压力损失计算，其公式均采用流体力学的达西-魏斯巴赫公式，摩阻系数 λ 按柯列布鲁克-怀特公式计算，流量单位由质量流量单位改为容积流量单位进行计算。

⑤ 本书配套的《给水排水工程常用管渠水力计算》软件中，大部分管渠的水力计算都有四种水力计算模式：第一种计算模式是由 Q、D 求 v、i 的计算方法；第二种计算模式是由 D、i 求 Q、v 的计算方法；第三种计算模式是由 Q 及 v 的大概值，求 D、i 及 v 的精确值的计算方法；第四种计算模式是由 v、D 求 Q、i 的计算方法。从而给水排水管渠水力计算一般都可以根据不同模式的已知数据用上述四种水力计算模式直接从软件中得到所需数据。

本书由宁希南编著，李田主审，配套的《给水排水工程常用管渠水力计算》软件由宁希南和宁梓设计。软件下载地址：……

本书的出版得到了中国建筑工业出版社俞辉群编审和王鹏编辑的大力支持和帮助，参加本书的编辑、排版和封面设计人员工作认真负责，改正了书稿中的局部错误，在此一并表示衷心感谢！

由于时间仓促，加之编著者水平有限，难免存在缺点和错误，敬请广大读者指正。

目　　录

第1篇 给水管道水力计算

我国给水管道的沿程水头损失计算公式较多，但都源于达西一魏斯巴赫公式，即$h_f=\lambda\frac{l}{d}\frac{v^2}{2g}$，单位长度管道沿程水头损失$i=\frac{h_f}{l}=\lambda\frac{1}{d}\frac{v^2}{2g}$，其中沿程阻力系数$\lambda$的计算，根据前辈的实验研究成果，由于各种管材的内壁粗糙度不同，以及受水流流态（雷诺数Re）的影响，有不同的经验公式：

① 有的经验公式仅适用于某种管材，例如以旧钢管和旧铸铁管为研究对象建立的舍维列夫水力计算公式，《自动喷水灭火系统设计规范》GB 50084—2001（2005年版）中的喷淋管道水力计算仍然采用该公式，详见1.1节。对于仅适用于旧钢管和旧铸铁管的舍维列夫水力计算公式，可以编程绘制水力计算图，篇幅也不多（仅4页）。

② 有的经验公式适用于各种材质管道的水力计算，例如水力摩阻系数λ按柯列布鲁克一怀特公式计算的经验公式，即$\frac{1}{\sqrt{\lambda}}=-2.0\log\left(\frac{2.51}{Re\sqrt{\lambda}}+\frac{\varepsilon}{3.71d}\right)$。

该公式中的当量粗糙度ε根据管材的不同有不同的取值范围。此公式计算准确，适应面广（可用于紊流的全部三个阻力区），由于该公式是一个"隐函数"公式，水力摩阻系数λ无法用常规的代数式求解，但可使用计算机编程用"迭代法"求解。

为节省篇幅，本书对水力计算公式适用于各种材质管道的水力计算，未绘制水力计算图，但可使用本书配套的《给水排水工程常用管渠水力计算》软件进行水力计算。

对于单位长度管道沿程水头损失i的单位，《室外给水设计规范》GB 50013—2006中是采用水力坡降的概念，即i的单位为mH_2O/m；《建筑给水排水设计规范》GB 50015—2003（2009年版）中i的单位为kPa/m；《消防给水及消火栓系统技术规范》GB 50974—2014、《水喷雾灭火系统技术规范》GB 50219—2014、《自动喷水灭火系统设计规范》GB 50084—2001（2005年版）和《固定消防炮灭火系统设计规范》GB 50338—2003中i的单位为MPa/m。

当重力加速度取$g=9.81m/s^2$，水的密度取$\rho=1000kg/m^3$时，上述i的单位的换算关系为：

$$1mH_2O/m=9.81kPa/m=9.81\times10^{-3}MPa/m$$

当重力加速度取$g=10m/s^2$，水的密度取$\rho=1000kg/m^3$时，上述i的单位的换算关系为：

$$1mH_2O/m=10kPa/m=0.01MPa/m$$

除注明者外，本书水力计算图中水力坡降（即单位长度管道水头损失i）的单位为mH_2O/m。

1　钢管和铸铁管

1.1　计算公式

1. 按水力坡降计算沿程水头损失

水管的水力计算，一般采用达西—魏斯巴赫公式：

$$i=\lambda \frac{1}{d_j}\frac{v^2}{2g} \tag{1-1}$$

式中　i——水力坡降（mH_2O/m）；

λ——摩阻系数；

d_j——管子的计算内径（m）；

v——平均水流速度（m/s）；

g——重力加速度，为 9.81m/s^2。

应用式（1-1）时，必须先确定求取系数 λ 的依据。对于旧的钢管和铸铁管，采用舍维列夫水力计算公式：

当$\frac{v}{\nu}\geqslant 9.2\times 10^5 m^{-1}$时（$\nu$——液体的运动黏度，$m^2/s$）

$$\lambda=\frac{0.0210}{d_j^{0.3}} \tag{1-2}$$

当$\frac{v}{\nu}<9.2\times 10^5 m^{-1}$时

$$\lambda=\frac{1}{d_j^{0.3}}(1.5\times 10^{-6}+\frac{\nu}{v})^{0.3} \tag{1-3a}$$

或采用 $\nu=1.3\times 10^{-6}m^2/s$（水温为 10℃）时，则

$$\lambda=\frac{0.0179}{d_j^{0.3}}\left(1+\frac{0.867}{v}\right)^{0.3} \tag{1-3b}$$

管壁如发生锈蚀或沉垢，管壁的粗糙度就增加，从而使系数 λ 值增大。式（1-2）和式（1-3）适合于旧钢管和铸铁管这类管材的自然粗糙度。

将式（1-2）和式（1-3b）中求得的 λ 值代入式（1-1）中，得出旧钢管和铸铁管的计算公式：

当 $v\geqslant 1.2$m/s 时

$$i=0.00107\frac{v^2}{d_j^{1.3}} \tag{1-4}$$

当 $v<1.2$m/s 时

$$i=0.000912\frac{v^2}{d_j^{1.3}}\left(1+\frac{0.867}{v}\right)^{0.3} \tag{1-5}$$

钢管和铸铁管的水力计算图即按式（1-4）和式（1-5）制成。

消防管道的设计流速，一般 $v\geqslant1.2$m/s，所以《自动喷水灭火系统设计规范》GB 50084—2001（2005 年版）和《固定消防炮灭火系统设计规范》GB 50338—2003 中的消防管道水力计算是采用式（1-4），但其 i 的单位改为了 MPa/m，所以式（1-4）右边的系数 0.00107 也相应改为了 0.0000107。（注：当重力加速度取 $g=10\text{m/s}^2$，水的密度取 $\rho=1000\text{kg/m}^3$时，$1\text{mH}_2\text{O/m}=0.01\text{MPa/m}$）。

2. 按比阻计算沿程水头损失

由式（1-4）求得比阻公式如下：

$$A=\frac{i}{Q^2}=\frac{0.0017346}{d_j^{5.3}} \tag{1-6}$$

钢管和铸铁管的 A 值，列于表 1-4。

1.2 制表和使用说明

（1）钢管及铸铁管水力计算图表采用管子计算内径 d_j的尺寸，见表 1-1。在确定计算内径 d_j时，直径小于 300mm 的钢管及铸铁管，考虑锈蚀和沉垢的影响，其内径应减去 1mm 计算。对于直径 300mm 和 300mm 以上的管子，这种直径的减少，没有实际意义，可以不必考虑。

（2）中等管径和大管径钢管水力计算图中，管壁厚均采用 10mm。使用时如需精确计算，应根据所选用的管子壁厚的不同，分别对水力计算图中的 i 和 v 值或对表 1-4 中的 A 值加以修正。

i 值和 A 值的修正系数 K_1采用下式计算：

$$K_1=\left(\frac{d_j}{d_j'}\right)^{5.3} \tag{1-7}$$

式中 d_j——壁厚 10mm 时管子的计算内径（m）；

d_j'——选用管子的计算内径（m）。

修正系数 K_1值，见表 1-2。

平均水流速度 v 的修正系数 K_2采用下式计算：

$$K_2=\left(\frac{d_j}{d_j'}\right)^2 \tag{1-8}$$

修正系数 K_2值，见表 1-3。

（3）按比阻计算沿程水头损失时，式（1-6）只适用于平均水流速度 $v\geqslant1.2$m/s 时的情况。当 $v<1.2$m/s 时，表 1-4 中的比阻 A 值，应乘以修正系数 K_3，K_3可按下式计算：

$$K_3=0.852\left(1+\frac{0.867}{v}\right)^{0.3} \tag{1-9}$$

修正系数 K_3值，见表 1-5。

编制钢管和铸铁管水力计算图表时所用的计算内径尺寸 **表 1-1**

钢管(mm)											铸铁管(mm)	
普通水煤气管				中等管径				大管径				
公称直径 DN	外径 D	内径 d	计算内径 d_j	公称直径 DN	外径 D	内径 d	计算内径 d_j	公称直径 DN	外径 D	计算内径① d_j	内径 d	计算内径 d_j
8	13.50	9.00	8.00	125	146	126	125	400	426	406	50	49
10	17.00	12.50	11.50	150	168	148	147	450	478	458	75	74
15	21.25	15.75	14.75	175	194	174	173	500	529	509	100	99
20	26.75	21.25	20.25	200	219	199	198	600	630	610	125	124
25	33.50	27.00	26.00	225	245	225	224	700	720	700	150	149
32	42.25	35.75	34.75	250	273	253	252	800	820	800	200	199
40	48.00	41.00	40.00	275	299	279	278	900	920	900	250	249
50	60.00	53.00	52.00	300	325	305	305	1000	1020	1000	300	300
70	75.50	68.00	67.00	325	351	331	331	1200	1220	1200	350	350
80	88.50	80.50	79.50	350	377	357	357	1300	1320	1300	400	400
100	114.00	106.00	105.00					1400	1420	1400	450	450
125	140.00	131.00	130.00					1500	1520	1500	500	500
150	165.00	156.00	155.00					1600	1620	1600	600	600
								1800	1820	1800	700	700
								2000	2020	2000	800	800
								2200	2220	2200	900	900
								2400	2420	2400	1000	1000
								2600	2620	2600	1100	1100
											1200	1200
											1300	1300
											1400	1400
											1500	1500

注：① 为壁厚 10mm 的管子。

中等管径与大管径钢管 i 值和 A 值的修正系数 K_1 **表 1-2**

公称直径 DN(mm)	壁厚 δ(mm)										
	4	5	6	7	8	9	10	11	12	13	14
125	0.6152	0.6650	0.7198	0.7800	0.8462	0.9193	1	1.0892	1.1881	1.2978	1.4198
150	0.6597	0.7055	0.7551	0.8089	0.8674	0.9309	1	1.0753	1.1574	1.2472	1.3453
175	0.7009	0.7424	0.7870	0.8347	0.8859	0.9409	1	1.0636	1.1320	1.2057	1.2852
200	0.7321	0.7702	0.8106	0.8537	0.8994	0.9481	1	1.0553	1.1142	1.1771	1.2443
225	0.7584	0.7934	0.8303	0.8693	0.9105	0.9540	1	1.0487	1.1002	1.1548	1.2126
250	0.7815	0.8136	0.8474	0.8828	0.9199	0.9590	1	1.0431	1.0885	1.1362	1.1865
275	0.7993	0.8292	0.8604	0.8930	0.9271	0.9627	1	1.0390	1.0798	1.1226	1.1674

续表

公称直径 DN(mm)	壁厚 δ(mm)										
	4	5	6	7	8	9	10	11	12	13	14
300	0.8150	0.8428	0.8718	0.9019	0.9333	0.9660	1	1.0355	1.0725	1.1110	1.1513
325	0.8280	0.8541	0.8811	0.9092	0.9383	0.9686	1	1.0326	1.0666	1.1018	1.1385
350	0.8393	0.8638	0.8892	0.9155	0.9427	0.9708	1	1.0302	1.0615	1.0940	1.1276
400		0.8790	0.9018	0.9252	0.9494	0.9743	1	1.0265	1.0539	1.0821	1.1112
450		0.8918	0.9123	0.9333	0.9550	0.9772	1	1.0235	1.0476	1.0724	1.0979
500		0.9020	0.9207	0.9398	0.9594	0.9794	1	1.0211	1.0427	1.0649	1.0876
600		0.9174	0.9333	0.9494	0.9660	0.9828	1	1.0176	1.0355	1.0538	1.0725
700						0.9850	1	1.0153	1.0308	1.0467	1.0628
800						0.9869	1	1.0134	1.0269	1.0407	1.0547
900						0.9883	1	1.0119	1.0239	1.0361	1.0485
1000						0.9895	1	1.0107	1.0215	1.0324	1.0435
1200							1	1.0089	1.0179	1.0269	1.0361
1300							1	1.0082	1.0165	1.0248	1.0333
1400							1	1.0076	1.0153	1.0230	1.0308
1500							1			1.0215	1.0287
1600							1			1.0201	1.0269
1800							1			1.0179	1.0239
2000							1			1.0161	1.0215
2200							1			1.0146	1.0195
2400							1			1.0134	1.0179
2600							1			1.0123	1.0165

中等管径与大管径钢管 v 值的修正系数 K_2 **表 1-3**

公称直径 DN(mm)	壁厚 δ(mm)										
	4	5	6	7	8	9	10	11	12	13	14
125	0.8325	0.8573	0.8833	0.9105	0.9389	0.9688	1	1.0328	1.0672	1.1034	1.1414
150	0.8548	0.8767	0.8994	0.9231	0.9477	0.9733	1	1.0278	1.0567	1.0869	1.1184
175	0.8745	0.8937	0.9136	0.9341	0.9553	0.9773	1	1.0235	1.0479	1.0731	1.0993
200	0.8890	0.9062	0.9238	0.9420	0.9608	0.9801	1	1.0205	1.0417	1.0635	1.0860
225	0.9009	0.9164	0.9322	0.9485	0.9652	0.9824	1	1.0181	1.0367	1.0558	1.0754
250	0.9112	0.9251	0.9394	0.9540	0.9690	0.9843	1	1.0161	1.0325	1.0494	1.0666
275	0.9190	0.9318	0.9448	0.9582	0.9718	0.9858	1	1.0145	1.0294	1.0446	1.0601
300	0.9257	0.9375	0.9495	0.9618	0.9743	0.9870	1	1.0132	1.0268	1.0405	1.0546
325	0.9313	0.9422	0.9534	0.9647	0.9763	0.9880	1	1.0122	1.0246	1.0373	1.0501
350	0.9360	0.9462	0.9566	0.9672	0.9780	0.9889	1	1.0113	1.0228	1.0345	1.0464
400		0.9525	0.9617	0.9711	0.9806	0.9902	1	1.0099	1.0200	1.0302	1.0406

续表

公称直径 DN(mm)	壁厚 δ(mm)										
	4	5	6	7	8	9	10	11	12	13	14
450		0.9577	0.9660	0.9743	0.9828	0.9913	1	1.0088	1.0177	1.0267	1.0359
500		0.9618	0.9693	0.9768	0.9845	0.9922	1	1.0079	1.0159	1.0240	1.0322
600		0.9680	0.9743	0.9806	0.9870	0.9935	1	1.0066	1.0132	1.0200	1.0268
700						0.9943	1	1.0057	1.0115	1.0174	1.0233
800						0.9950	1	1.0050	1.0101	1.0152	1.0203
900						0.9956	1	1.0045	1.0089	1.0135	1.0180
1000						0.9960	1	1.0040	1.0080	1.0121	1.0162
1200							1	1.0033	1.0067	1.0101	1.0135
1300							1	1.0031	1.0062	1.0093	1.0124
1400							1	1.0029	1.0057	1.0086	1.0115
1500							1			1.0080	1.0108
1600							1			1.0075	1.0101
1800							1			1.0067	1.0089
2000							1			1.0060	1.0080
2200							1			1.0055	1.0073
2400							1			1.0050	1.0067
2600							1			1.0046	1.0062

钢管和铸铁管的比阻 A 值 **表 1-4**

钢管							铸铁管	
普通水煤气管			中等管径		大管径			
公称直径 DN(mm)	A Q,(m^3/s)	A Q,(L/s)	公称直径 DN(mm)	A Q,(m^3/s)	公称直径 DN(mm)	A Q,(m^3/s)	内径 d (mm)	A Q,(m^3/s)
8	225331761	225.3	125	106.1	400	0.2061	50	15176
10	32923105	32.92	150	44.92	450	0.1088	75	1707
15	8802411	8.802	175	18.95	500	0.06217	100	365.0
20	1641144	1.641	200	9.266	600	0.02382	125	110.7
25	436356	0.4364	225	4.818	700	0.01149	150	41.81
32	93786	0.09379	250	2.581	800	0.005660	200	9.021
40	44492	0.04449	275	1.534	900	0.003032	250	2.750
50	11076	0.01108	300	0.9384	1000	0.001735	300	1.024
70	2891	0.002891	325	0.6083	1200	0.0006600	350	0.4525
80	1167	0.001167	350	0.4074	1300	0.0004318	400	0.2230
100	267.2	0.0002672			1400	0.0002916	450	0.1194
125	86.16	0.00008616			1500	0.0002023	500	0.06834
150	33.92	0.00003392			1600	0.0001437	600	0.02600

续表

钢管							铸铁管	
普通水煤气管			中等管径		大管径			
公称直径 DN(mm)	A Q,(m^3/s)	A Q,(L/s)	公称直径 DN(mm)	A Q,(m^3/s)	公称直径 DN(mm)	A Q,(m^3/s)	内径 d (mm)	A Q,(m^3/s)
					1800	0.00007696	700	0.01149
					2000	0.00004403	800	0.005660
					2200	0.00002657	900	0.003032
					2400	0.00001675	1000	0.001735
					2600	0.00001096	1100	0.001047
							1200	0.0006600
							1300	0.0004318
							1400	0.0002916
							1500	0.0002023

钢管和铸铁管 A 值的修正系数 K_3 **表 1-5**

v(m/s)	0.2	0.25	0.3	0.35	0.4	0.45	0.5	0.55	0.6
K_3	1.408	1.335	1.281	1.238	1.204	1.176	1.152	1.132	1.114
v(m/s)	0.65	0.7	0.75	0.8	0.85	0.9	1.0	1.1	≥1.2
K_3	1.099	1.085	1.073	1.062	1.052	1.043	1.028	1.014	1.000

计算示例：

【例 1-1】 当流量 Q=20L/s=0.020m^3/s 时，求管长 L=4000m、外径×壁厚=219mm×6mm 的钢管的沿程水头损失。

【解 1】 由表 1-1 中查得外径 D219mm 的钢管公称直径为 DN=200mm，计算内径为 198mm，由图 1-1 中查得：DN=200mm 时，水力坡降 i=0.0041，流速 v=0.65m/s。

因为管壁厚度不等于 10mm（为 6mm），故必须对 i 值加以修正。由表 1-2 中查得修正系数 K_1=0.8106。

故沿程水头损失为：

$$h=iK_1L=0.0041\times0.8106\times4000=13.294\text{m}(H_2O)$$

按水力坡降 i 计算得出的沿程水头损失单位为 m（H_2O），由于 1m（H_2O）=9.81kPa，所以：

$$h=13.294\times9.81=130.413\text{kPa}$$

按照比阻求沿程水头损失时，由表 1-4 中查得 A=9.266（Q 以 m^3/s 计），因为平均水流速度 v=0.65m/s（小于 1.2m/s），故必须对 A 值加以修正。

由表 1-5 查得修正系数 K_3=1.099。修正系数 K_1仍等于 0.8106。

故沿程水头损失为：

$$h=AK_1K_3lQ^2=9.266\times0.8106\times1.099\times4000\times0.02^2$$
$$=13.21\text{m}(H_2O)=13.21\times9.81\text{kPa}=129.56\text{kPa}$$

同样，因为管壁厚度不等于 10mm，也应对平均水流速度 v 值加以修正，由表 1-3 中查得修正系数 $K_2=0.9238$。

则求得：$v=0.65\times0.9238=0.60\text{m/s}$

【解 2】 用本书的配套应用软件《给水排水工程常用管渠水力计算》软件直接求解，外径×壁厚=219mm×6mm 的钢管的计算内径为 206mm（比 219mm×10mm 钢管的计算内径多 8mm）。

在软件的"钢管水力计算"页面中，用 Q、DN 求 v、i 的第一种计算方法，输入上述流量 Q=20L/s、计算内径为 206mm 等数据后，得流速 $v=0.6\text{m/s}$，水力坡降 $i=3.349‰=0.003349$。

所以 $h=il=0.003349\times4000=13.396\text{m}\ (H_2O)=13.396\times9.81\text{kPa}=131.41\text{kPa}$

所得各项数据和【解 1】的结果很接近，符合要求。

【例 1-2】 当流量 $Q=50\text{L/s}=0.05\text{m}^3/\text{s}$ 时，求 DN=250mm、管长 l=2000m 的铸铁管的沿程水头损失。

【解 1】 由图 1-3 中查得：$i=0.00704$，$v=1.03\text{m/s}$，故

$$h=il=0.00704\times2000=14.08\text{m}(H_2O)=14.08\times9.81\text{kPa}=138.12\text{kPa}$$

当按照比阻 A 值求水头损失时，由表 1-4 中查得 $A=2.75$（Q 以 m^3/s 计）。因为平均水流速度小于 1.2m/s，故必须计入修正系数 K_3，当 $v=1.03\text{m/s}$ 时，用内插法由表 1-5 中查得 $K_3=1.023$。

故沿程水头损失为：

$$h=AK_3lQ^2=2.75\times1.023\times2000\times0.05^2=14.07\text{m}(H_2O)=14.07\times9.81\text{kPa}=138.03\text{kPa}$$

【解 2】 用本书的配套应用软件《给水排水工程常用管渠水力计算》直接求解。

在软件的"铸铁管水力计算"页面中，用 Q、DN 求 v、i 的第一种计算方法，输入上述流量 Q=50L/s、公称直径为 250mm 等数据后，得流速 $v=1.027\text{m/s}$，水力坡降 $i=7.041‰=0.007041$。

所以 $h=il=0.007041\times2000\text{m}=14.082\text{m}(H_2O)=14.082\times9.81\text{kPa}=138.14\text{kPa}$

所得各项数据和【解 1】的结果很接近，符合要求。

1.3 水力计算

中等管径钢管水力计算图（DN=125～350mm），见图 1-1。

大管径钢管水力计算图（DN=400～2600mm），见图 1-2。

铸铁管水力计算图（DN=50～600mm），见图 1-3。

铸铁管水力计算图（DN=700～1500mm），见图 1-4。

图中 v 为平均水流速度（m/s）。

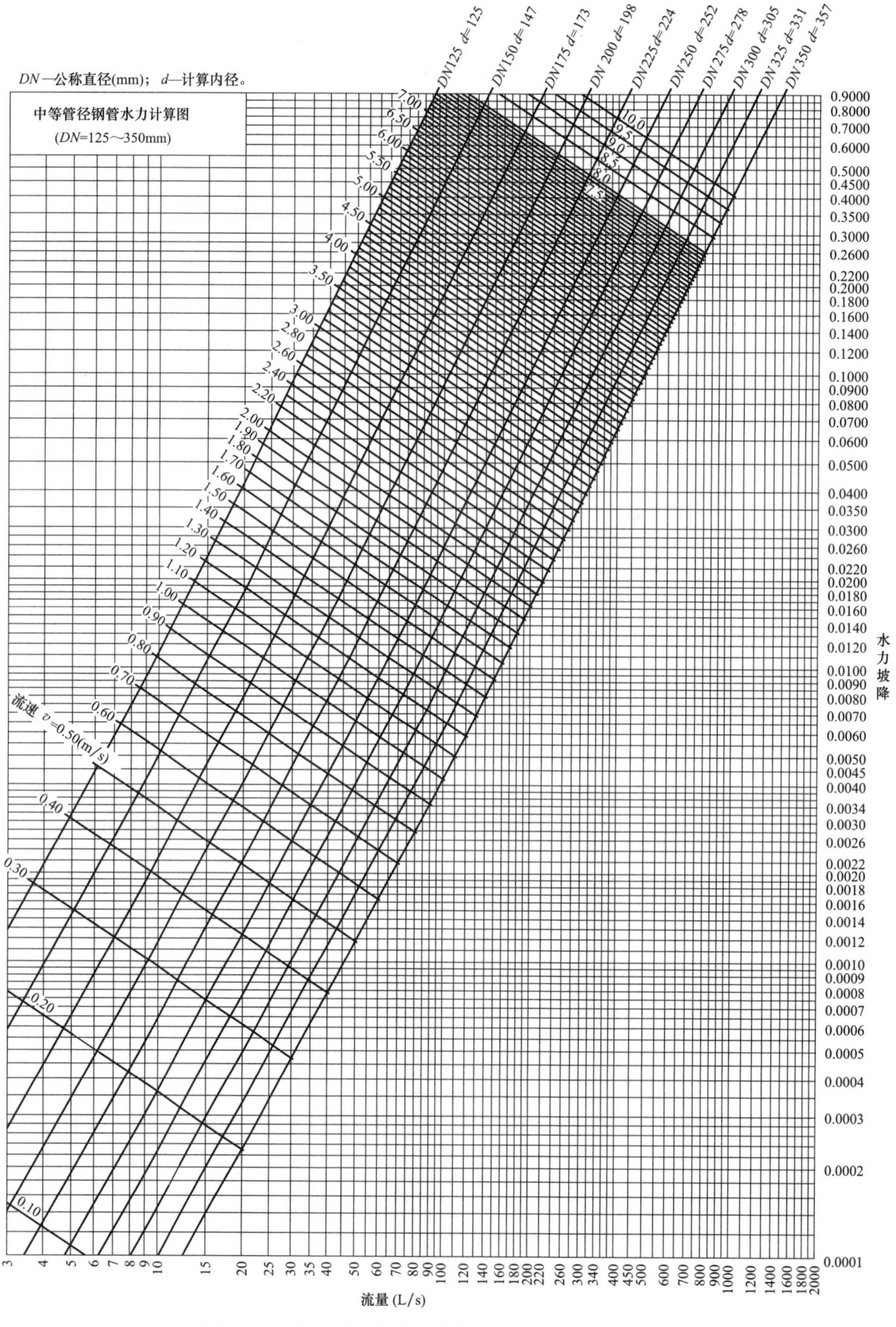

图 1-1 中等管径钢管水力计算图（DN=125～350mm）

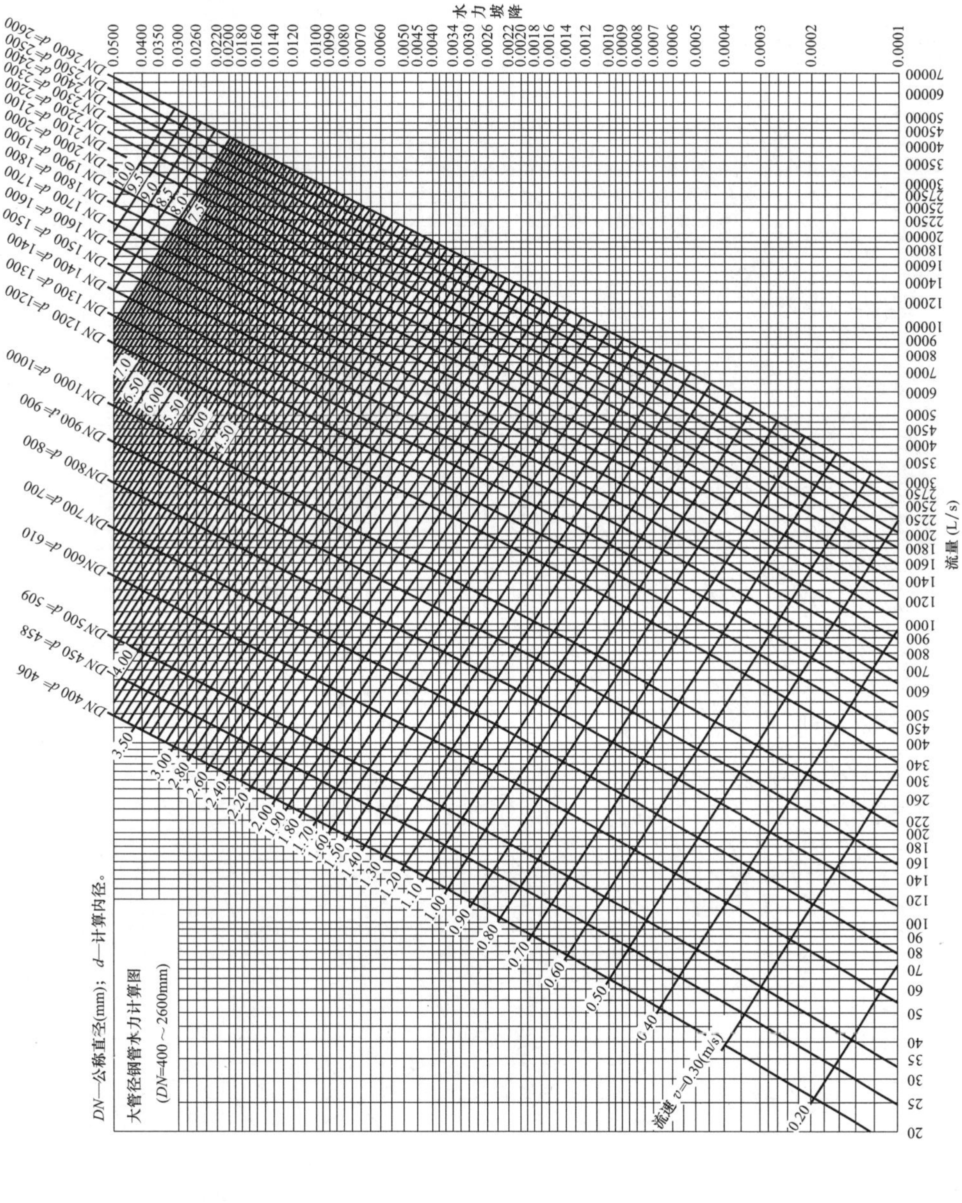

图 1-2 大管径钢管水力计算图（DN=400～2600mm）

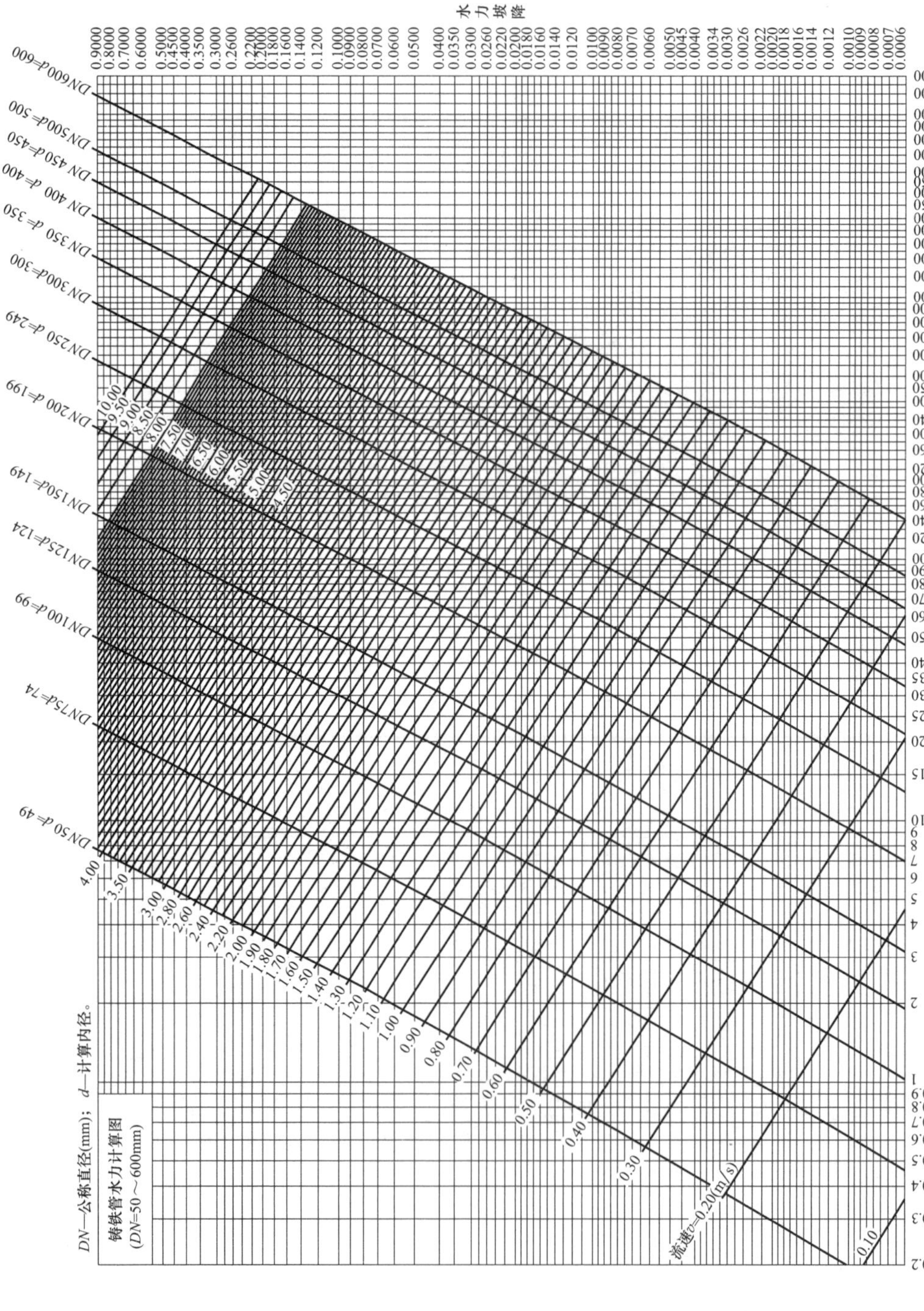

图 1-3 铸铁管水力计算图（DN=50～600mm）

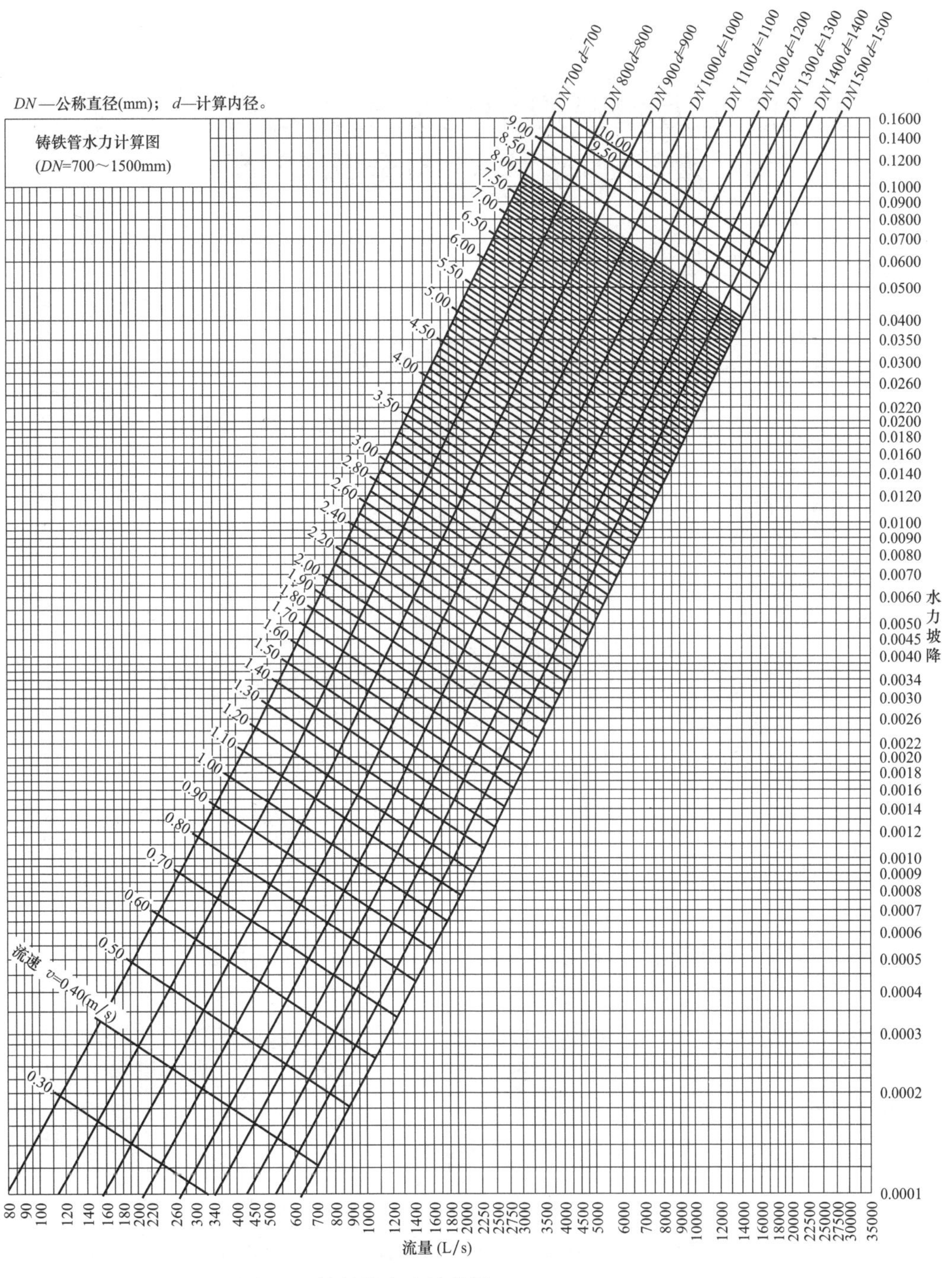

图 1-4 铸铁管水力计算图（DN=700～1500mm）

2 自应力和预应力混凝土输水管及采用水泥砂浆内衬的金属管道

2.1 计算公式

$$i=\frac{v^2}{c^2R} \tag{2-1}$$

式中 i——水力坡降（mH_2O/m）；

v——平均水流速度（m/s）；

R——水力半径（m）；

C——流速系数（$m^{0.5}/s$）。

$$C=\frac{1}{n}R^{1/6} \tag{2-2}$$

式中 n——粗糙系数，取 $n=0.013$。

图中粗糙系数以 $n=0.013$ 计，当 n 为其他值 n_x 时，图中所得流量和流速需乘以修正值 K_n，$K_n=0.013\div n_x$。

《室外给水设计规范》GB 50013－2006 第 7.2.2 条第二款中，对混凝土管（渠）及采用水泥砂浆内衬的金属管道水力计算是采用式（2-1），其水力坡降 i 的单位为 mH_2O/m。

《消防给水及消火栓系统技术规范》GB 50974—2014 中第 10.1.2 条第 2 款中，对内衬水泥砂浆的球墨铸铁管水力计算也是采用式（2-1），但其 i 的单位改为了 MPa/m，所以式（2-1）右边需乘以系数 0.01。（注：当重力加速度取 $g=10m/s^2$，水的密度取 $\rho=1000kg/m^3$ 时，$1mH_2O/m=0.01MPa/m$）

根据《室外给水设计规范》GB 50013—2006 第 7.2.3 条：管（渠）道局部水头损失宜按下式计算：

$$h_j=\sum\xi\frac{v^2}{2g} \tag{2-3}$$

式中 h_j——管（渠）道局部水头损失（mH_2O）；

ξ——管（渠）道局部水头损失系数，无量纲，其取值可由本书表 17-1 查得；

其余同前。

2.2 水力计算

自应力和预应力混凝土输水管水力计算图见图 2-1～图 2-3。图中 v 为平均水流速度。

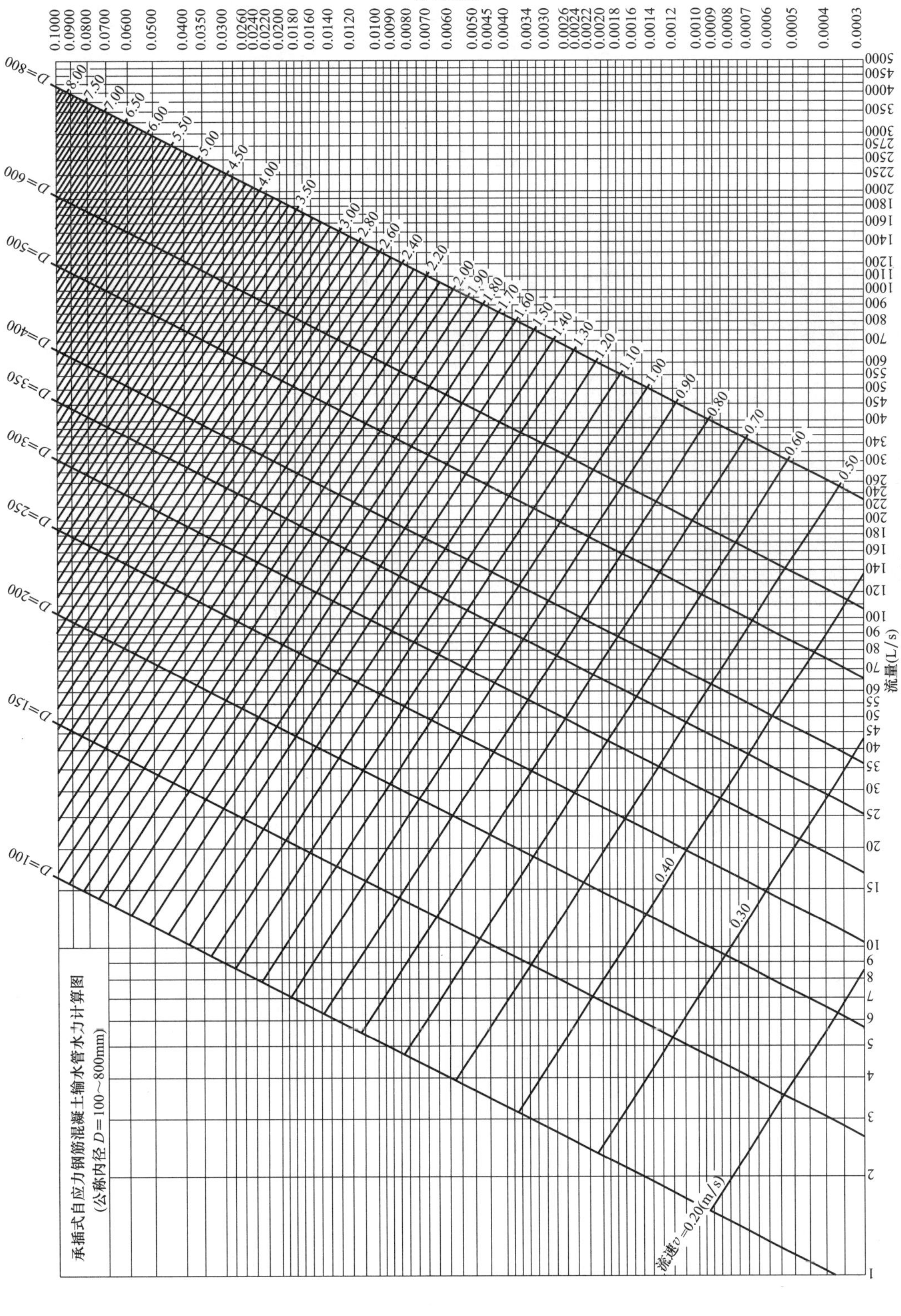

图 2-1　承插式自应力钢筋混凝土输水管水力计算图（公称内径 D=100～800mm）

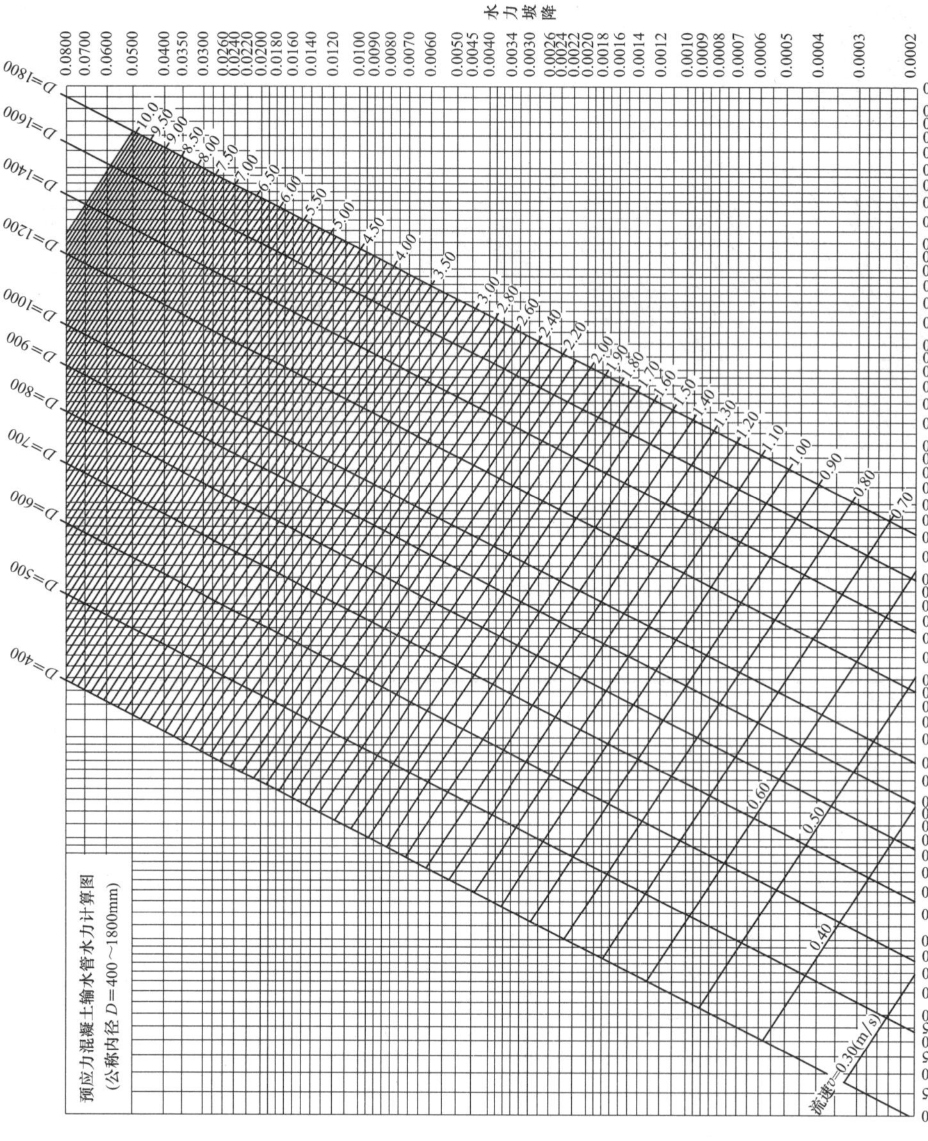

图 2-2 预应力混凝土输水管水力计算图（公称内径 D=400～1800mm）

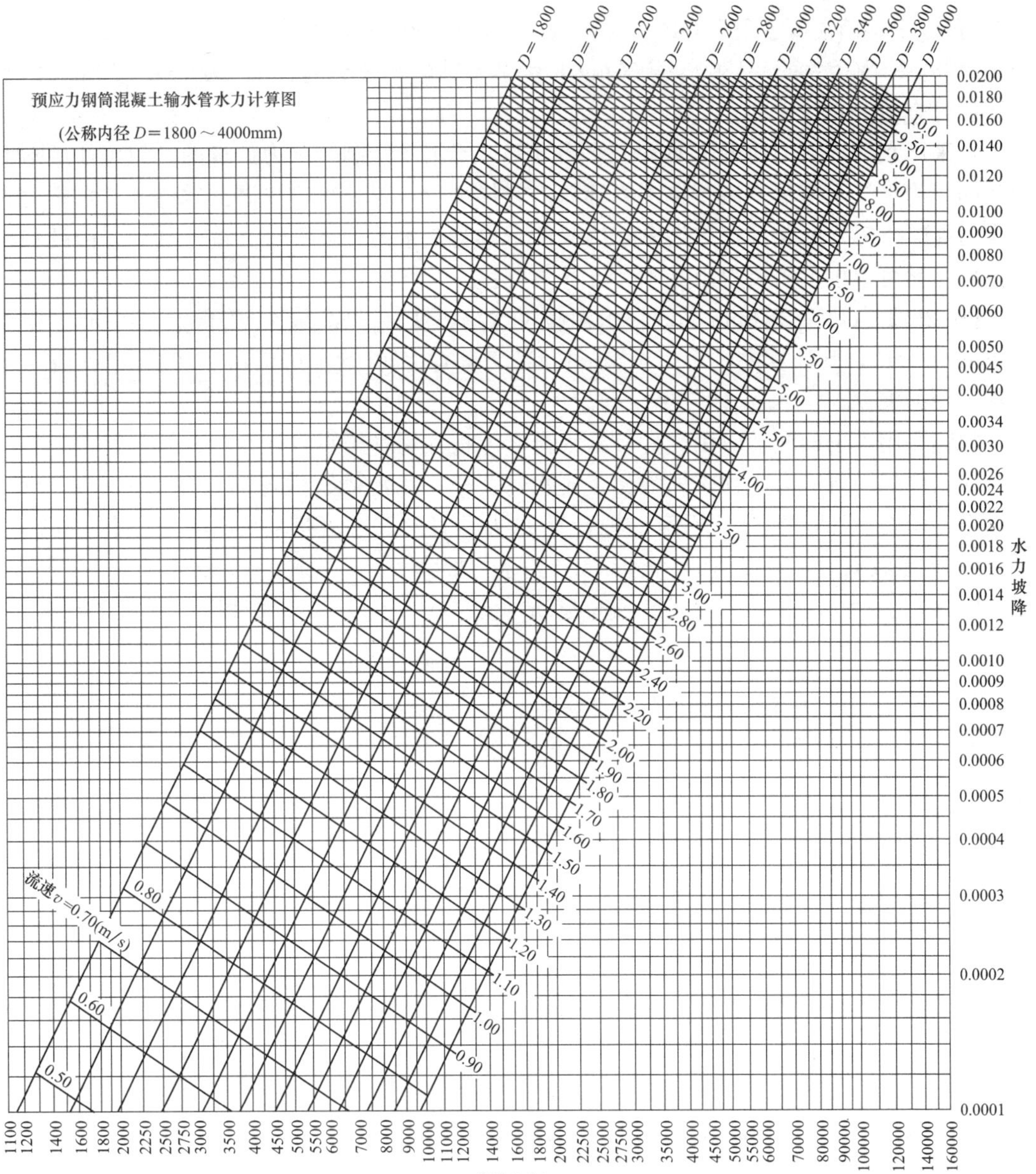

图 2-3　预应力钢筒混凝土输水管水力计算图（公称内径 D=1800～4000mm）

图 2-1 承插式自应力钢筋混凝土输水管水力计算图中公称内径系按照《自应力混凝土输水管》GB 4084—1999 中的规格尺寸编制。

图 2-2 预应力混凝土输水管水力计算图中公称内径系按照《预应力混凝土管》GB 5696—2006 中的规格尺寸编制。

图 2-3 预应力钢筒混凝土输水管水力计算图中公称内径系按照《预应力钢筒混凝土管》GB/T 19685—2005 中的规格尺寸编制。

《预应力混凝土管》GB 5696—2006 中的公称内径为 D=400～3000mm。而图 2-2 中公称内

径为 D=400～1800mm，为节省篇幅，公称内径 D=2000～3000mm 的水力计算可查图 2-3。

《预应力钢筒混凝土管》GB/T 19685—2005 中的公称内径为 D=400～4000mm。而图 2-3 中公称内径为 D=1800～4000mm，为节省篇幅，公称内径 D=400～1600mm 的水力计算可查图 2-2。

对采用水泥砂浆内衬的金属管道水力计算，本书未绘制其水力计算图，但可使用本书配套的《给水排水工程常用管渠水力计算》软件进行水力计算，只需在软件的"自应力和预应力混凝土输水管及采用水泥砂浆内衬的金属管道水力计算"页面输入其计算内径和相关数据，就可以根据需要得出其水力计算数据。

【例 2-1】 DN=250mm 的内衬水泥砂浆球墨铸铁管（K9 级），管长 l=2000m，粗糙系数 n=0.012，其计算内径为 254.4mm，当流量 Q=50L/s=0.05m^3/s 时，求其流速和沿程水头损失 h。

【解】 用本书的配套应用软件《给水排水工程常用管渠水力计算》软件求解。

在软件的"自应力和预应力混凝土输水管及采用水泥砂浆内衬的金属管道水力计算"页面中，用 Q、DN 求 v、i 的第一种计算方法，输入上述流量 Q=50L/s、计算内径为 254.4mm 等数据后，得流速 v=0.984m/s，水力坡降 i=5.488‰=0.005488。

所以 $h=il$=0.005488×2000=10.976m（H_2O）=10.976×9.81kPa=107.67kPa

3 塑料给水管

3.1 计算公式

塑料给水管道的沿程水头损失计算公式采用达西—魏斯巴赫公式：

$$i=\lambda \frac{1}{d_j}\frac{v^2}{2g} \tag{3-1}$$

式中 i——水力坡降（mH_2O/m）；

λ——摩阻系数；

d_j——管子的计算内径（m）；

v——平均水流速度（m/s）；

g——重力加速度，为 $9.81m/s^2$。

应用式（3-1）时，必须先确定系数 λ 值。对于各种材质的塑料给水管（硬聚氯乙烯管、聚丙烯管、聚乙烯管等）和建筑给水钢塑复合管，式（3-1）中的摩阻系数定为：

$$\lambda=\frac{0.25}{Re^{0.226}} \tag{3-2}$$

式中 Re——雷诺数。

$$Re=\frac{vd_j}{\nu} \tag{3-3}$$

式中 ν——液体的运动黏度（m^2/s）。

当 $\nu=1.3\times10^{-6}m^2/s$（水温为10℃）时，将式（3-2）和式（3-3）中求得的 λ 值代入式（3-1）中，进行整理后得到：

$$i=0.000915\frac{Q^{1.774}}{d_j^{4.774}} \tag{3-4}$$

式中 Q——计算流量（m^3/s）；

d_j——管子的计算内径（m）。

塑料给水管和建筑给水钢塑复合管的水力计算图即按式（3-4）制成。

3.2 编制和使用说明

（1）本水力计算图中的塑料管管材按照国家标准《给水用硬聚氯乙烯（PVC—U）管

材》GB/T 10002.1—2006 编制。塑料管规格用公称外径 dn 表示，图中 dn 均指公称外径，d 均指计算内径。

（2）为便于使用，将公称压力 PN0.63MPa～PN2.5MPa 共 7 种不同计算内径的塑料给水管分别制成水力计算图。使用者可根据需要直接查阅。

（3）其他材质、规格的塑料管，由于其计算内径不同，在进行水力计算时，应将查图所得的 i 值和 v 值，分别乘以阻力修正系数 K_1 和流速修正系数 K_2 进行修正。

$$K_1=\left(\frac{d_j}{d_j'}\right)^{4.774} \tag{3-5}$$

$$K_2=\left(\frac{d_j}{d_j'}\right)^{2} \tag{3-6}$$

式中　d_j——水力计算图中管子的计算内径（m）；

d_j'——选用管子的计算内径（m）。

【例 3-1】 ① 已知流量 Q=170.0L/s。求管长 l=3000m，公称外径 dn=400mm（计算内径 d=352.6mm），公称压力 PN=1.6MPa 的国标塑料管的沿程水头损失及平均水流速度。

② 如采用公称压力 PN=2.0MPa，公称外径 dn=400mm（计算内径 d=341.2mm）的国标塑料管，题中其余数据不变时，求其沿程水头损失及平均水流速度。

【解 1】 ① 由图 3-5 中查得：公称压力 PN=1.6MPa 的国标塑料管，当 Q=170.0L/s，公称外径 dn=400mm 时的 i=0.0057，v=1.74m/s。

故所求计算管段的沿程水头损失为：

$$h=il=0.0057\times3000\text{m}=17.10\text{m}(H_2O)=17.10\times9.81\text{kPa}=167.75\text{kPa}$$

② 方法一：如采用公称压力 PN=2.0MPa 的国标塑料管，由于其计算内径不同，在进行水力计算时，应将图 3-5 中所得的 i 值和 v 值，分别乘以阻力修正系数 K_1 和流速修正系数 K_2 进行修正。

$$K_1=(352.6/341.2)^{4.774}=1.1699$$

$$K_2=(352.6/341.2)^{2}=1.0679$$

故采用公称压力 PN=2.0MPa 的国标塑料管时，其计算管段的沿程水头损失和平均水流速度分别为：

$$h=1.1699\times167.75\text{kPa}=196.25\text{kPa}$$

$$v=1.0679\times1.74\text{m/s}=1.86\text{m/s}$$

方法二：也可直接从图 3-6 中查得：公称压力 PN=2.0MPa 的国标塑料管，当 Q=

170.0L/s，公称外径 dn=400mm 时的 i=0.0067，v=1.86m/s。

则 $h=il$=0.0067×3000m=20.10m(H_2O)=20.10×9.81kPa=197.18kPa

方法一和方法二所得结果很接近。

【解 2】 用本书的配套应用软件《给水排水工程常用管渠水力计算》软件求解。

（1）在软件的"硬聚氯乙烯塑料给水管（公称压力 2.0MPa）水力计算"页面中，用 Q、dn 求 v、i 的第一种计算方法，输入上述流量 Q=170.0L/s、计算内径为 341.2mm 等数据后，得流速 v=1.859m/s，水力坡降 i=6.693‰=0.006693。

所以 $h_1=il$=0.006693×3000m=20.079m（H_2O）=20.079×9.81kPa=196.97kPa

和查图结果很接近。

（2）在软件的"冷、热水给水管道水力计算（用海澄—威廉公式计算）"页面中，用 Q、d_j 求 v、i 的第一种计算方法，对于塑料管，海澄—威廉系数 C_h 取 150，输入上述流量 Q=170.0L/s、计算内径为 341.2mm 等数据后，得流速 v=1.859m/s，水力坡降 i=7.032‰=0.007032。

所以 $h_2=il$=0.007032×3000m=21.096m（H_2O)=21.096×9.81kPa=206.95kPa

（3）在软件的"给水管水力计算（按柯列布鲁克一怀特公式计算）"页面中，用 Q、d_j 求 v、i 的第一种计算方法，对于塑料管，当量粗糙度 ε 取 0.00001，水的温度取 10℃，输入上述流量 Q=170.0L/s、计算内径为 341.2mm 等数据后，得流速 v=1.859m/s，水力坡降 i=7.0364‰=0.0070364。

所以 $h_3=il$=0.0070364×3000m=21.109m（H_2O)=21.109×9.81kPa=207.08kPa

用软件的上述三种页面中的公式分别计算所得沿程水头损失的比值为（相对于 h_1）：

$$h_2/h_1=206.95/196.97=1.051$$

$$h_3/h_1=207.08/196.97=1.051$$

相差仅 5.1%，较相近。

3.3 水力计算

公称压力 0.63～2.5MPa 的国标塑料管的水力计算，见图 3-1～图 3-7。

图中 v 为管中平均水流速度（m/s）。

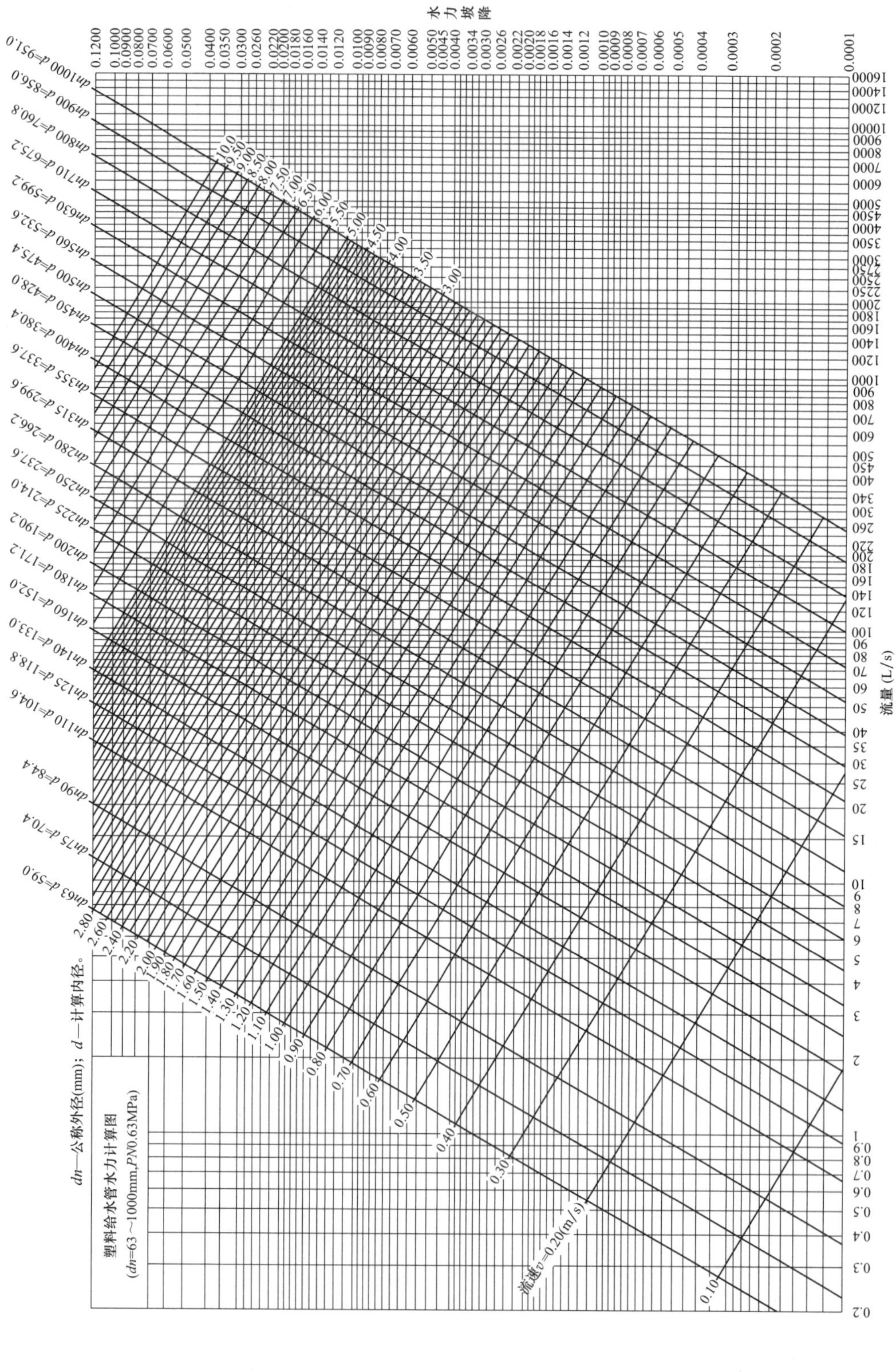

图 3-1 塑料给水管水力计算图（dn=63～1000mm，PN0.63MPa）

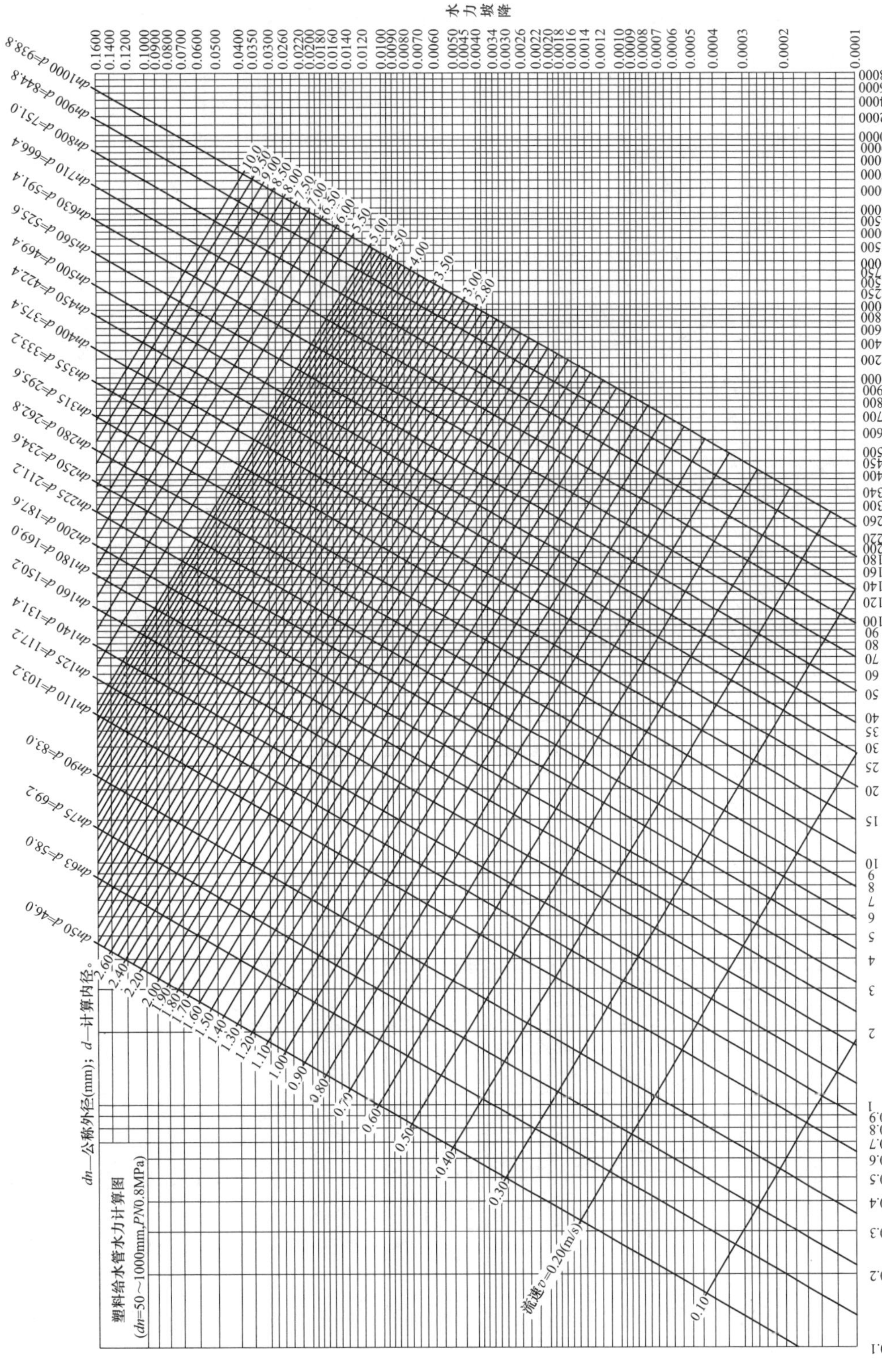

图 3-2 塑料给水管水力计算图（dn=50～1000mm，PN0.8MPa）

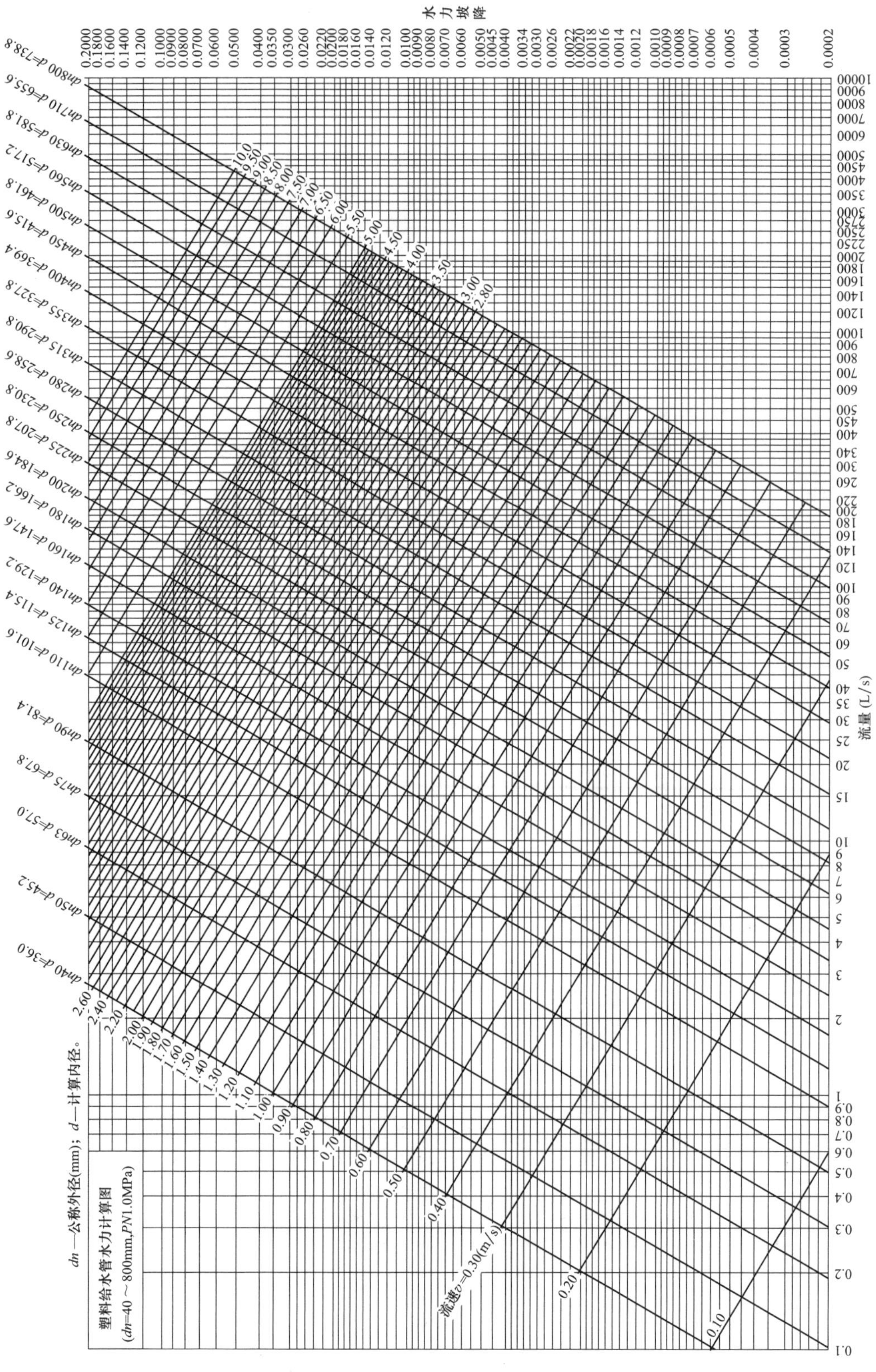

图 3-3 塑料给水管水力计算图（dn=40～800mm，PN1.0MPa）

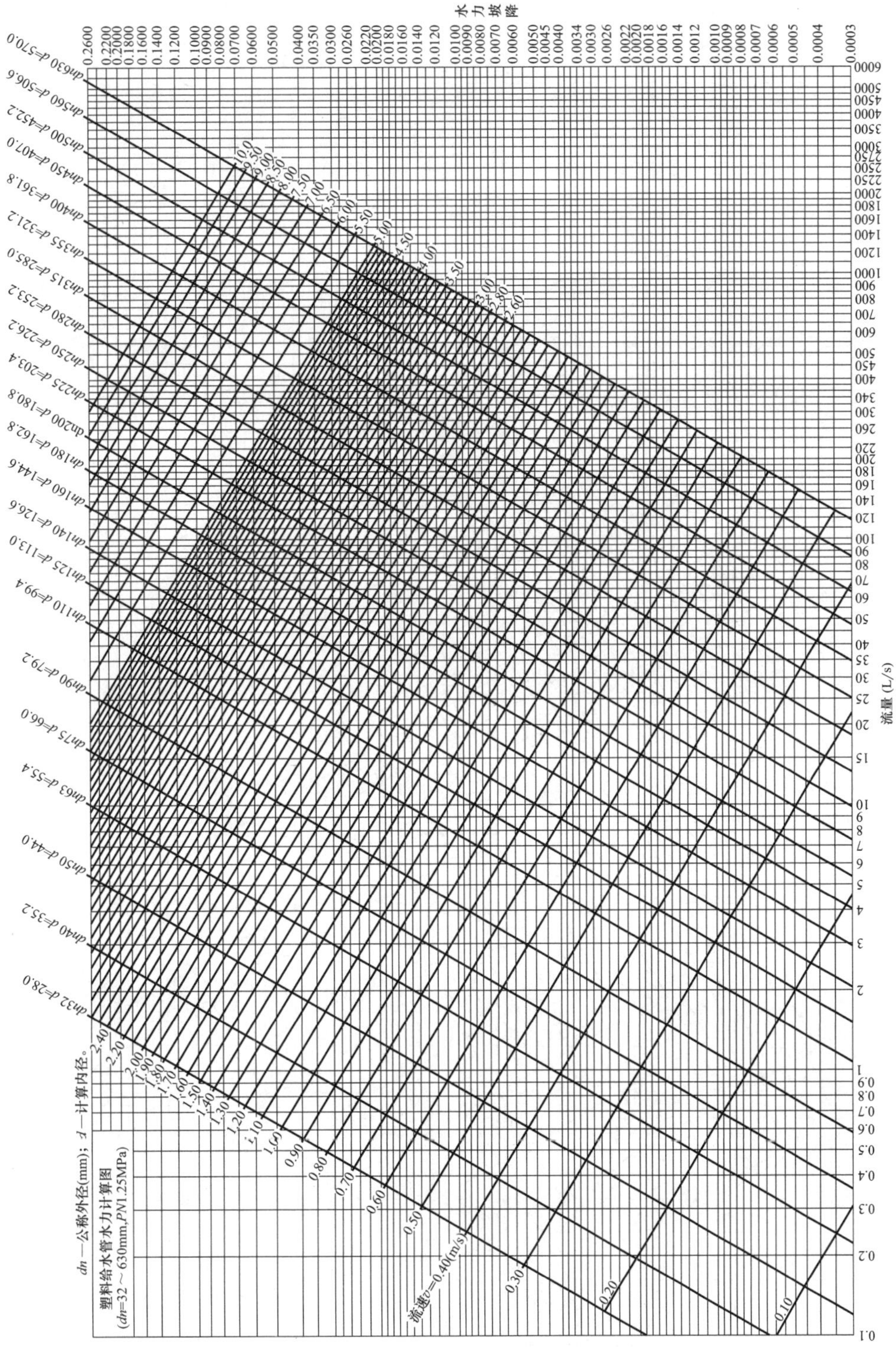

图 3-4　塑料给水管水力计算图（dn=32～630mm，PN1.25MPa）

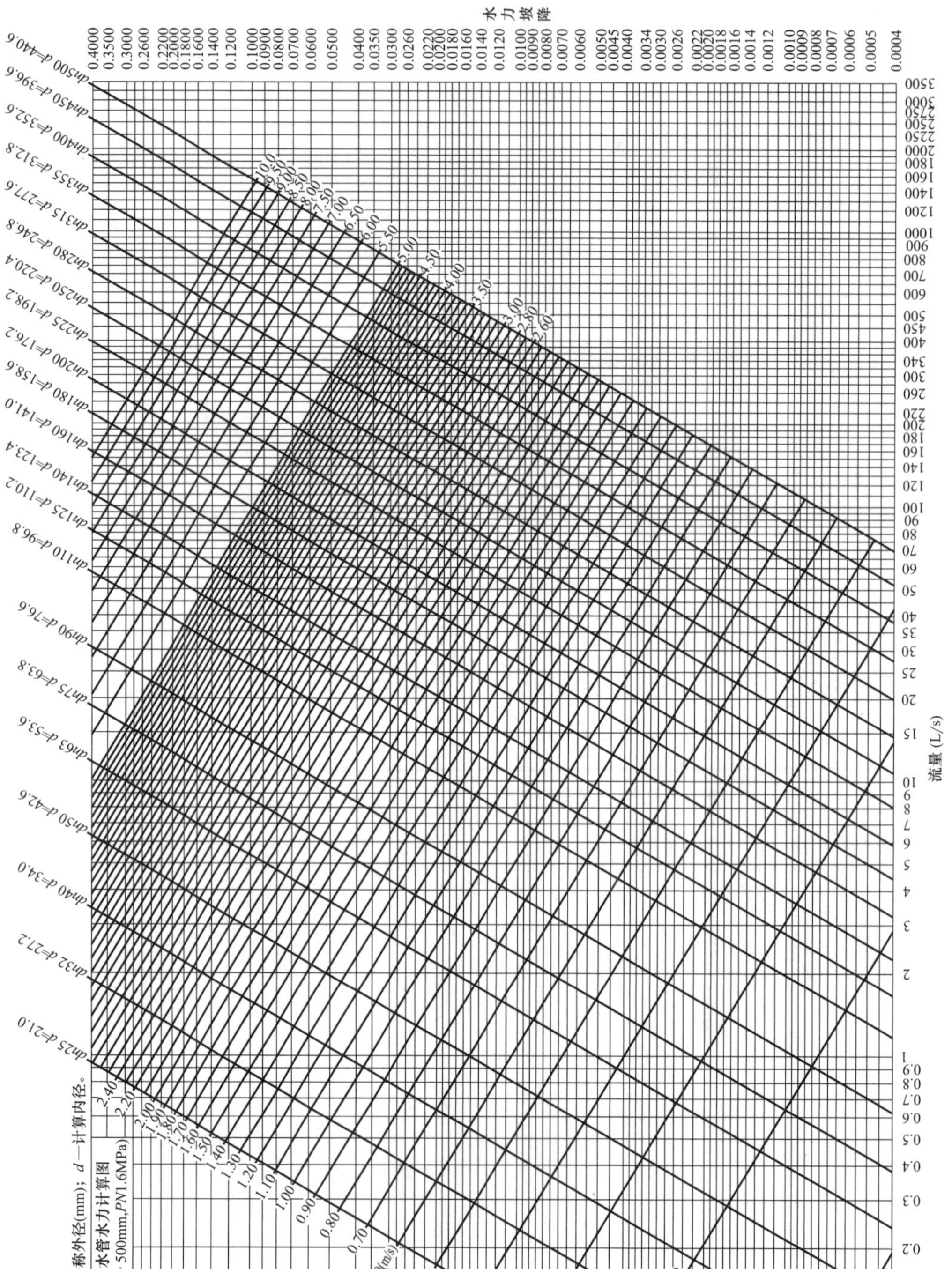

图 3-5 塑料给水管水力计算图（*dn*=25～500mm，*PN*1.6MPa）

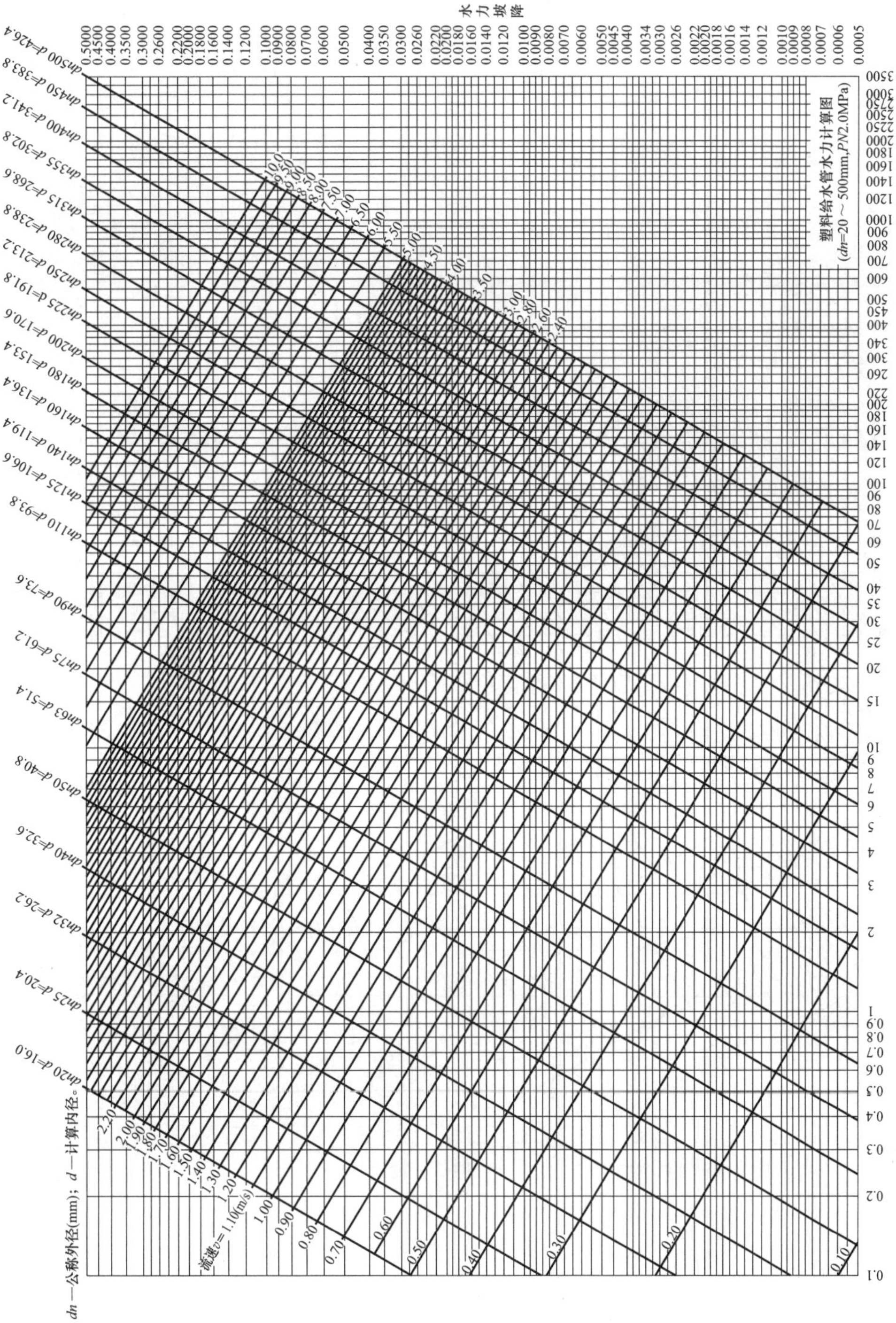

dn—公称外径(mm)；d—计算内径。

图 3-6 塑料给水管水力计算图（dn=20～500mm，PN2.0MPa）

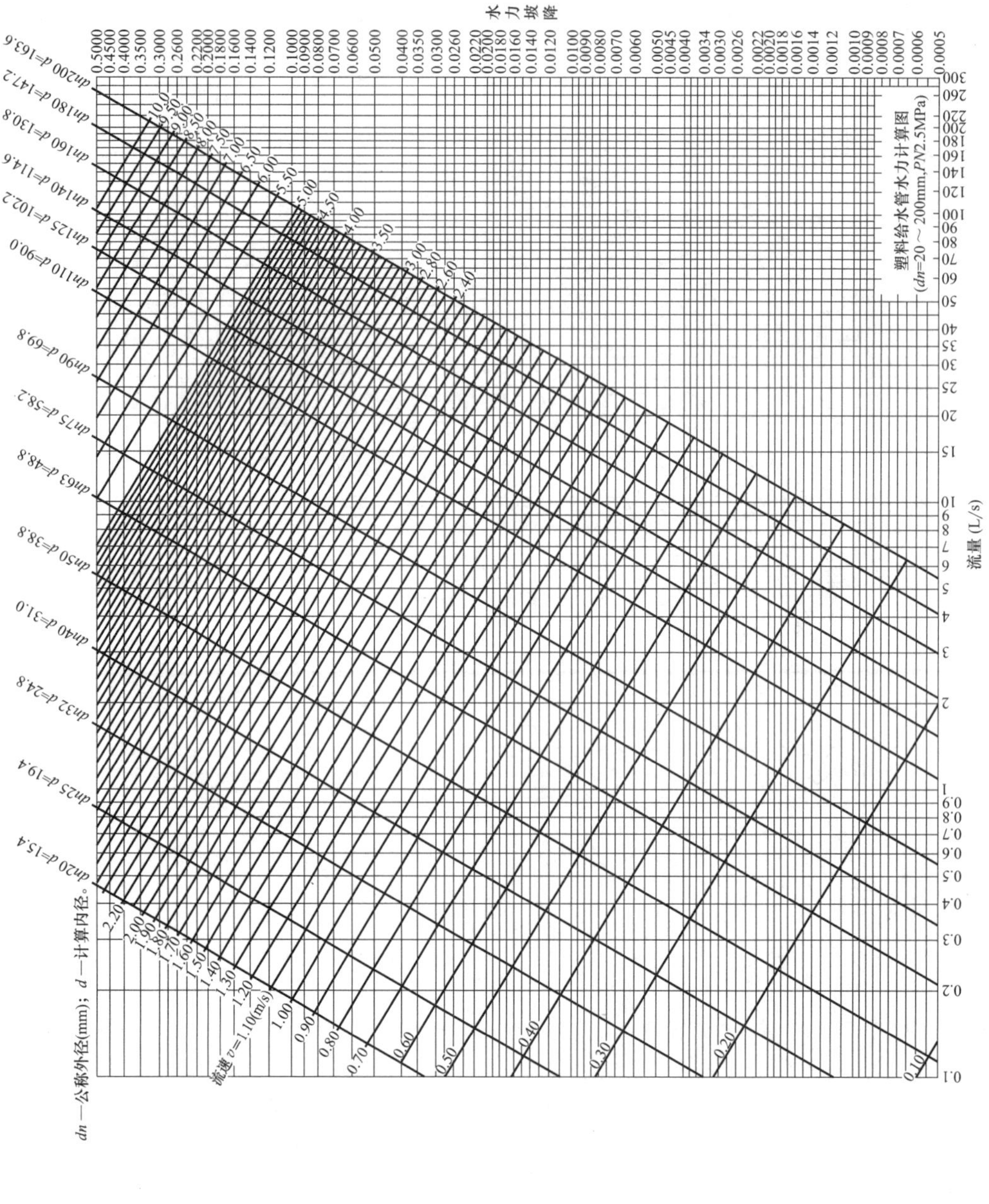

图 3-7 塑料给水管水力计算图（dn=20～200mm，PN2.5MPa）

第 2 篇　排水沟道水力计算

4 钢筋混凝土圆形排水管（满流，n=0.013）

4.1 计算公式

$$Q=Av \tag{4-1}$$

$$v=C\sqrt{Ri} \tag{4-2}$$

$$R=\frac{A}{\rho} \tag{4-3}$$

式中 Q——流量（m^3/s）；

A——过水断面（m^2），$A=0.25\pi D^2$，D 为管径；

v——平均流速（m/s）；

i——水力坡降（m/m）；

R——水力半径（m）；

ρ——湿周（m），$\rho=\pi D$；

C——谢才系数（$m^{0.5}/s$）。

谢才系数采用曼宁公式：

$$C=\frac{1}{n}R^{1/6} \tag{4-4}$$

式中 n——粗糙系数。

将式（4-4）代入式（4-2），得：

$$v=\frac{1}{n}R^{2/3}i^{1/2} \tag{4-5}$$

式（4-5）即为国家标准《室外排水设计规范》GB 50014—2006（2014 年版）规定的排水管渠流速公式。

4.2 水力计算

公称内径 D=100～3500mm 的钢筋混凝土圆形排水管（满流）水力计算见图 4-1～图 4-3。使用者可根据需要直接查阅。

图中流量 Q 以 L/s 计，流速 v 以 m/s 计。

图中粗糙系数以 $n=0.013$ 计，当 n 为其他值 n_x 时，图中所得流量和流速需乘以修正值 K_n，$K_n=0.013\div n_x$。

图中管径系按照《混凝土和钢筋混凝土排水管》GB/T 11836—2009 规定的公称内径编制。

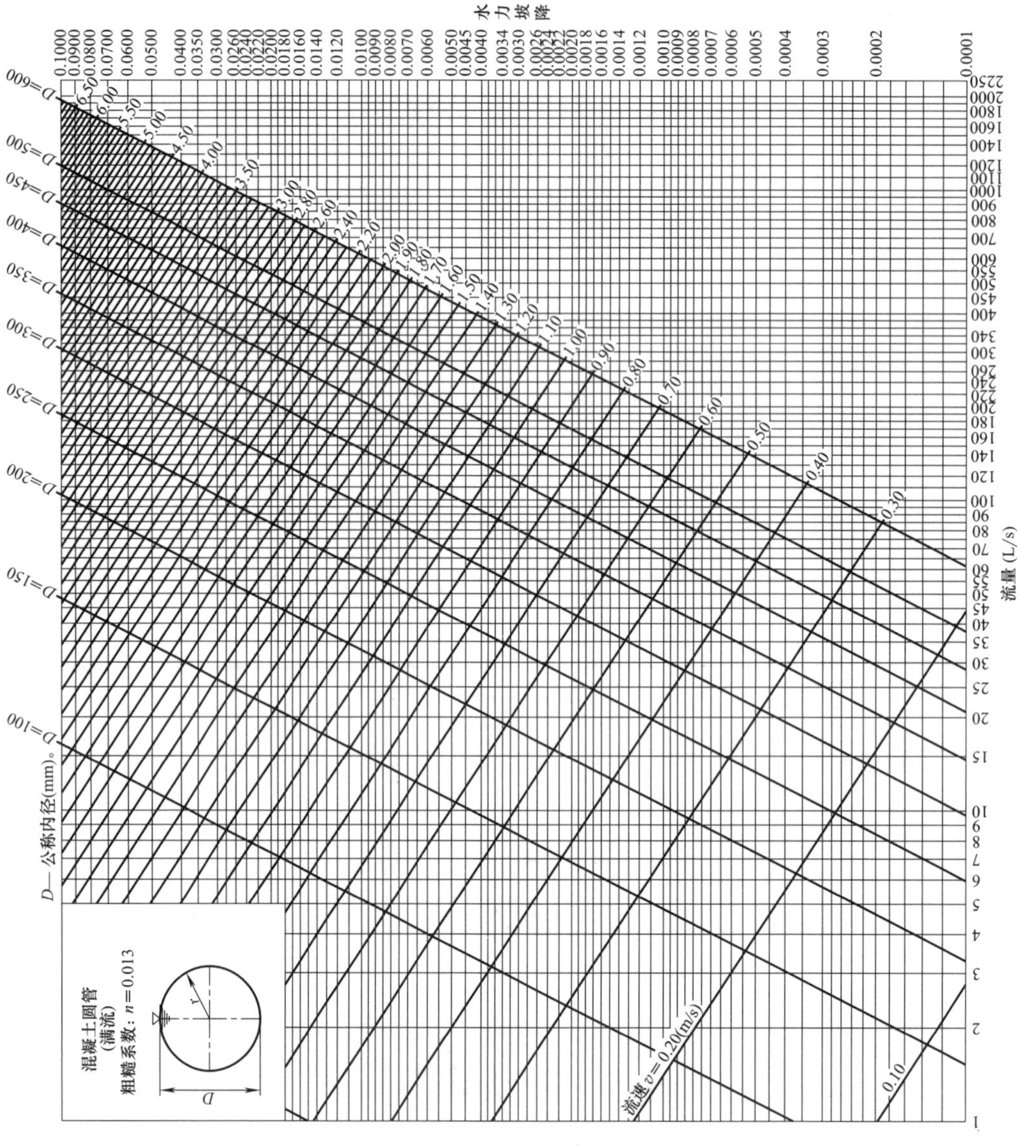

图 4-1 混凝土圆管水力计算图（满流，n=0.013，D=100～600mm）

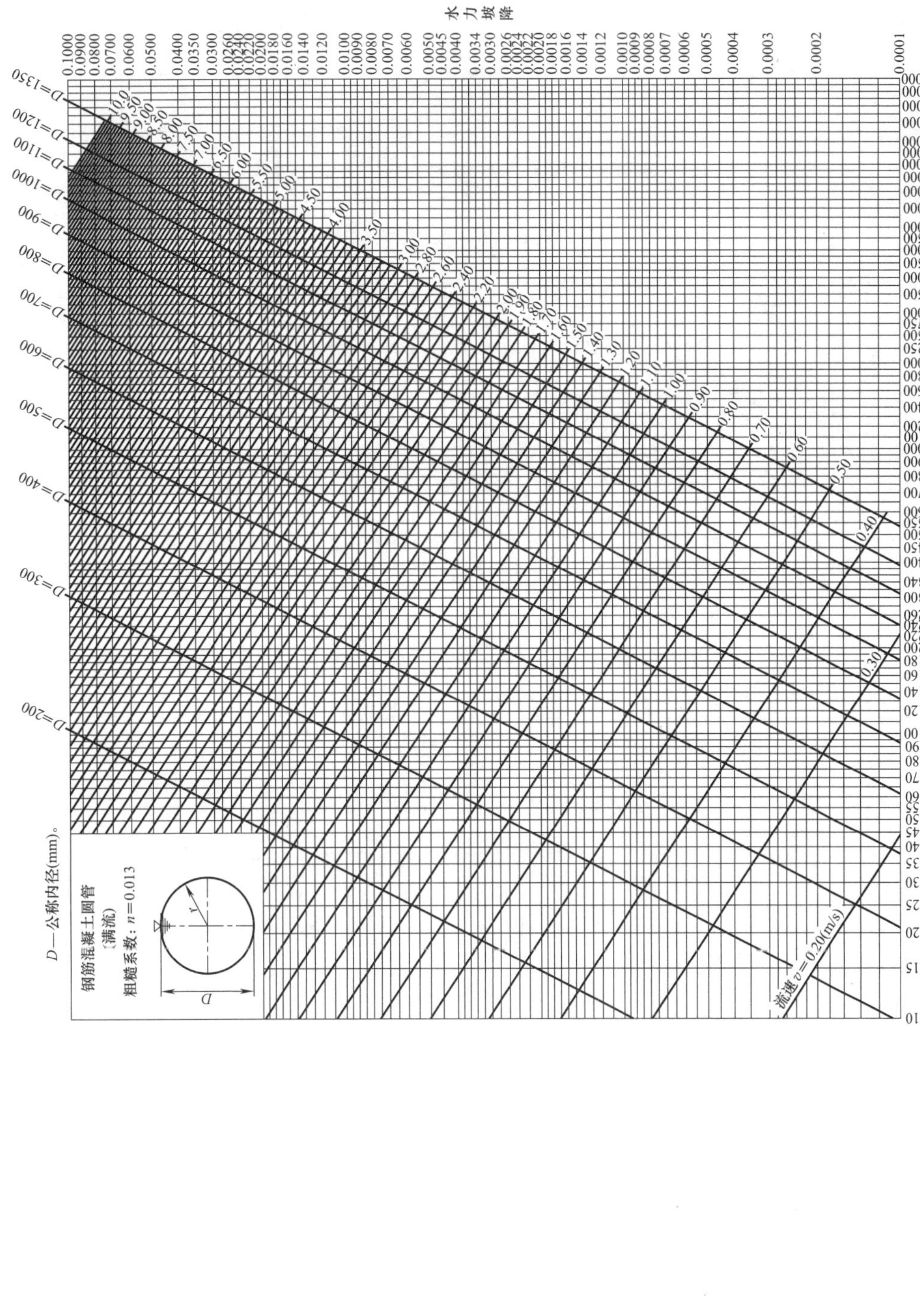

图 4-2 钢筋混凝土圆管水力计算图（满流，$n=0.013$，$D=200\sim1350$mm）

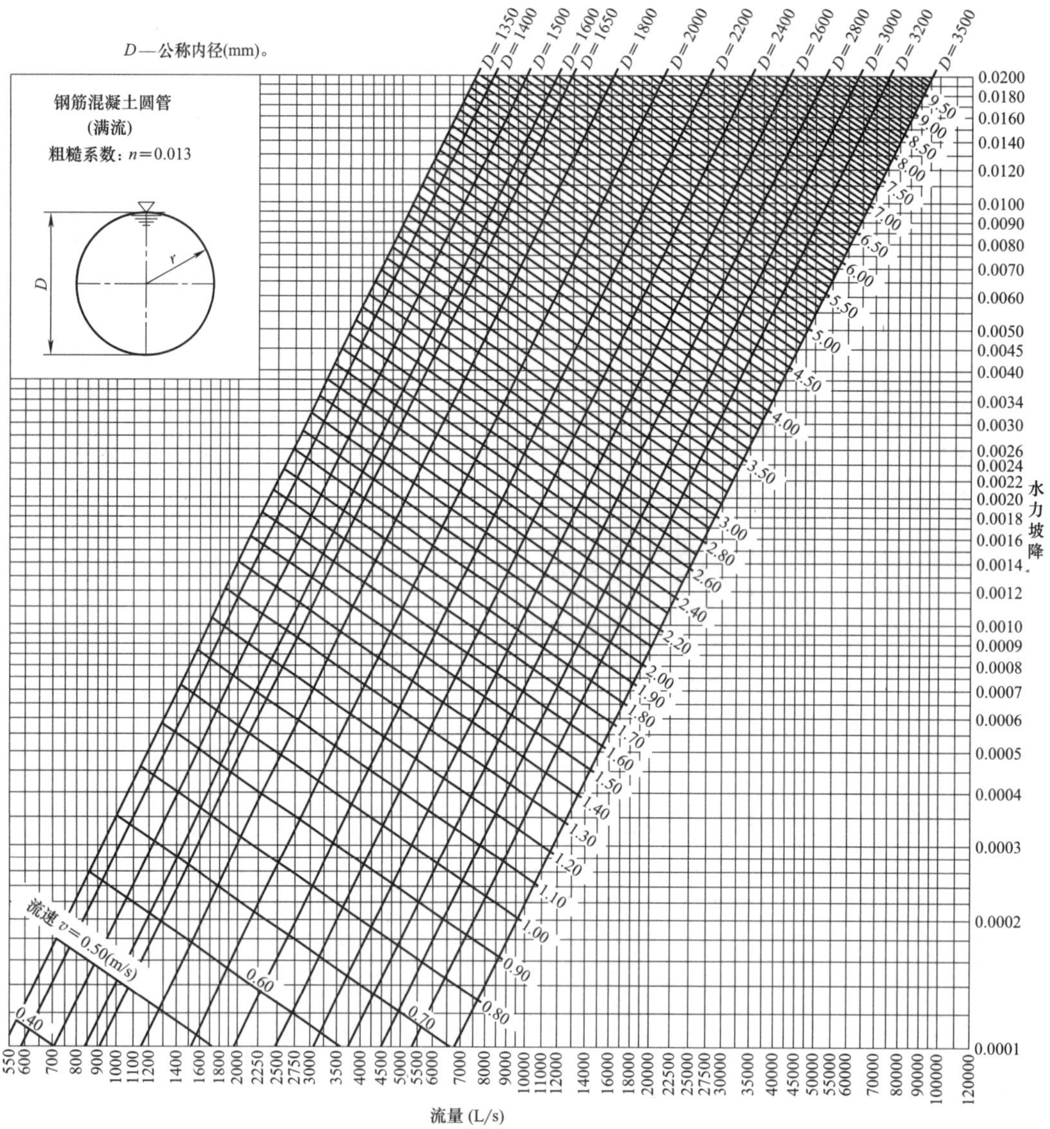

图 4-3 钢筋混凝土圆管水力计算图（满流，$n=0.013$，$D=1350\sim3500$mm）

5 钢筋混凝土圆形排水管（非满流，$n=0.014$）

钢筋混凝土圆形排水管，见图 5-1、图 5-2。

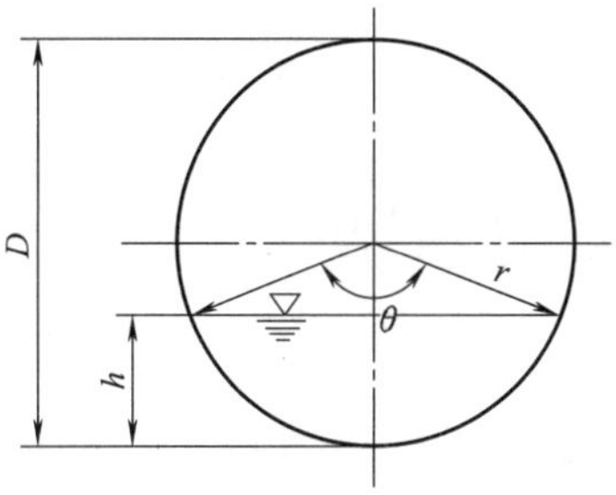

图 5-1　圆形断面（$h<0.50D$）

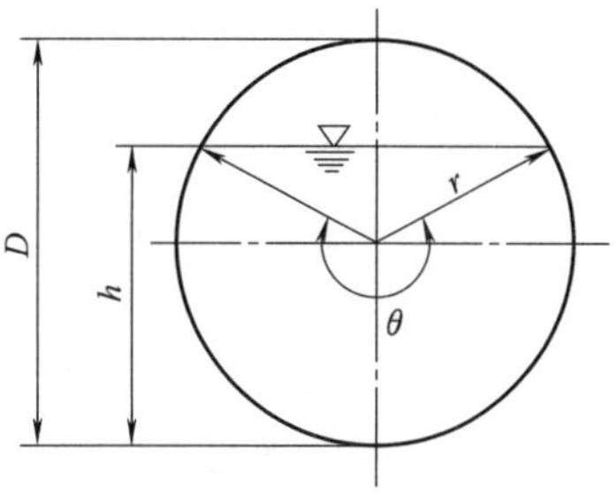

图 5-2　圆形断面（$h>0.50D$）

5.1 计算公式

1. 基本公式

$$Q=Av \tag{5-1}$$

$$v=C\sqrt{Ri} \tag{5-2}$$

$$R=\frac{A}{\rho} \tag{5-3}$$

式中　Q——流量（m^3/s）；

A——过水断面（m^2）；

v——平均流速（m/s）；

i——水力坡降（m/m）；

R——水力半径（m）；

ρ——湿周（m）；

C——谢才系数（$m^{0.5}/s$）。

谢才系数采用曼宁公式：

$$C=\frac{1}{n}R^{1/6} \tag{5-4}$$

式中　n——粗糙系数。

将式（5-4）代入式（5-2），得：

$$v=\frac{1}{n}R^{2/3}i^{1/2} \tag{5-5}$$

式（5-5）即为国家标准《室外排水设计规范》GB 50014—2006（2014 年版）规定的

排水管渠流速公式。

2. 过水断面 A 和湿周 ρ

圆形断面形状及几何关系见图 5-1 和图 5-2，半径为 r。

圆形断面过水断面 A 和湿周 ρ 的计算公式如下：

$$A=0.5r^2(\theta-\sin\theta) \tag{5-6}$$

$$\rho=r\theta \tag{5-7}$$

式中 θ——管道断面水深圆心角，以弧度计；

其余同前。

5.2 水力计算图表及其使用说明

公称内径 D=100～3500mm 的钢筋混凝土圆形排水管（非满流）水力计算图见图 5-3～图 5-43。使用者可根据需要直接查阅。圆形断面水力要素计算表及非满流时水流断面面积、流量及流速修正值表见表 5-1、表 5-2。

圆形断面水力要素计算表　　表 5-1

h/D	$A(r^2)$	$\rho(r)$	$R(r)$	h/D	$A(r^2)$	$\rho(r)$	$R(r)$	h/D	$A(r^2)$	$\rho(r)$	$R(r)$	h/D	$A(r^2)$	$\rho(r)$	$R(r)$
0.01	0.0053	0.4007	0.0133	0.26	0.6491	2.1403	0.3033	0.51	1.6108	3.1816	0.5063	0.76	2.5618	4.2353	0.6049
0.02	0.0150	0.5676	0.0264	0.27	0.6844	2.1856	0.3131	0.52	1.6508	3.2216	0.5124	0.77	2.5957	4.2825	0.6061
0.03	0.0275	0.6963	0.0394	0.28	0.7201	2.2304	0.3228	0.53	1.6907	3.2617	0.5184	0.78	2.6291	4.3304	0.6071
0.04	0.0422	0.8054	0.0523	0.29	0.7562	2.2747	0.3324	0.54	1.7306	3.3018	0.5242	0.79	2.6620	4.3791	0.6079
0.05	0.0587	0.9021	0.0651	0.30	0.7927	2.3186	0.3419	0.55	1.7705	3.3419	0.5298	0.80	2.6943	4.4286	0.6084
0.06	0.0770	0.9899	0.0777	0.31	0.8295	2.3620	0.3512	0.56	1.8102	3.3822	0.5352	0.81	2.7260	4.4791	0.6086
0.07	0.0967	1.0711	0.0903	0.32	0.8667	2.4051	0.3604	0.57	1.8499	3.4225	0.5405	0.82	2.7571	4.5306	0.6085
0.08	0.1177	1.1470	0.1026	0.33	0.9041	2.4478	0.3694	0.58	1.8894	3.4630	0.5456	0.83	2.7875	4.5832	0.6082
0.09	0.1400	1.2188	0.1149	0.34	0.9419	2.4901	0.3783	0.59	1.9288	3.5036	0.5505	0.84	2.8171	4.6371	0.6075
0.10	0.1635	1.2870	0.1270	0.35	0.9799	2.5322	0.3870	0.60	1.9681	3.5443	0.5553	0.85	2.8461	4.6924	0.6065
0.11	0.1880	1.3523	0.1390	0.36	1.0182	2.5740	0.3956	0.61	2.0072	3.5852	0.5599	0.86	2.8743	4.7492	0.6052
0.12	0.2135	1.4150	0.1509	0.37	1.0567	2.6155	0.4040	0.62	2.0461	3.6263	0.5642	0.87	2.9016	4.8077	0.6035
0.13	0.2400	1.4755	0.1627	0.38	1.0954	2.6569	0.4123	0.63	2.0849	3.6676	0.5685	0.88	2.9281	4.8682	0.6015
0.14	0.2673	1.5340	0.1743	0.39	1.1344	2.6980	0.4205	0.64	2.1234	3.7092	0.5725	0.89	2.9536	4.9309	0.5990
0.15	0.2955	1.5908	0.1858	0.40	1.1735	2.7389	0.4285	0.65	2.1617	3.7510	0.5763	0.90	2.9781	4.9962	0.5961
0.16	0.3244	1.6461	0.1971	0.41	1.2127	2.7796	0.4363	0.66	2.1997	3.7931	0.5799	0.91	3.0015	5.0644	0.5927
0.17	0.3541	1.7000	0.2083	0.42	1.2522	2.8202	0.4440	0.67	2.2375	3.8354	0.5834	0.92	3.0239	5.1362	0.5887
0.18	0.3845	1.7526	0.2194	0.43	1.2917	2.8607	0.4515	0.68	2.2749	3.8781	0.5866	0.93	3.0449	5.2121	0.5842
0.19	0.4156	1.8041	0.2304	0.44	1.3314	2.9010	0.4589	0.69	2.3121	3.9212	0.5896	0.94	3.0646	5.2933	0.5790
0.20	0.4473	1.8546	0.2412	0.45	1.3711	2.9413	0.4662	0.70	2.3489	3.9646	0.5925	0.95	3.0829	5.3811	0.5729
0.21	0.4796	1.9041	0.2519	0.46	1.4110	2.9814	0.4733	0.71	2.3854	4.0085	0.5951	0.96	3.0994	5.4778	0.5658
0.22	0.5125	1.9528	0.2624	0.47	1.4509	3.0215	0.4802	0.72	2.4215	4.0528	0.5975	0.97	3.1141	5.5869	0.5574
0.23	0.5459	2.0007	0.2728	0.48	1.4908	3.0616	0.4869	0.73	2.4572	4.0976	0.5997	0.98	3.1266	5.7156	0.5470
0.24	0.5798	2.0479	0.2831	0.49	1.5308	3.1016	0.4936	0.74	2.4925	4.1429	0.6016	0.99	3.1363	5.8825	0.5332
0.25	0.6142	2.0944	0.2933	0.50	1.5708	3.1416	0.5000	0.75	2.5274	4.1888	0.6034	1.00	3.1416	6.2832	0.5000

注：h/D——充满度；A——过水断面；ρ——湿周；R——水力半径；r——顶弧半径。

圆形断面在非满流时的水流断面面积、流量及流速修正值表 **表 5-2**

h/D	K_a	K_q	K_v	h/D	K_a	K_q	K_v	h/D	K_a	K_q	K_v	h/D	K_a	K_q	K_v
0.01	0.0017	0.0002	0.0890	0.26	0.2066	0.1480	0.7165	0.51	0.5127	0.5170	1.0084	0.76	0.8155	0.9258	1.1353
0.02	0.0048	0.0007	0.1408	0.27	0.2178	0.1595	0.7320	0.52	0.5255	0.5341	1.0165	0.77	0.8262	0.9394	1.1369
0.03	0.0087	0.0016	0.1839	0.28	0.2292	0.1712	0.7471	0.53	0.5382	0.5513	1.0243	0.78	0.8369	0.9525	1.1382
0.04	0.0134	0.0030	0.2221	0.29	0.2407	0.1834	0.7618	0.54	0.5509	0.5685	1.0319	0.79	0.8473	0.9652	1.1391
0.05	0.0187	0.0048	0.2569	0.30	0.2523	0.1958	0.7761	0.55	0.5636	0.5857	1.0393	0.80	0.8576	0.9775	1.1397
0.06	0.0245	0.0071	0.2892	0.31	0.2640	0.2086	0.7902	0.56	0.5762	0.6030	1.0464	0.81	0.8677	0.9892	1.1400
0.07	0.0308	0.0098	0.3194	0.32	0.2759	0.2218	0.8038	0.57	0.5888	0.6202	1.0533	0.82	0.8776	1.0004	1.1399
0.08	0.0375	0.0130	0.3480	0.33	0.2878	0.2352	0.8172	0.58	0.6014	0.6375	1.0599	0.83	0.8873	1.0110	1.1395
0.09	0.0446	0.0167	0.3752	0.34	0.2998	0.2489	0.8302	0.59	0.6140	0.6547	1.0663	0.84	0.8967	1.0211	1.1387
0.10	0.0520	0.0209	0.4012	0.35	0.3119	0.2629	0.8430	0.60	0.6265	0.6718	1.0724	0.85	0.9059	1.0304	1.1374
0.11	0.0598	0.0255	0.4260	0.36	0.3241	0.2772	0.8554	0.61	0.6389	0.6889	1.0783	0.86	0.9149	1.0391	1.1358
0.12	0.0680	0.0306	0.4500	0.37	0.3364	0.2918	0.8675	0.62	0.6513	0.7060	1.0839	0.87	0.9236	1.0471	1.1337
0.13	0.0764	0.0361	0.4730	0.38	0.3487	0.3066	0.8794	0.63	0.6636	0.7229	1.0893	0.88	0.9320	1.0542	1.1311
0.14	0.0851	0.0421	0.4953	0.39	0.3611	0.3217	0.8909	0.64	0.6759	0.7397	1.0944	0.89	0.9402	1.0605	1.1280
0.15	0.0941	0.0486	0.5168	0.40	0.3735	0.3370	0.9022	0.65	0.6881	0.7564	1.0993	0.90	0.9480	1.0658	1.1243
0.16	0.1033	0.0555	0.5376	0.41	0.3860	0.3525	0.9132	0.66	0.7002	0.7729	1.1039	0.91	0.9554	1.0701	1.1200
0.17	0.1127	0.0629	0.5578	0.42	0.3986	0.3682	0.9239	0.67	0.7122	0.7893	1.1083	0.92	0.9625	1.0733	1.1151
0.18	0.1224	0.0707	0.5775	0.43	0.4112	0.3842	0.9343	0.68	0.7241	0.8055	1.1124	0.93	0.9692	1.0752	1.1093
0.19	0.1323	0.0789	0.5965	0.44	0.4238	0.4003	0.9445	0.69	0.7360	0.8215	1.1162	0.94	0.9755	1.0757	1.1027
0.20	0.1424	0.0876	0.6151	0.45	0.4364	0.4165	0.9544	0.70	0.7477	0.8372	1.1198	0.95	0.9813	1.0745	1.0950
0.21	0.1527	0.0966	0.6331	0.46	0.4491	0.4330	0.9640	0.71	0.7593	0.8527	1.1231	0.96	0.9866	1.0714	1.0859
0.22	0.1631	0.1061	0.6507	0.47	0.4618	0.4495	0.9734	0.72	0.7708	0.8680	1.1261	0.97	0.9913	1.0657	1.0751
0.23	0.1738	0.1160	0.6678	0.48	0.4745	0.4662	0.9825	0.73	0.7822	0.8829	1.1288	0.98	0.9952	1.0567	1.0618
0.24	0.1845	0.1263	0.6844	0.49	0.4873	0.4831	0.9914	0.74	0.7934	0.8976	1.1313	0.99	0.9983	1.0420	1.0437
0.25	0.1955	0.1370	0.7007	0.50	0.5000	0.5000	1.0000	0.75	0.8045	0.9119	1.1335	1.00	1.0000	1.0000	1.0000

注：h/D——充满度；K_a——水流断面面积修正值；K_q——流量修正值；K_v——流速修正值。

流量 Q 以 L/s 计，流速 v 以 m/s 计。

图中粗糙系数以 $n=0.014$ 计，当 n 为其他值 n_x 时，图中所得流量和流速需乘以修正值 K_n，$K_n=0.014\div n_x$。

图中 h/D 为充满度，K_a 为水流横断面面积和管道横断面面积之比。

图中管径系按照《混凝土和钢筋混凝土排水管》GB/T 11836—2009 规定的公称内径编制。

【例 5-1】 某钢筋混凝土圆形断面污水管道，公称内径 $D=1800$mm，粗糙系数 $n=0.014$，坡度 $i=0.001$，求最大设计充满度（$h/D=0.75$）时的流量和流速。

【解 1】 查图计算：因为 $n=0.014$，可直接查图得出所求数据，由图 5-13 查得：

流量 $Q=3050$L/s$=3.05$m^3/s，流速 $v=1.5$m/s。

注：图中 $K_a=0.8045$，系考虑隧洞排水时的参考数据。隧洞排水时，水流横断面面积和隧洞横断面面积之比 K_a 值一般不应大于 0.85。如由隧洞排水，还应遵照水利方面的设计规范。

【解 2】 用本书的配套应用软件《给水排水工程常用管渠水力计算》软件求解。

在软件的“钢筋混凝土圆形排水管水力计算（非满流，$n=0.014$）”页面中，用 D、i 求 Q、v 的第二种计算方法，输入上述坡度 $i=0.001=1‰$、公称内径 $D=1800$mm、充满度 $h/D=0.75$ 等数据后，得流速 $v=1.503$m/s，流量 $Q=3078$L/s$=3.078$m^3/s。

所得各项数据和【解 1】的结果很接近，符合要求。

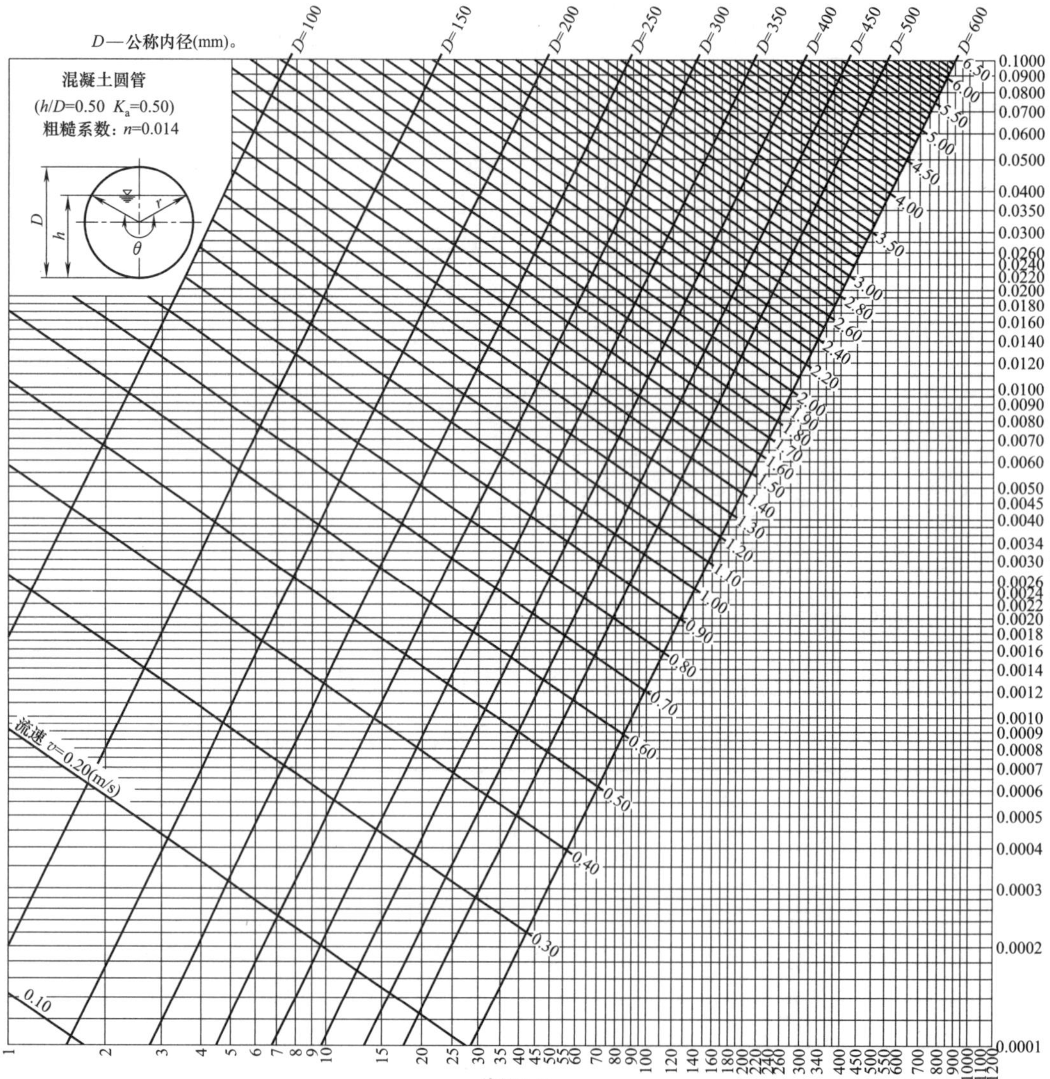

图 5-3 混凝土圆管水力计算图（h/D=0.50，D=100～600mm）

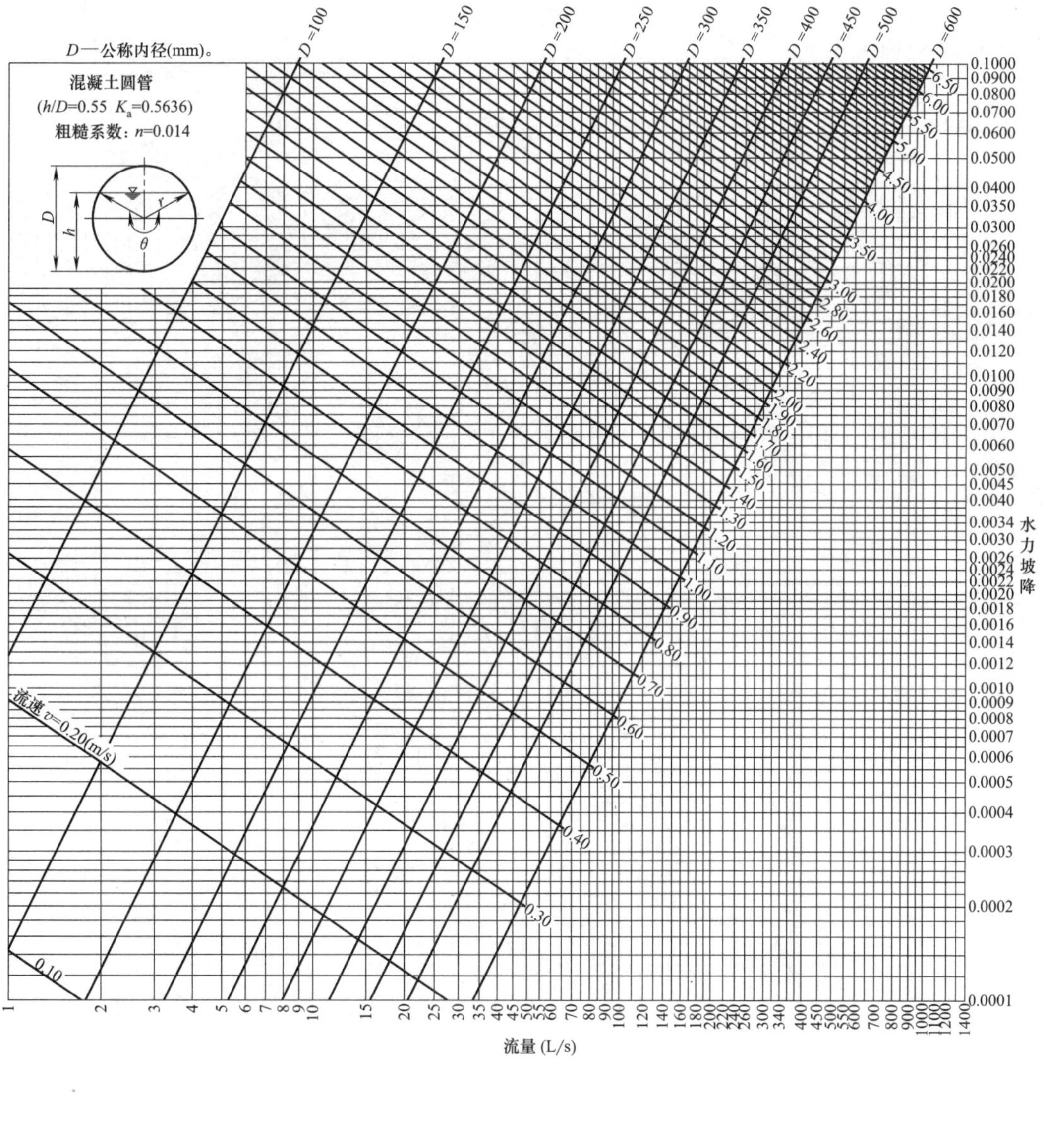

图 5-4　混凝土圆管水力计算图（$h/D=0.55$，$D=100\sim600$mm）

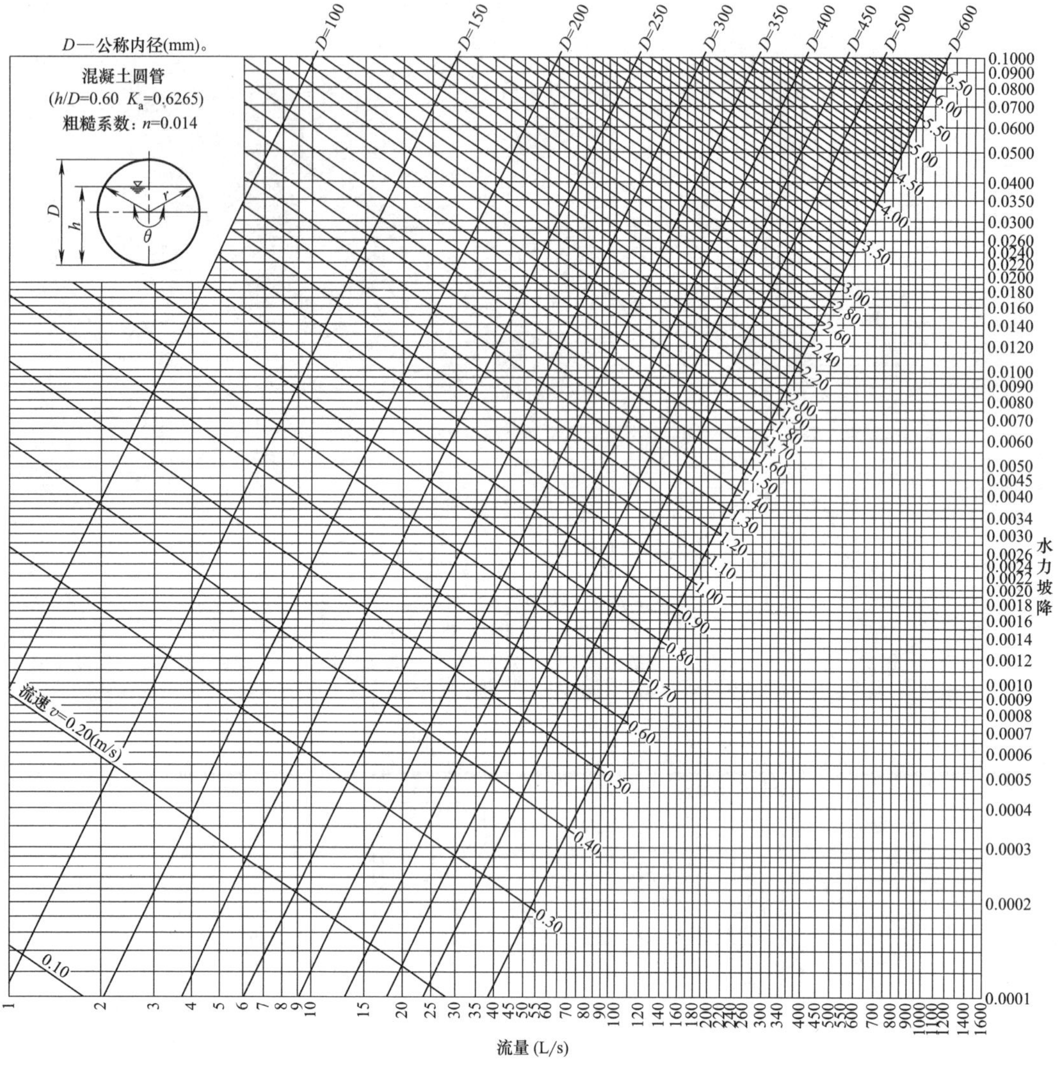

图 5-5 混凝土圆管水力计算图（$h/D=0.60$，$D=100\sim600$mm）

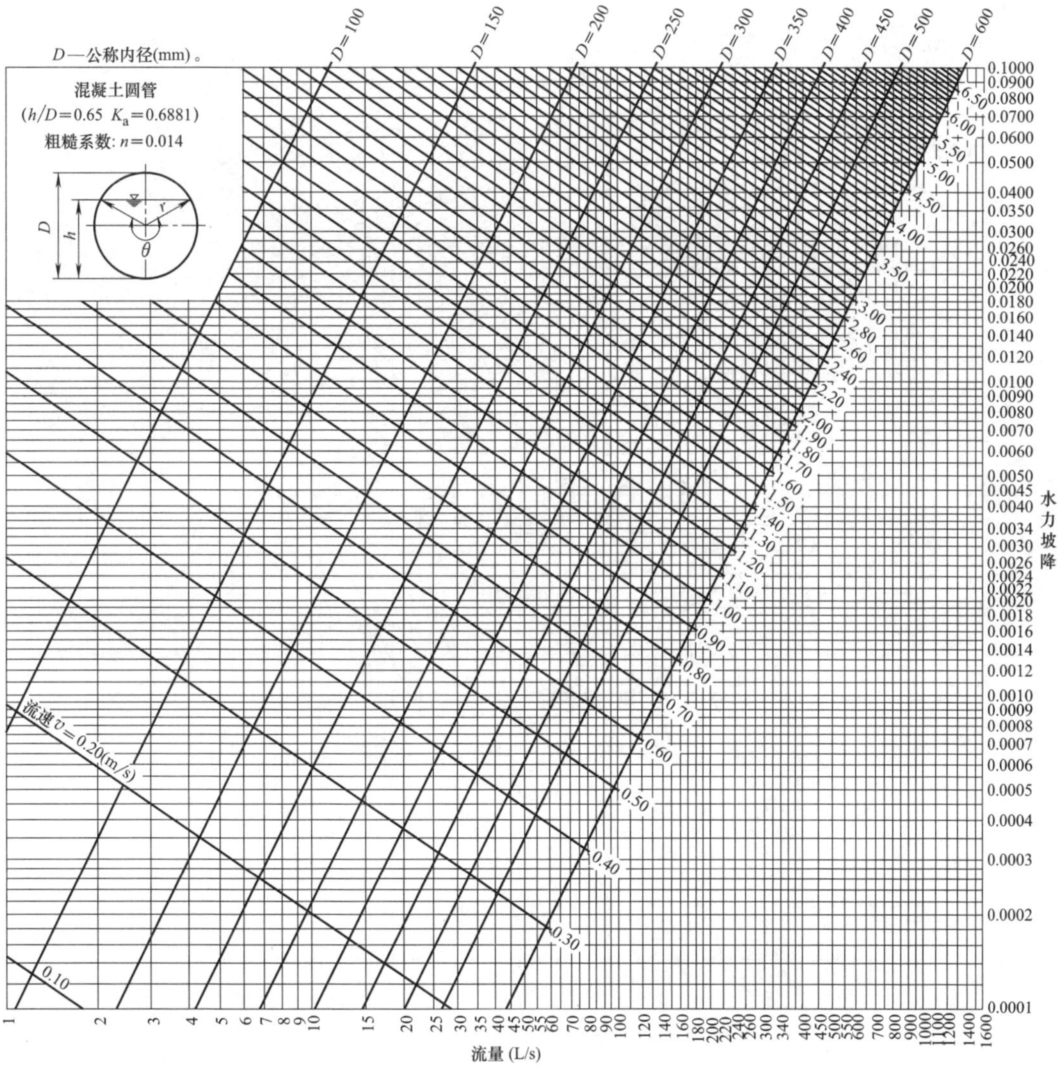

图 5-6 混凝土圆管水力计算图（h/D=0.65，D=100～600mm）

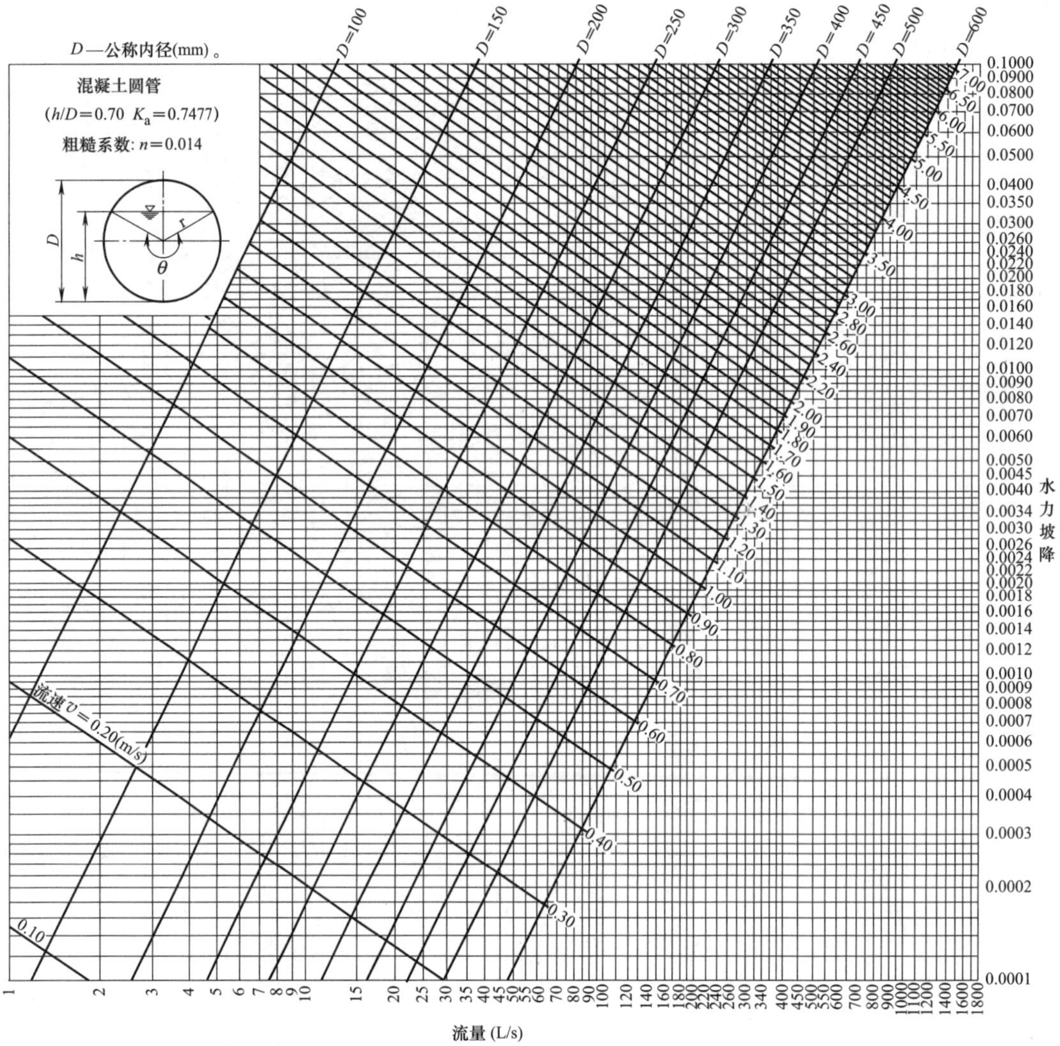

图 5-7 混凝土圆管水力计算图（h/D=0.70，D=100～600mm）

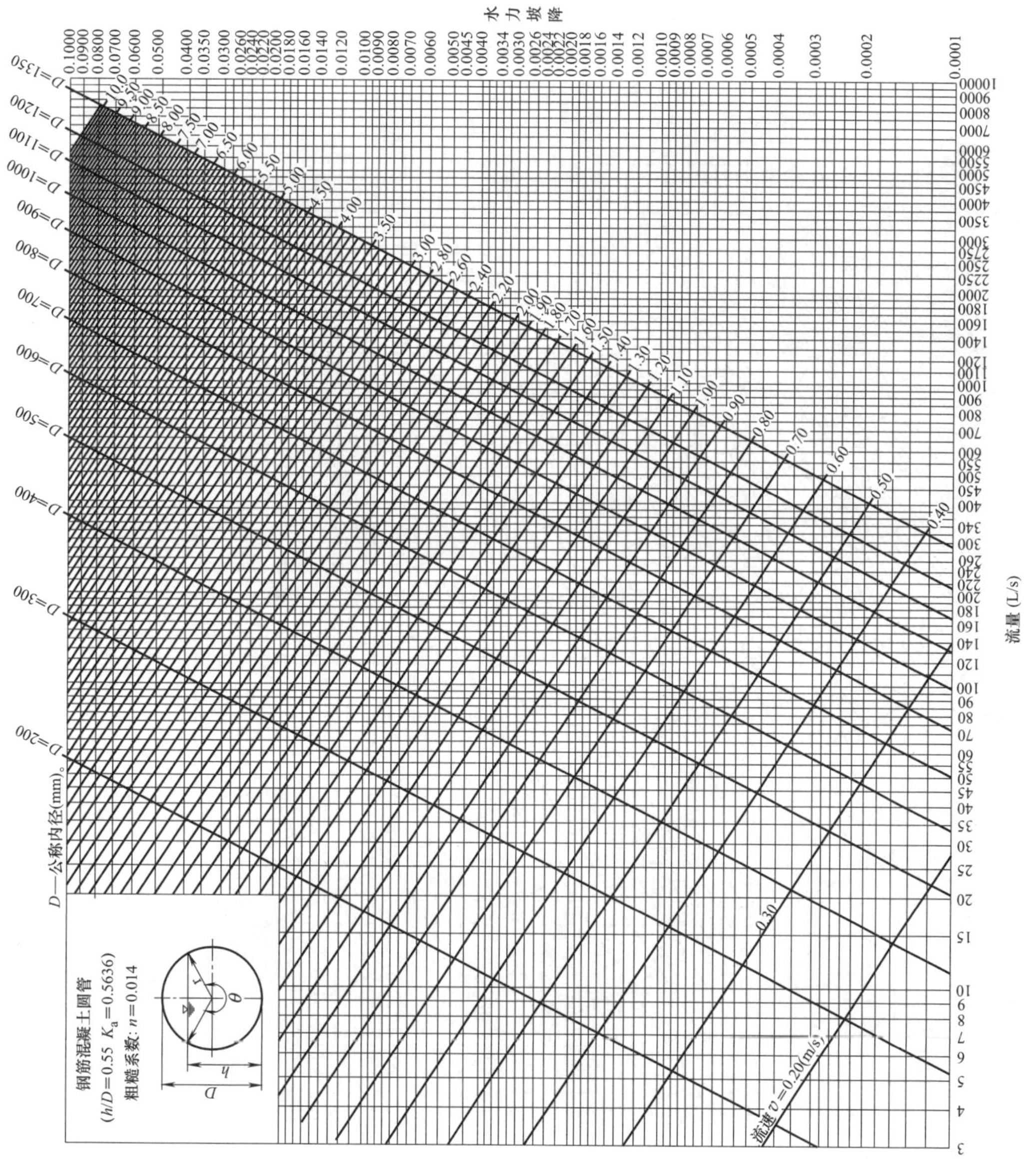

图 5-8 钢筋混凝土圆管水力计算图（$h/D=0.55$，$D=200\sim1350$mm）

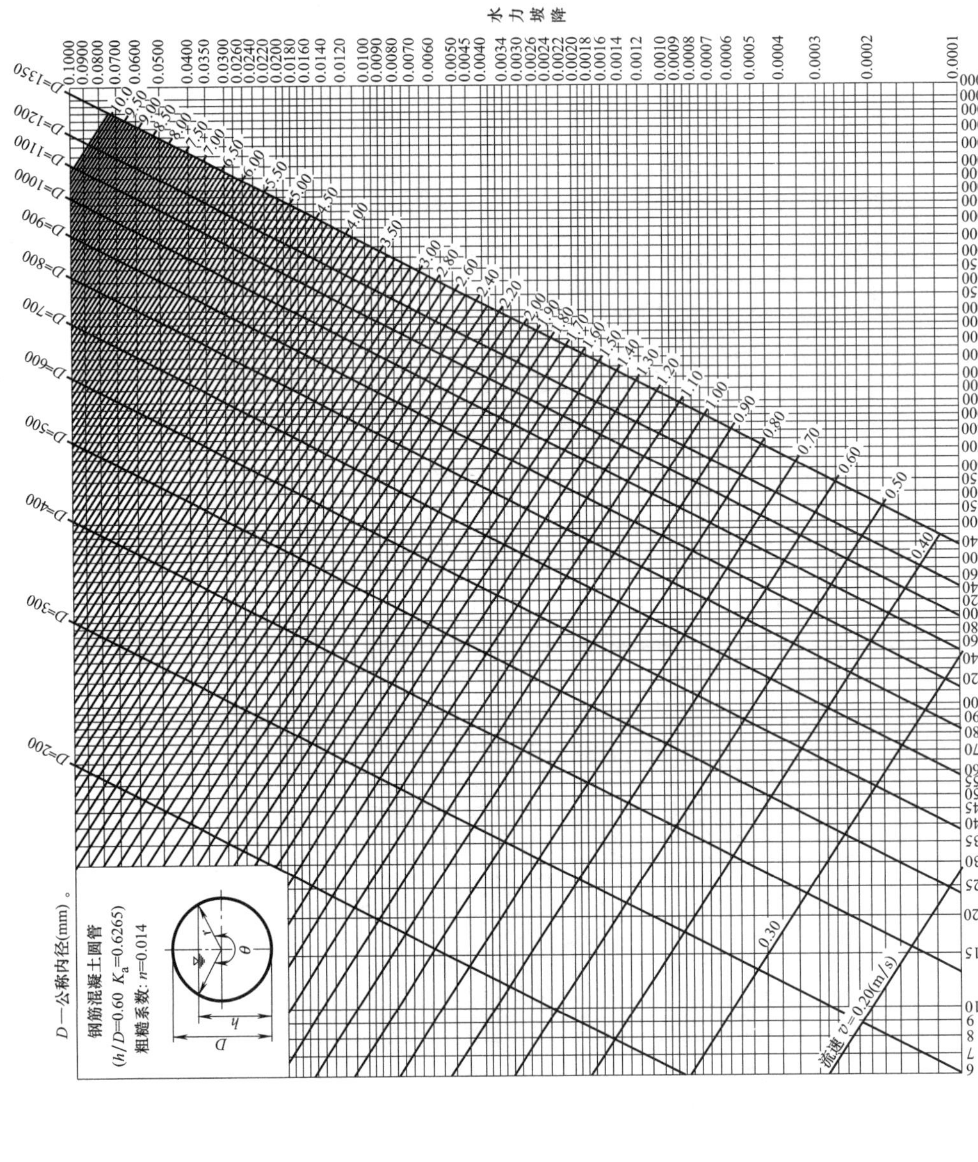

图 5-9 钢筋混凝土圆管水力计算图（$h/D=0.60$，$D=200\sim1350$mm）

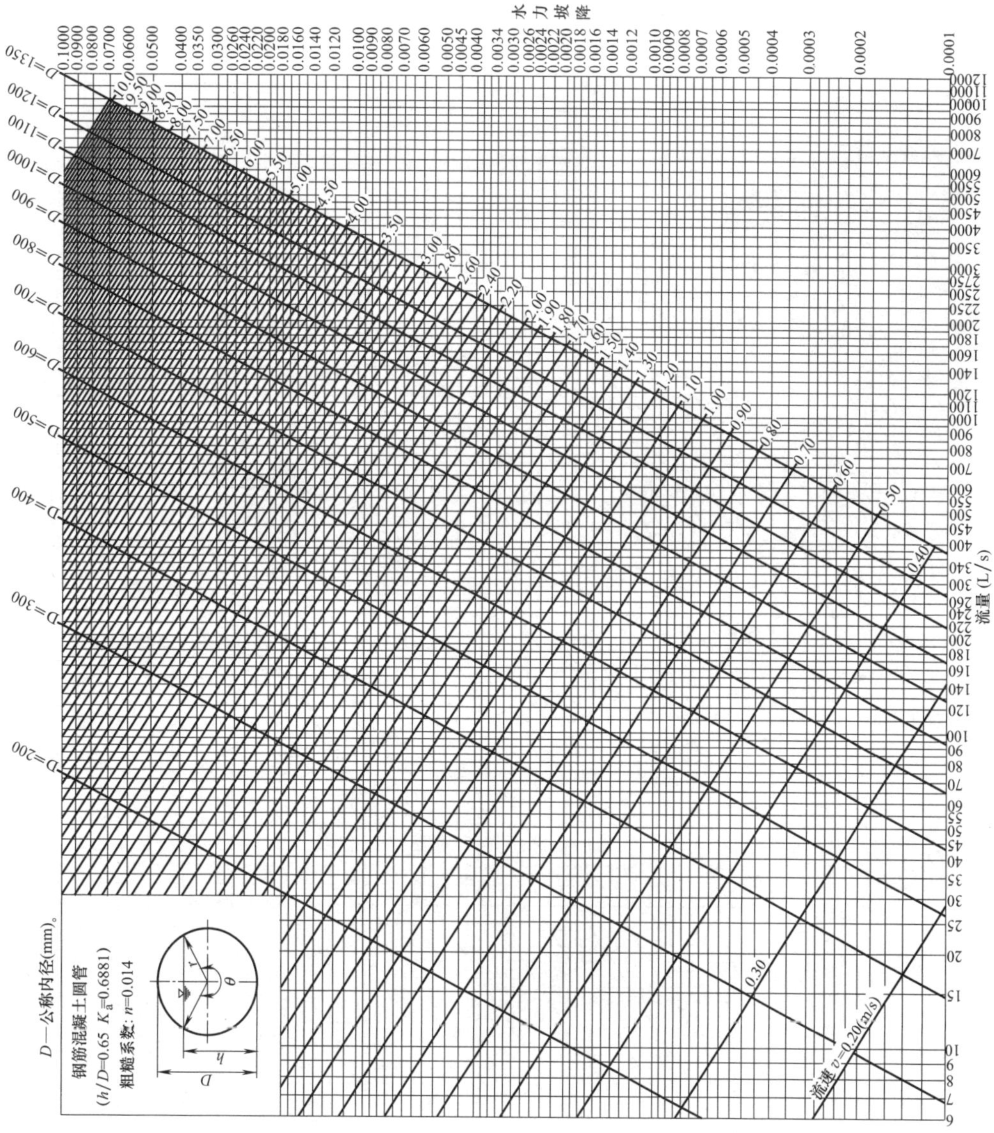

图 5-10 钢筋混凝土圆管水力计算图（$h/D=0.65$，$D=200\sim1350$mm）

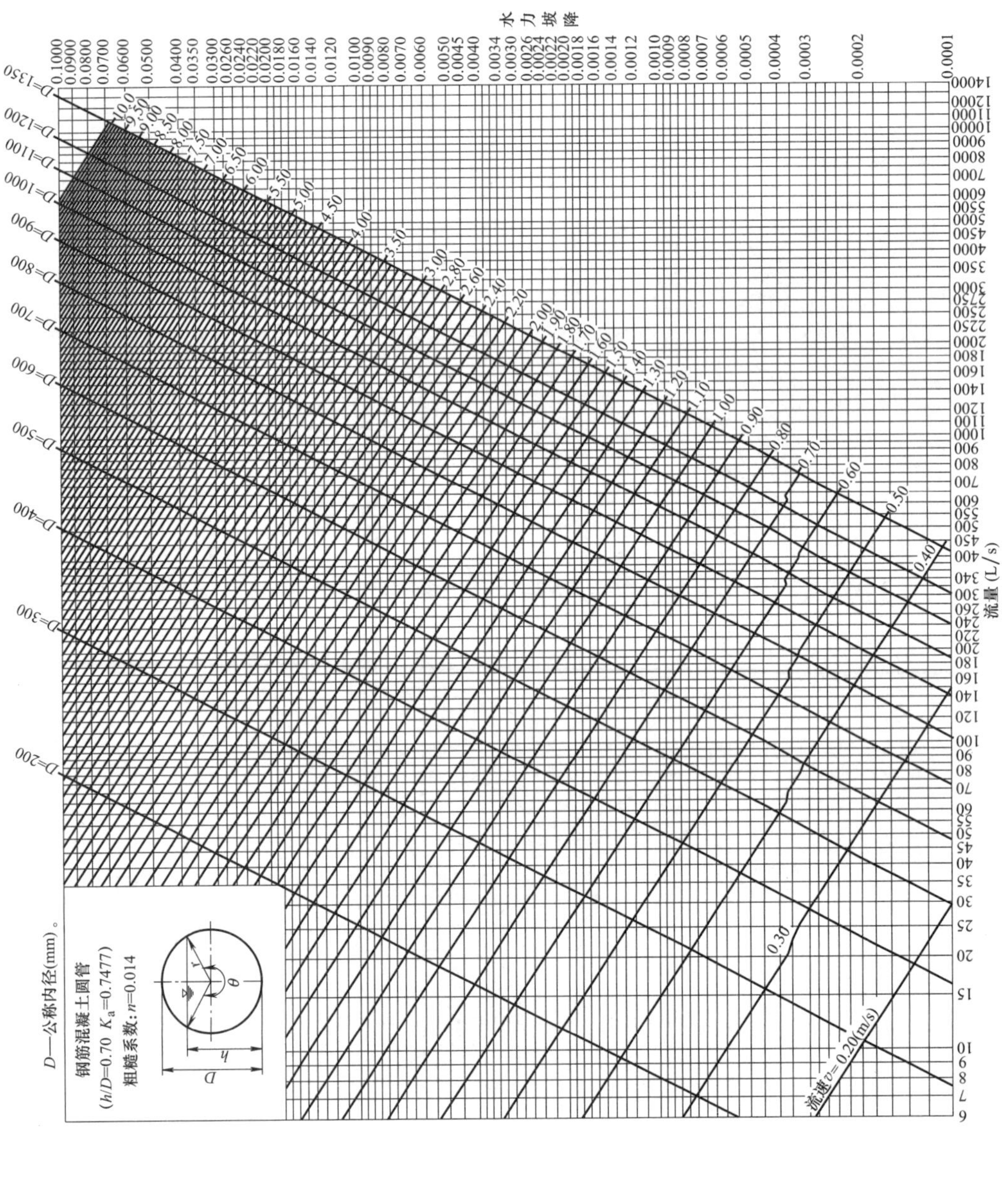

图 5-11 钢筋混凝土圆管水力计算图（h/D=0.70，D=200～1350mm）

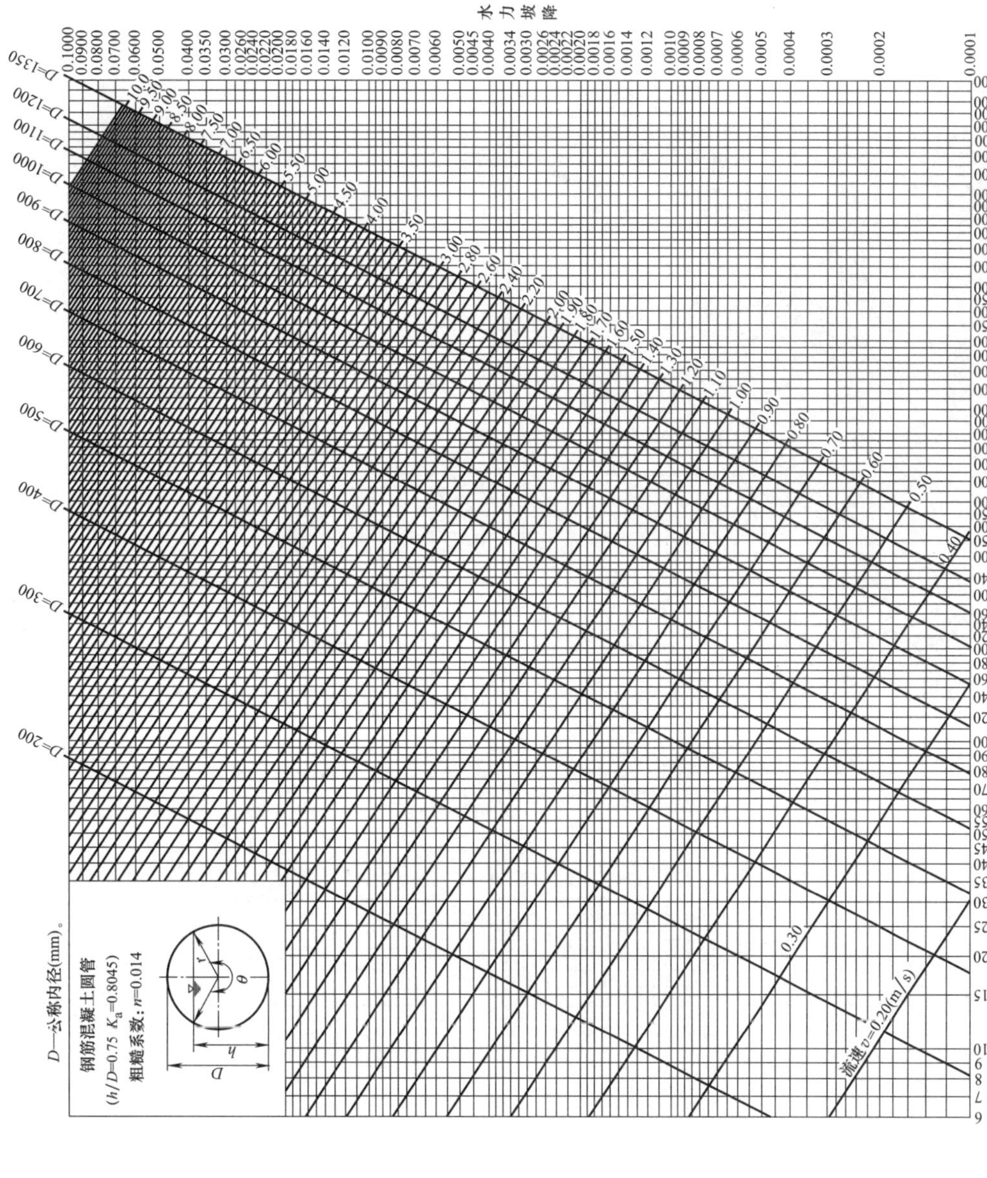

图 5-12 钢筋混凝土圆管水力计算图（$h/D=0.75$，$D=200\sim1350$mm）

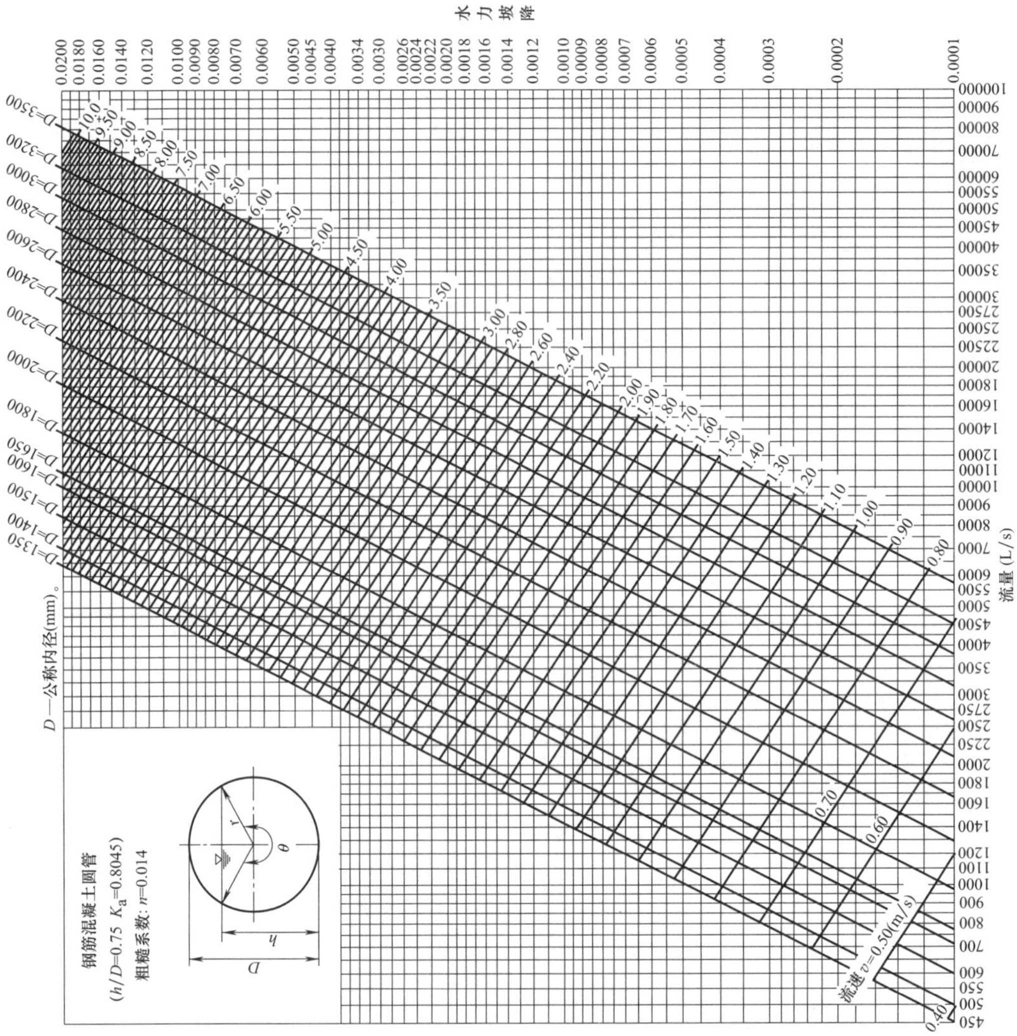

图 5-13　钢筋混凝土圆管水力计算图（h/D=0.75，D=1350～3500mm）

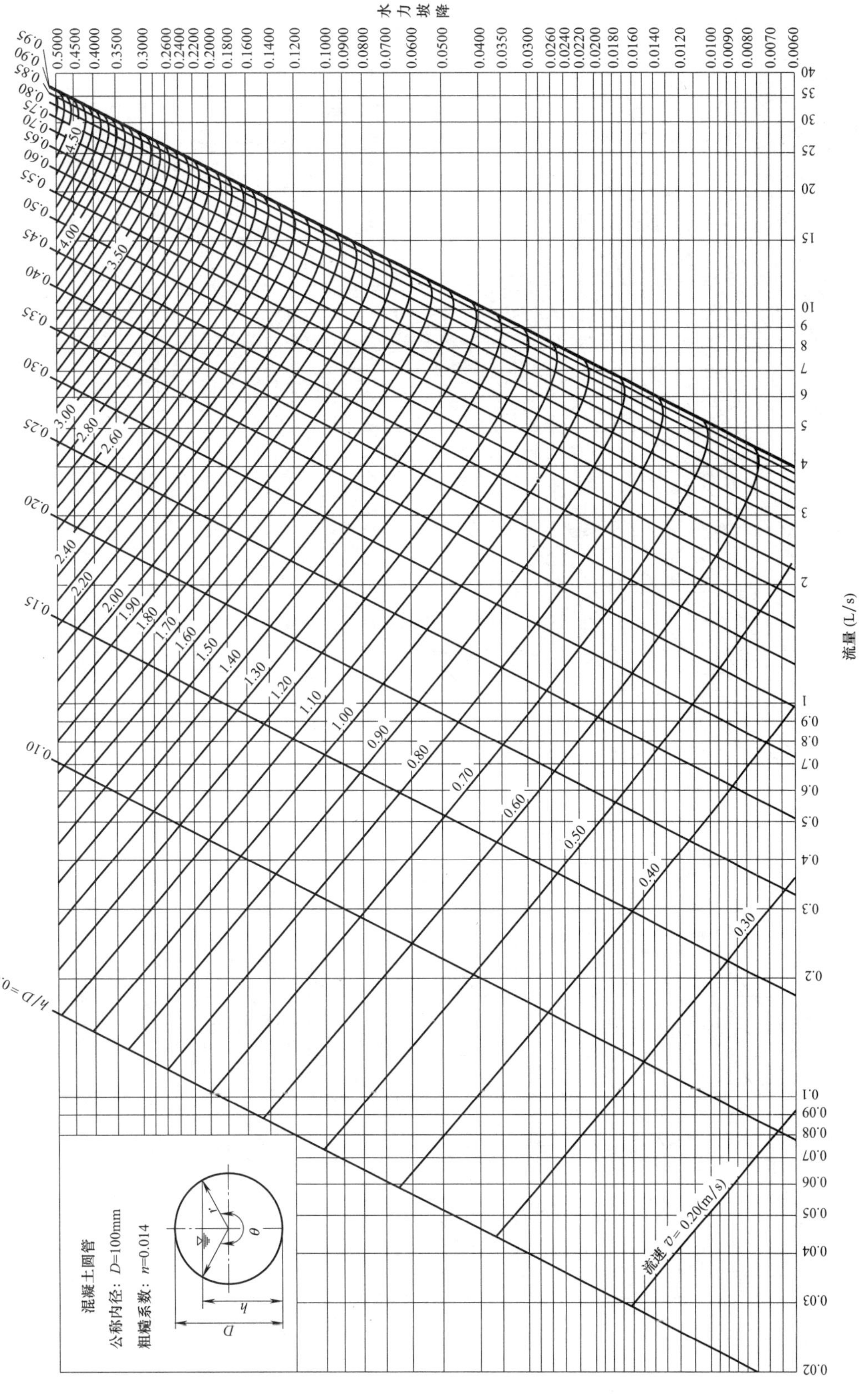

图 5-14　混凝土圆管水力计算图（D=100mm）

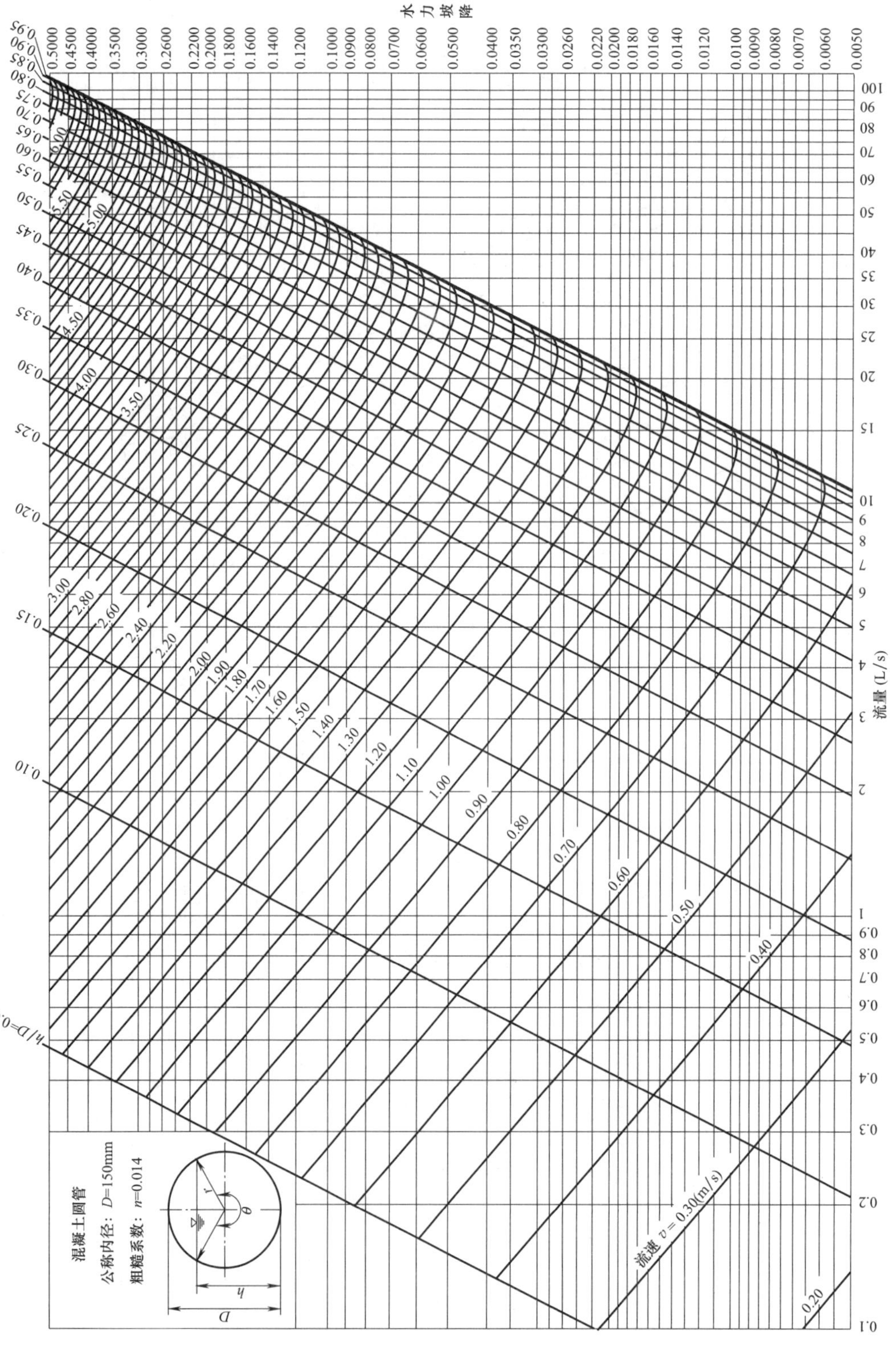

图 5-15　混凝土圆管水力计算图（D=150mm）

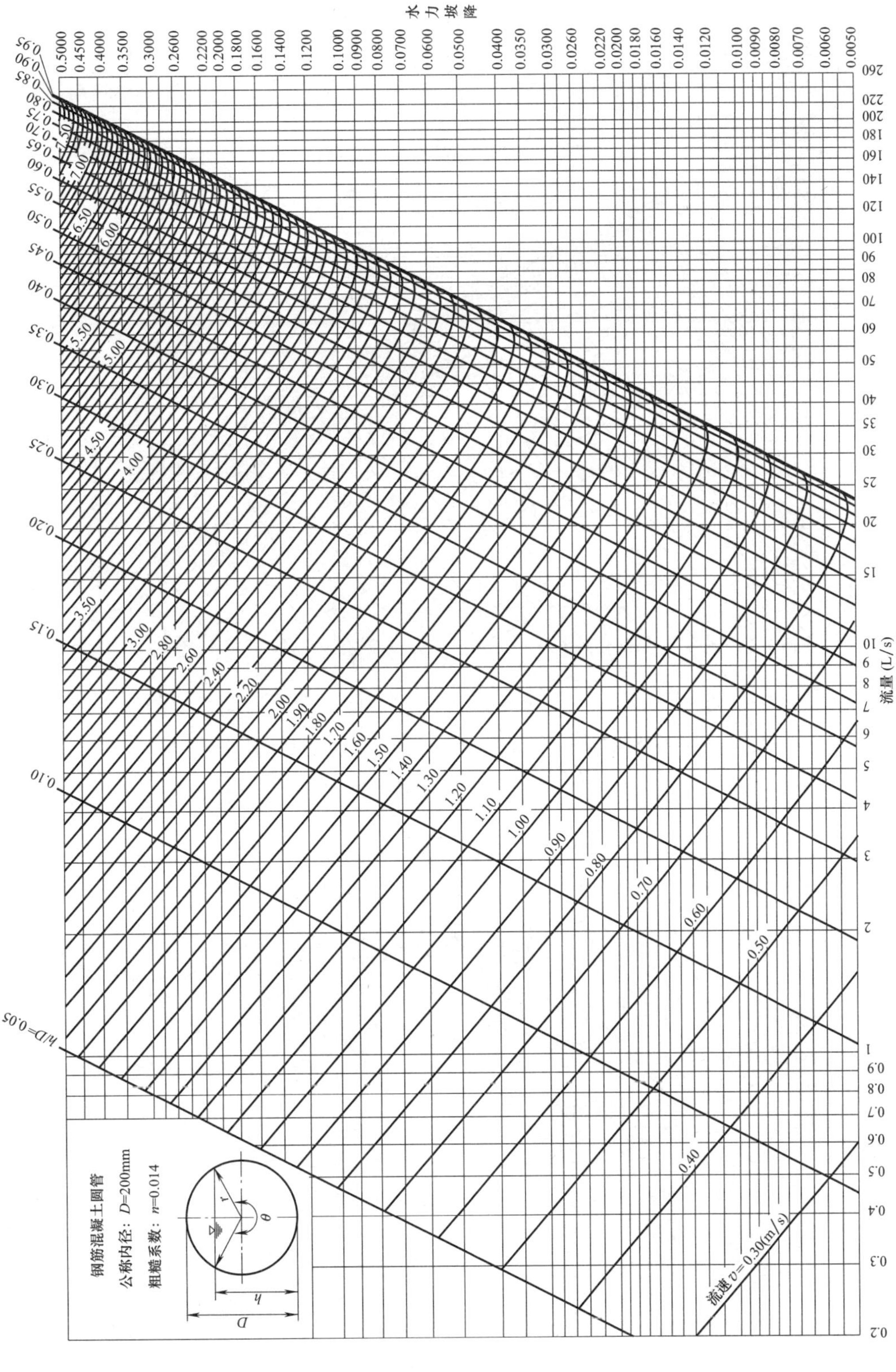

图 5-16 钢筋混凝土圆管水力计算图（D=200mm）

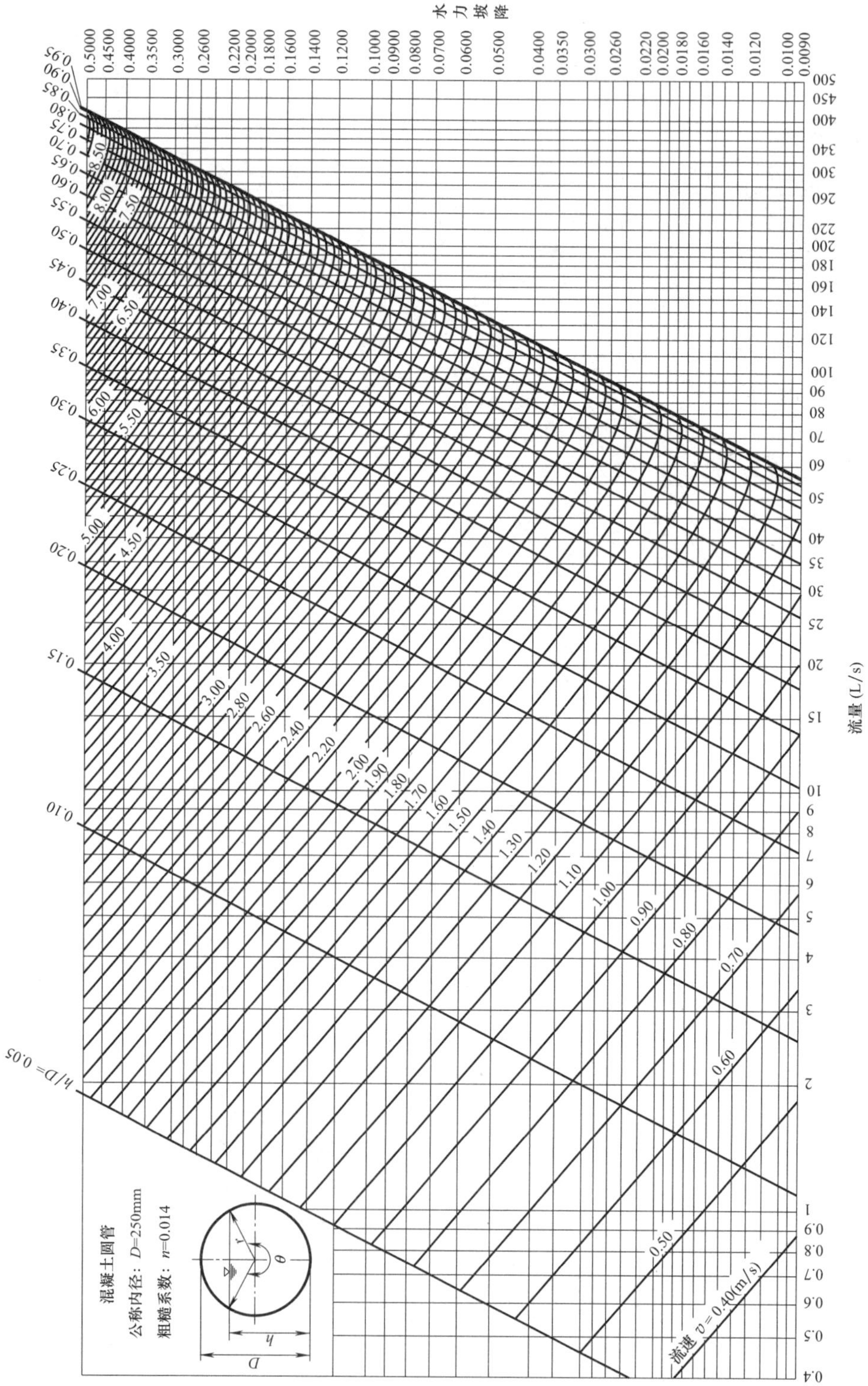

图 5-17 混凝土圆管水力计算图（D=250mm）

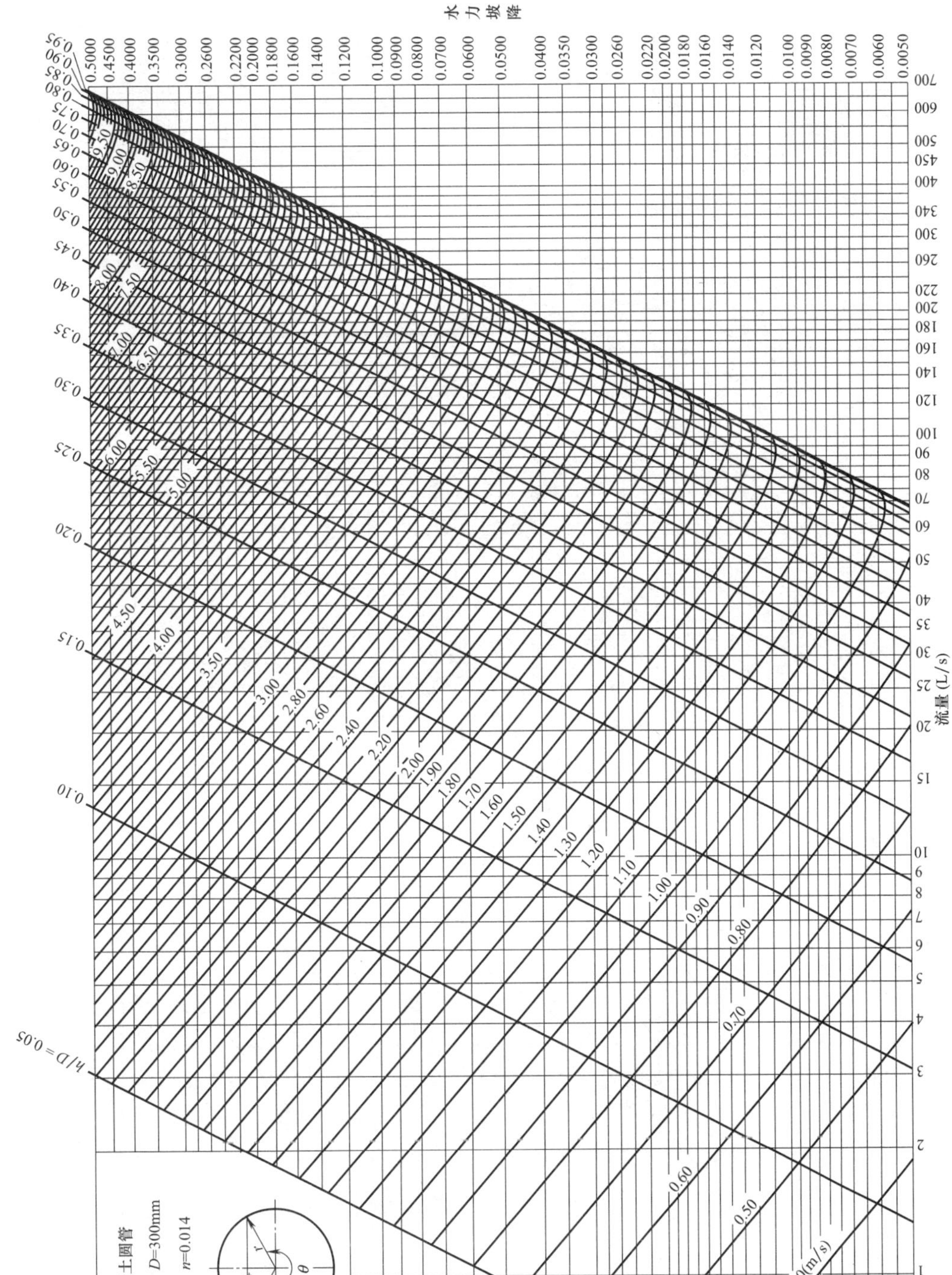

图 5-18 钢筋混凝土圆管水力计算图（$D=300$mm）

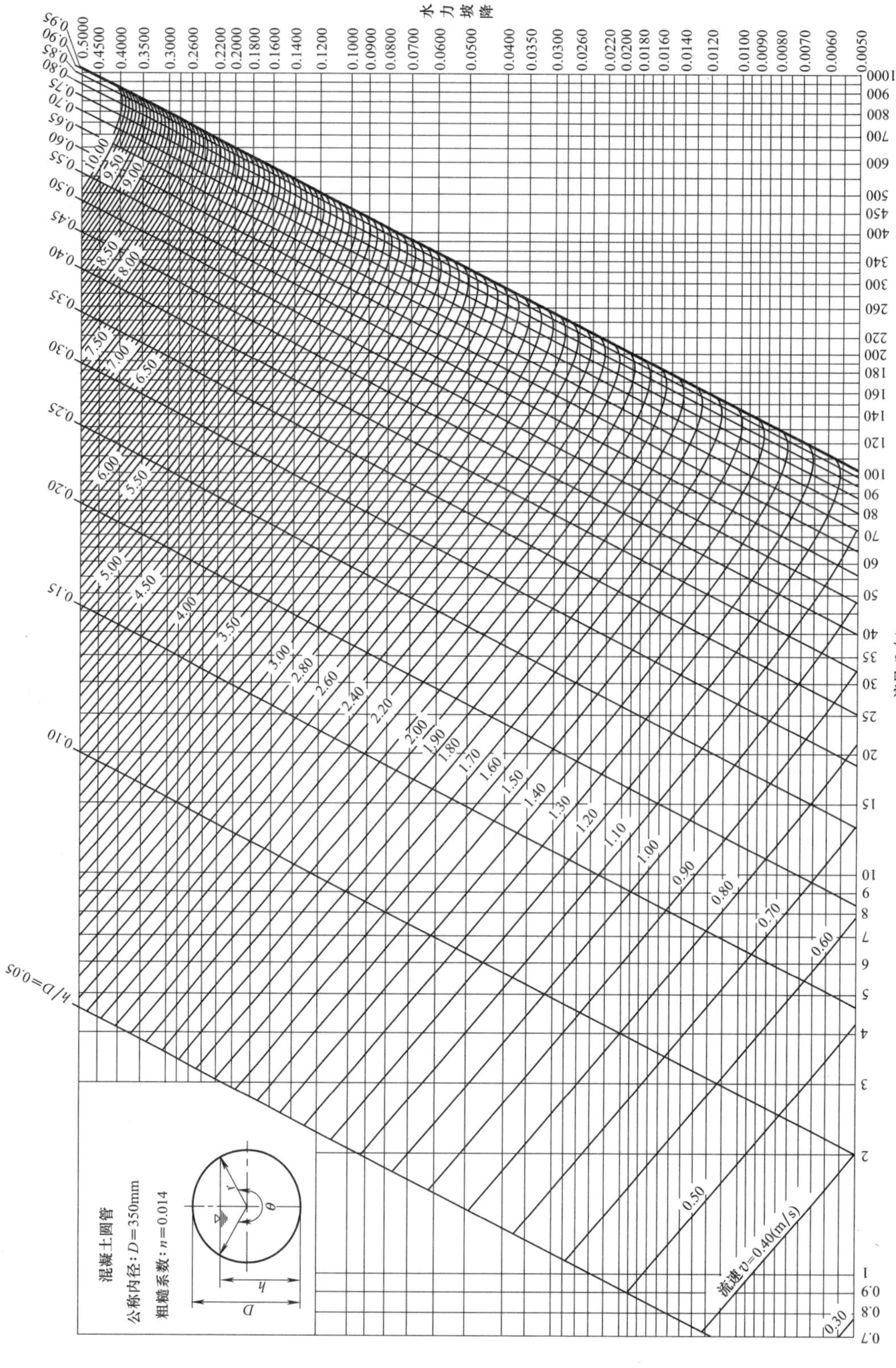

图 5-19　混凝土圆管水力计算图（D=350mm）

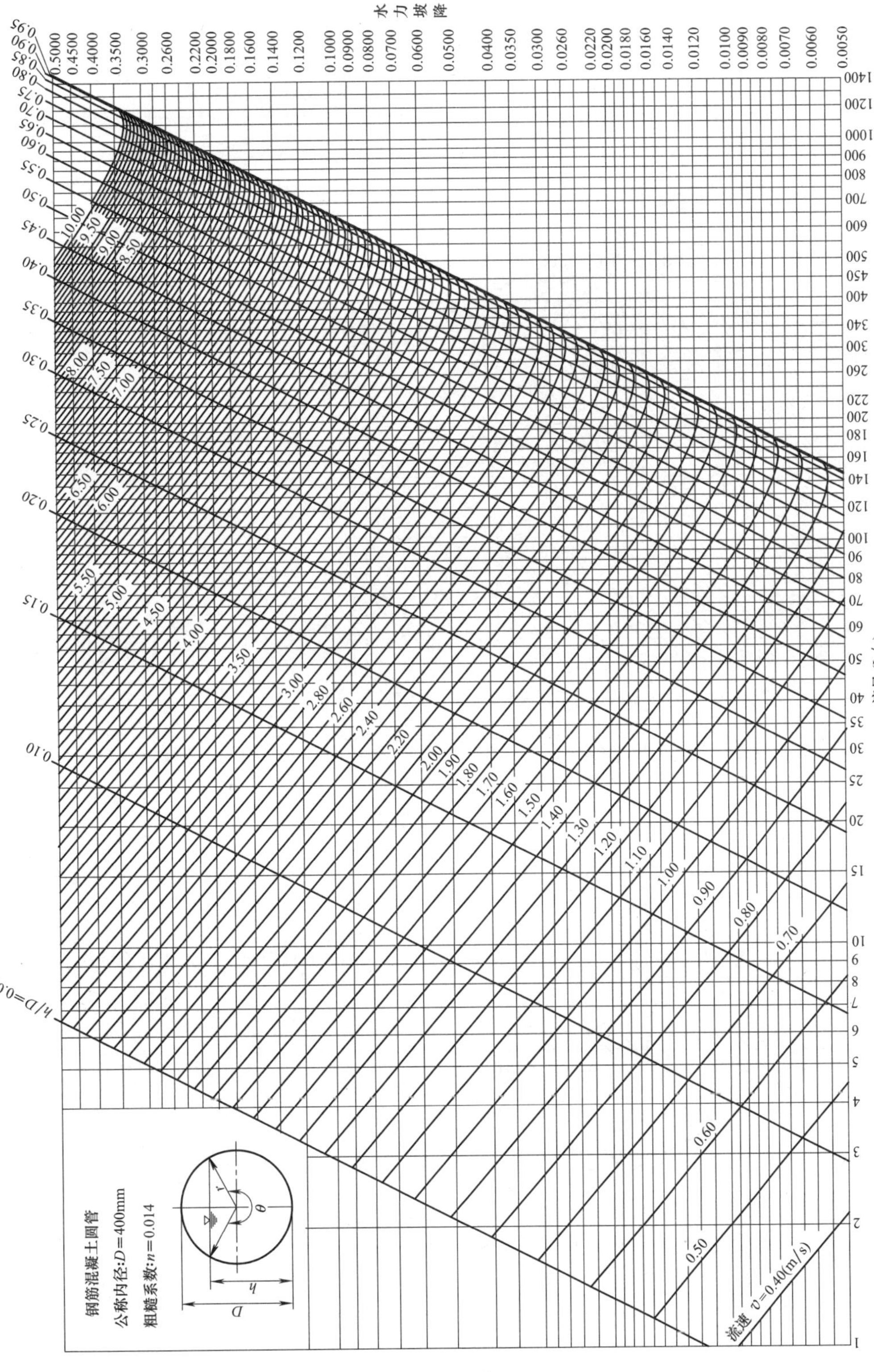

图 5-20　钢筋混凝土圆管水力计算图（D=400mm）

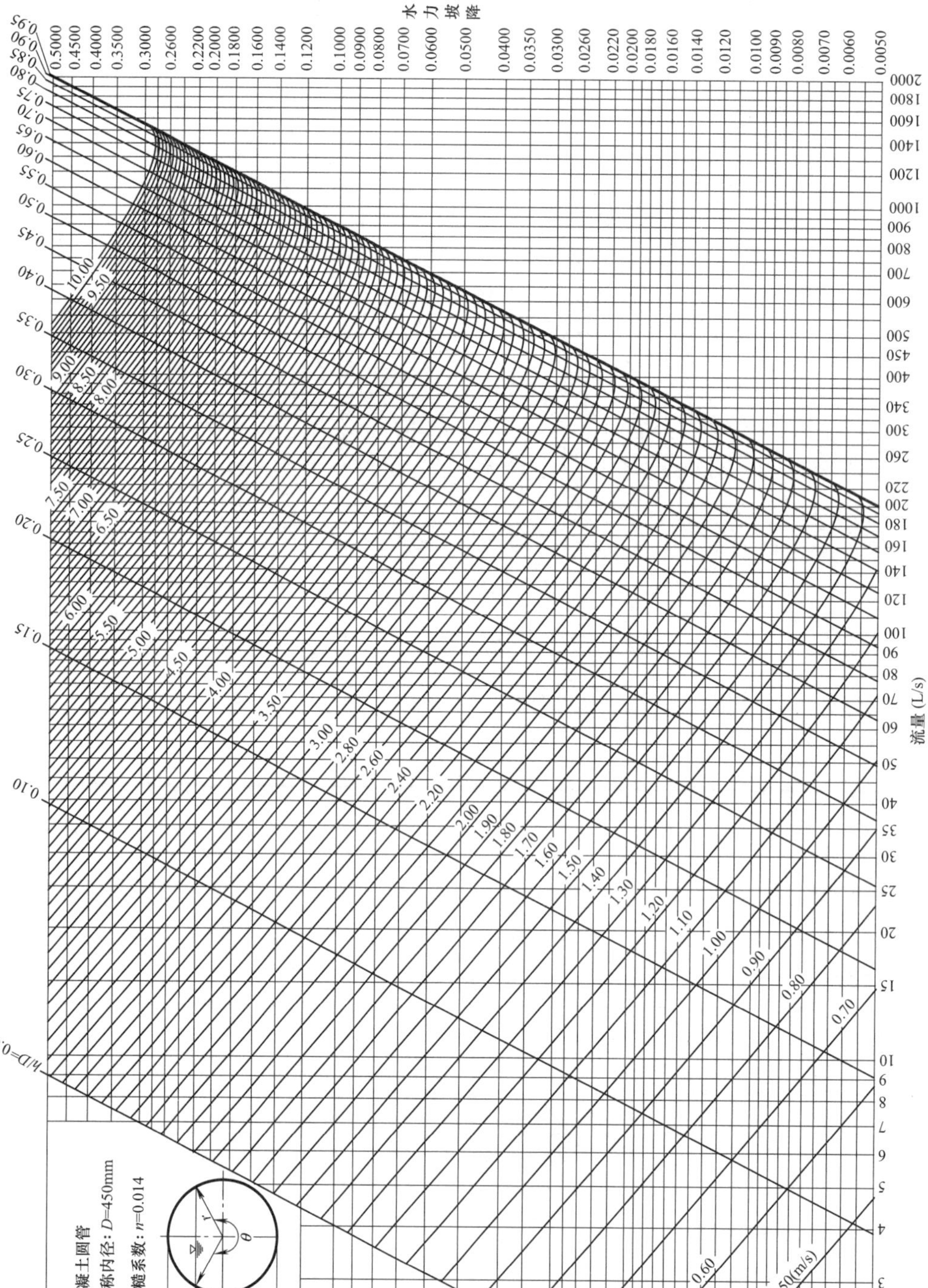

图 5-21　混凝土圆管水力计算图（D=450mm）

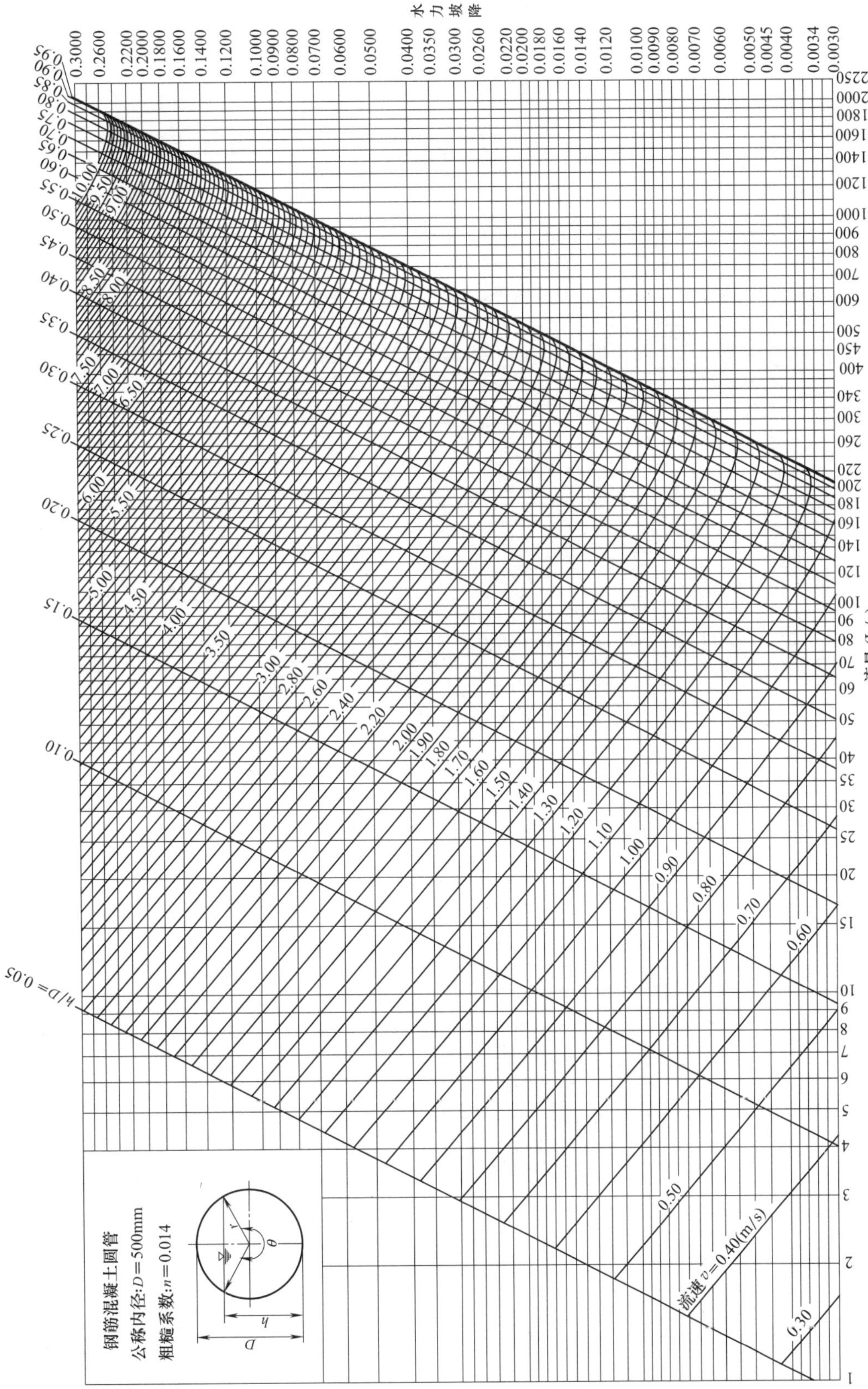

图 5-22 钢筋混凝土圆管水力计算图（D=500mm）

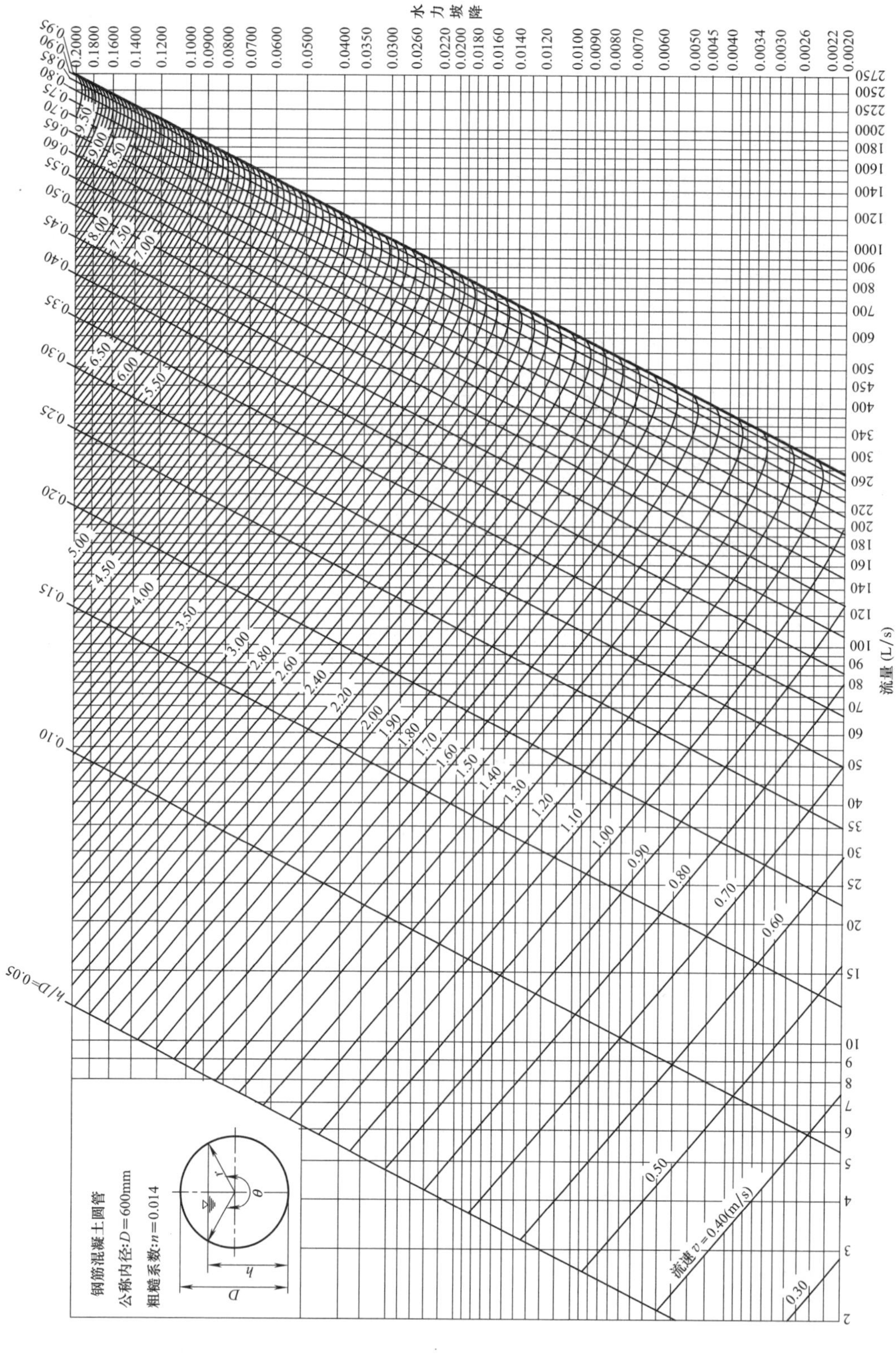

图 5-23 钢筋混凝土圆管水力计算图（D=600mm）

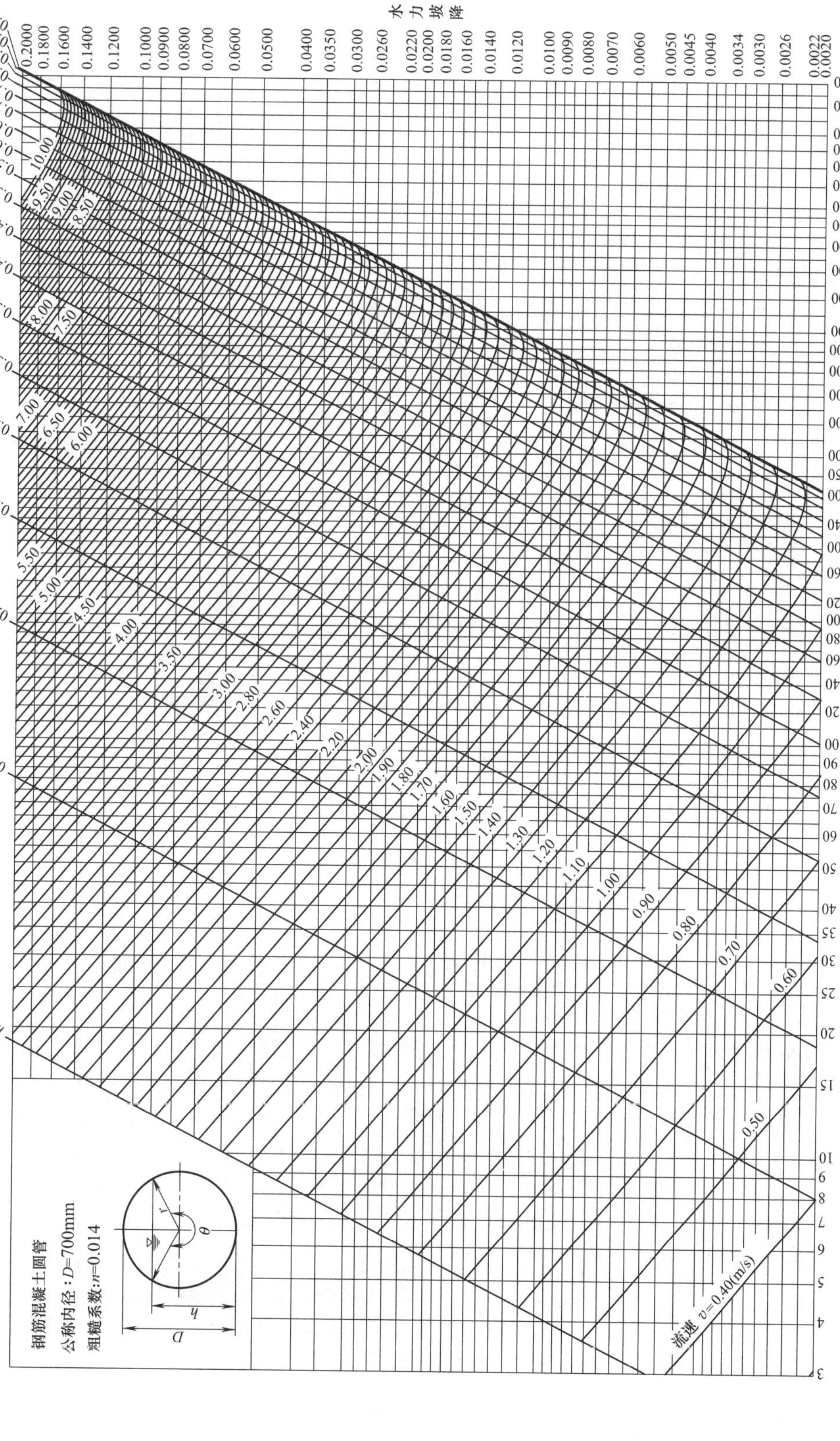

图 5-24 钢筋混凝土圆管水力计算图（$D=700$mm）

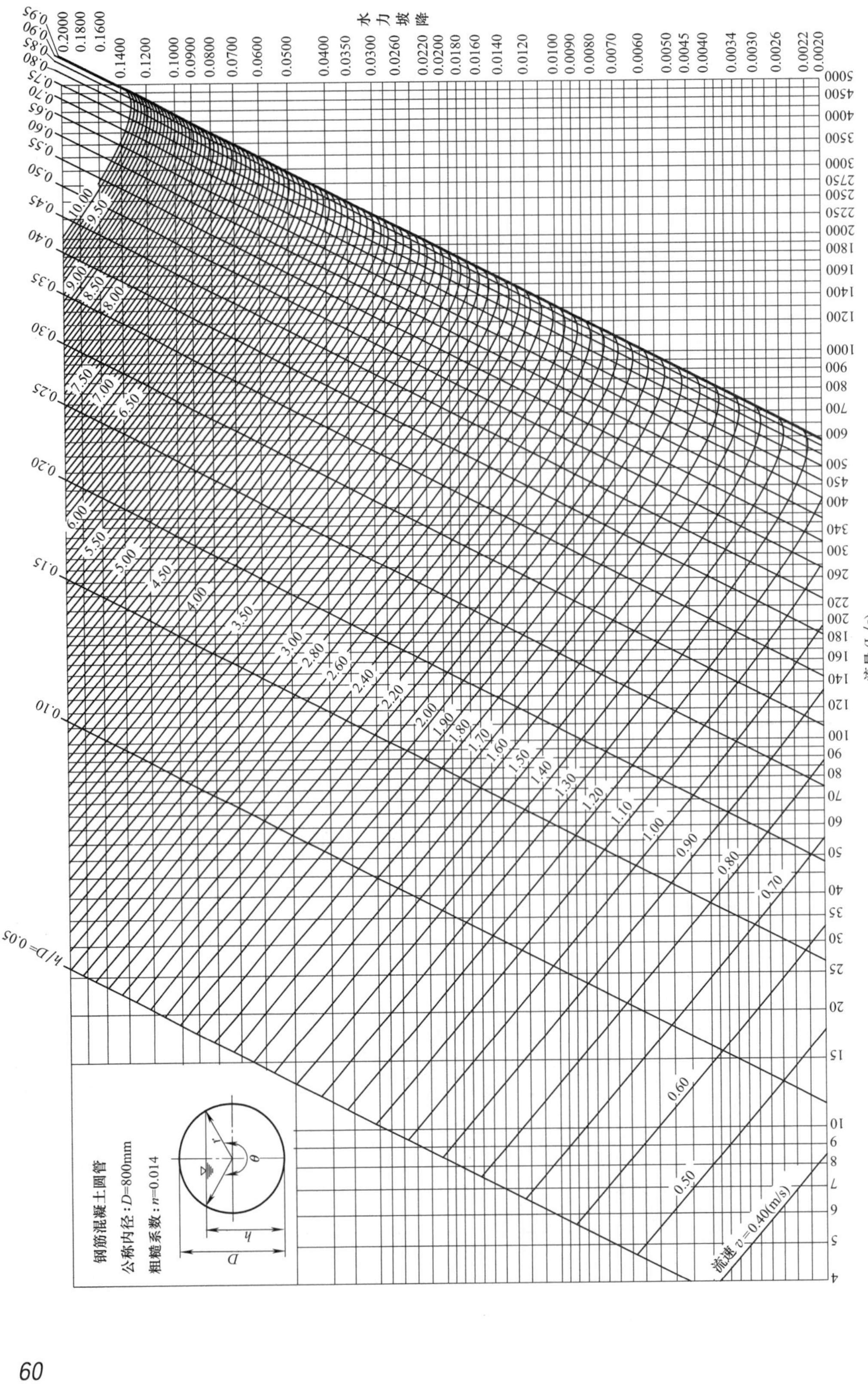

图 5-25 钢筋混凝土圆管水力计算图（D=800mm）

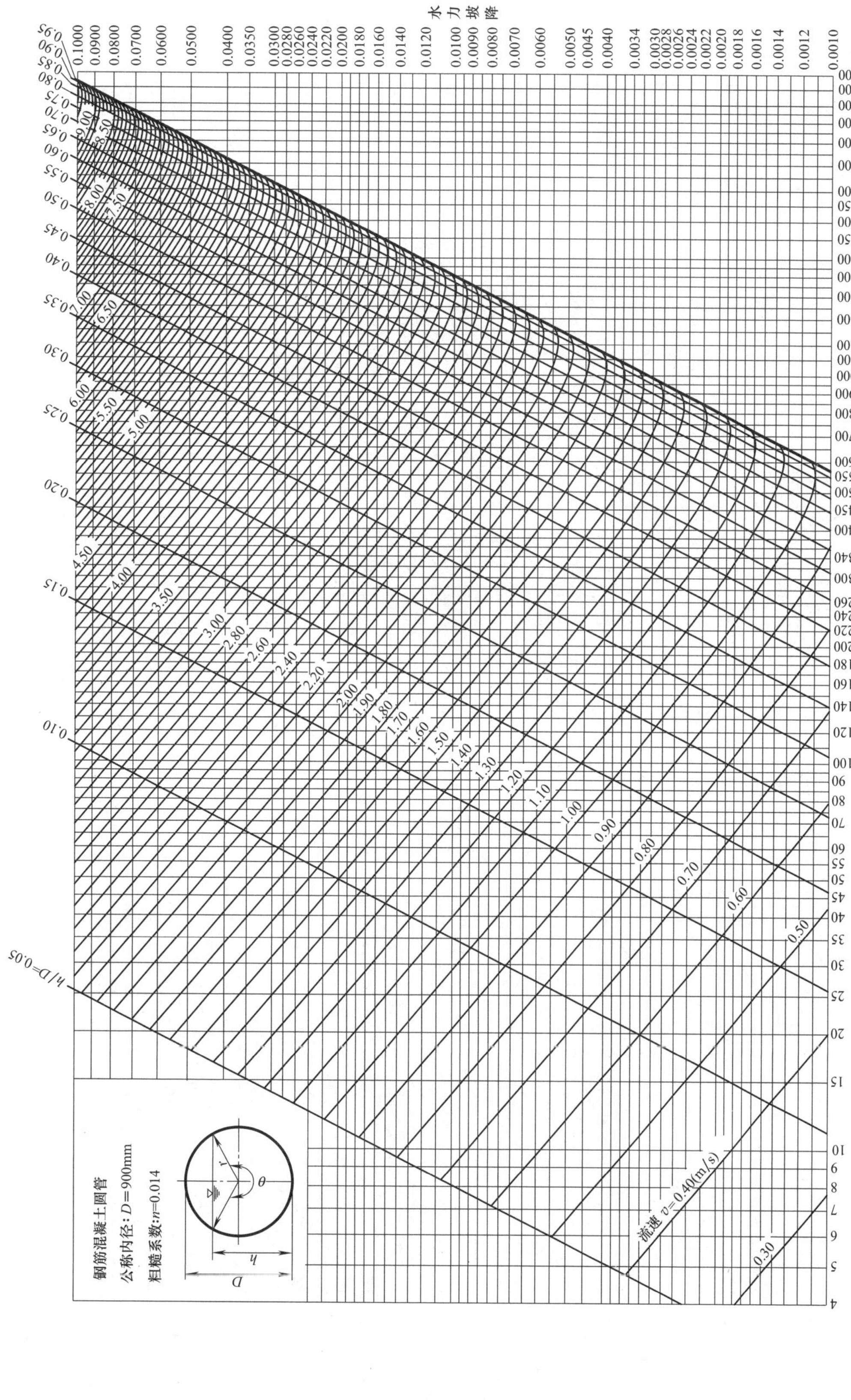

图 5-26 钢筋混凝土圆管水力计算图（D=900mm）

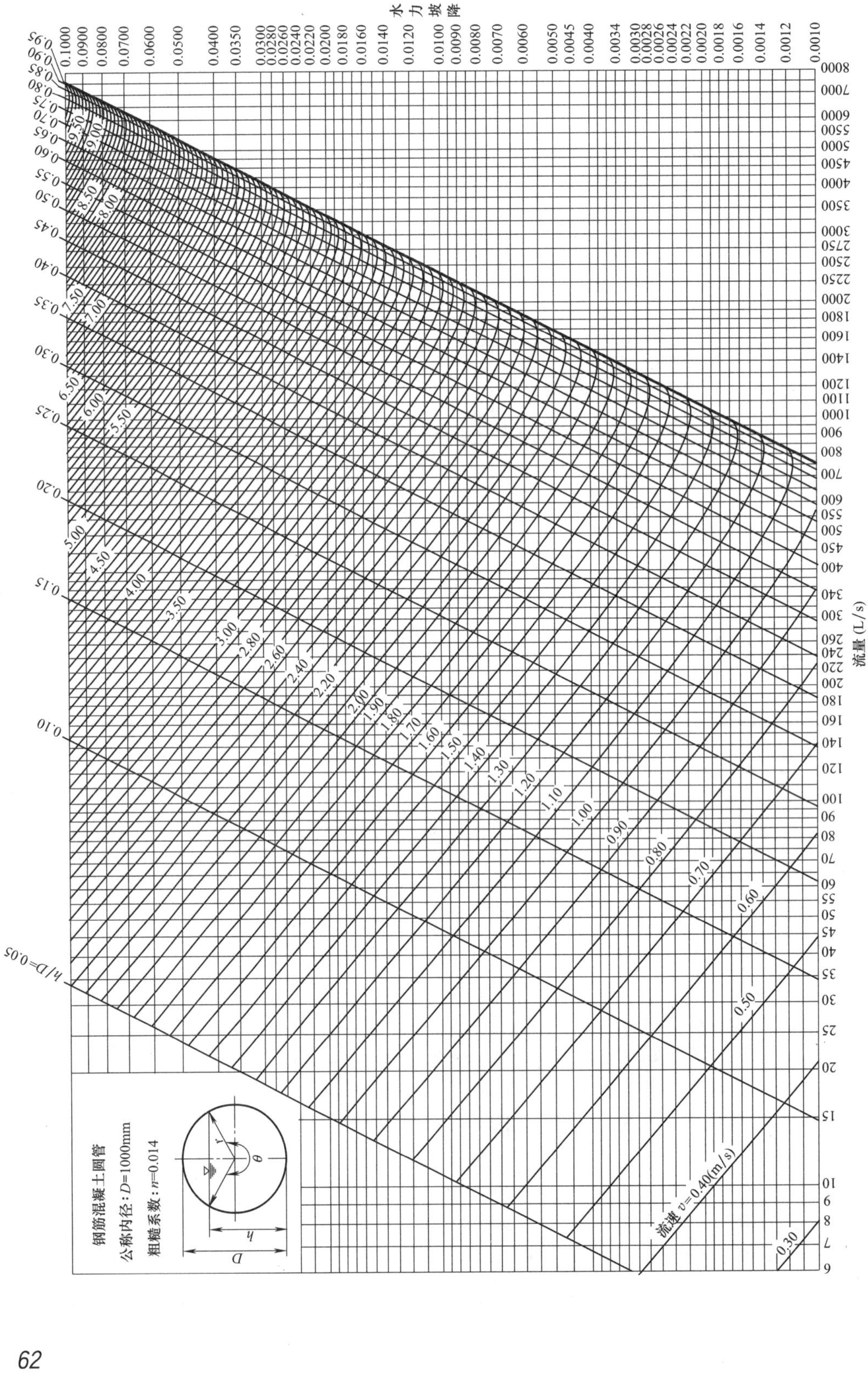

图 5-27 钢筋混凝土圆管水力计算图（D=1000mm）

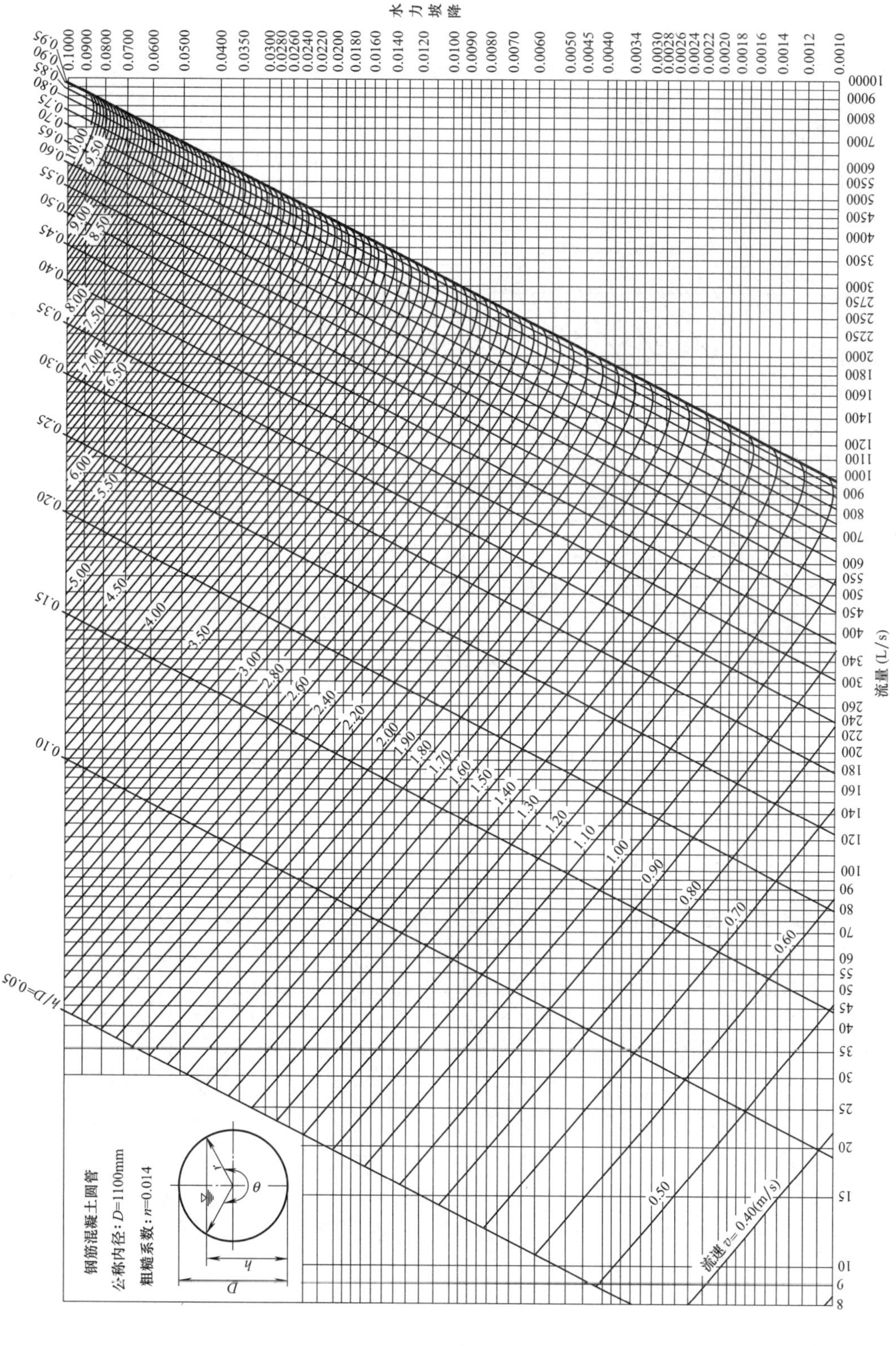

图 5-28 钢筋混凝土圆管水力计算图（$D=1100$mm）

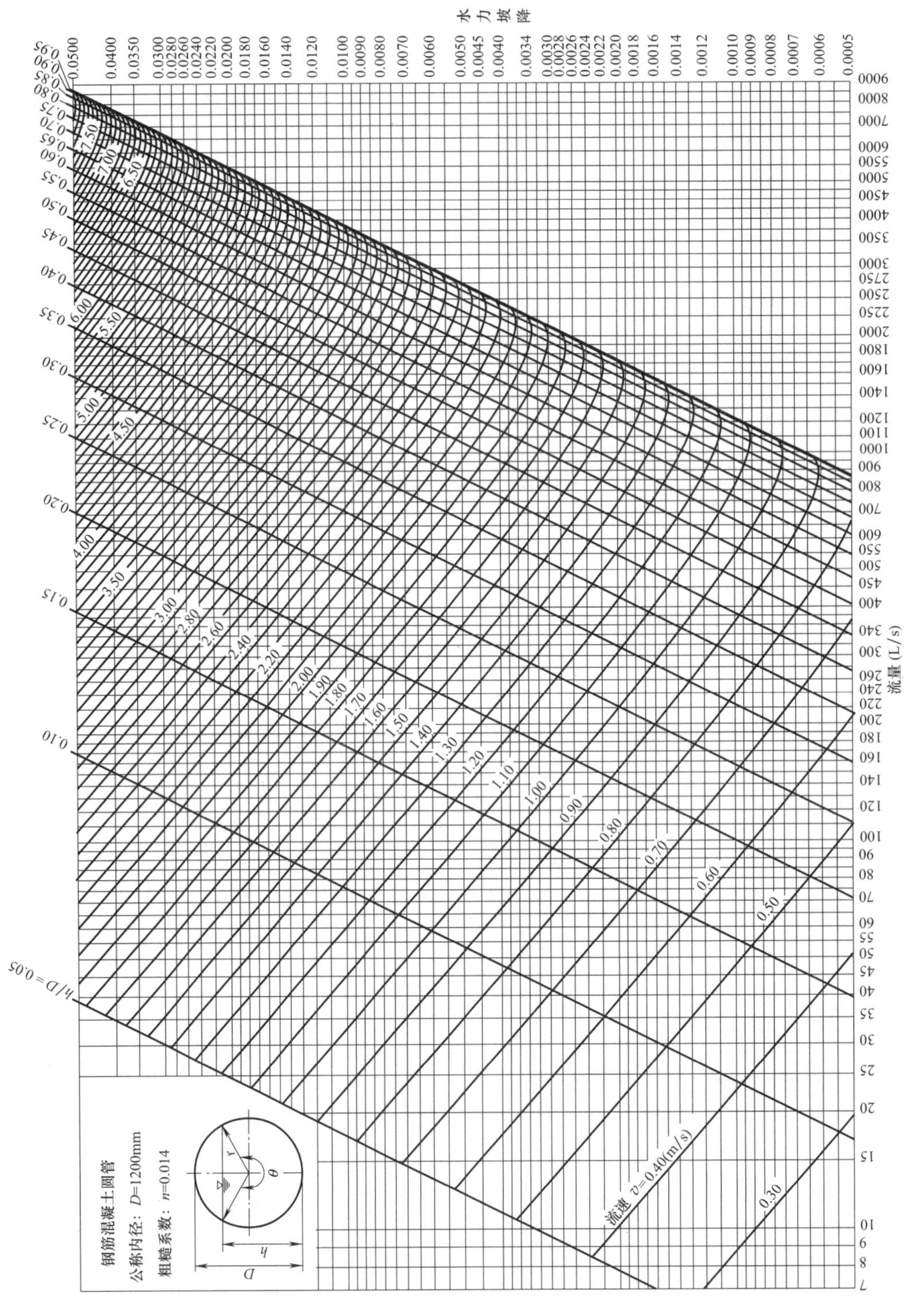

图 5-29 钢筋混凝土圆管水力计算图（D=1200mm）

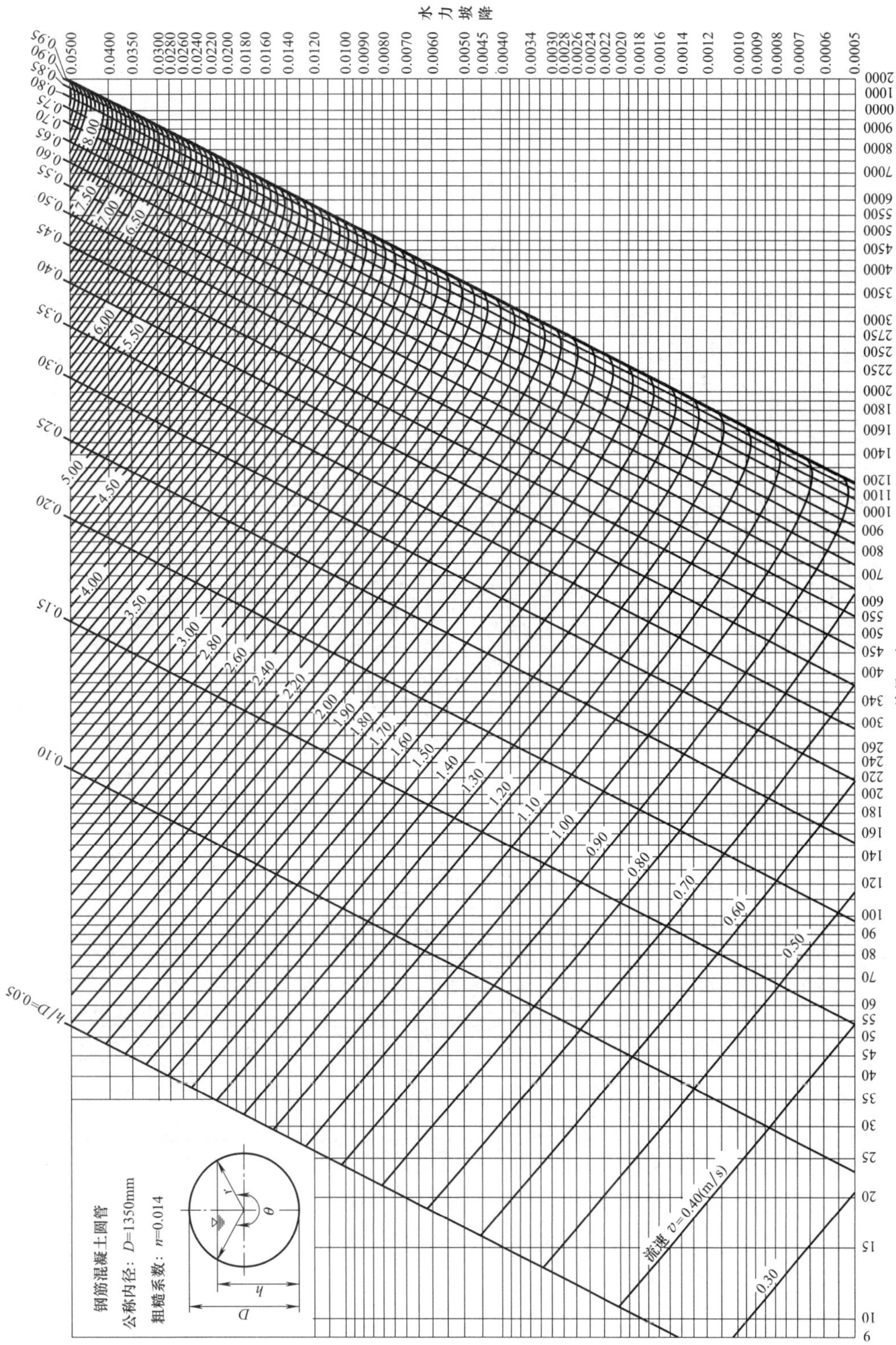

图 5-30 钢筋混凝土圆管水力计算图（D=1350mm）

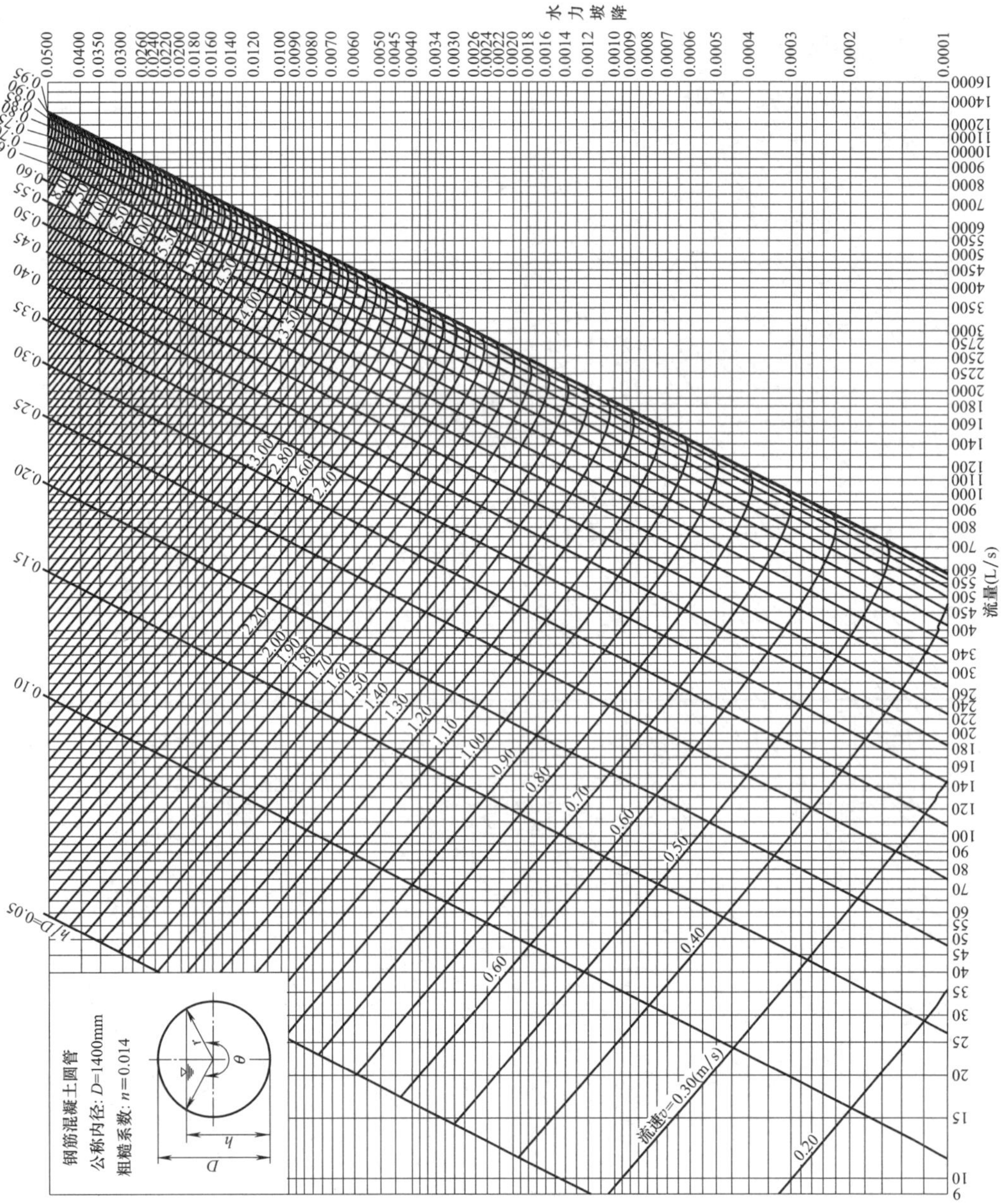

图 5-31 钢筋混凝土圆管水力计算图（D=1400mm）

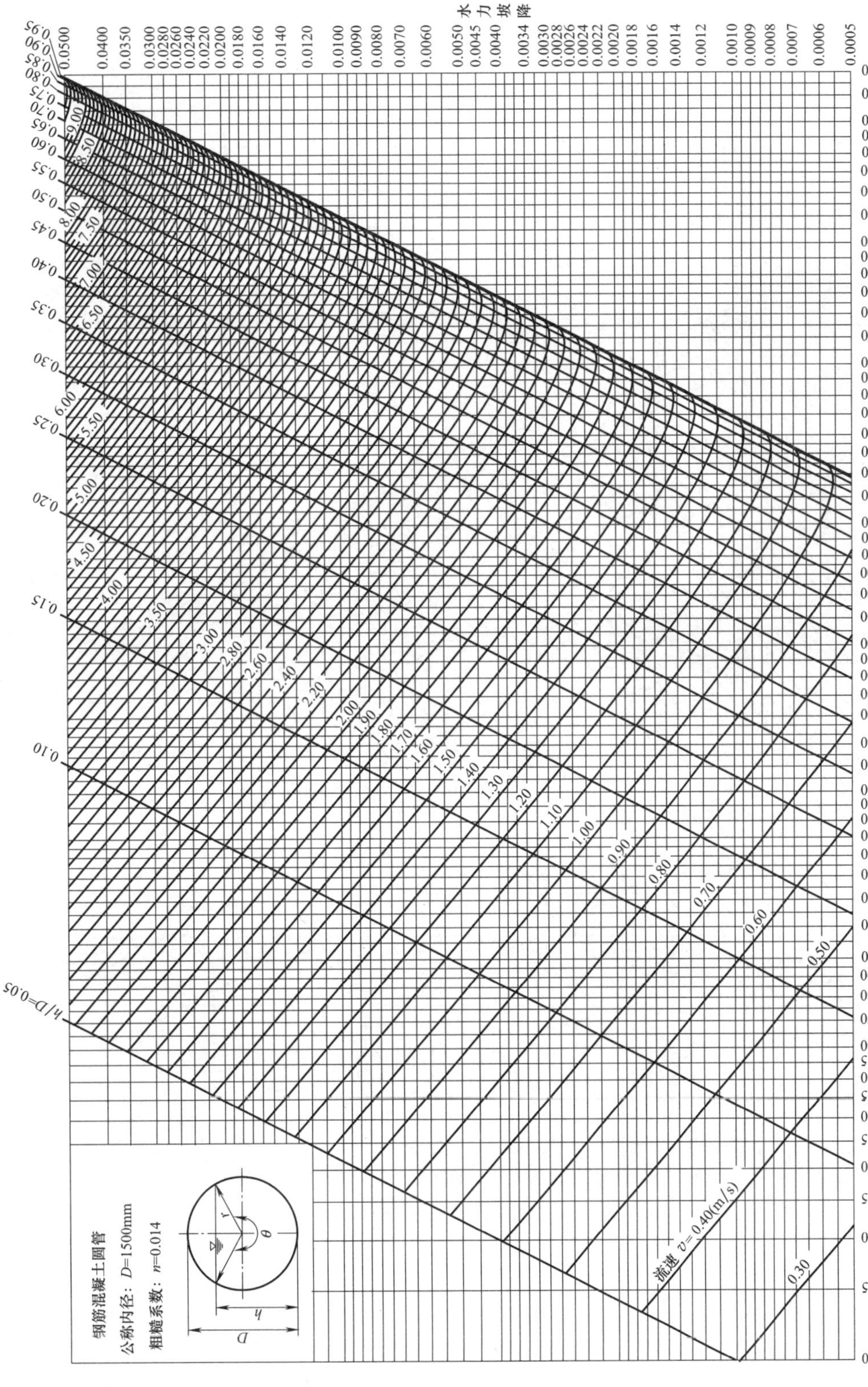

图 5-32 钢筋混凝土圆管水力计算图（D=1500mm）

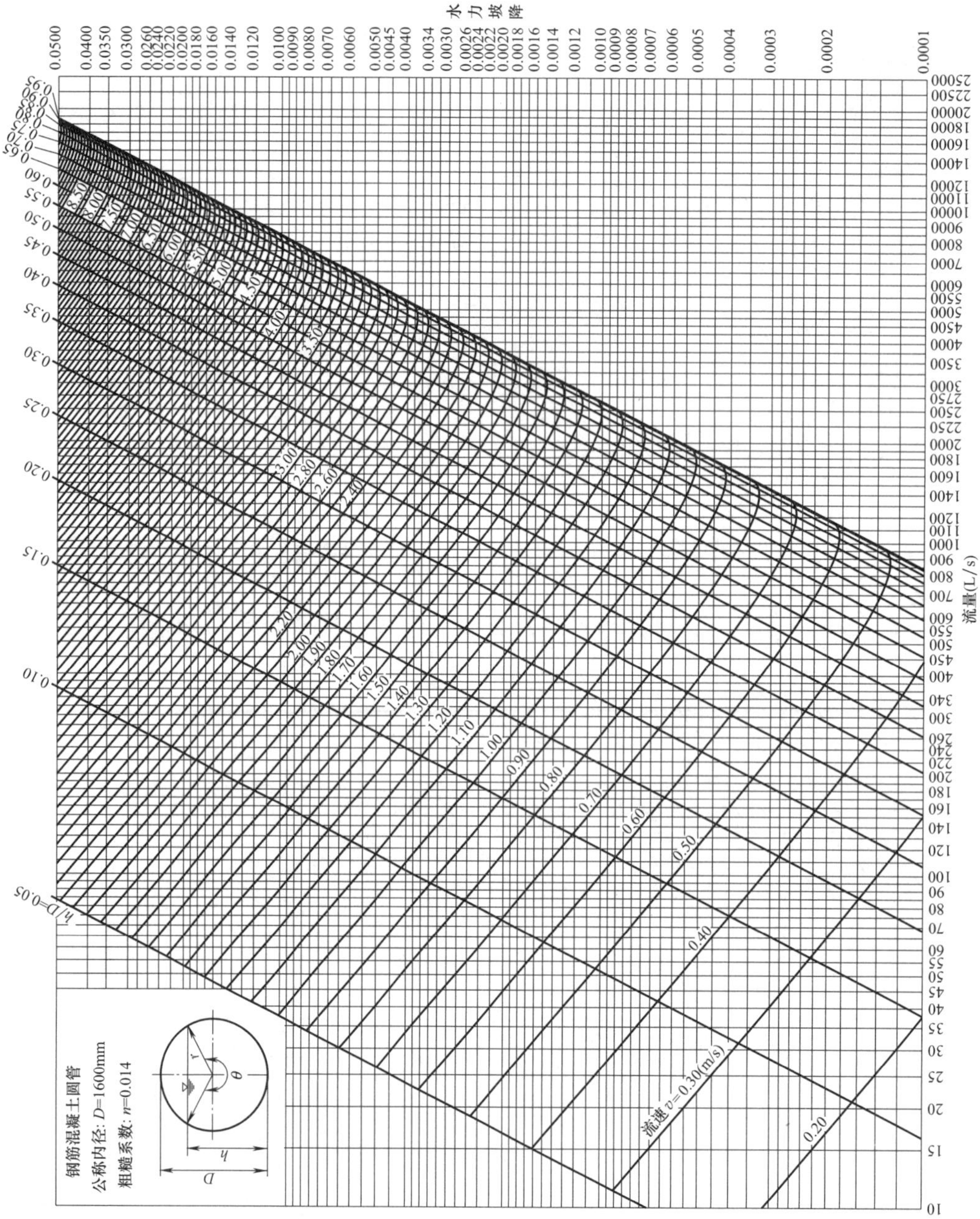

图 5-33 钢筋混凝土圆管水力计算图（$D=1600$mm）

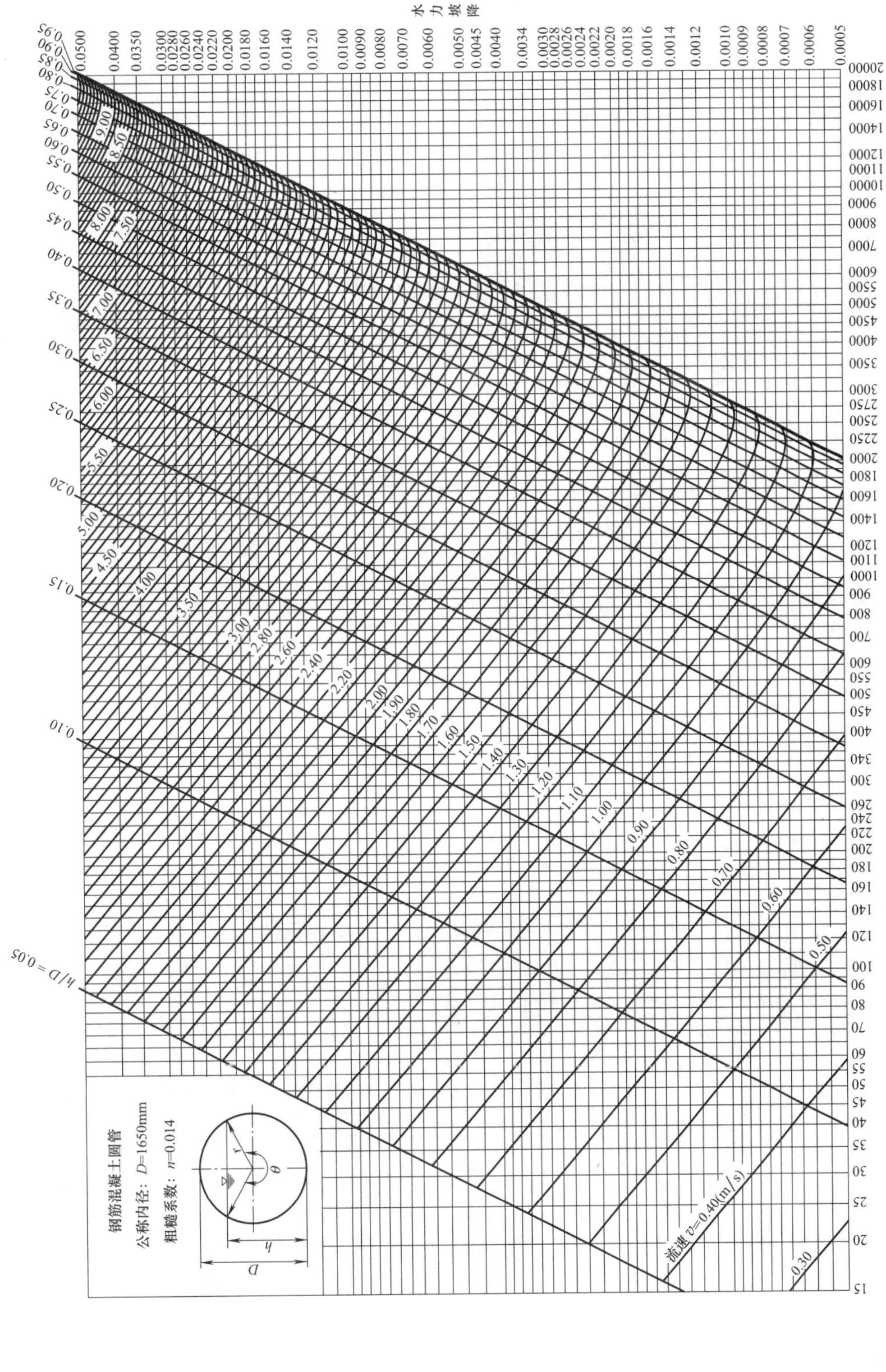

图 5-34 钢筋混凝土圆管水力计算图（D=1650mm）

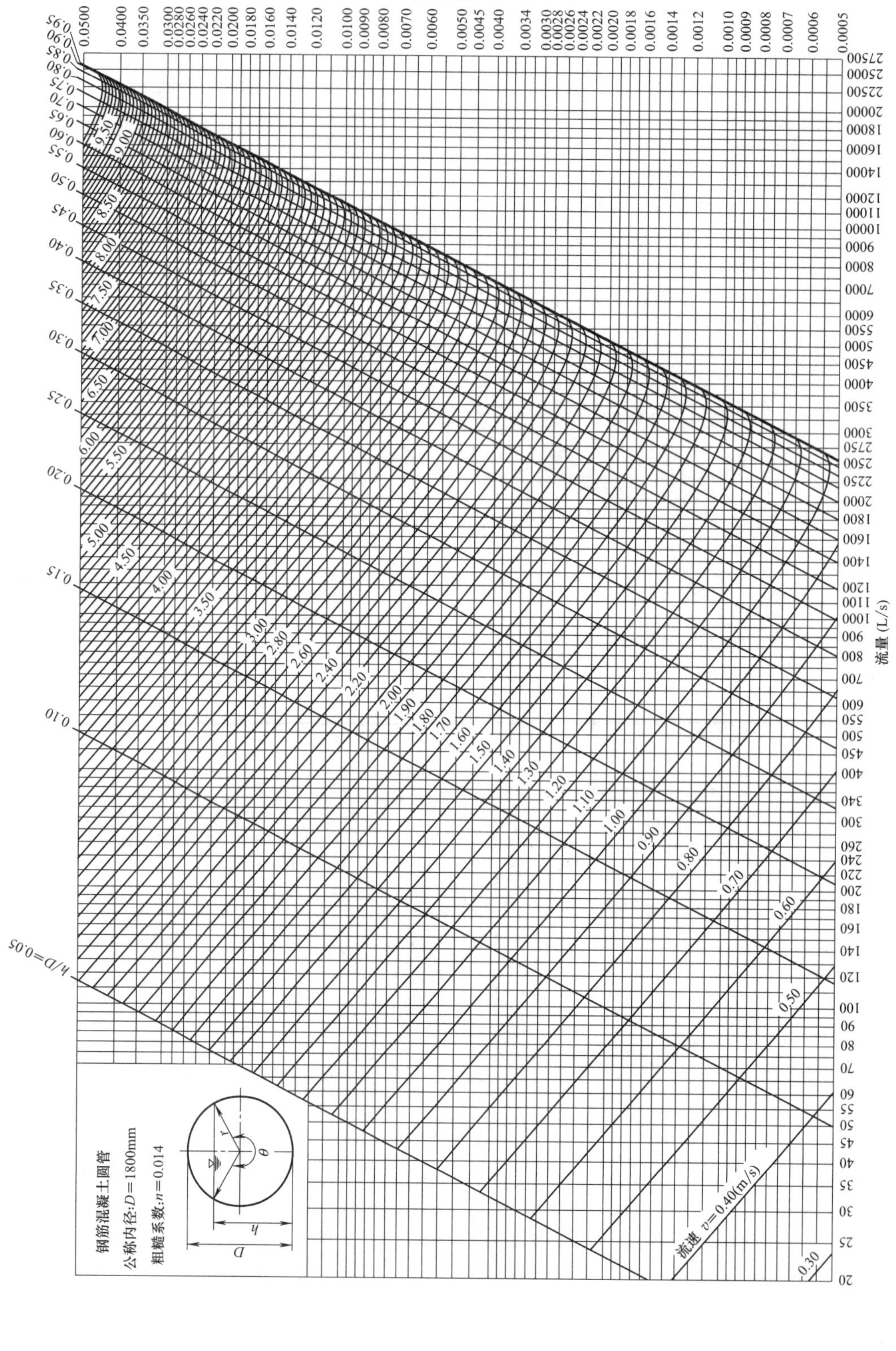

图 5-35　钢筋混凝土圆管水力计算图（D=1800mm）

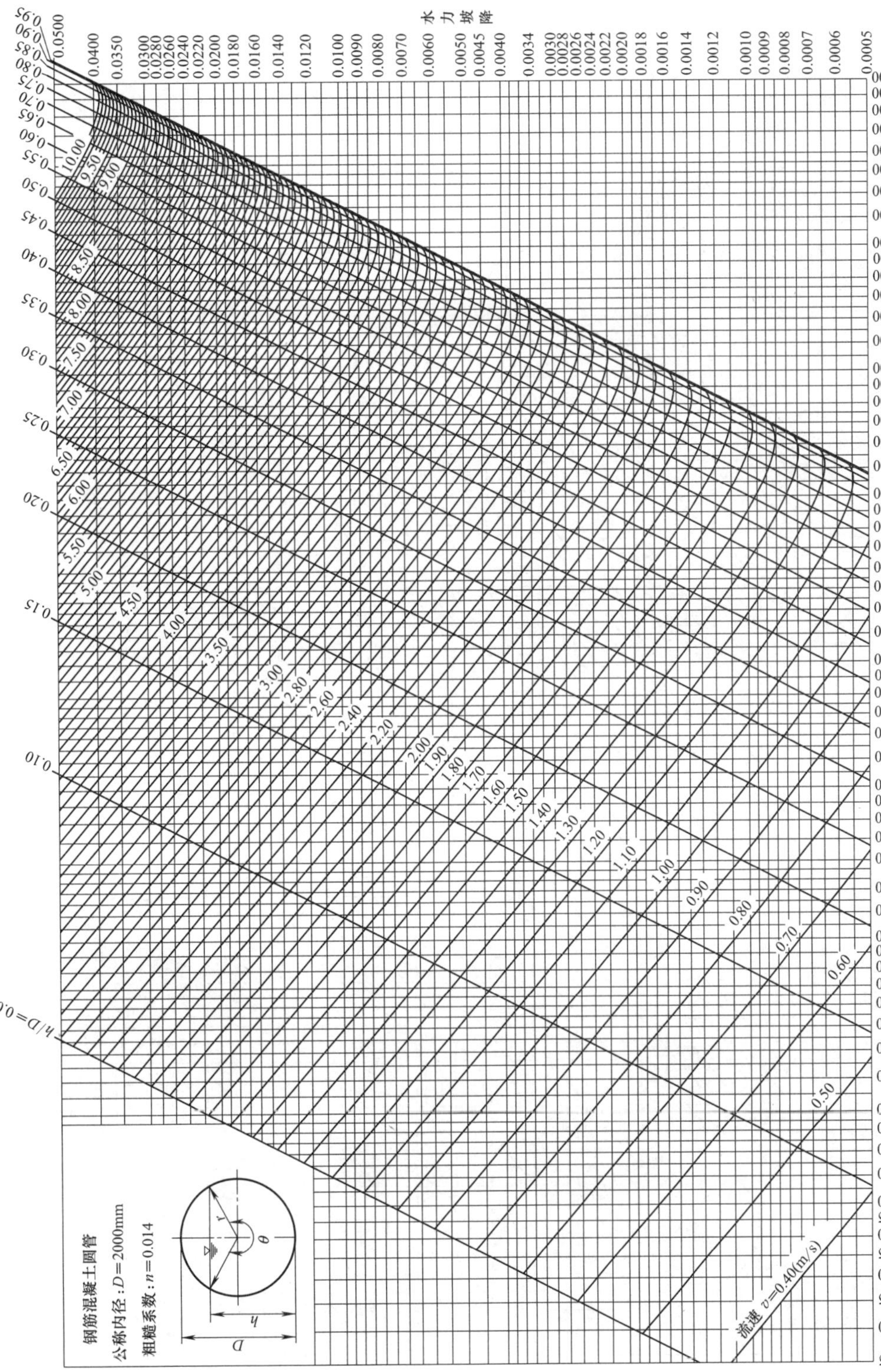

图 5-36 钢筋混凝土圆管水力计算图（D=2000mm）

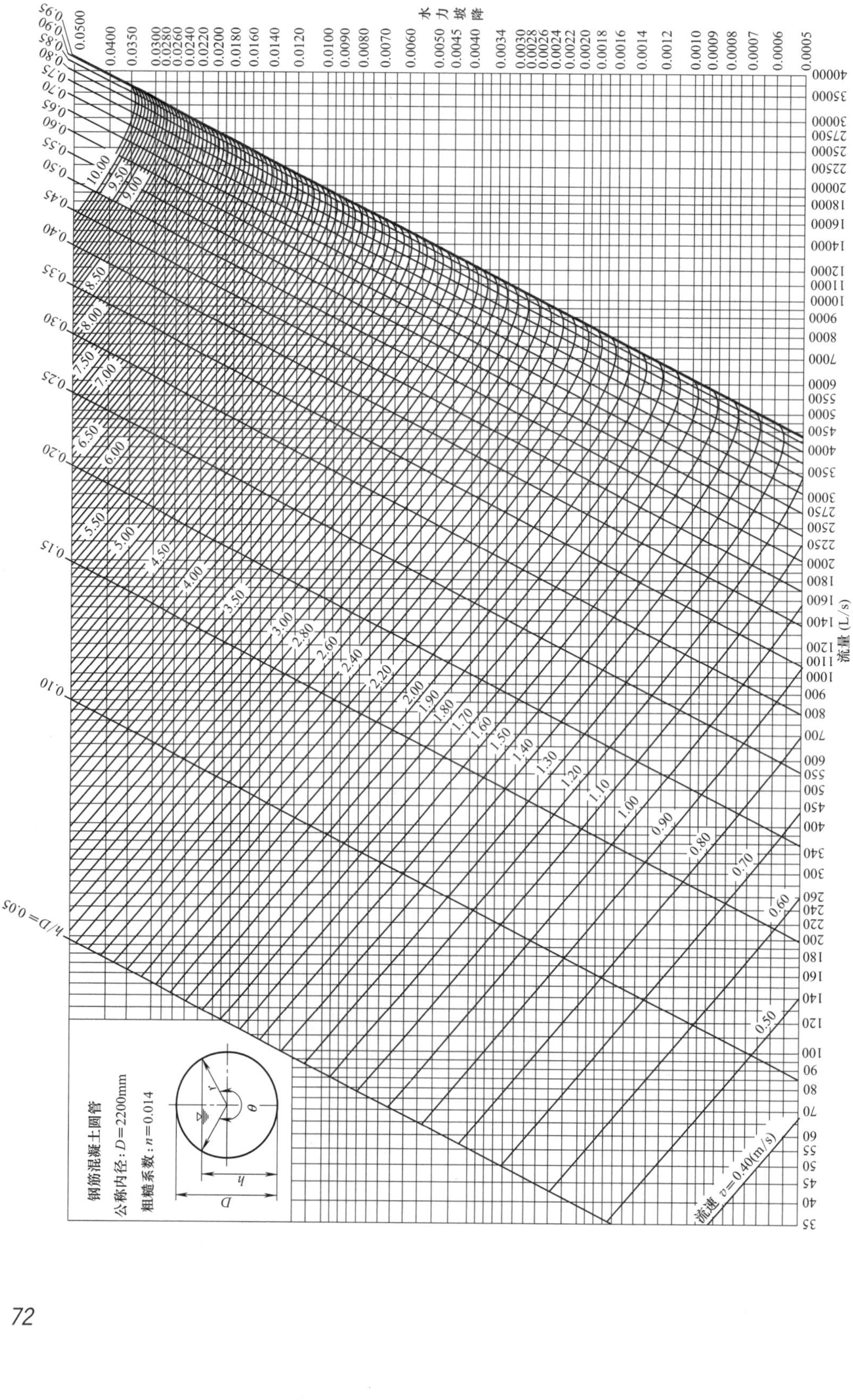

图 5-37　钢筋混凝土圆管水力计算图（$D=2200$mm）

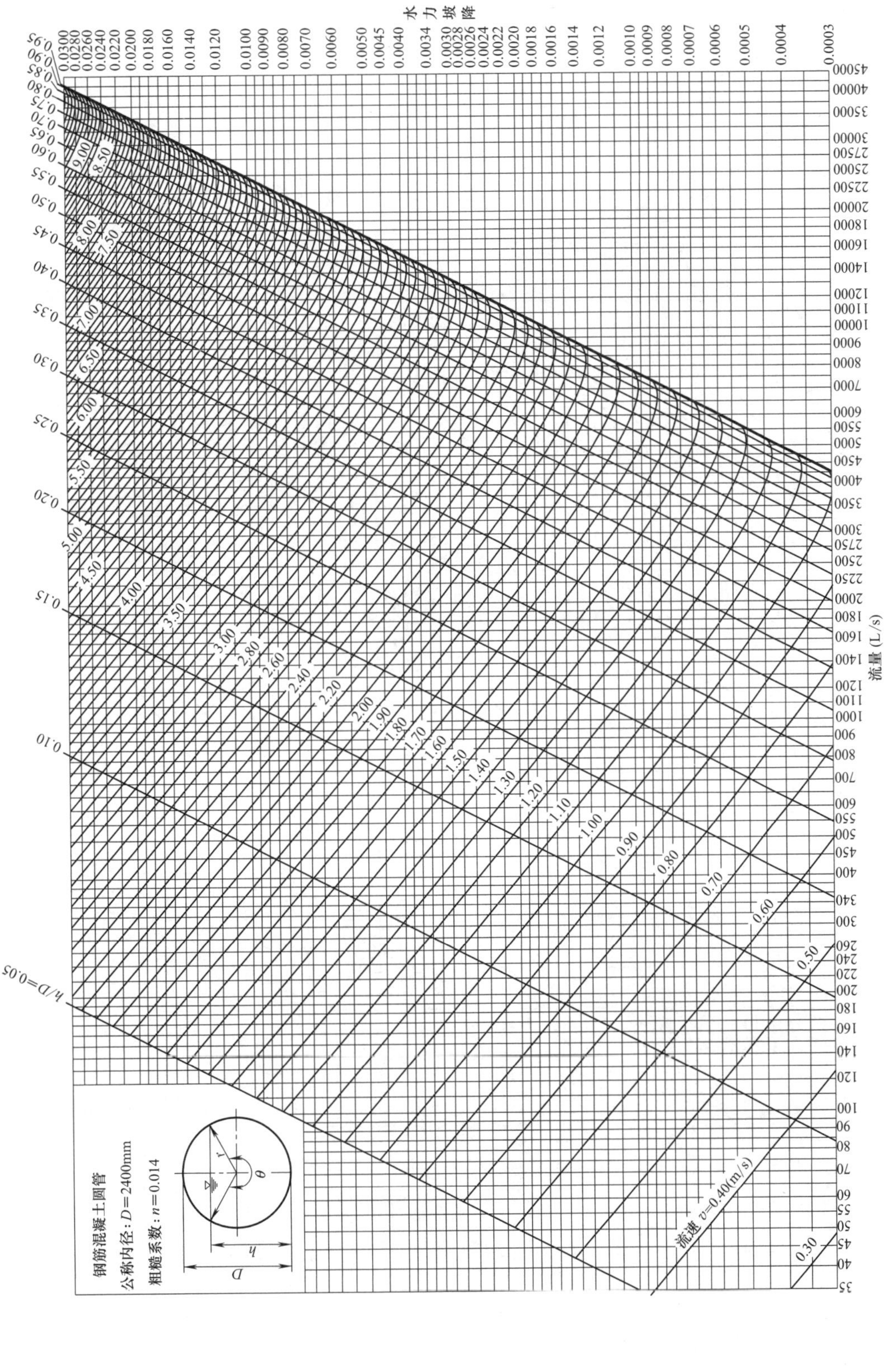

图 5-38 钢筋混凝土圆管水力计算图（$D=2400$mm）

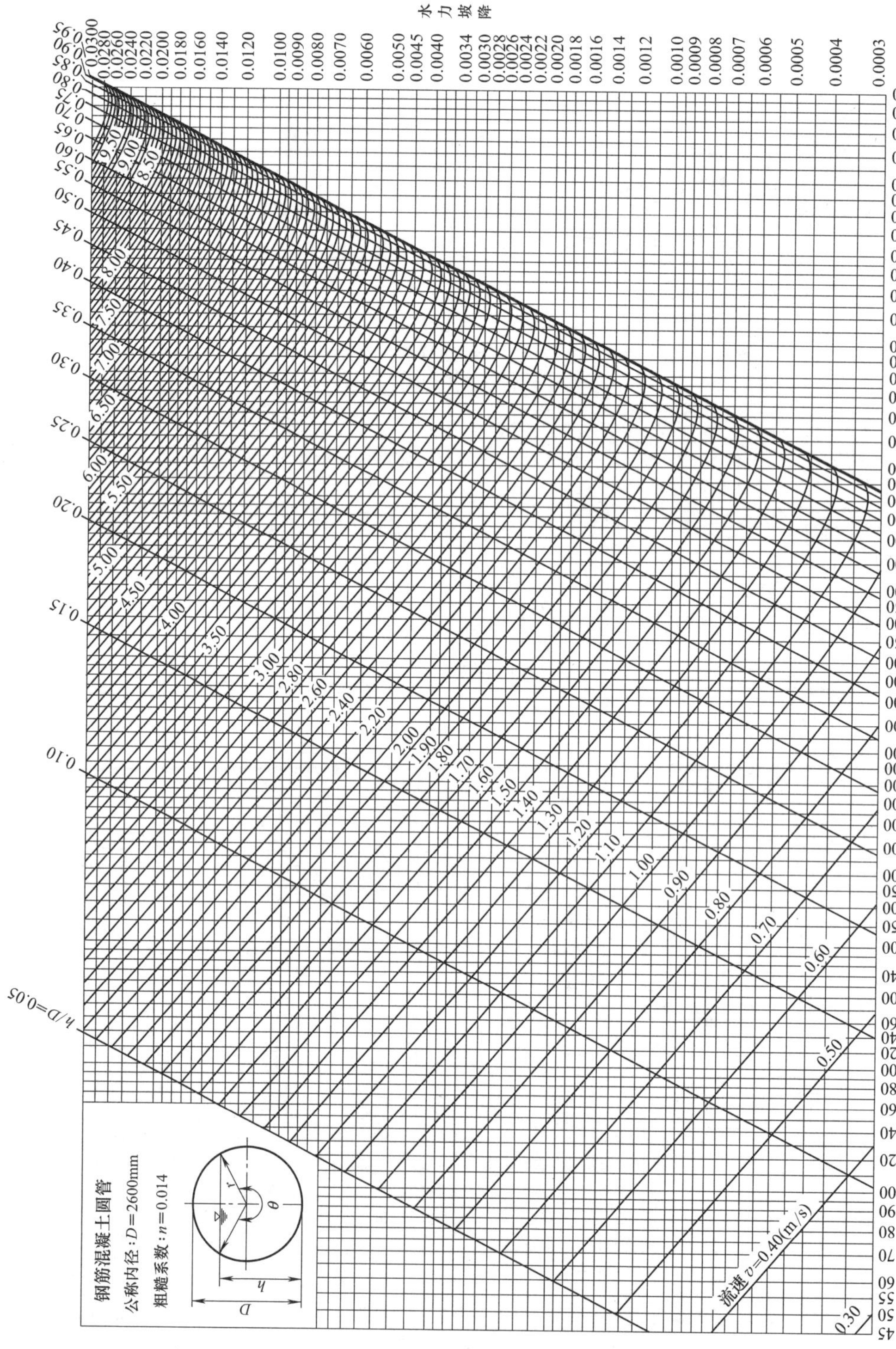

图 5-39 钢筋混凝土圆管水力计算图（$D=2600$mm）

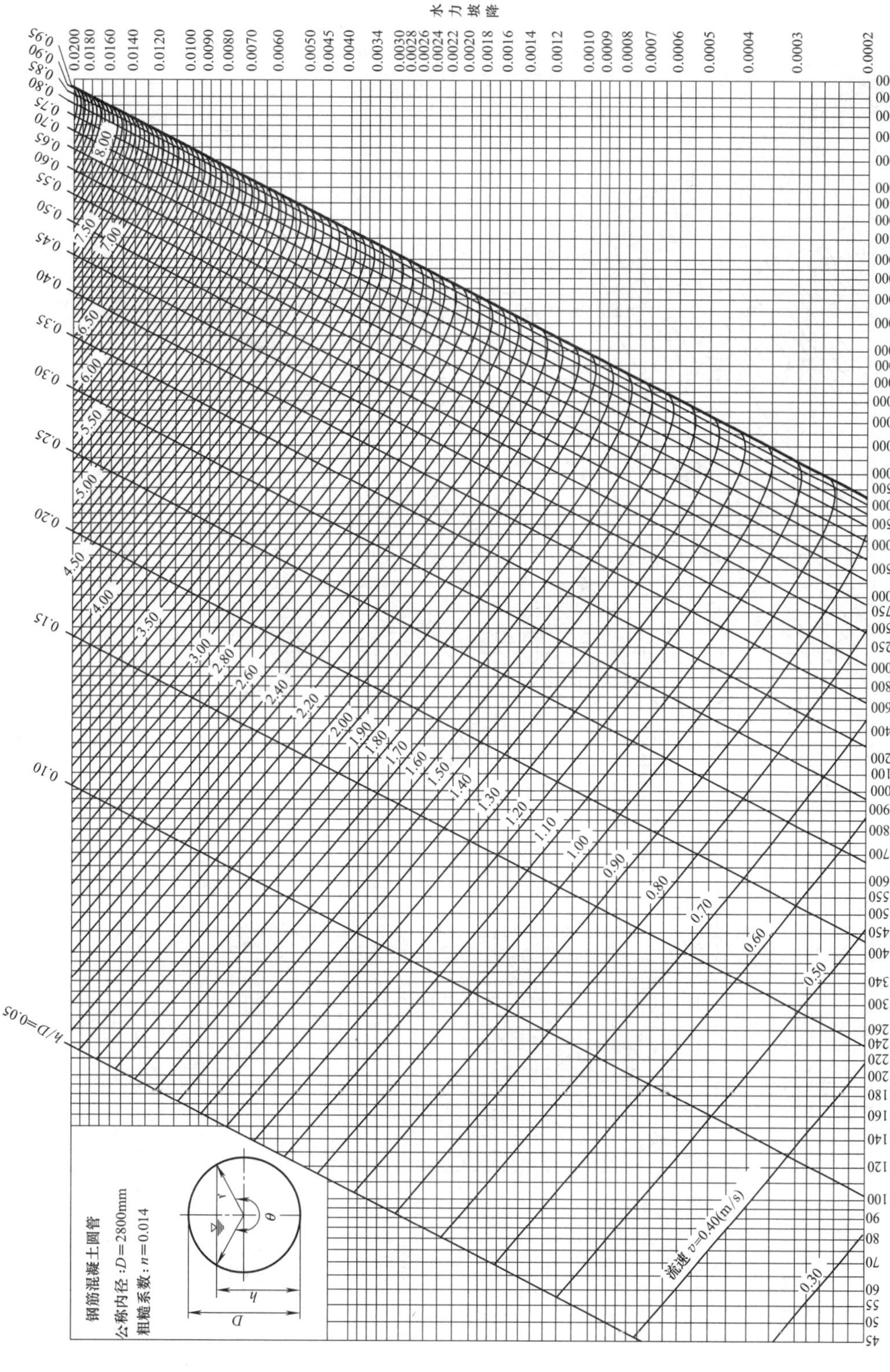

图 5-40　钢筋混凝土圆管水力计算图（D=2800mm）

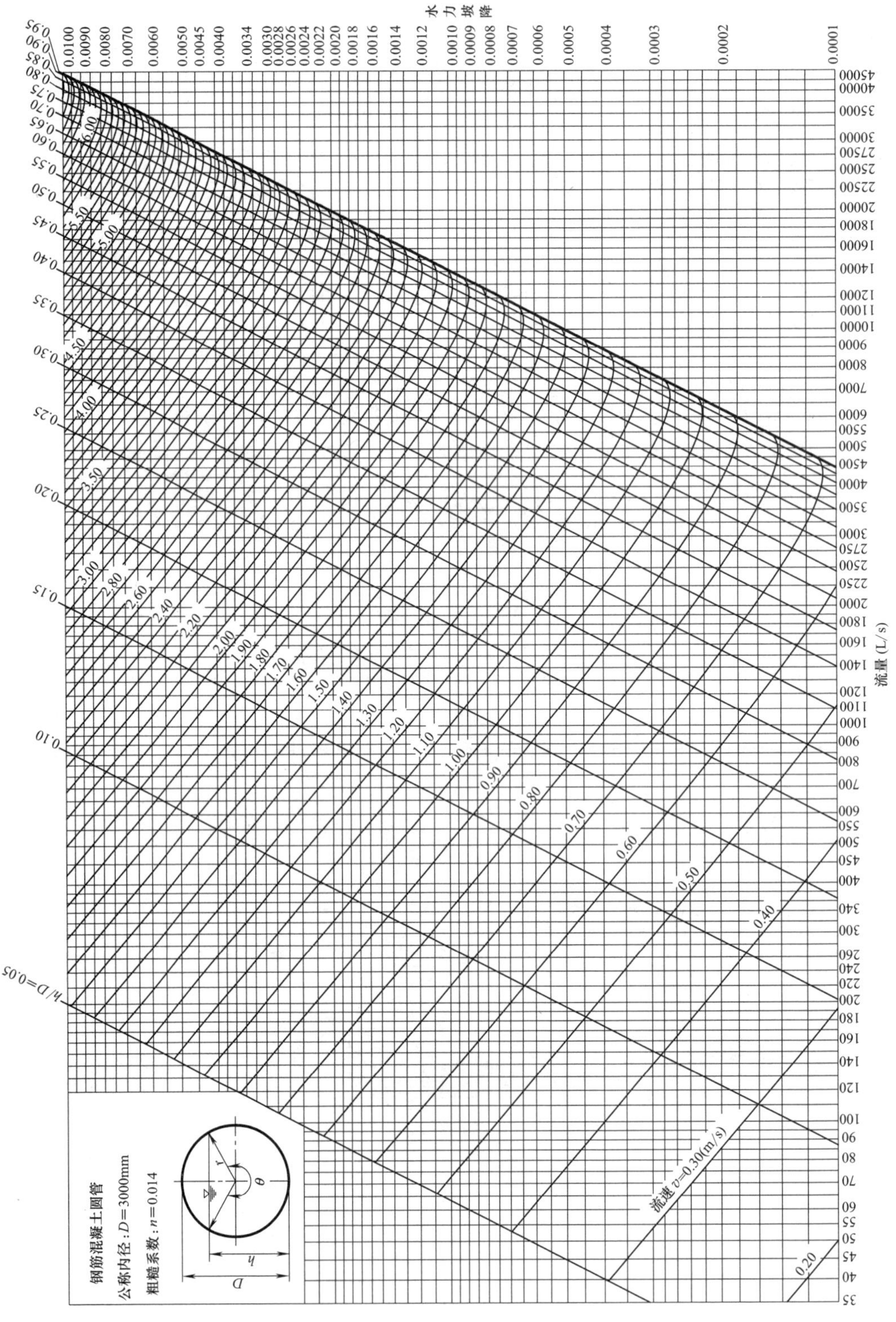

图 5-41 钢筋混凝土圆管水力计算图（D=3000mm）

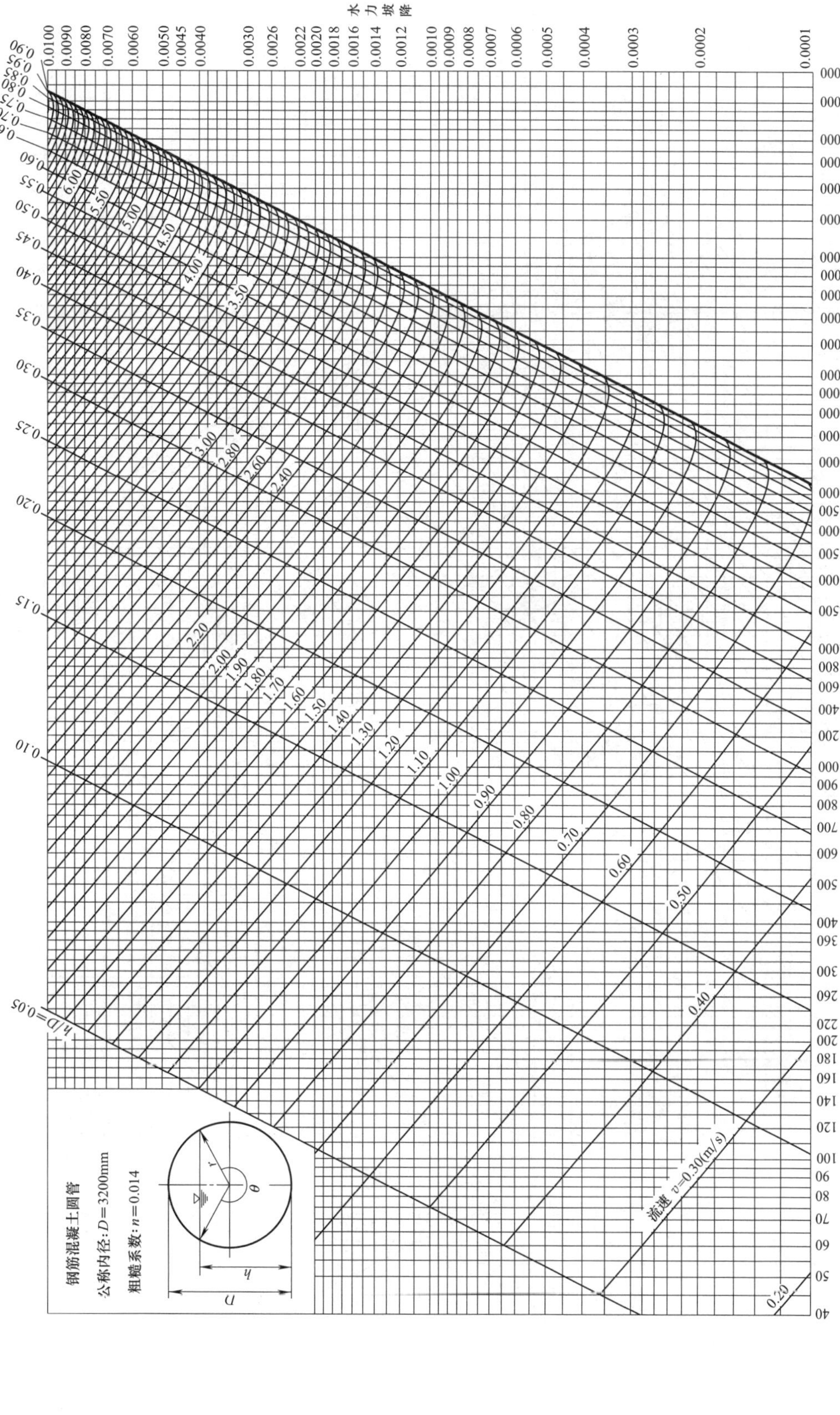

图 5-42　钢筋混凝土圆管水力计算图（$D=3200$mm）

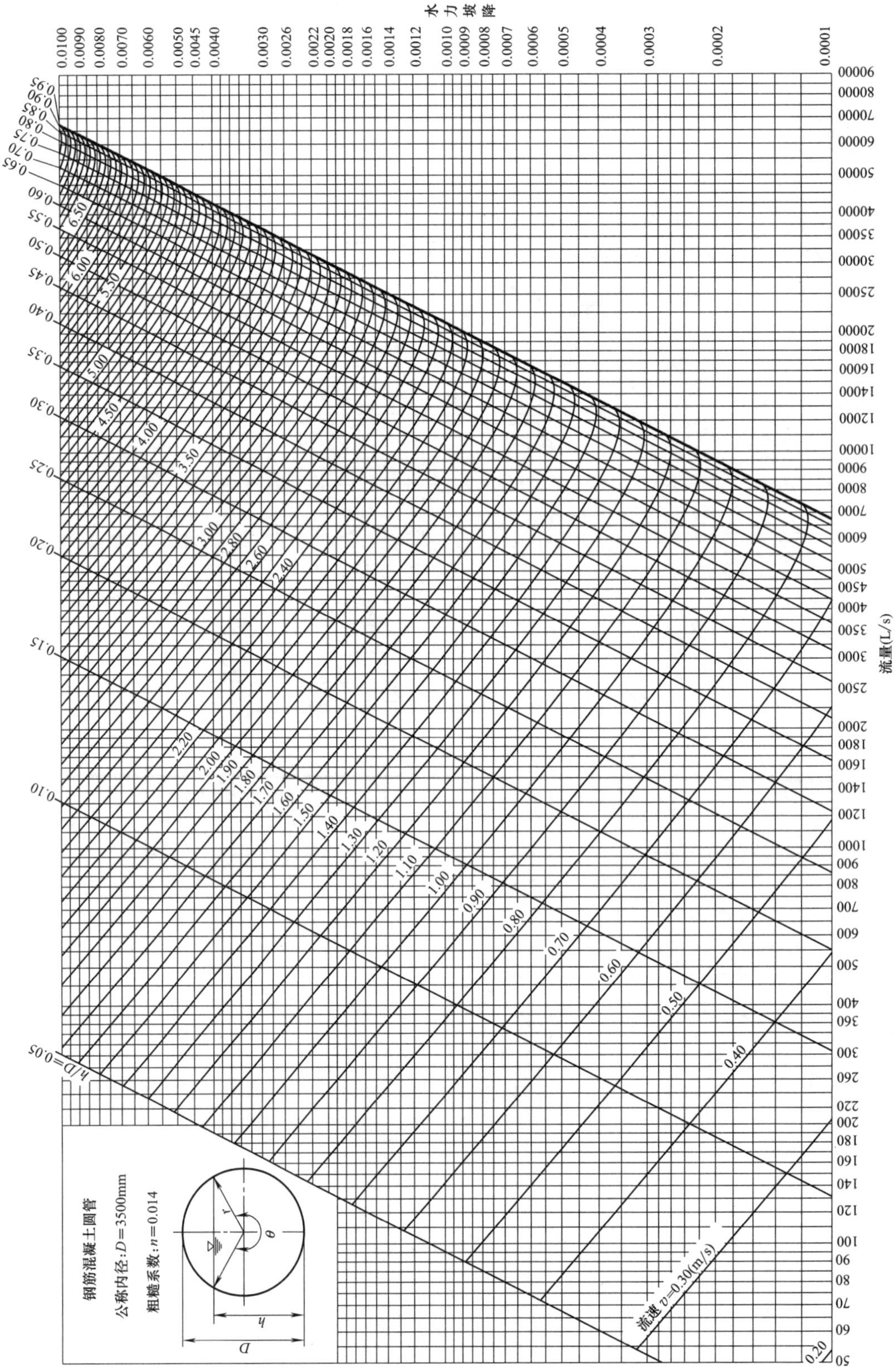

图 5-43 钢筋混凝土圆管水力计算图（D=3500mm）

6 塑料圆形排水管（满流，n=0.010）

6.1 计 算 公 式

计算公式同 4.1 节。

6.2 水 力 计 算

塑料圆形排水管（满流）水力计算见图 6-1～图 6-3。使用者可根据需要直接查阅。

图中流量 Q 以 L/s 计，流速 v 以 m/s 计。

图中粗糙系数以 $n=0.010$ 计，当 n 为其他值 n_x 时，图中所得流量和流速需乘以修正值 K_n，$K_n=0.010\div n_x$。

图中管径系按照《埋地硬聚氯乙烯排水管道工程技术规程》CECS122：2001 中的公称直径编制。

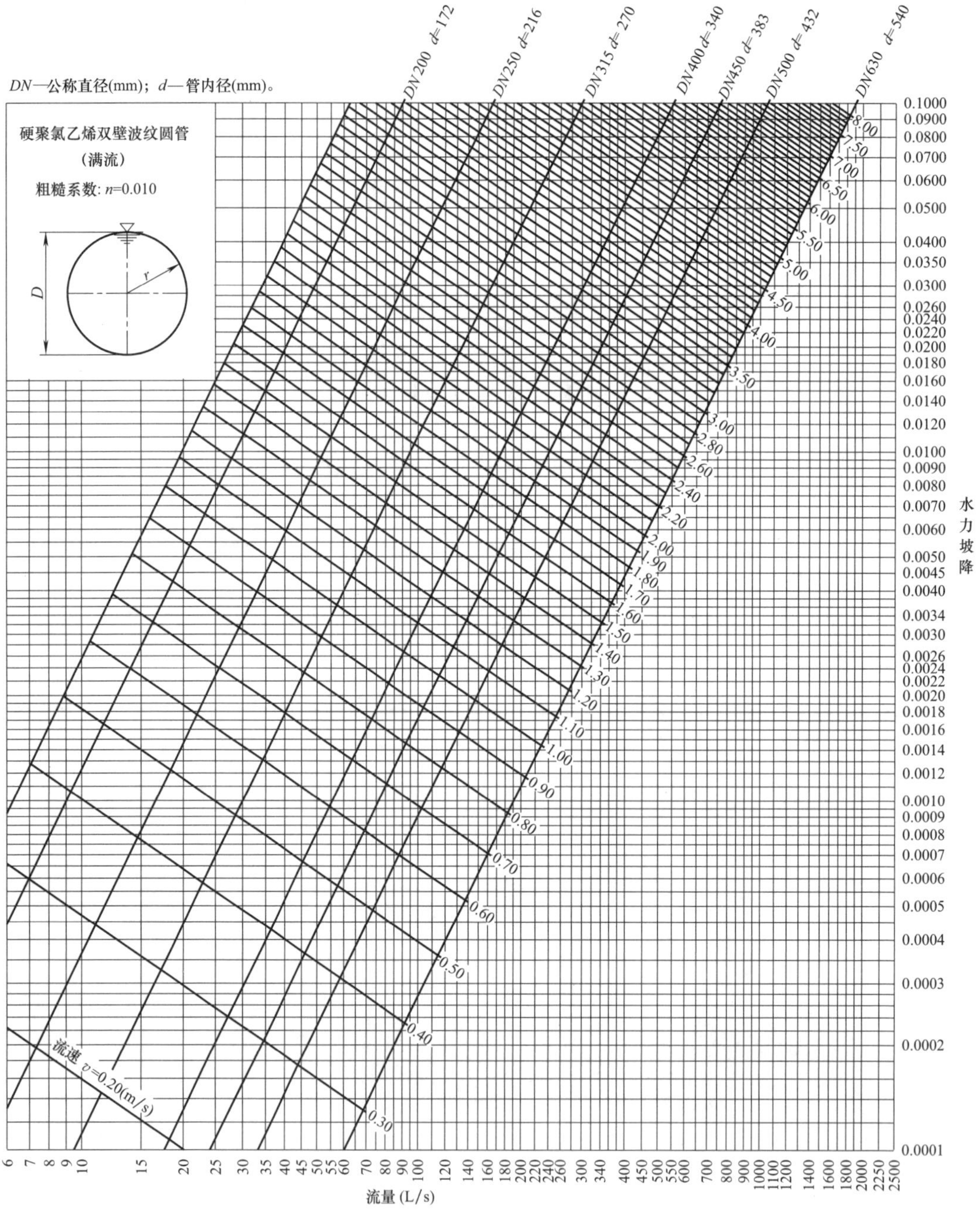

图 6-1 硬聚氯乙烯双壁波纹圆管水力计算图（满流，$n=0.010$，$DN=200\sim630$mm）

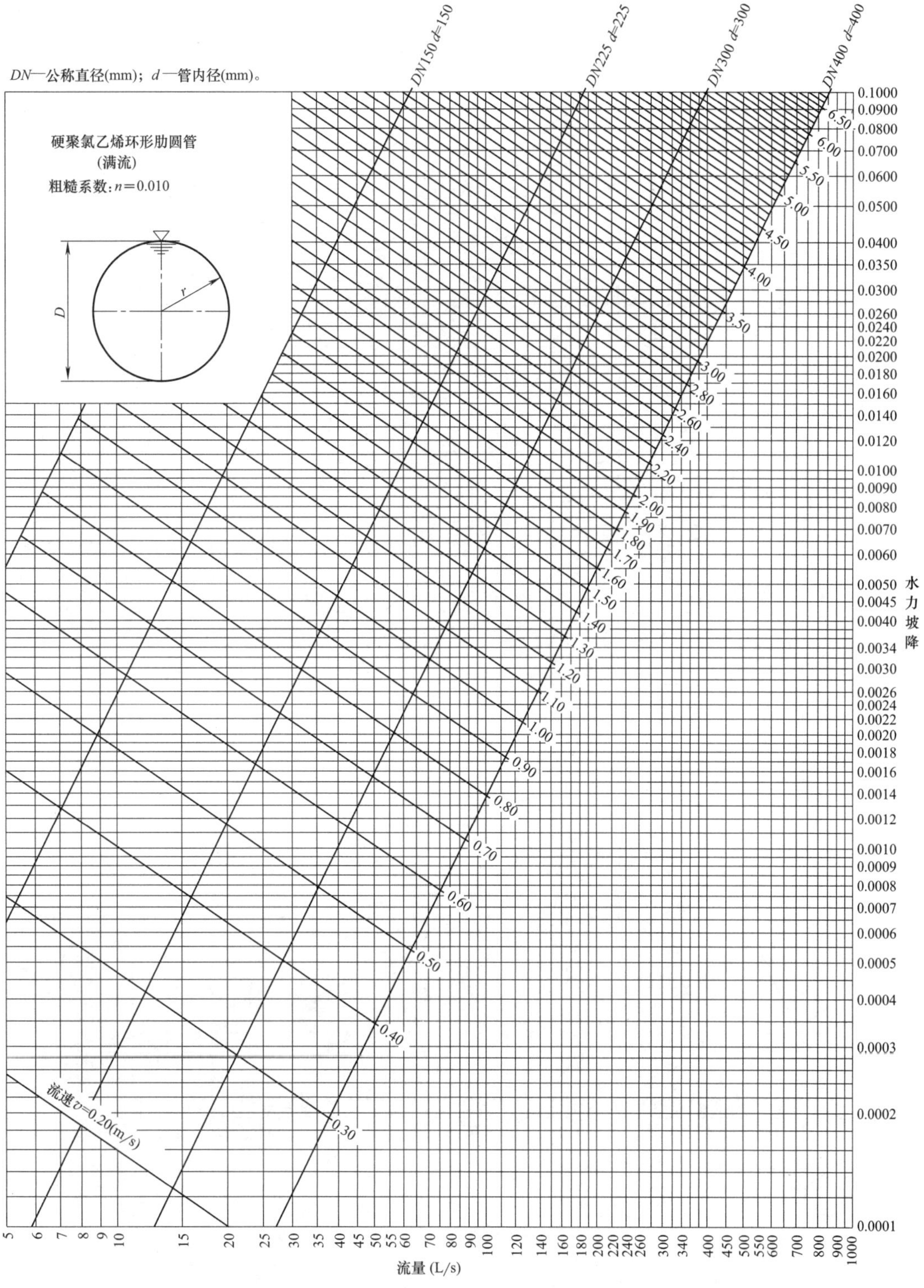

图 6-2 硬聚氯乙烯环形肋圆管水力计算图（满流，n=0.010，DN=150～400mm）

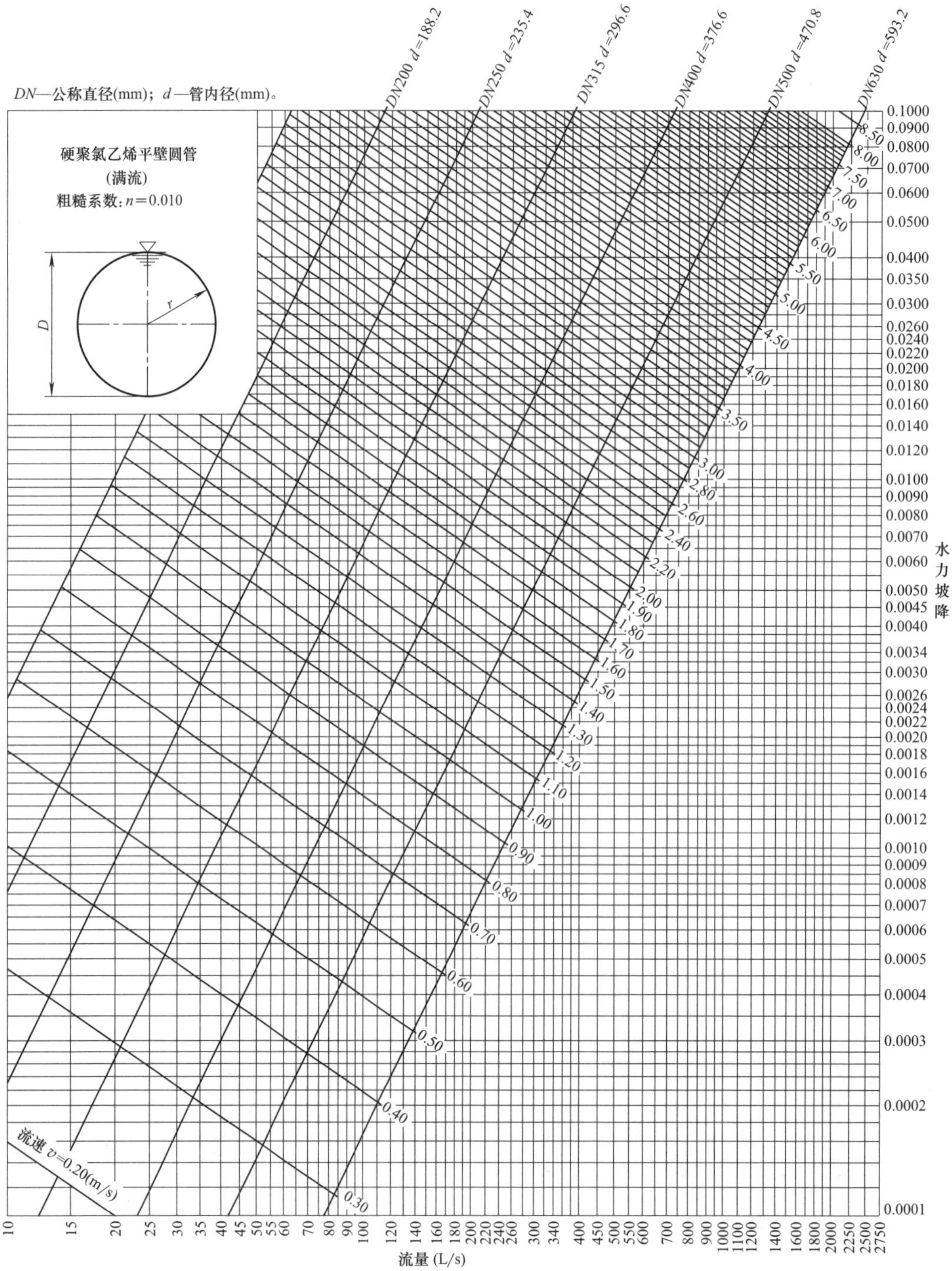

图 6-3　硬聚氯乙烯平壁圆管水力计算图（满流，n=0.010，DN=200～630mm）

7 塑料圆形排水管（最大设计充满度，$n=0.010$）

7.1 计算公式

塑料圆形断面计算简图见图 5-1 和图 5-2。

计算公式同 5.1 节。

7.2 水力计算

塑料圆形排水管（最大设计充满度）水力计算见图 7-1～图 7-3。使用者可根据需要直接查阅。

图中流量 Q 以 L/s 计，流速 v 以 m/s 计。

图中粗糙系数以 $n=0.010$ 计，当 n 为其他值 n_x 时，图中所得流量和流速需乘以修正值 K_n，$K_n=0.010\div n_x$。

图中管径系按照《埋地硬聚氯乙烯排水管道工程技术规程》CECS122：2001 中的公称直径编制。

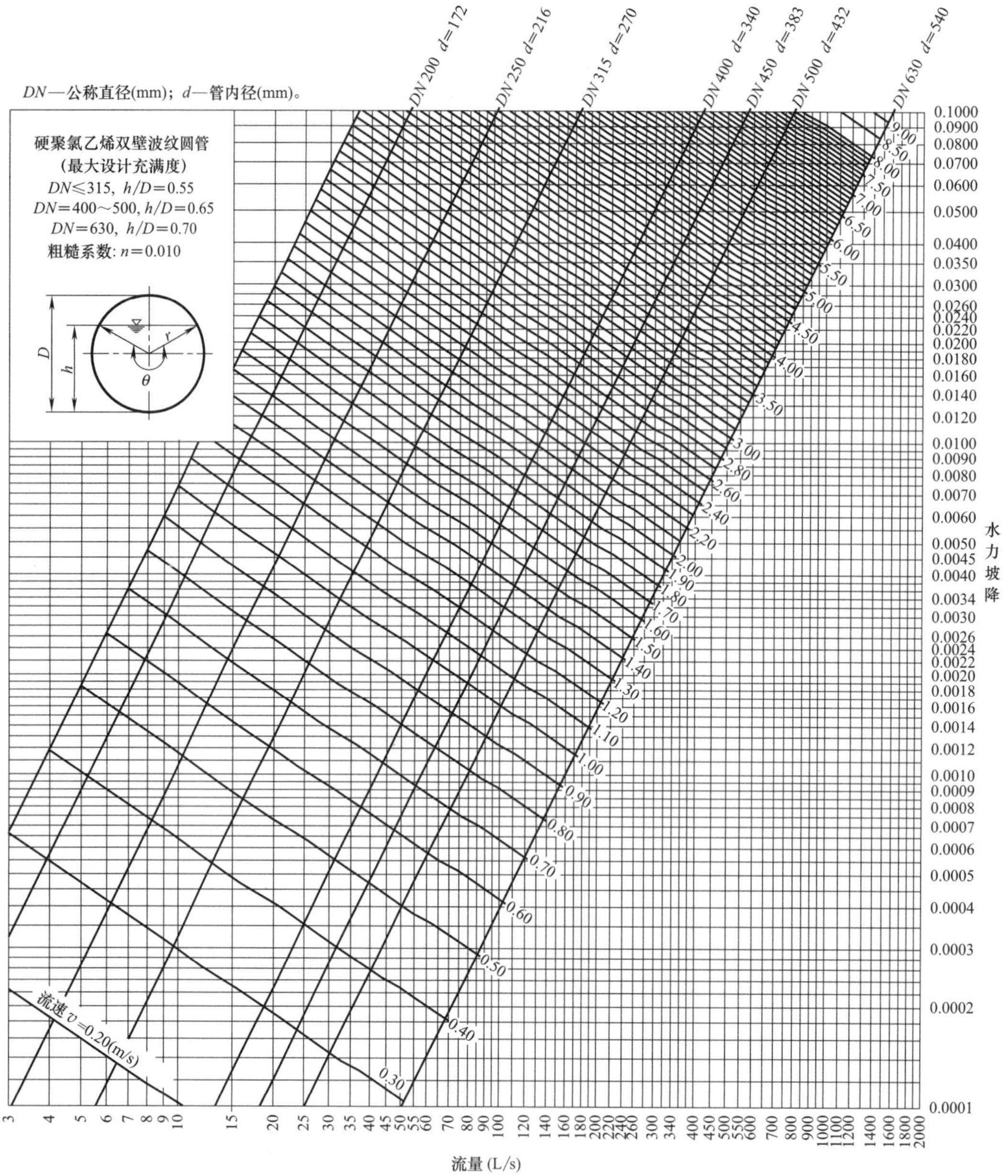

图 7-1 硬聚氯乙烯双壁波纹圆管水力计算图（最大设计充满度，n=0.010，DN=200～630mm）

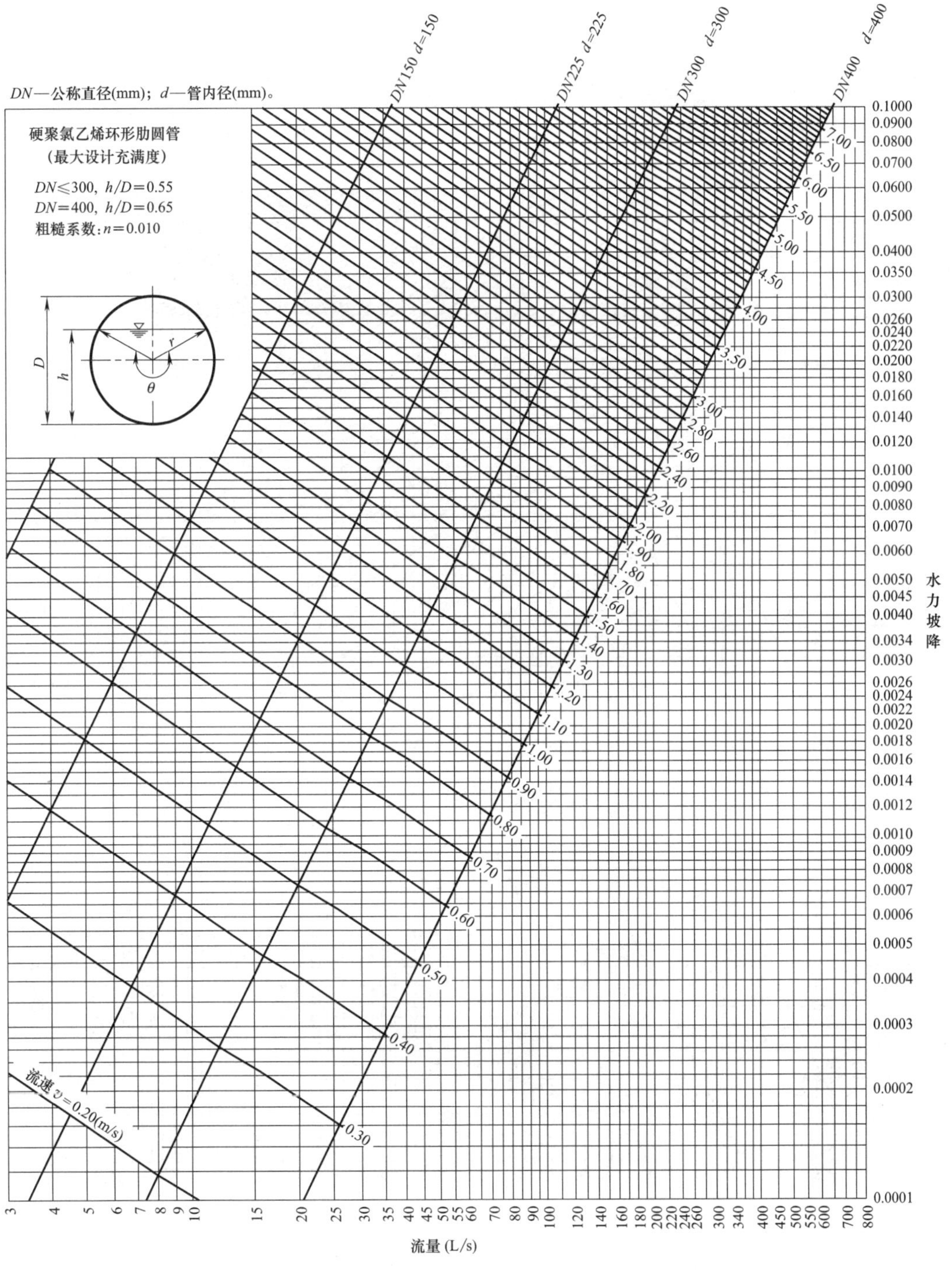

图 7-2 硬聚氯乙烯环形肋圆管水力计算图（最大设计充满度，$n=0.010$，$DN=150\sim400$mm）

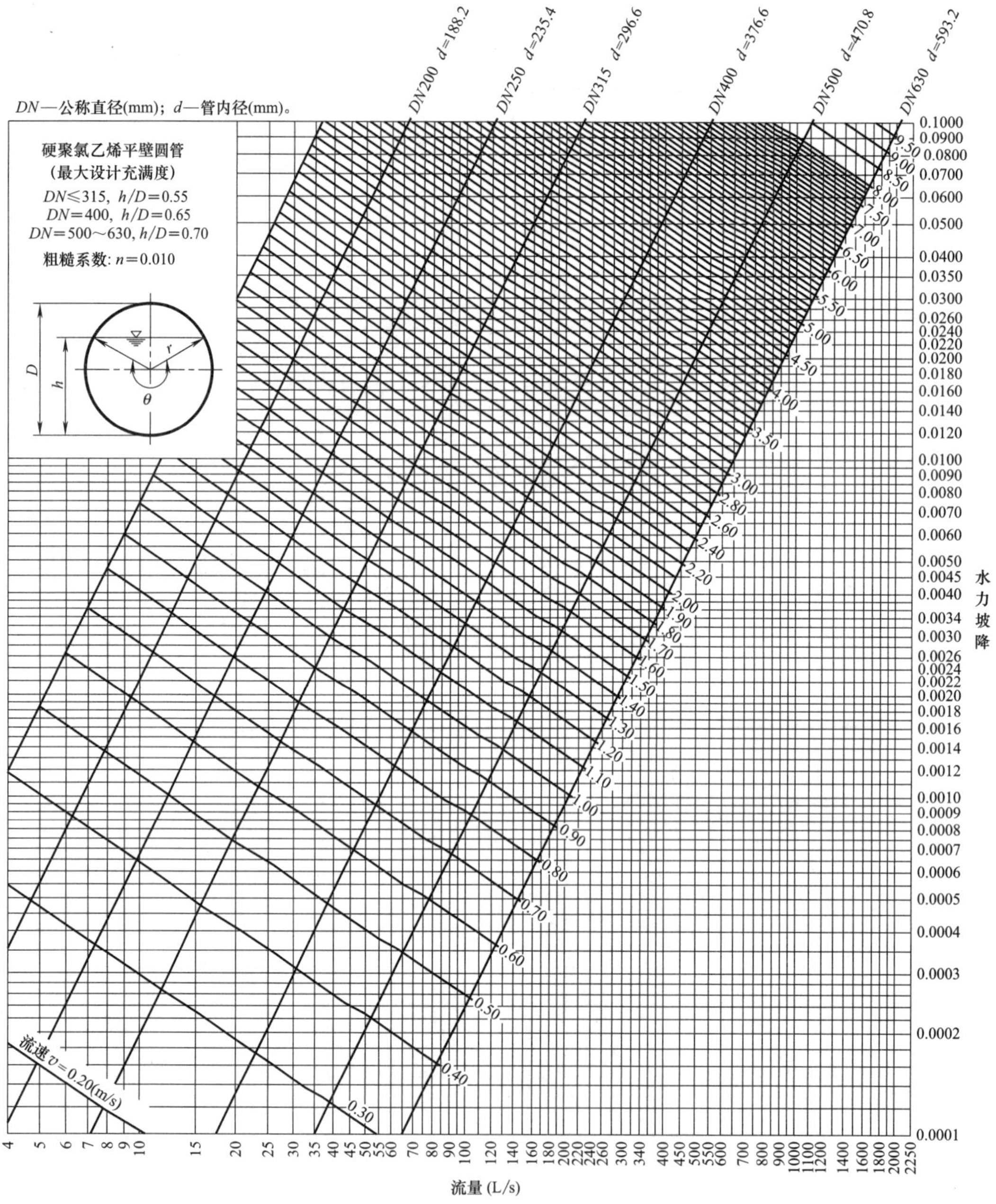

图 7-3　硬聚氯乙烯平壁圆管水力计算图（最大设计充满度，*n*=0.010，*DN*=200～630mm）

8　矩形断面暗沟（满流，n=0.013）

矩形断面暗沟（满流），见图 8-1。

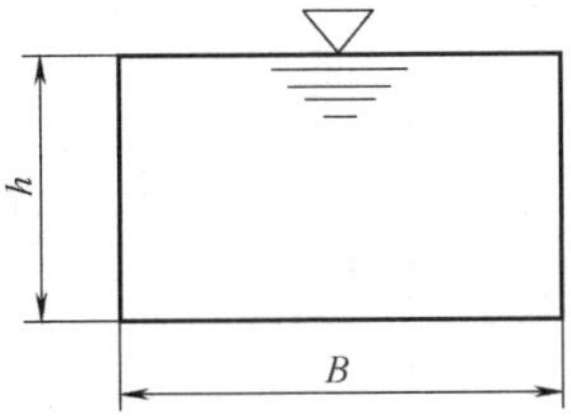

图 8-1　矩形断面暗沟（满流）

8.1　计算公式

$$Q=Av \tag{8-1}$$

$$v=\frac{1}{n}R^{2/3}i^{1/2} \tag{8-2}$$

$$A=Bh \tag{8-3}$$

$$\rho=2B+2h \tag{8-4}$$

$$R=\frac{A}{\rho} \tag{8-5}$$

式中　Q——流量（m^3/s）；

A——过水断面（m^2）；

v——平均流速（m/s）；

i——水力坡降（m/m）；

R——水力半径（m）；

ρ——湿周（m）；

n——粗糙系数；

B——矩形断面宽度（m）；

h——矩形断面水深（m）。

8.2　水力计算

宽度 B=400～8000mm 的矩形断面暗沟（满流）水力计算见图 8-2～图 8-35。使用者可根据需要直接查阅。

图中流量 Q 以 L/s 计，流速 v 以 m/s 计。

图中粗糙系数以 n=0.013 计，当 n 为其他值 n_x时，图中所得流量和流速需乘以修正值 K_n，$K_n=0.013\div n_x$。

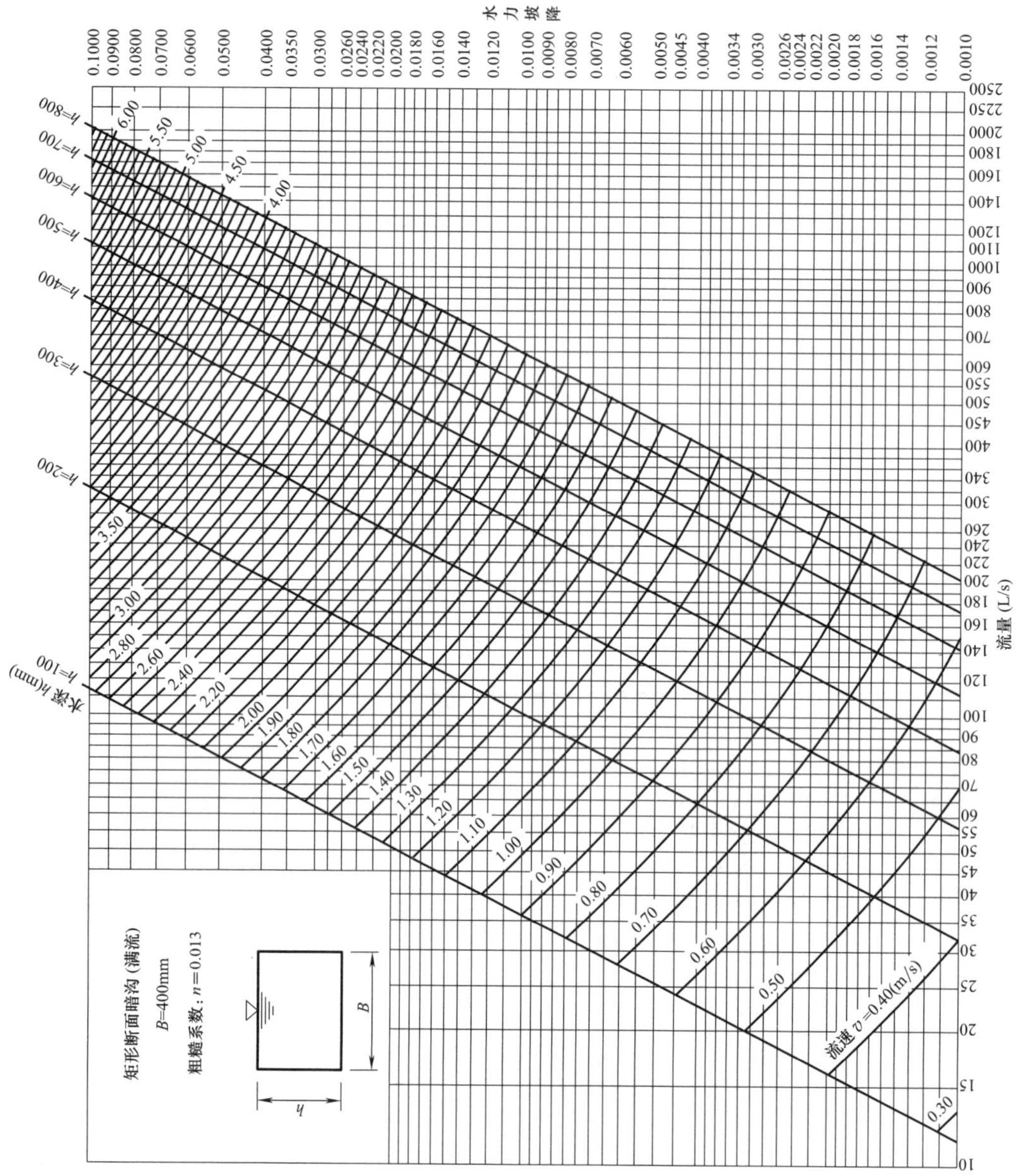

图 8-2 矩形断面暗沟水力计算图（满流，B=400mm）

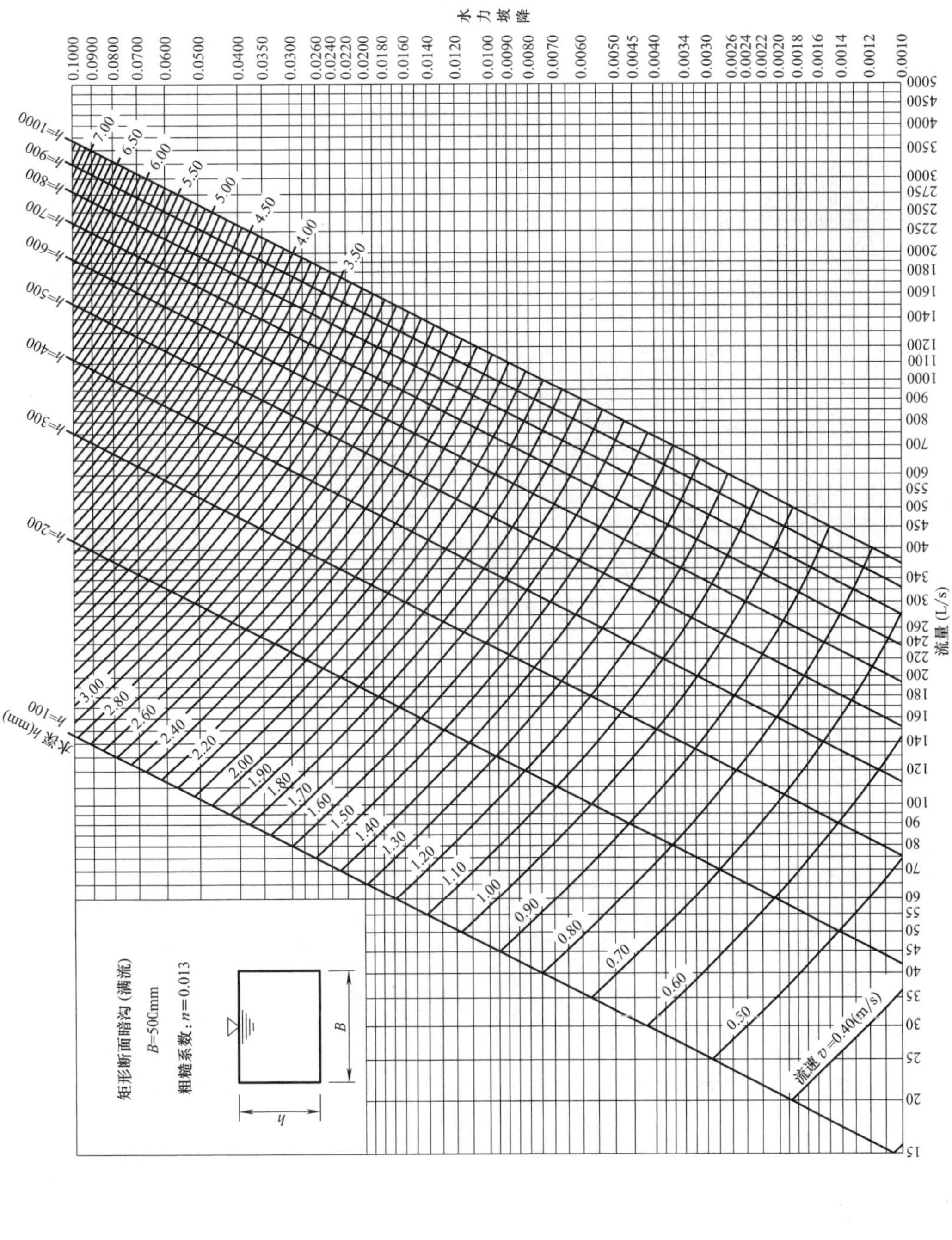

图 8-3 矩形断面暗沟水力计算图（满流，B=500mm）

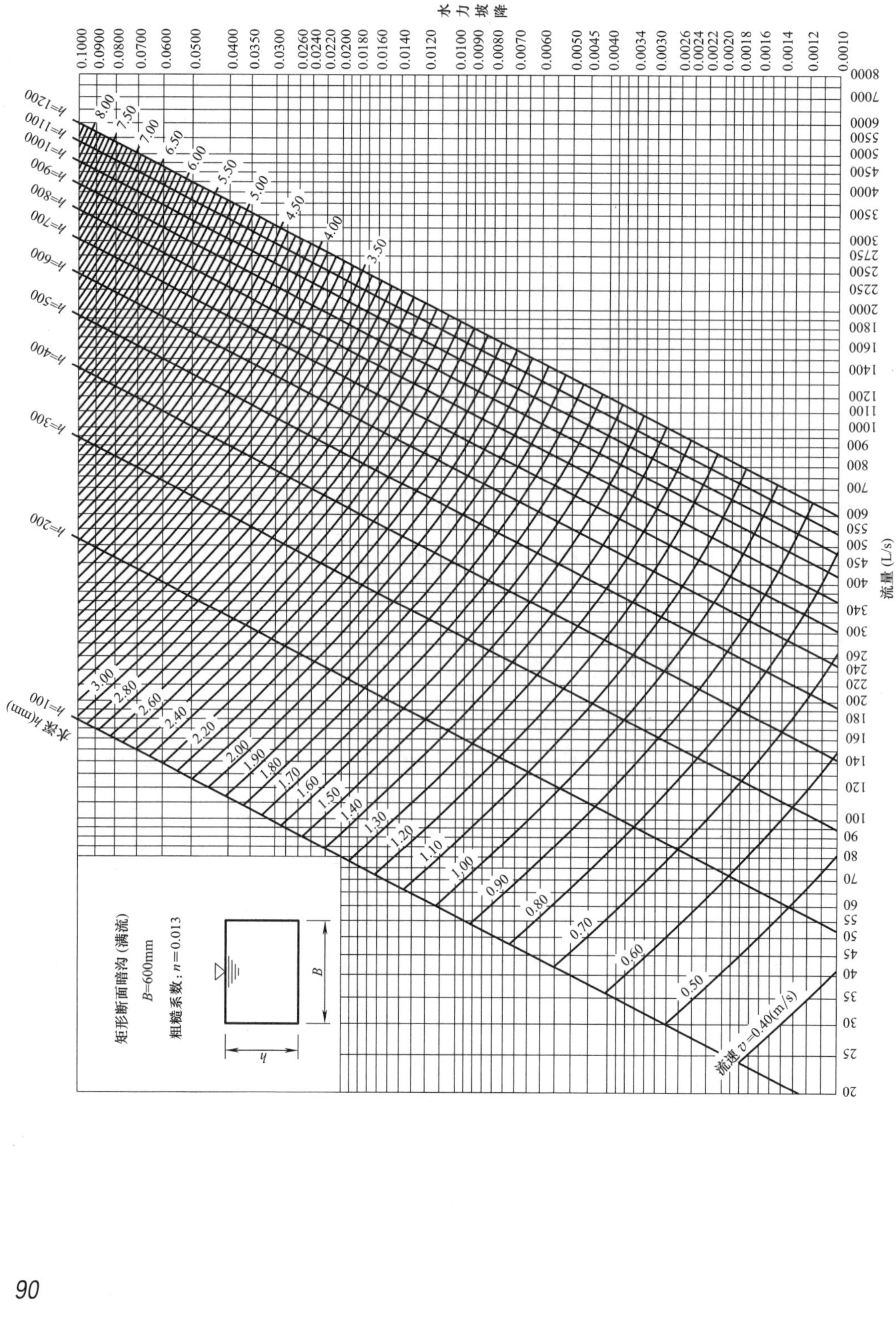

图 8-4　矩形断面暗沟水力计算图（满流，$B=600$mm）

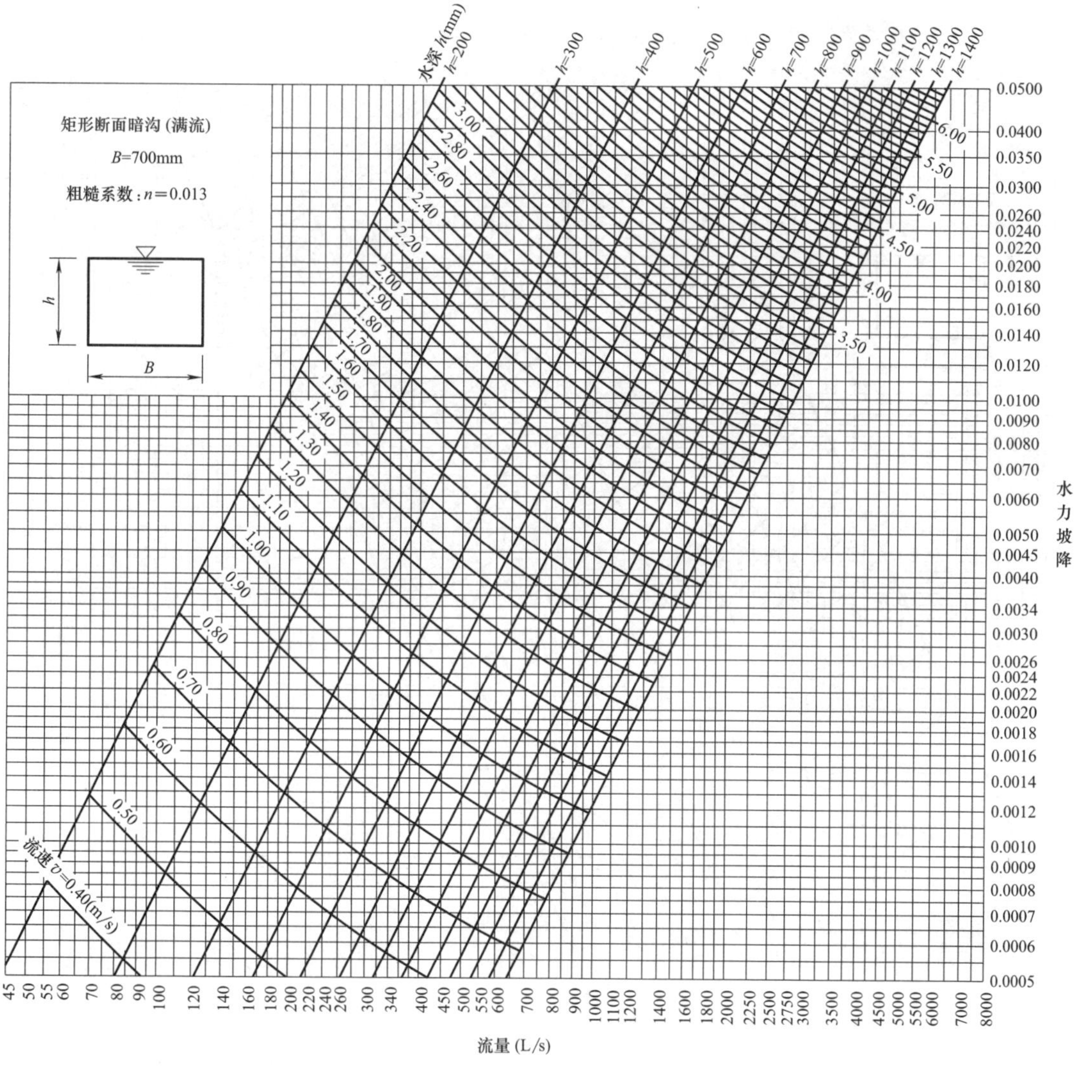

图 8-5 矩形断面暗沟水力计算图（满流，B=700mm）

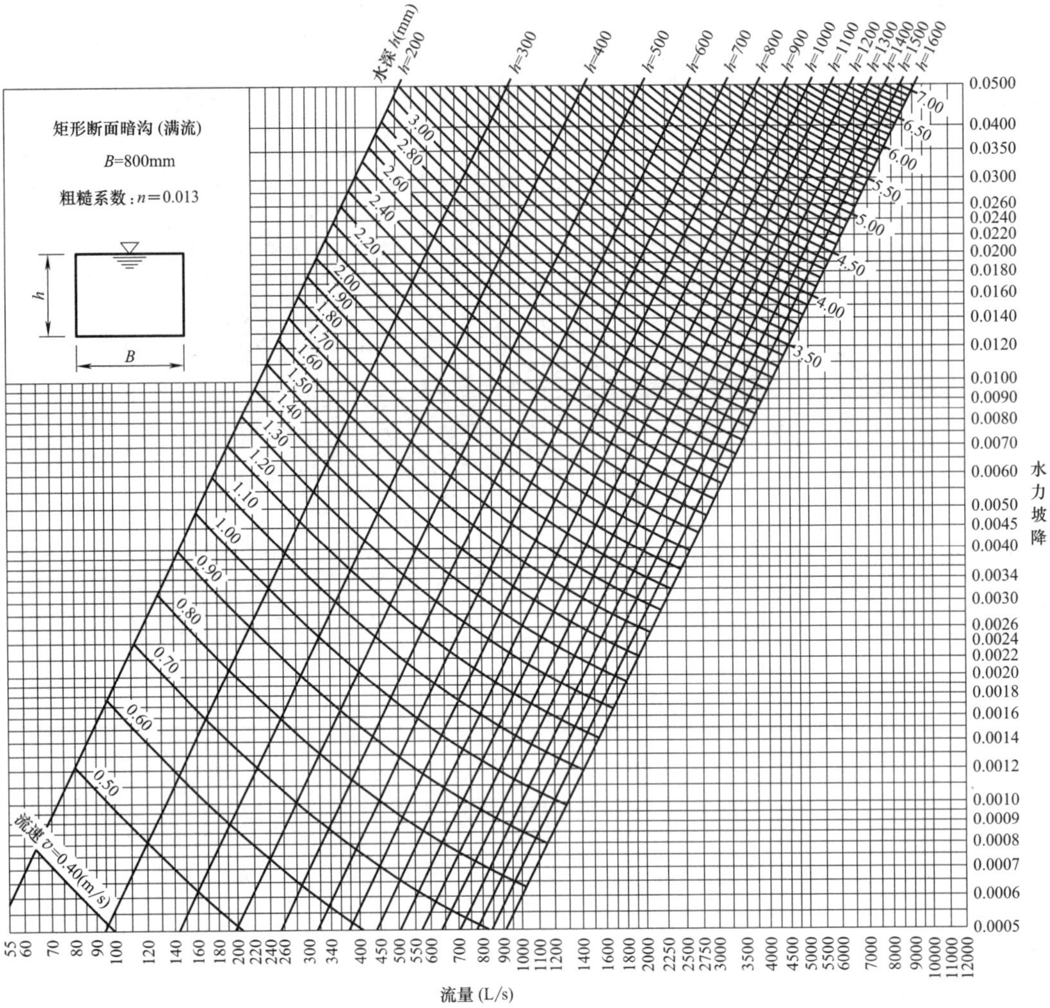

图 8-6　矩形断面暗沟水力计算图（满流，B＝800mm）

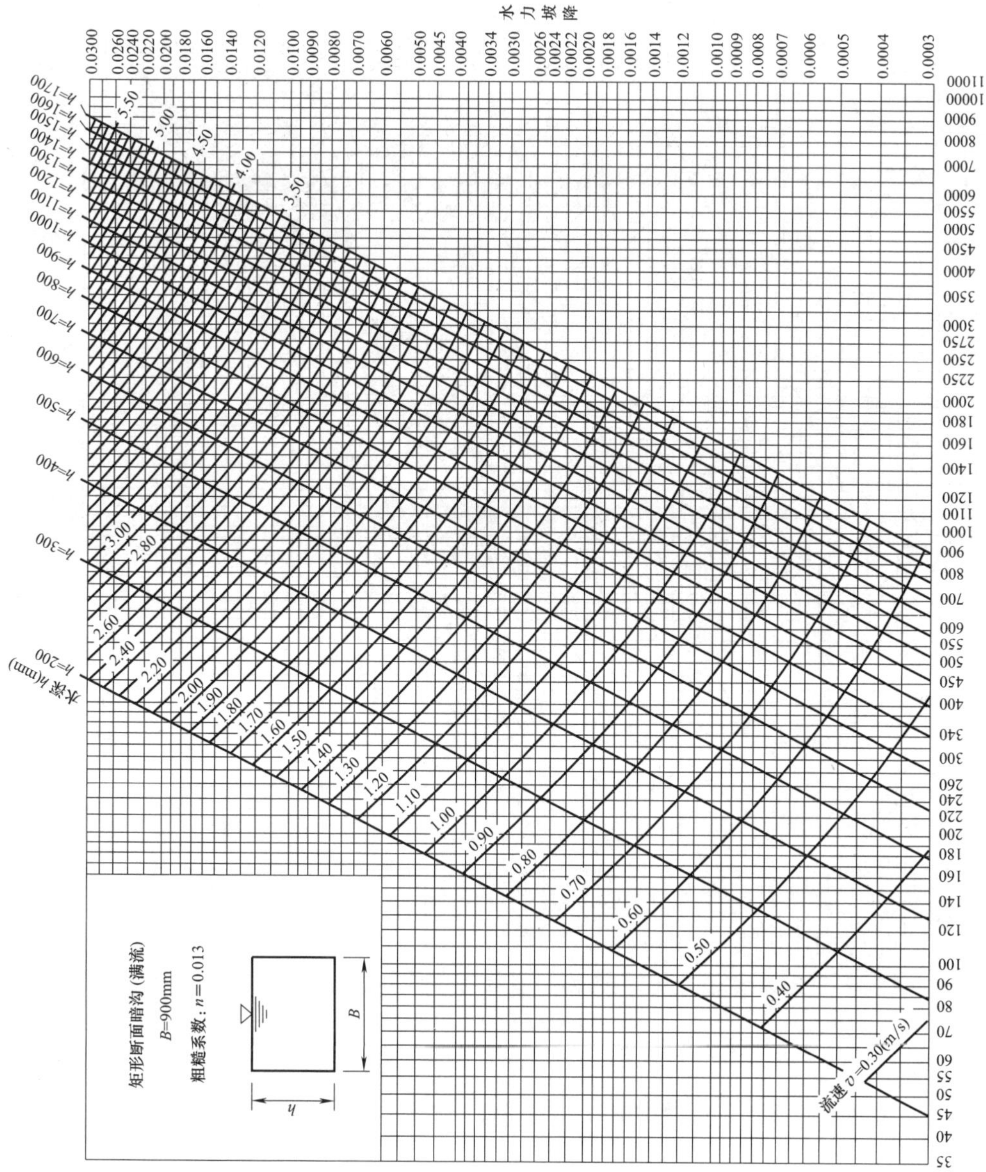

图 8-7 矩形断面暗沟水力计算图（满流，B=900mm）

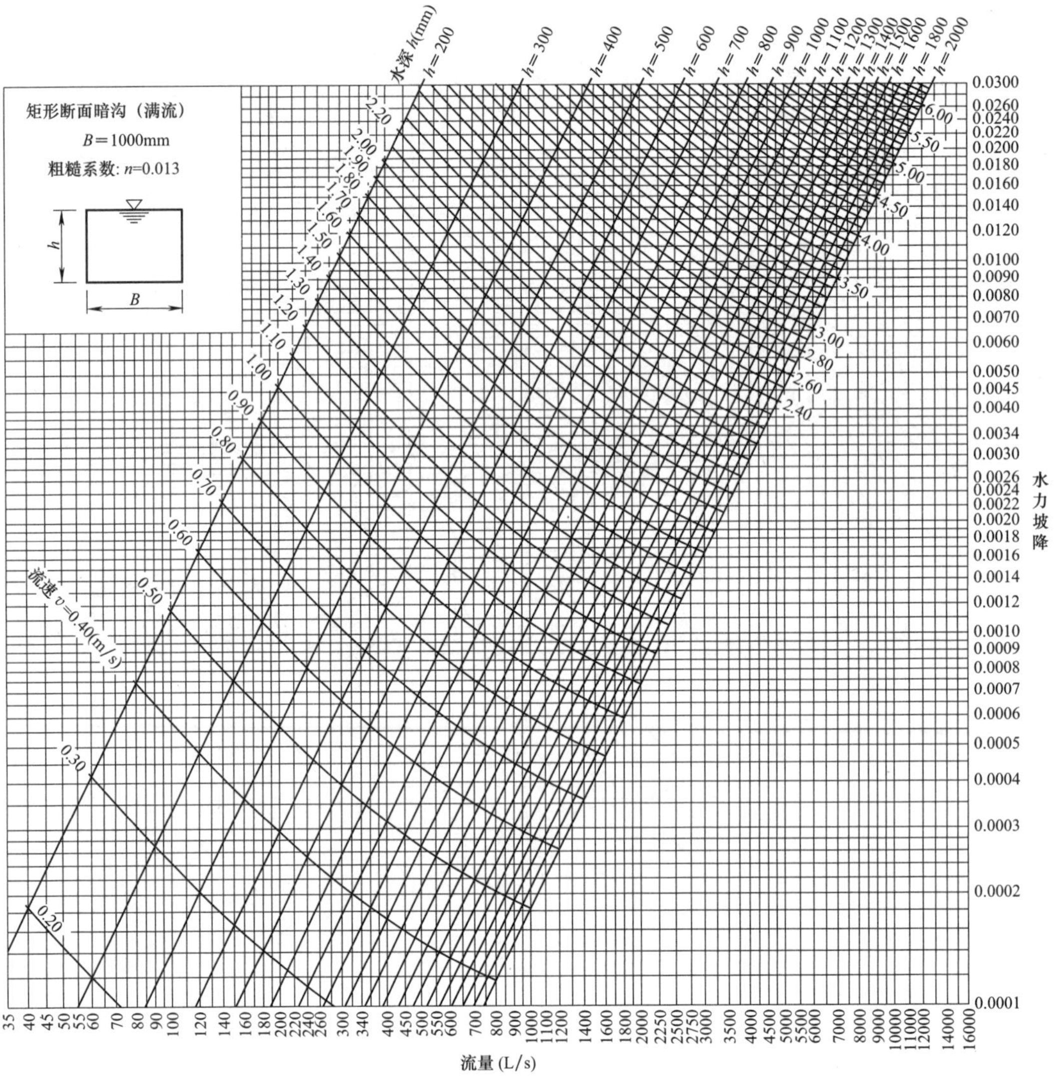

图 8-8 矩形断面暗沟水力计算图（满流，B=1000mm）

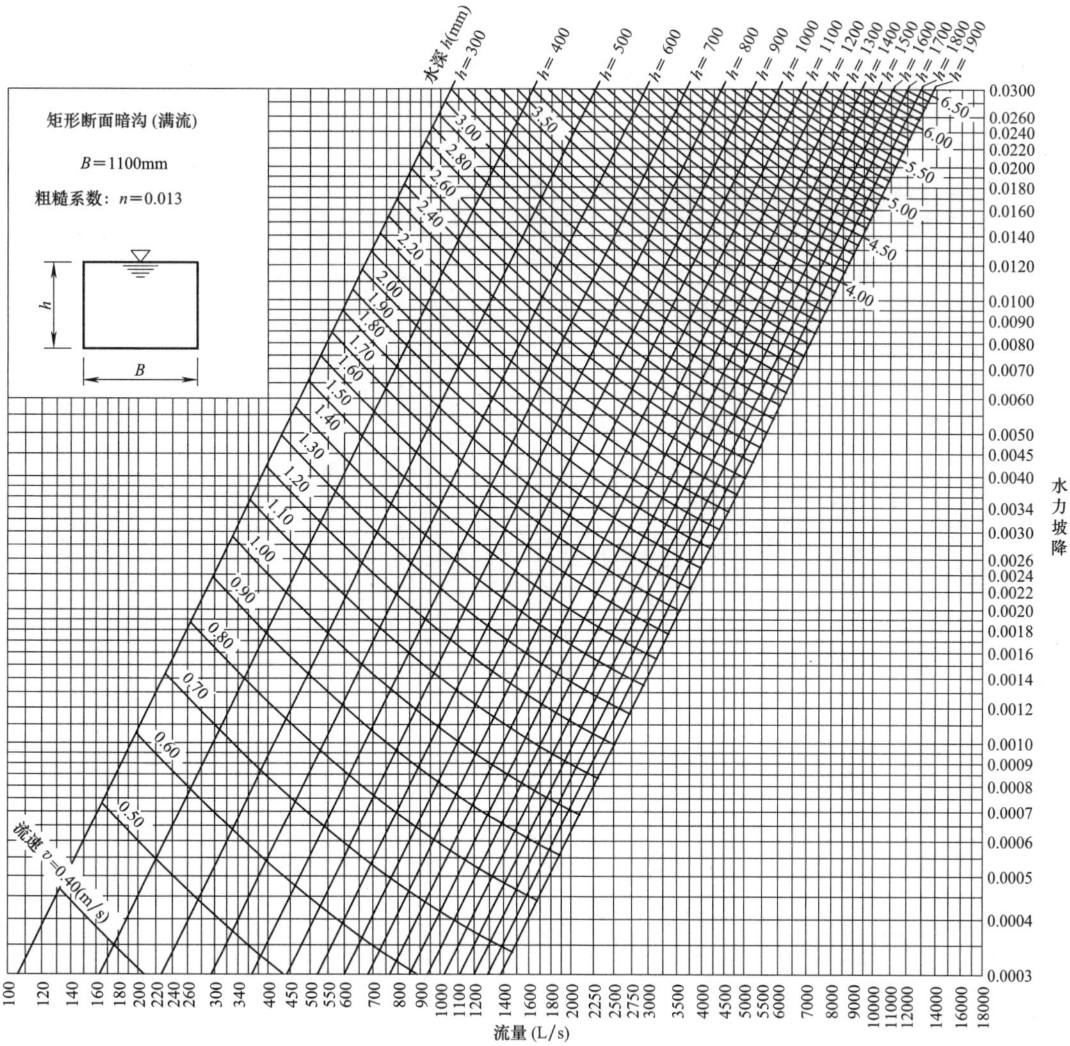

图 8-9 矩形断面暗沟水力计算图（满流，B=1100mm）

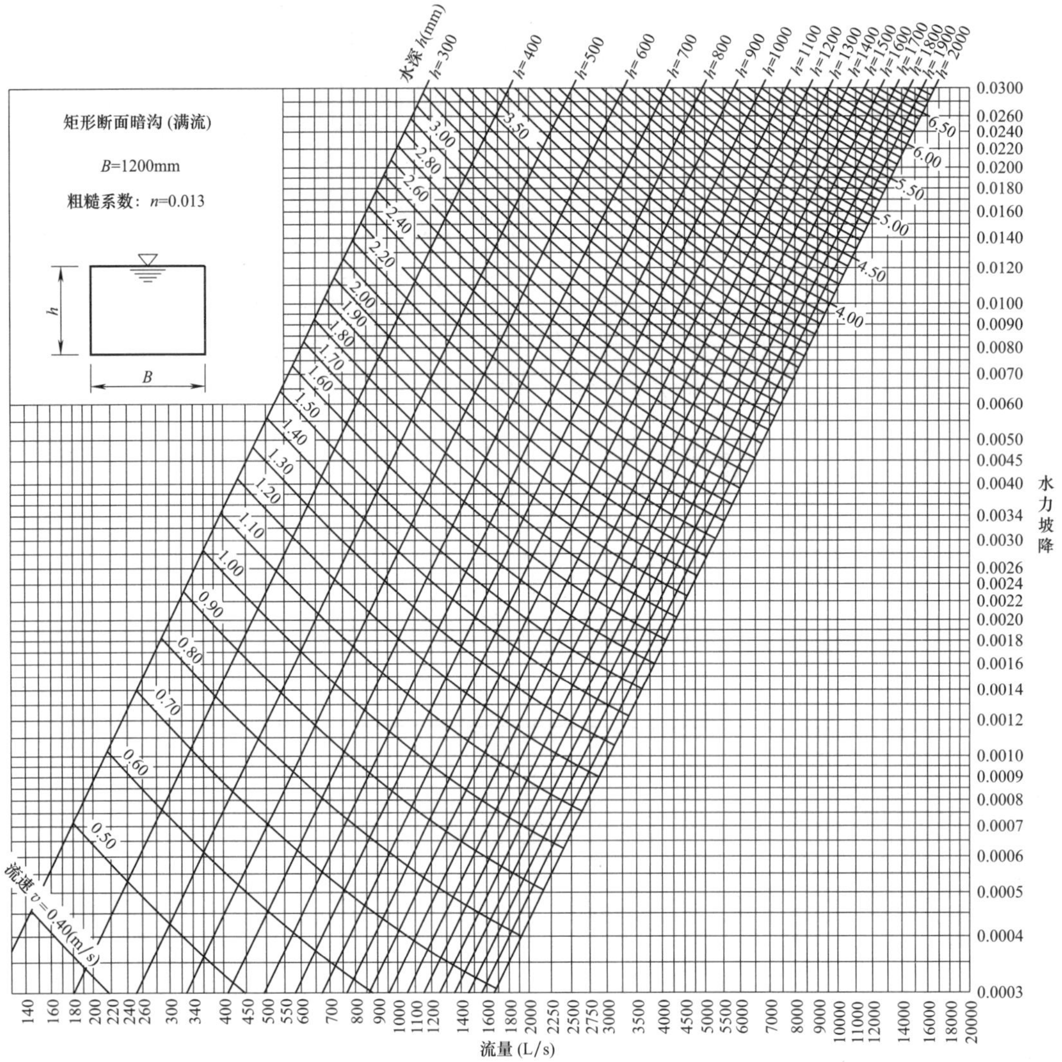

图 8-10　矩形断面暗沟水力计算图（满流，B=1200mm）

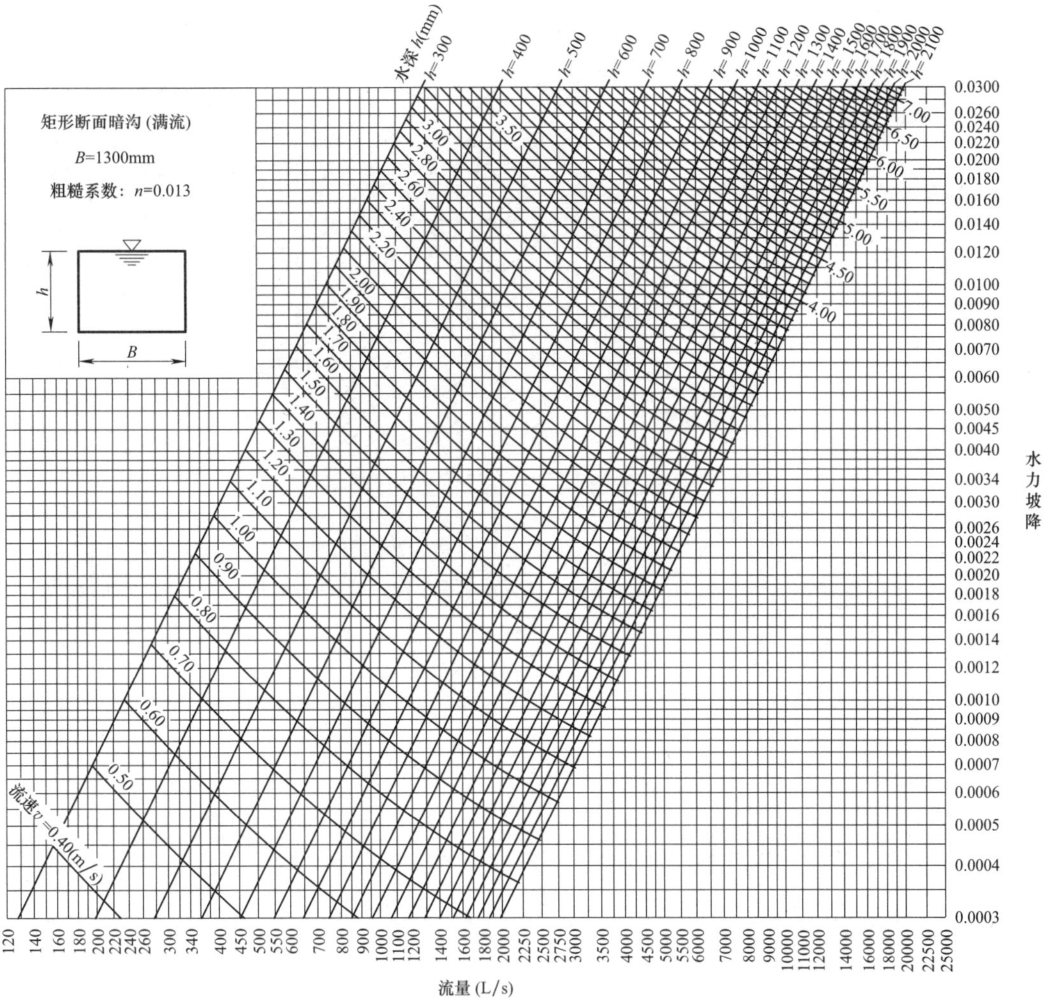

图 8-11 矩形断面暗沟水力计算图（满流，B=1300mm）

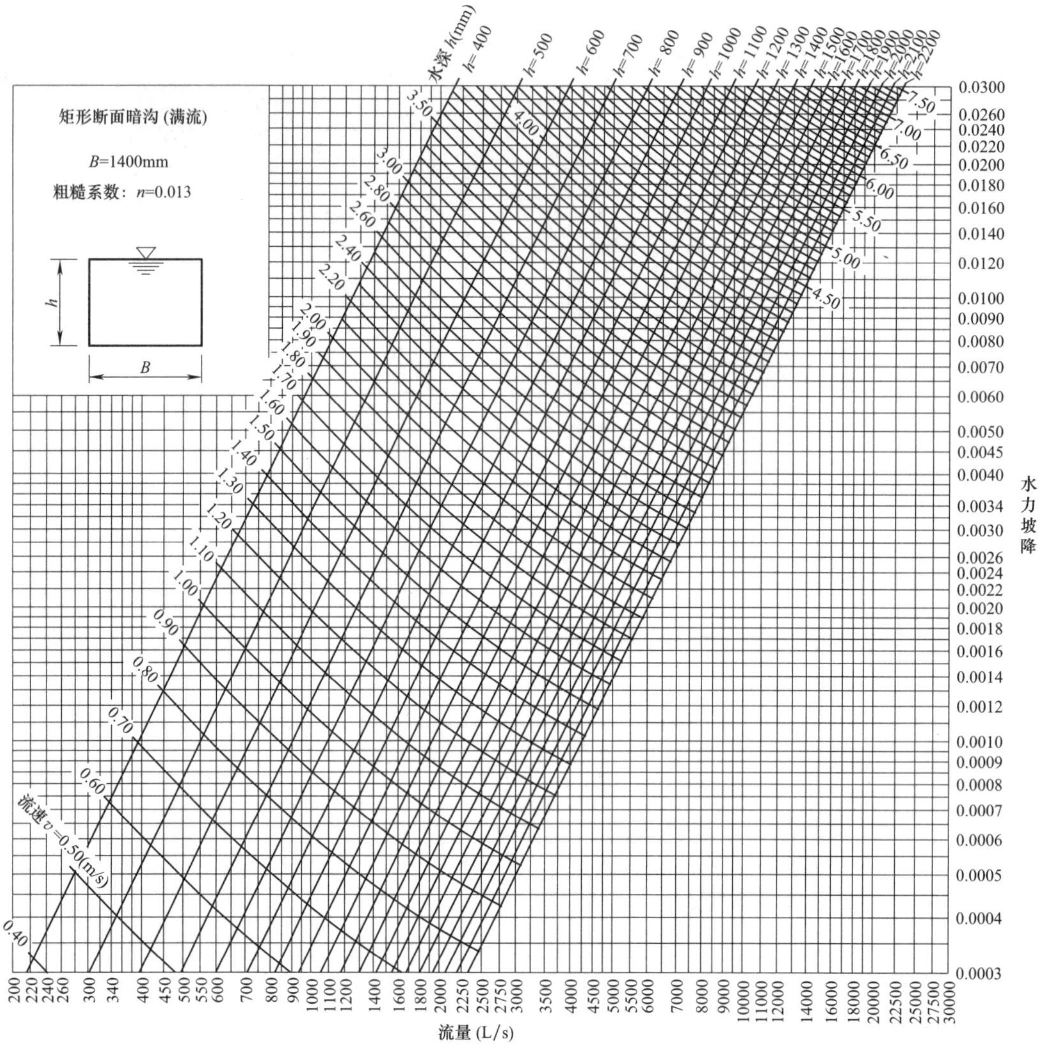

图 8-12 矩形断面暗沟水力计算图（满流，B=1400mm）

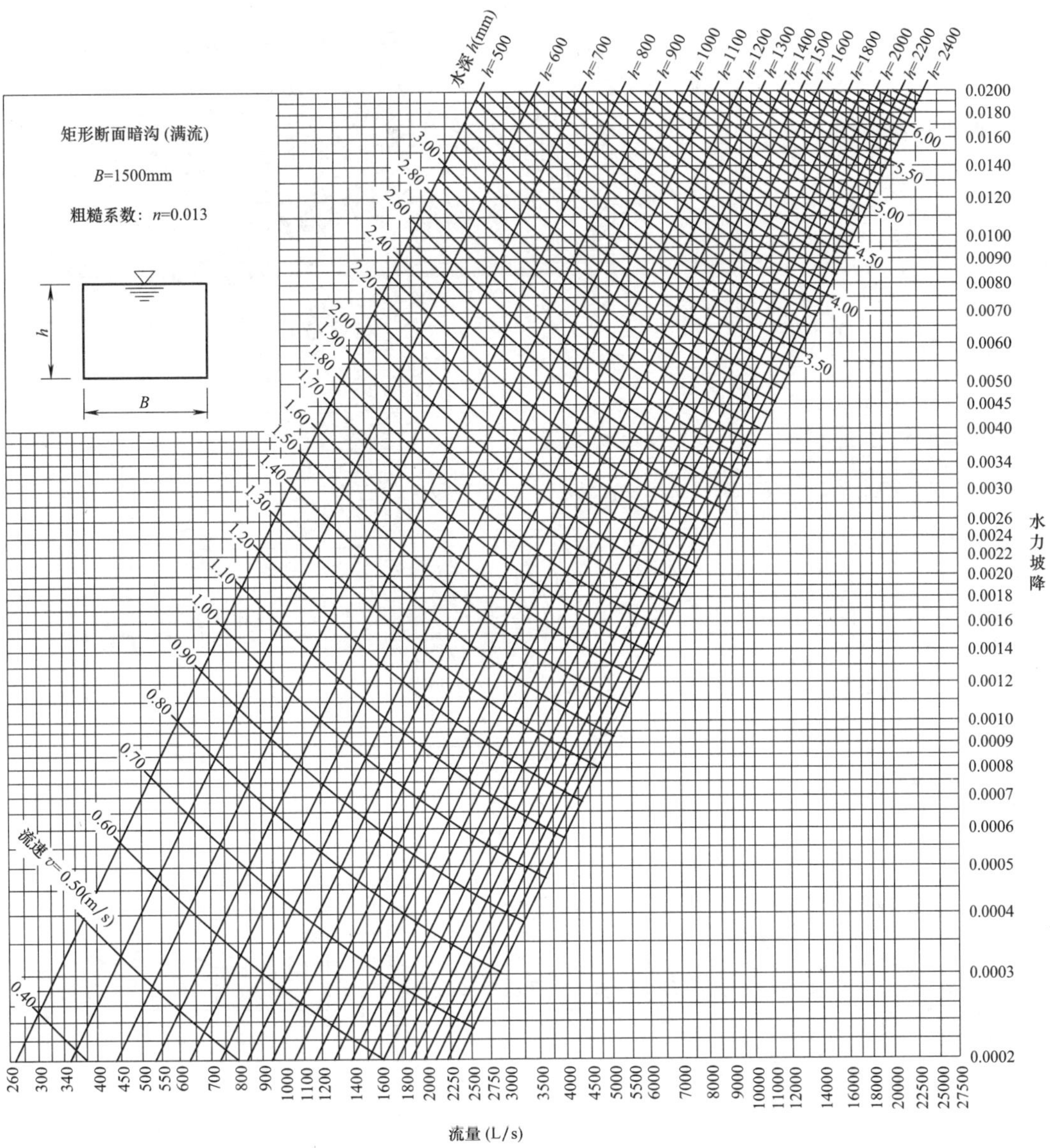

图 8-13 矩形断面暗沟水力计算图（满流，B=1500mm）

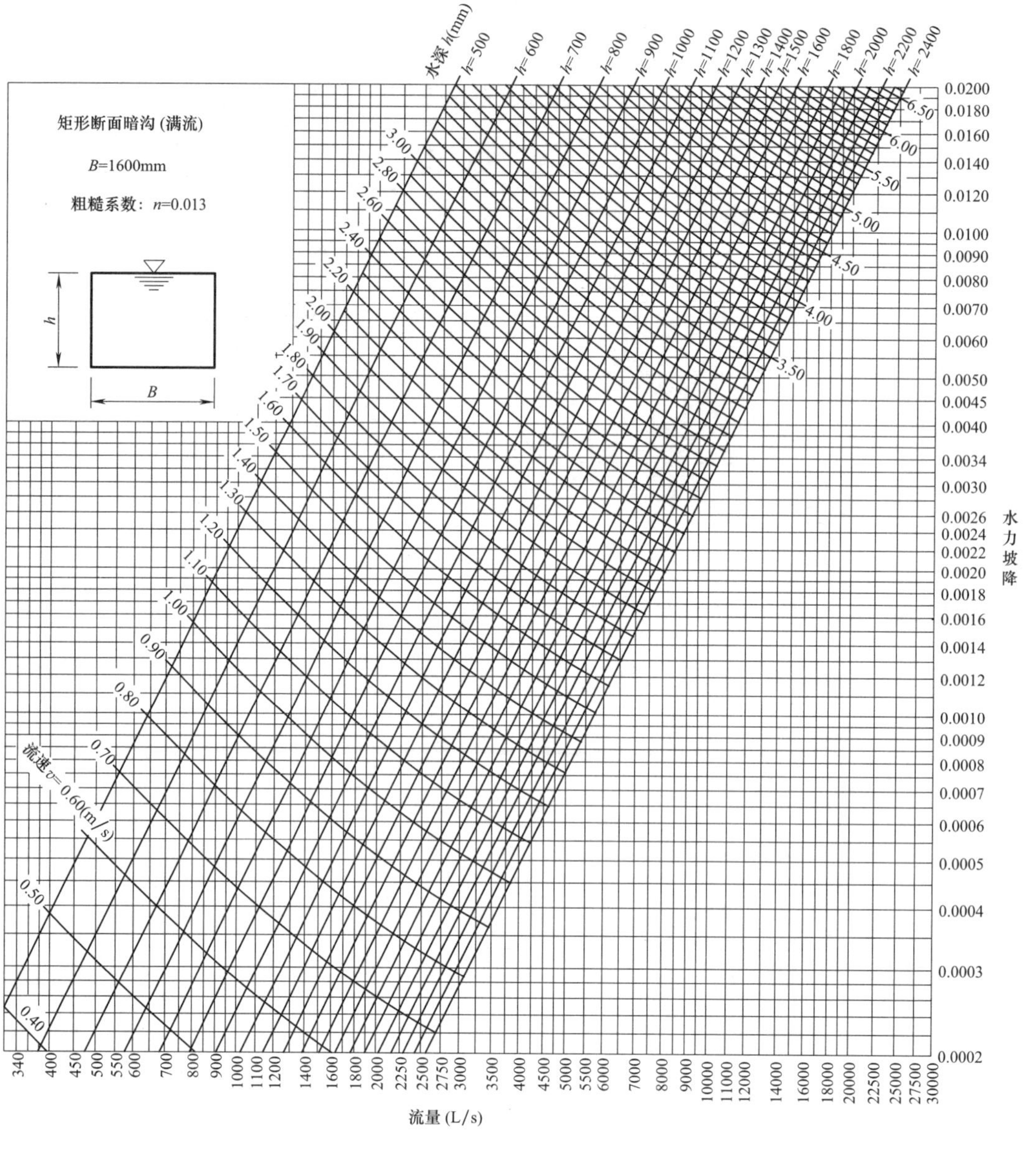

图 8-14　矩形断面暗沟水力计算图（满流，B=1600mm）

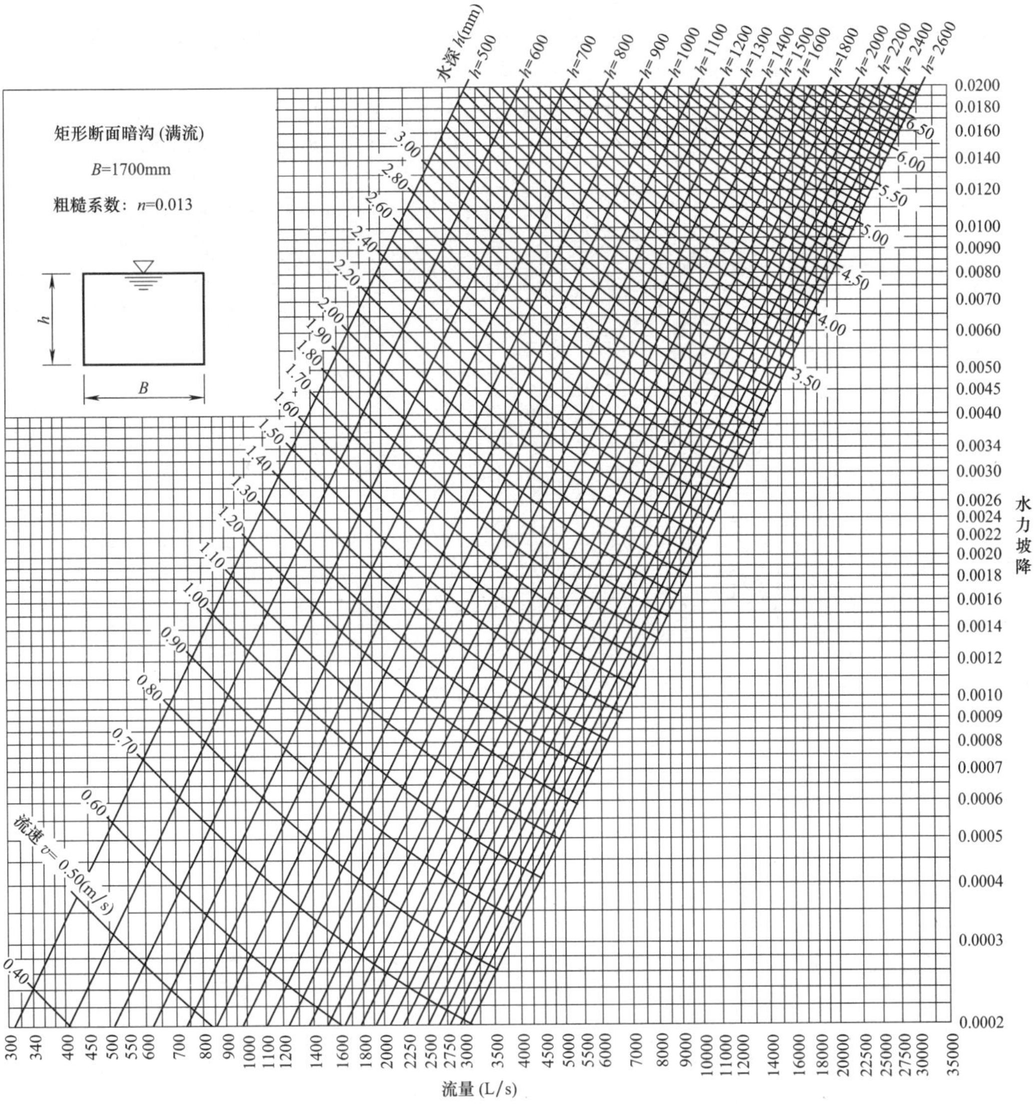

图 8-15 矩形断面暗沟水力计算图（满流，B=1700mm）

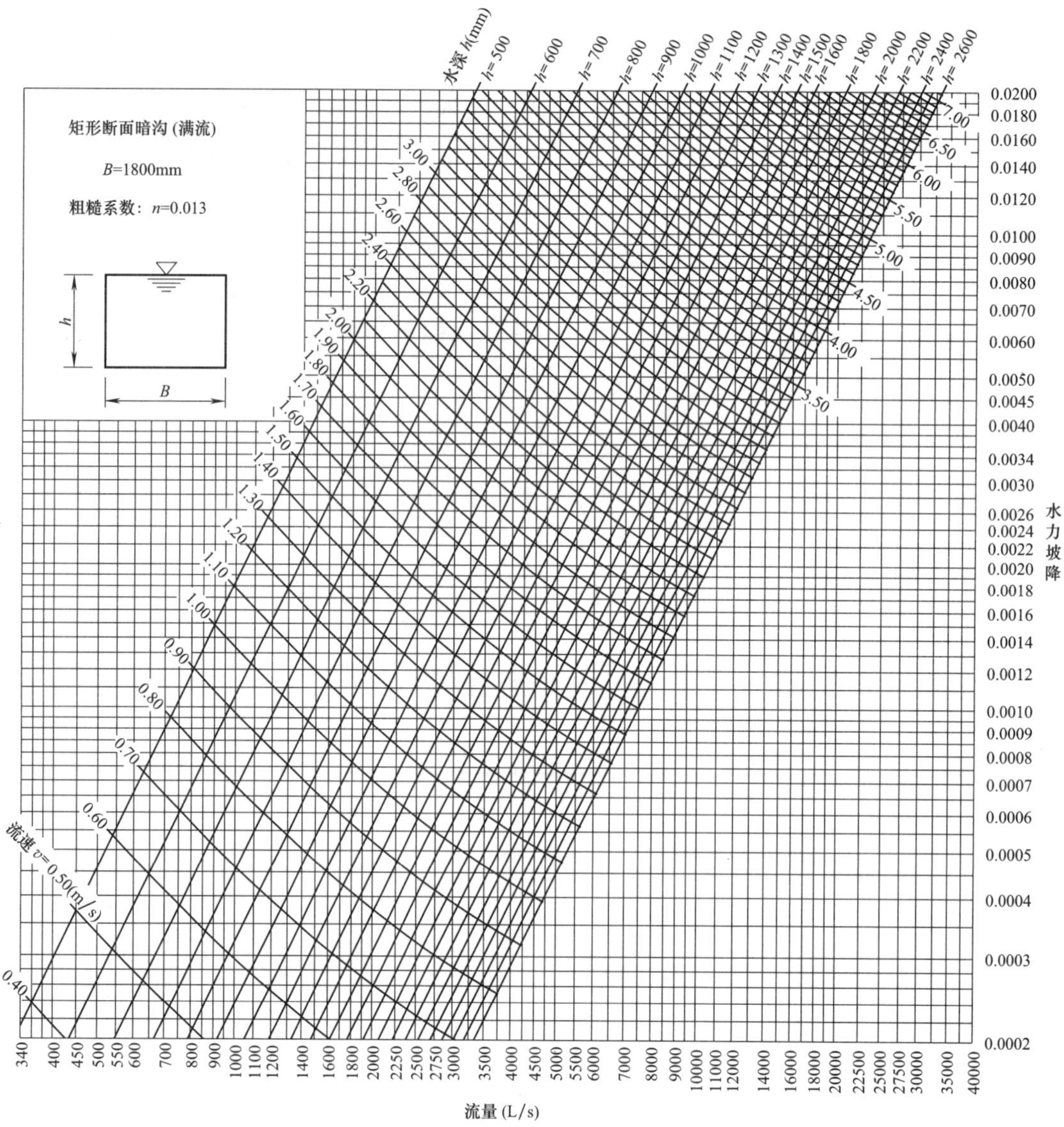

图 8-16　矩形断面暗沟水力计算图（满流，B=1800mm）

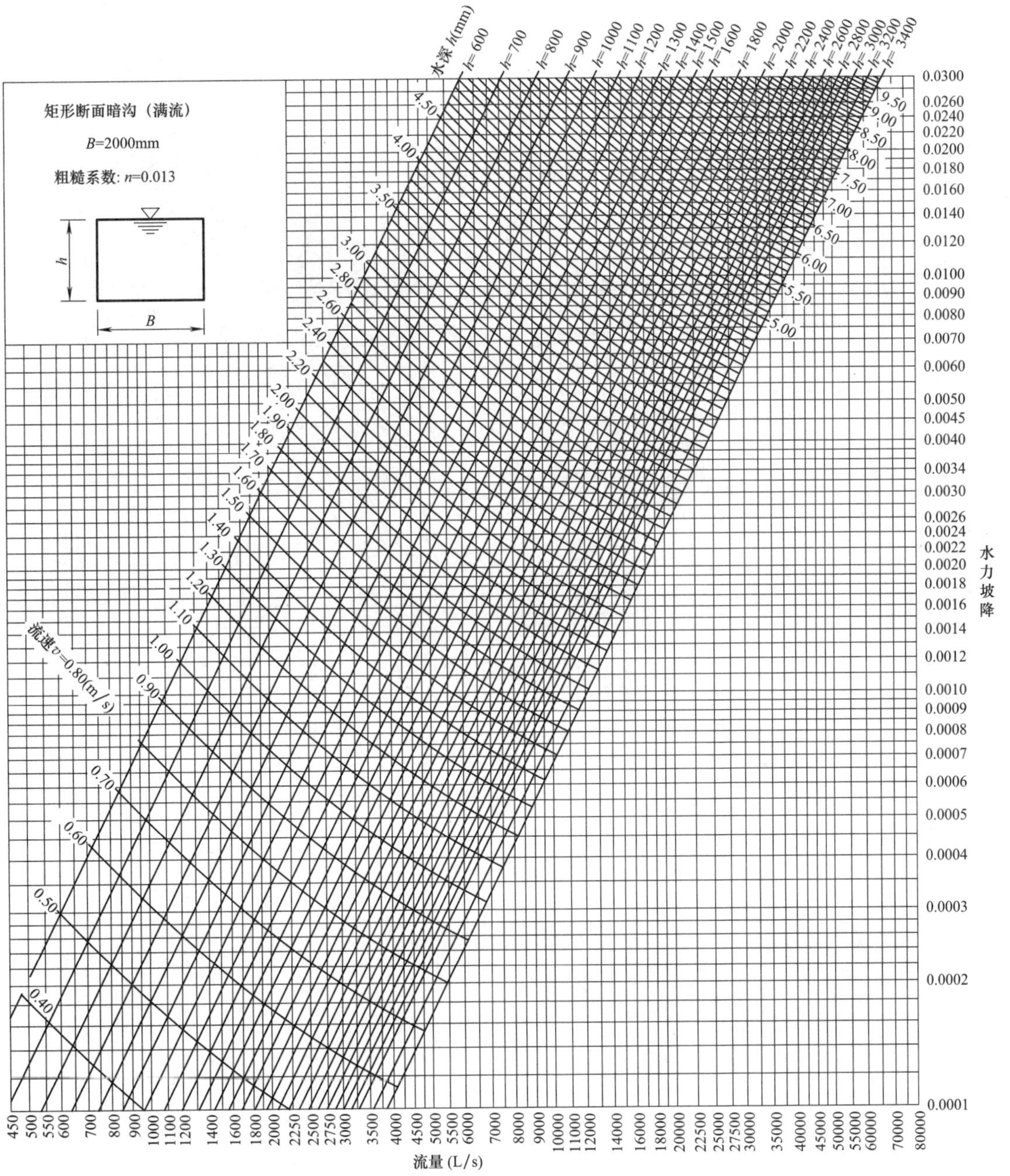

图 8-17 矩形断面暗沟水力计算图（满流，B=2000mm）

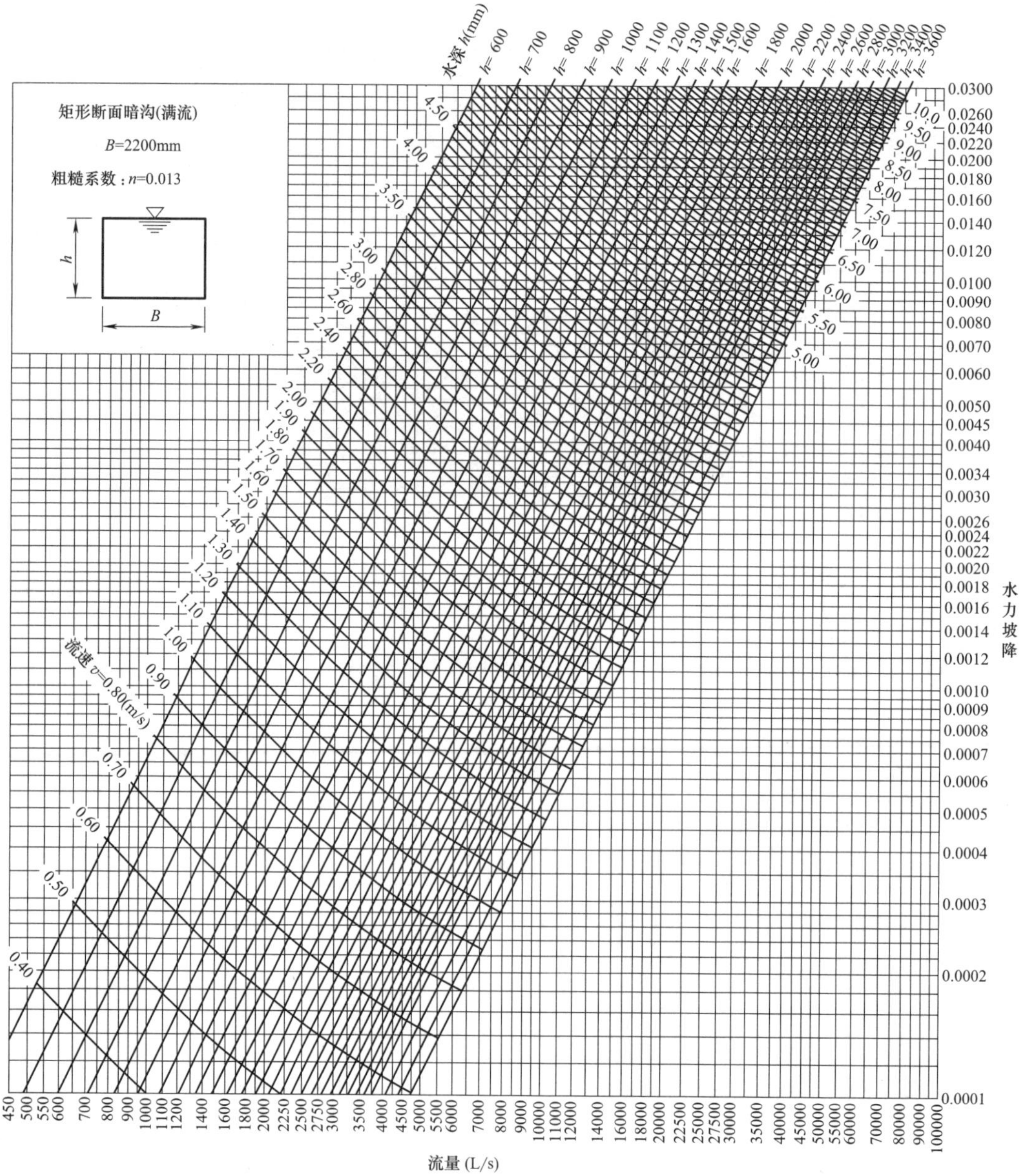

图 8-18 矩形断面暗沟水力计算图（满流，B=2200mm）

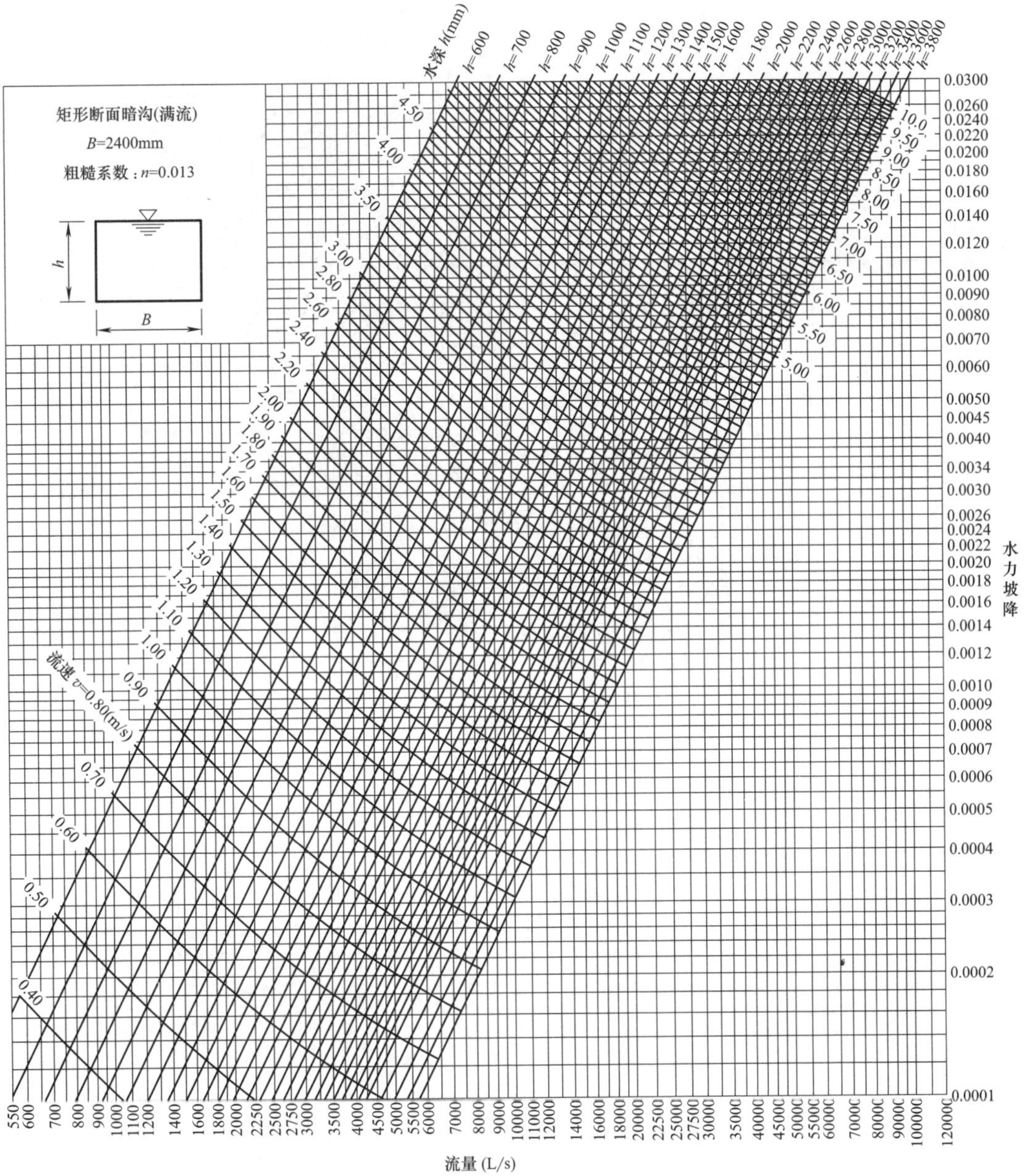

图 8-19 矩形断面暗沟水力计算图（满流，B=2400mm）

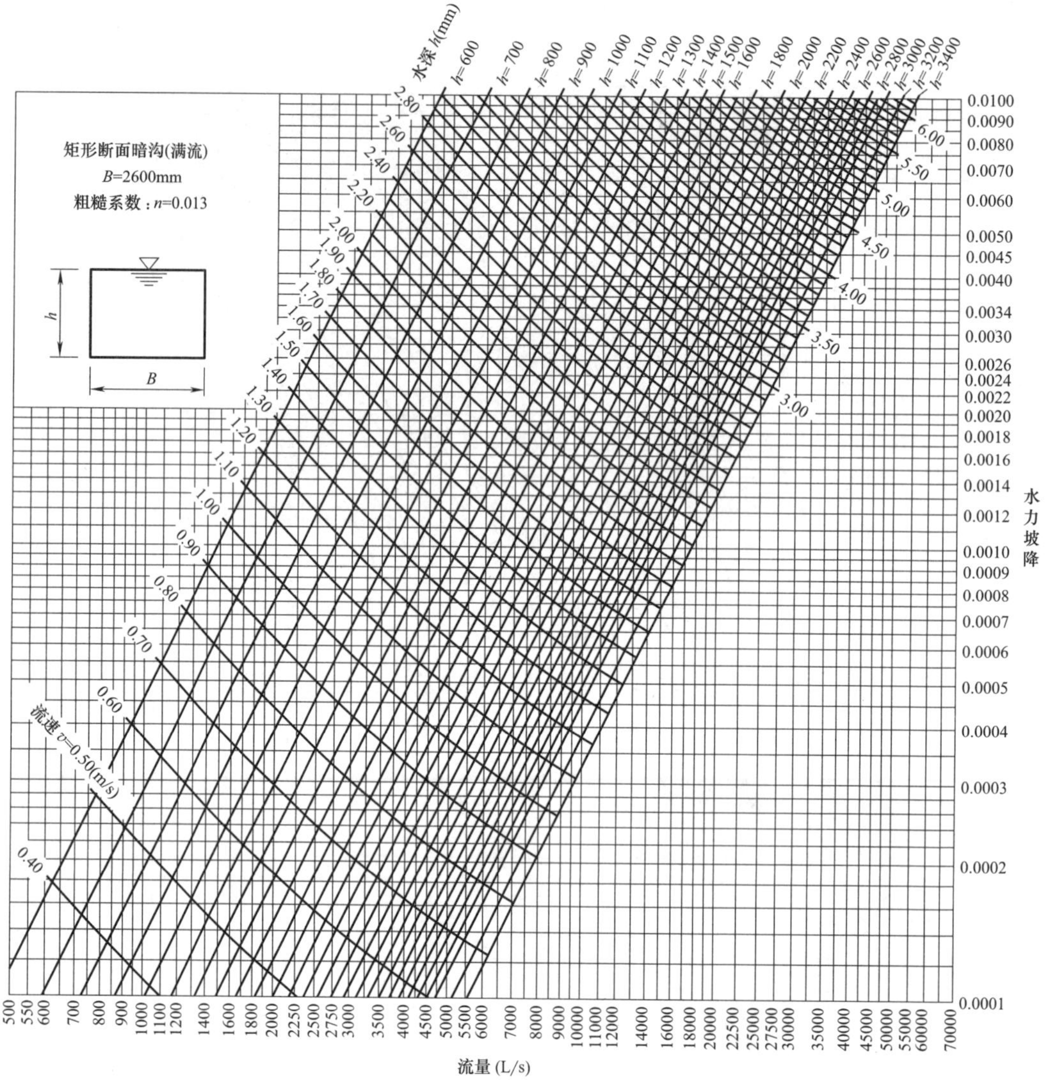

图 8-20 矩形断面暗沟水力计算图（满流，B=2600mm）

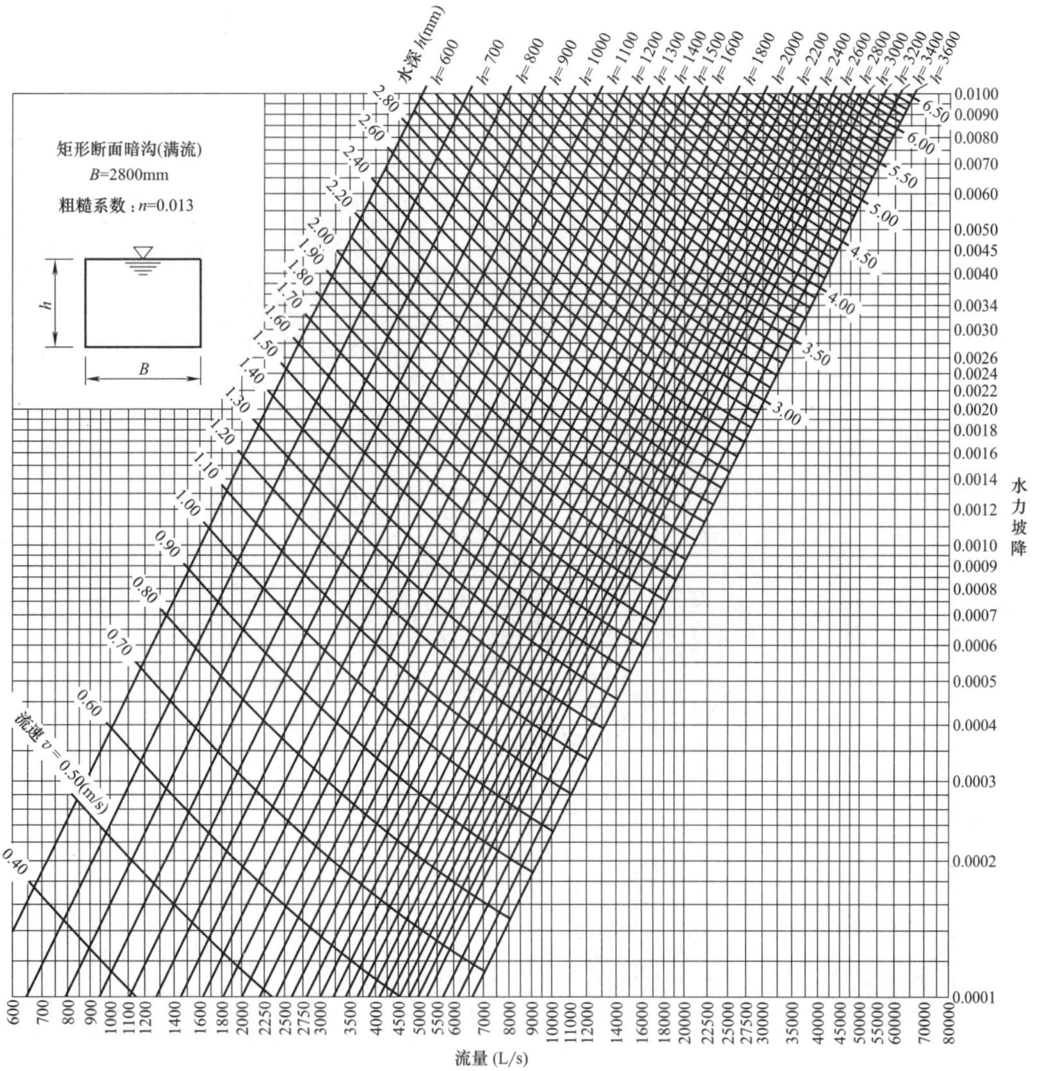

图 8-21 矩形断面暗沟水力计算图（满流，$B=2800$mm）

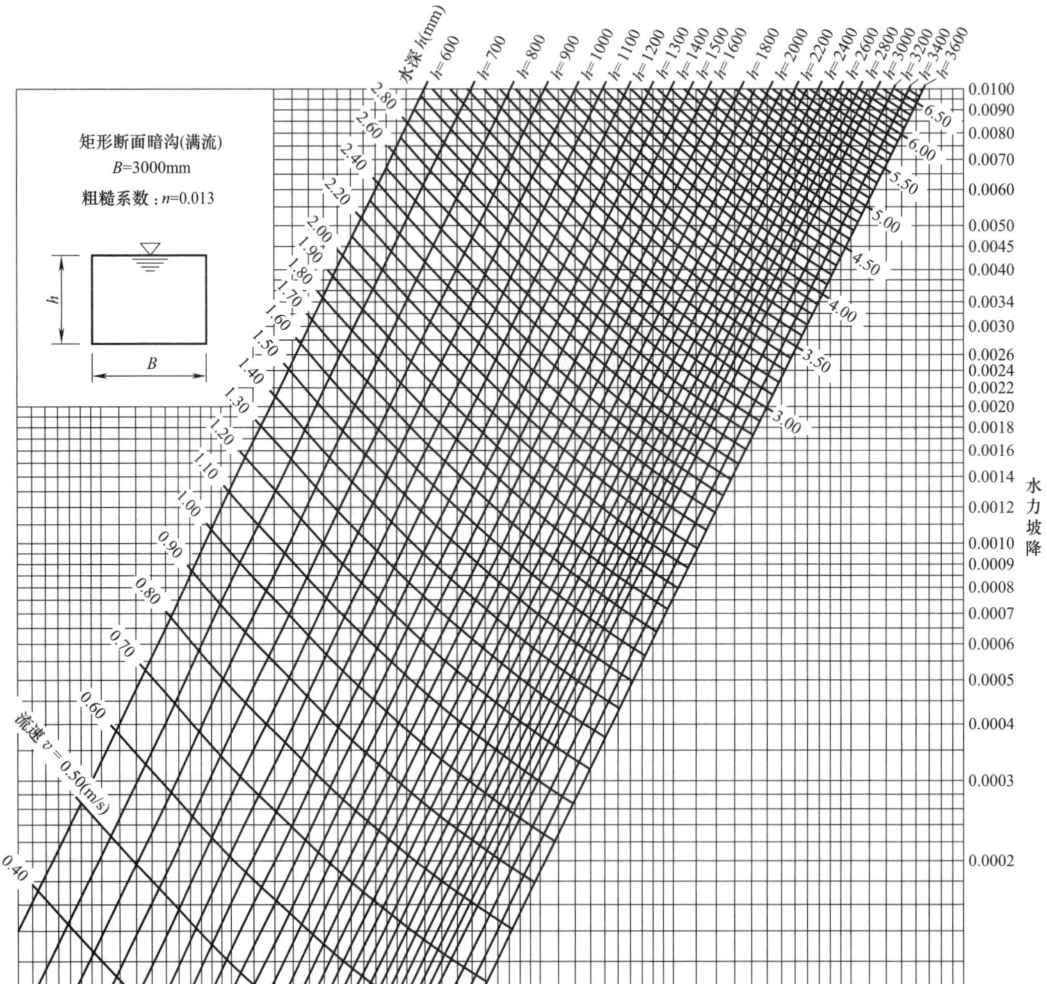

图 8-22 矩形断面暗沟水力计算图（满流，B=3000mm）

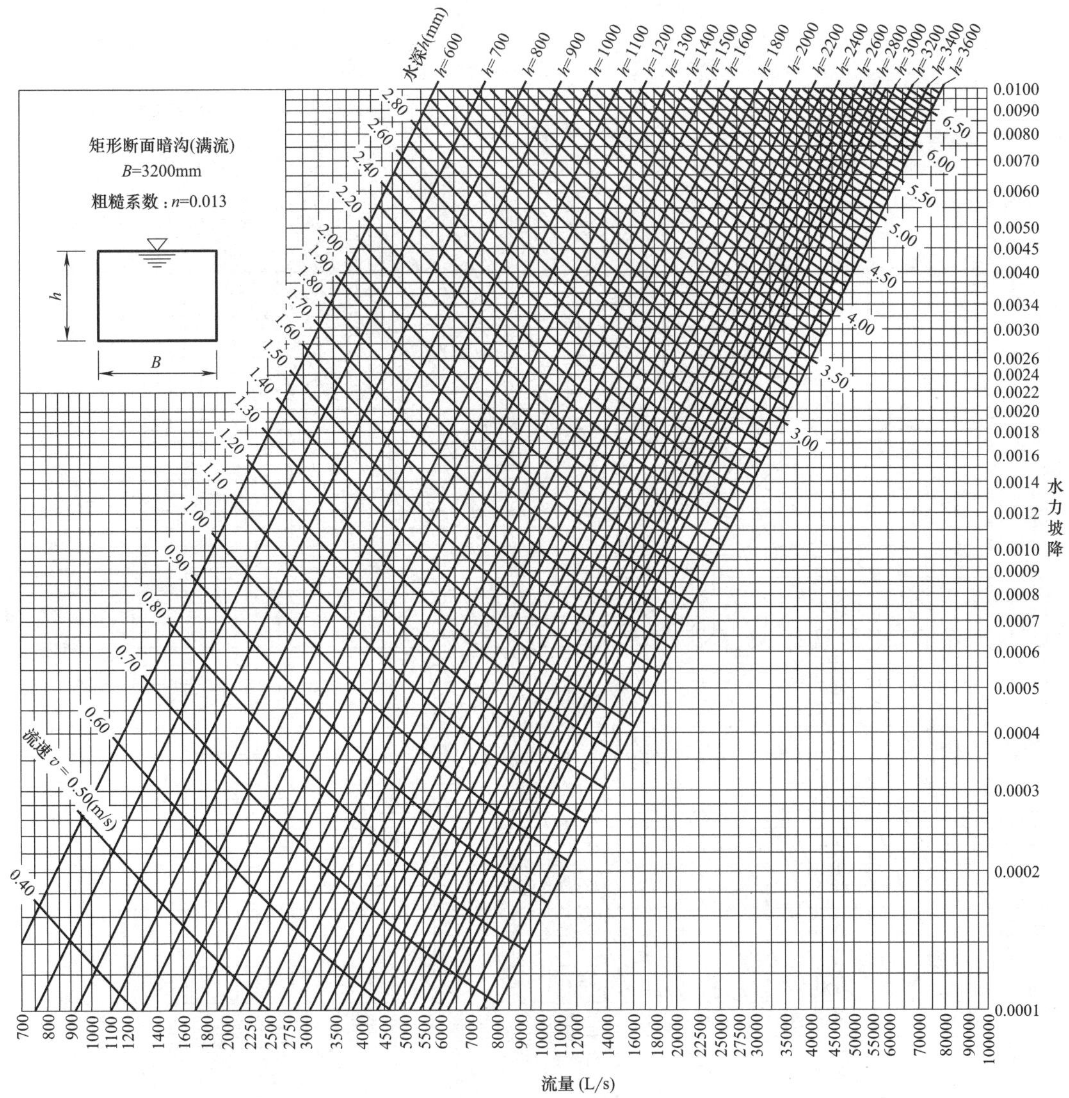

图 8-23　矩形断面暗沟水力计算图（满流，B=3200mm）

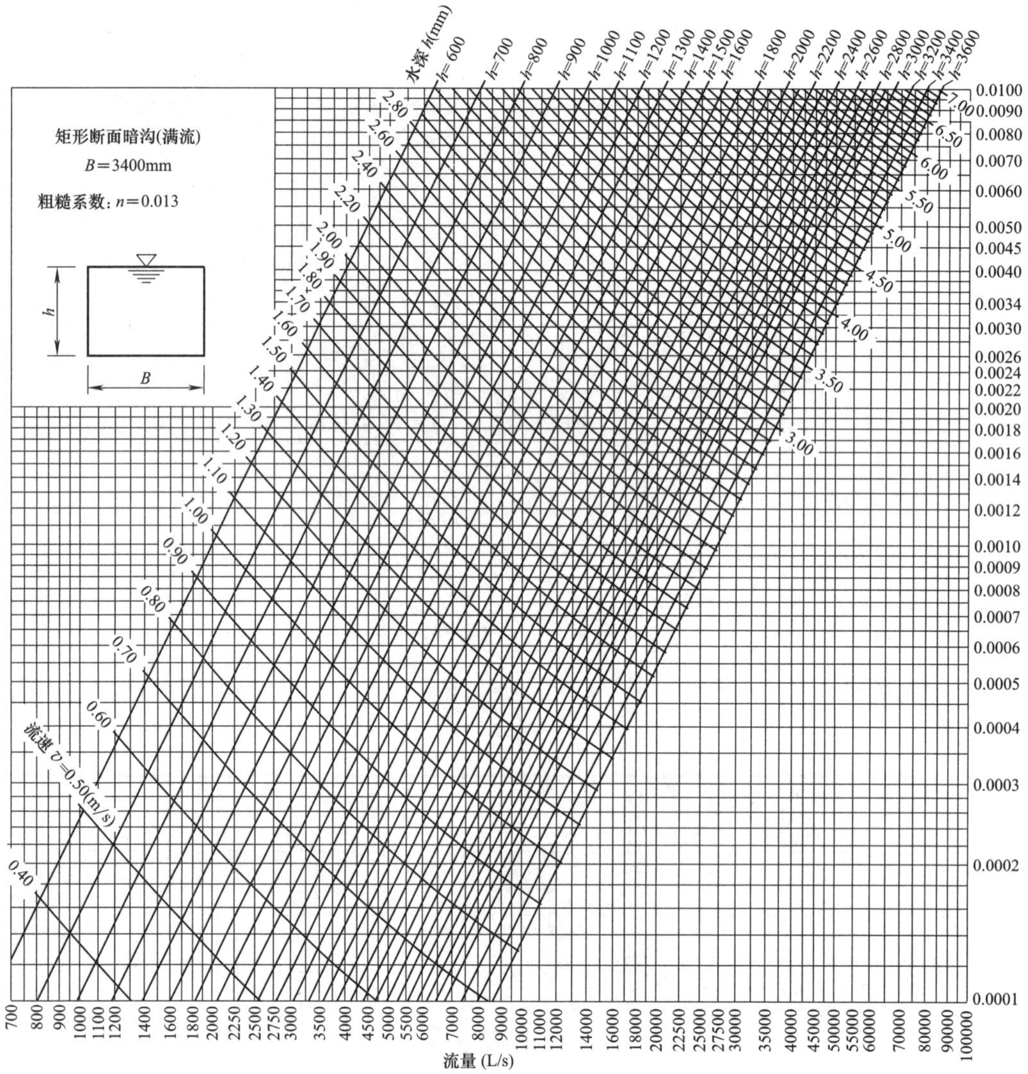

图 8-24 矩形断面暗沟水力计算图（满流，B=3400mm）

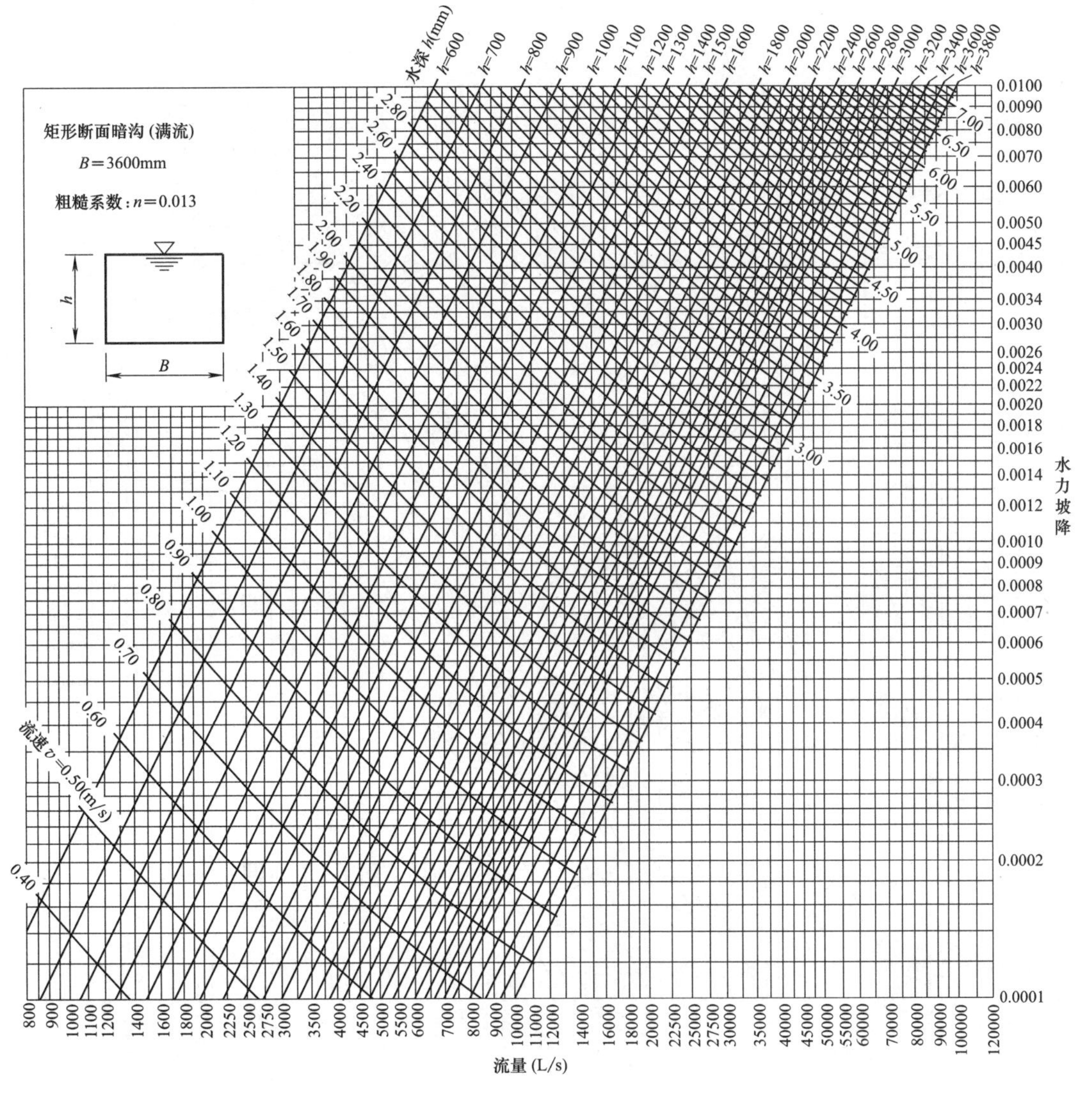

图 8-25 矩形断面暗沟水力计算图（满流，B=3600mm）

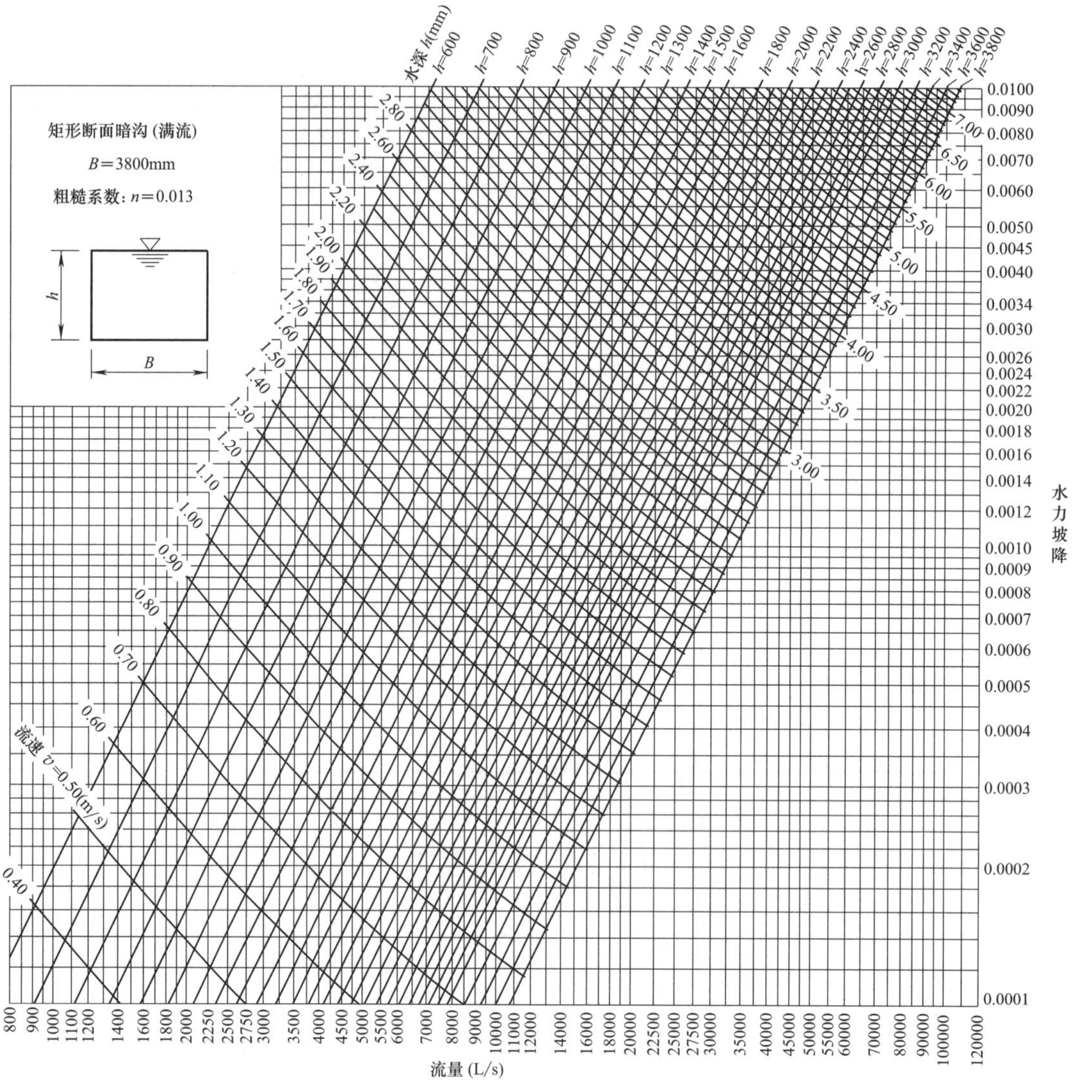

图 8-26 矩形断面暗沟水力计算图（满流，B=3800mm）

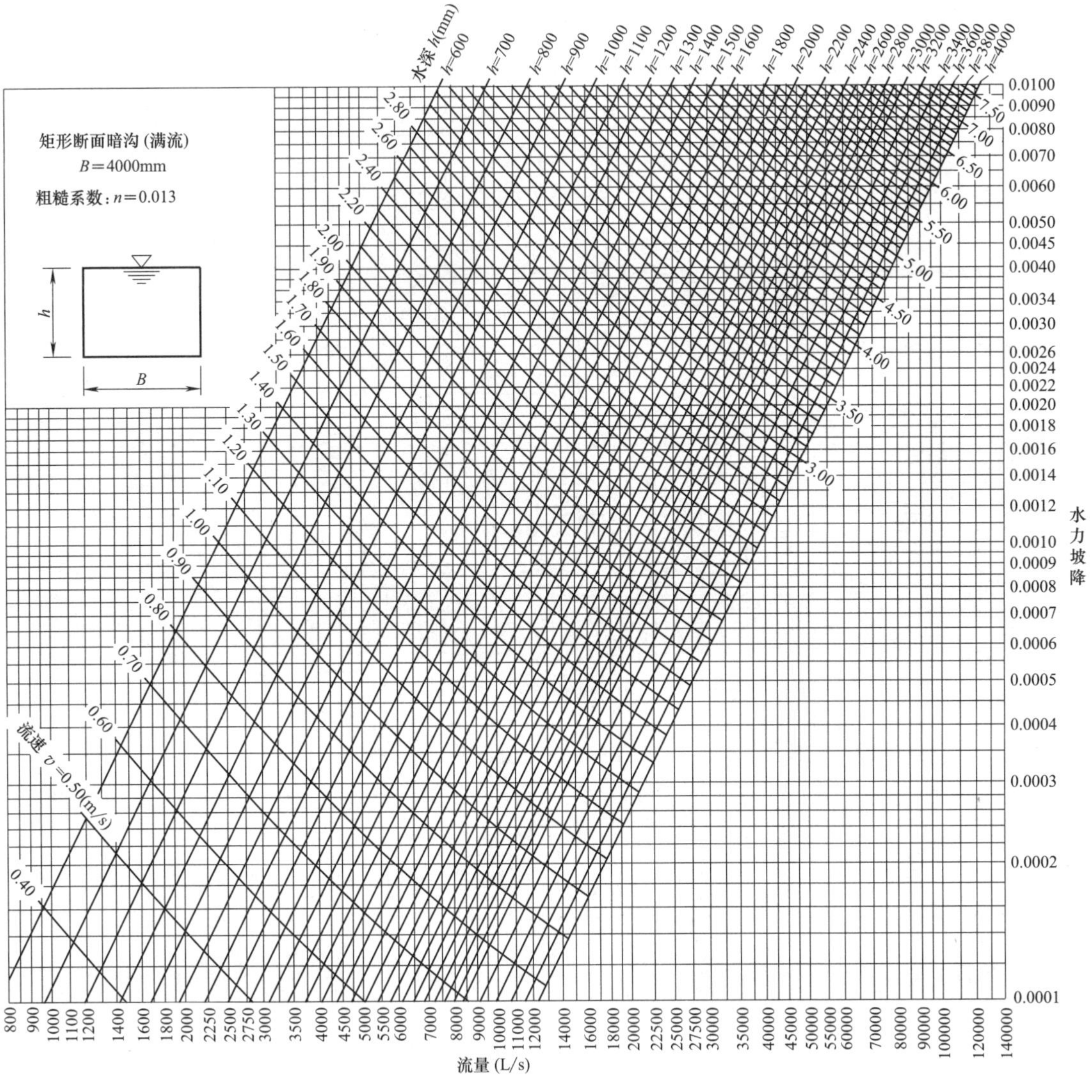

图 8-27 矩形断面暗沟水力计算图（满流，$B=4000\text{mm}$）

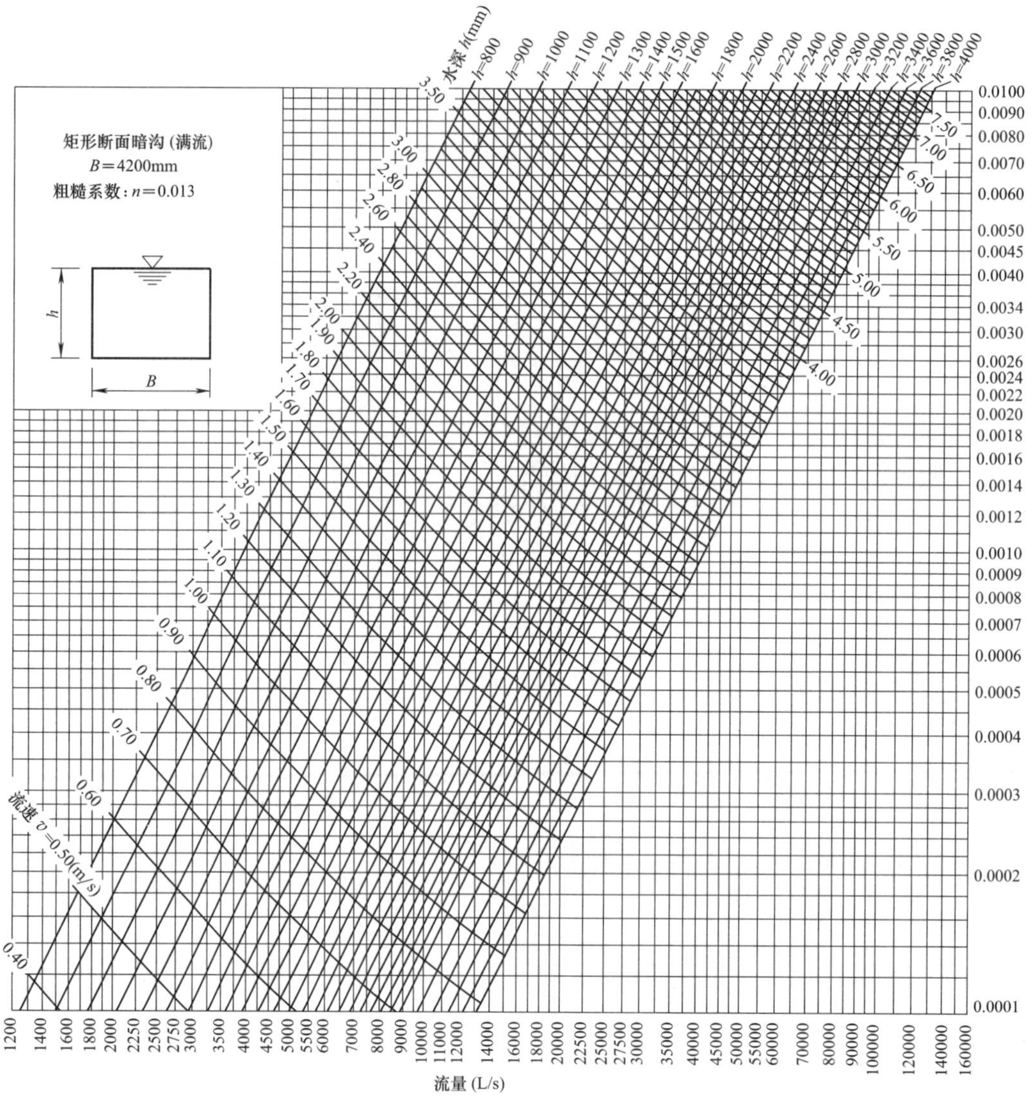

图 8-28 矩形断面暗沟水力计算图（满流，B=4200mm）

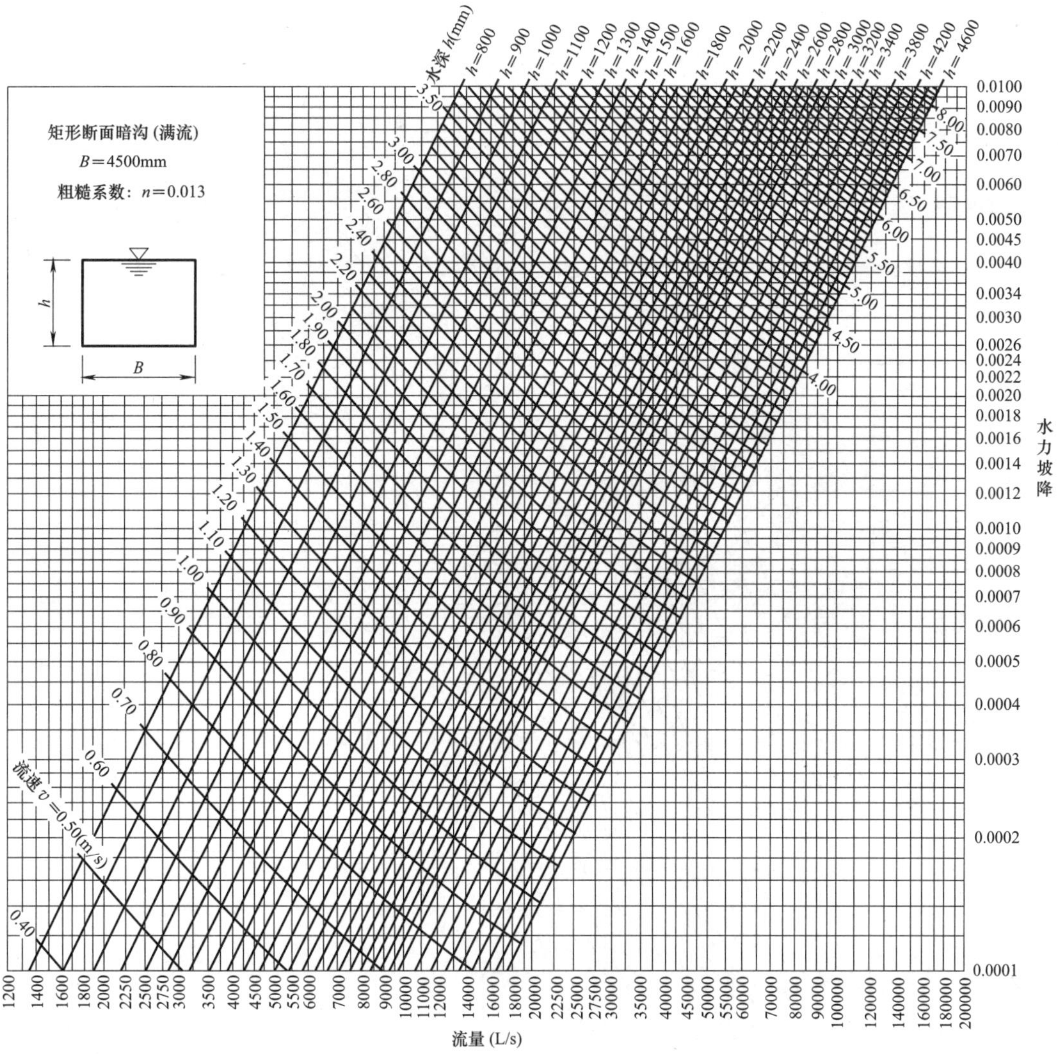

图 8-29 矩形断面暗沟水力计算图（满流，B=4500mm）

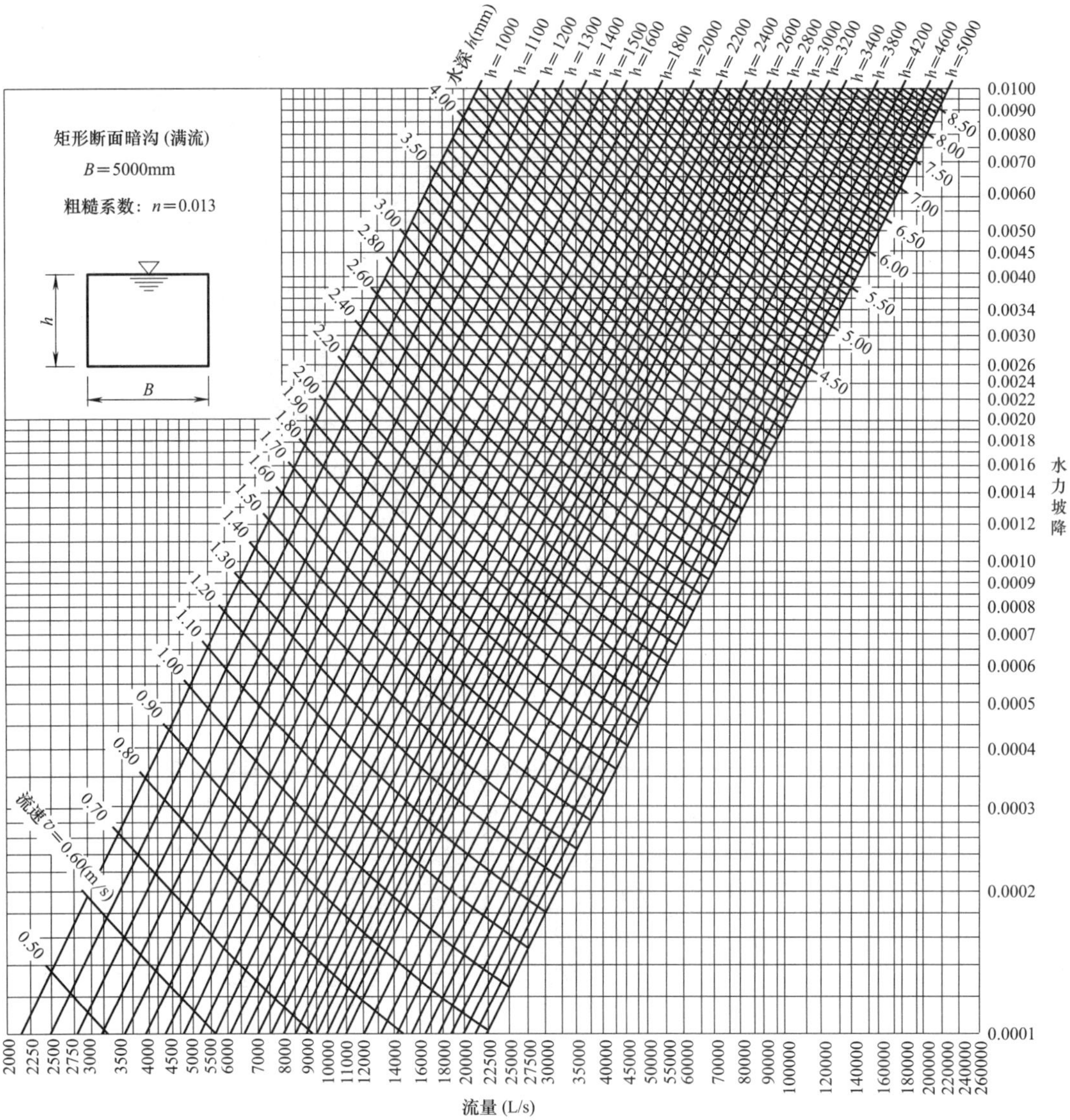

图 8-30 矩形断面暗沟水力计算图（满流，B=5000mm）

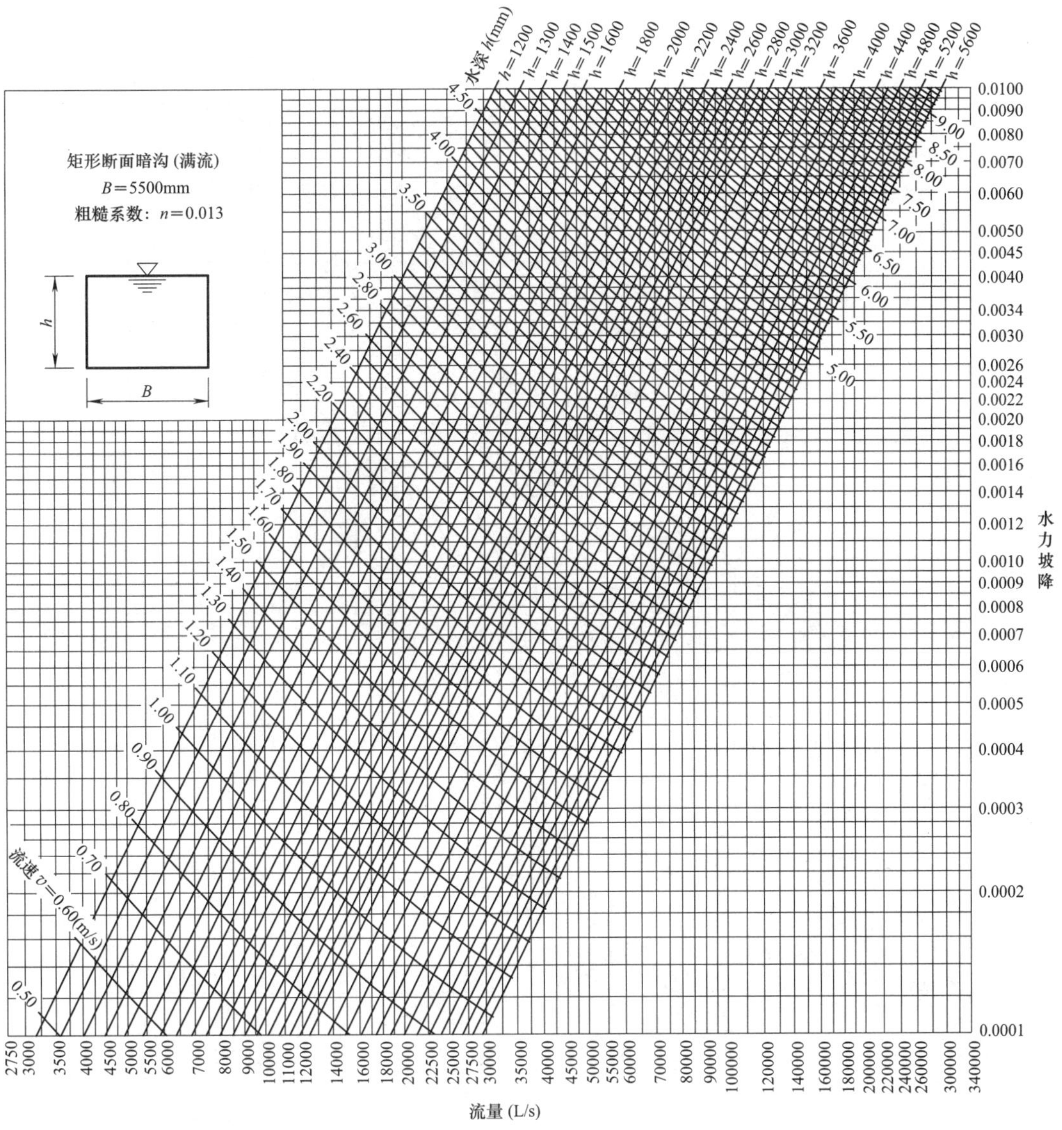

图 8-31　矩形断面暗沟水力计算图（满流，B=5500mm）

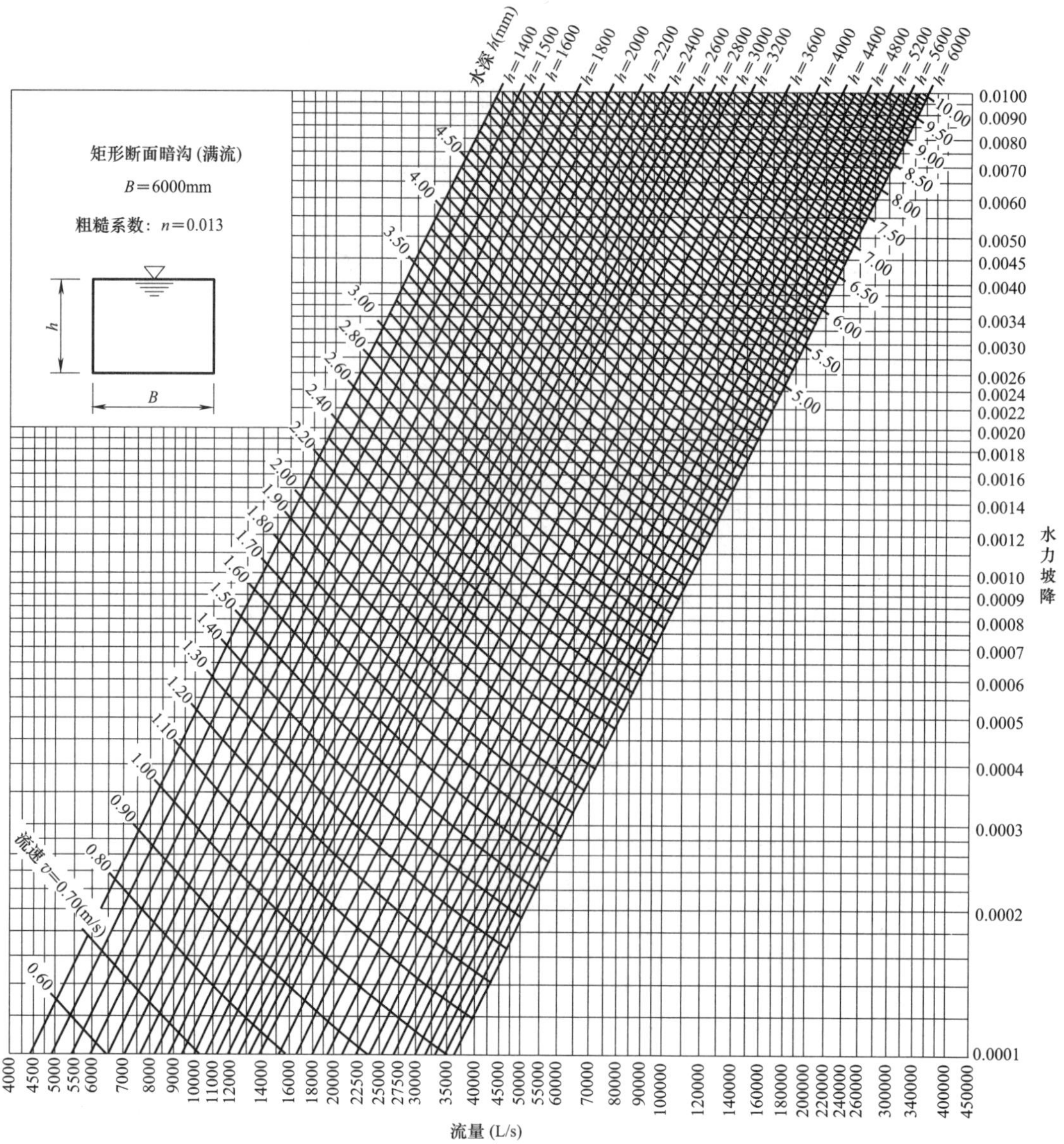

图 8-32　矩形断面暗沟水力计算图（满流，B=6000mm）

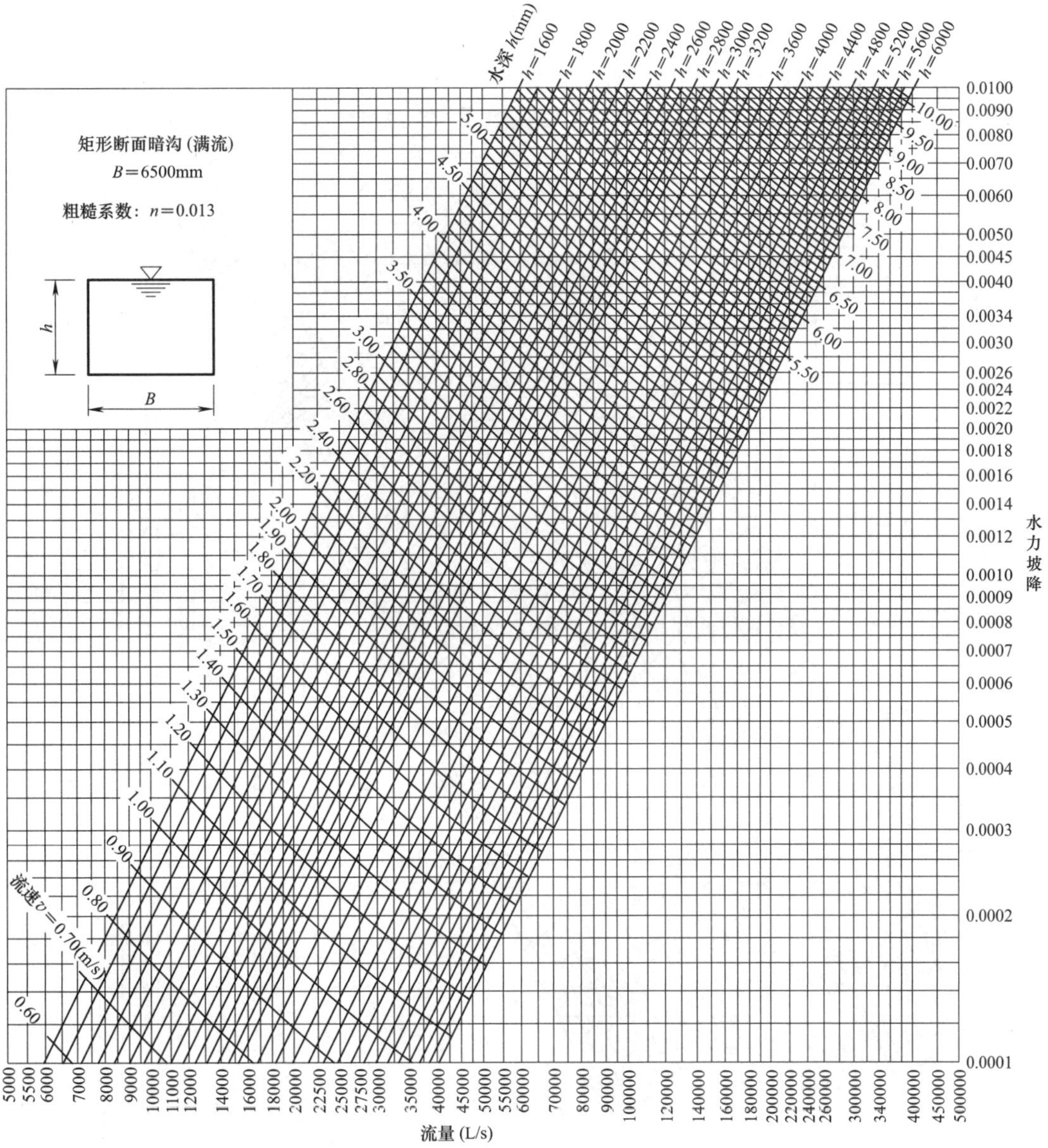

图 8-33　矩形断面暗沟水力计算图（满流，B=6500mm）

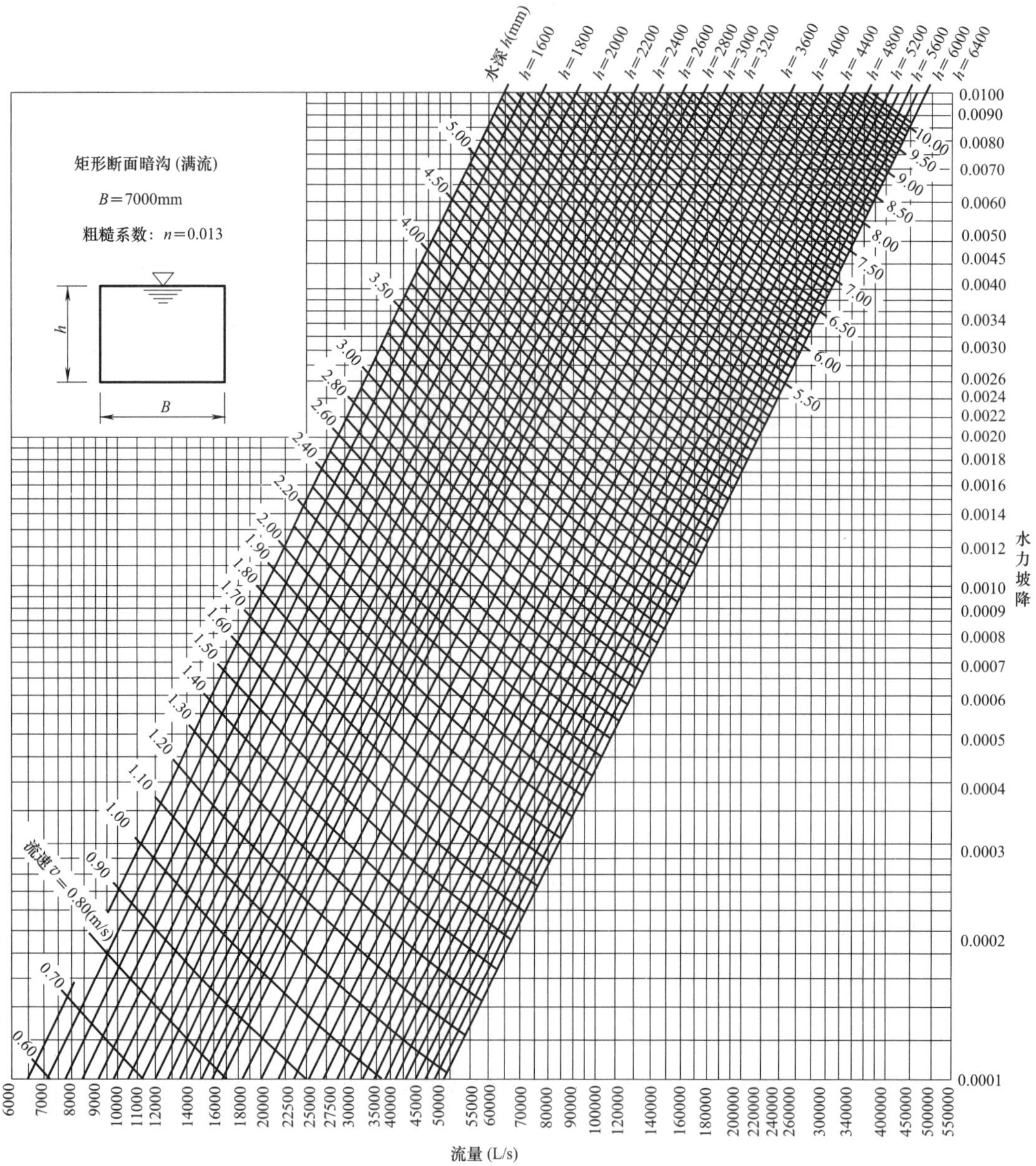

图 8-34　矩形断面暗沟水力计算图（满流，B=7000mm）

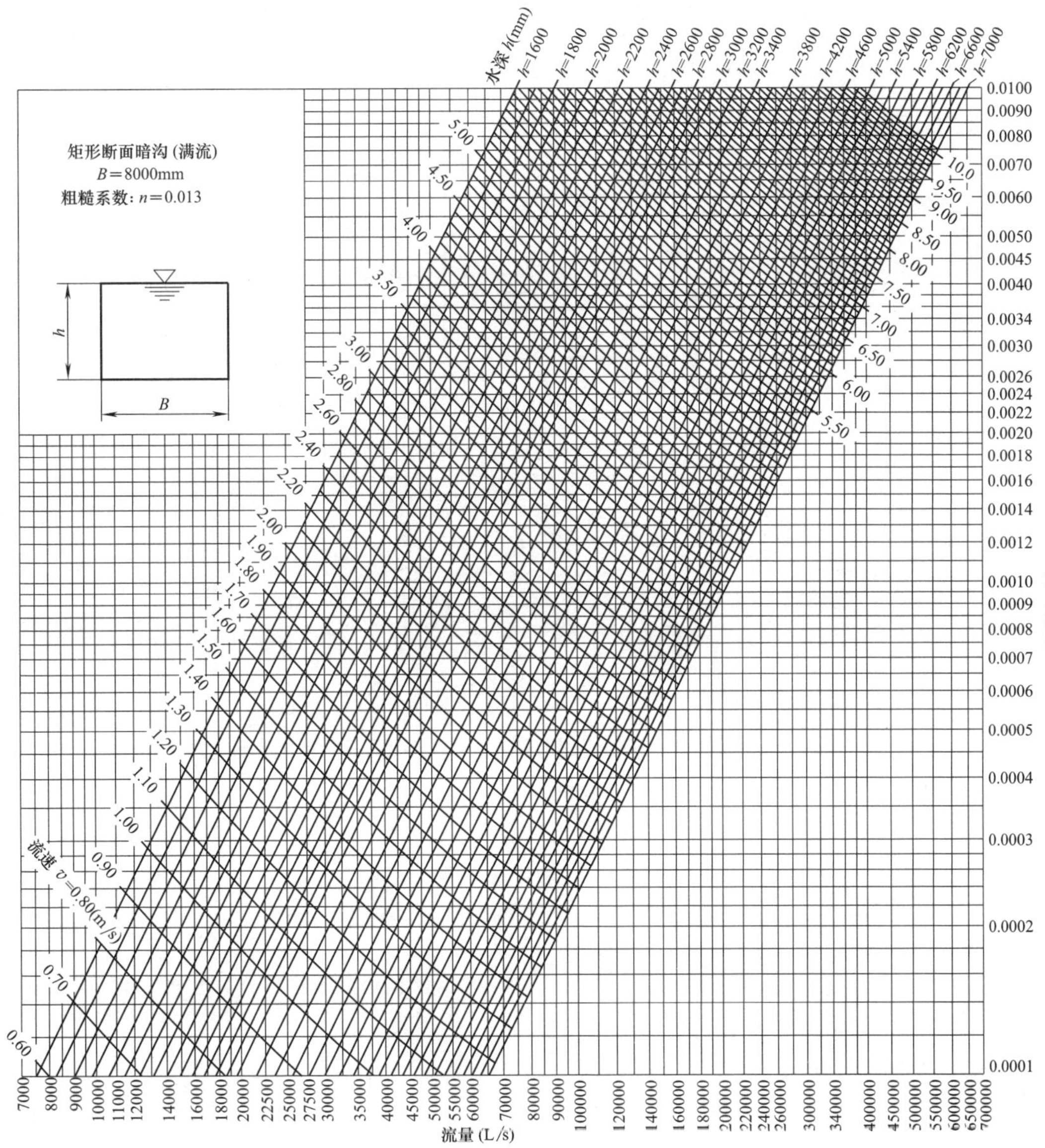

图 8-35 矩形断面暗沟水力计算图(满流,B=8000mm)

9 矩形断面暗沟（非满流，$n=0.013$）

矩形断面暗沟（非满流），见图 9-1。

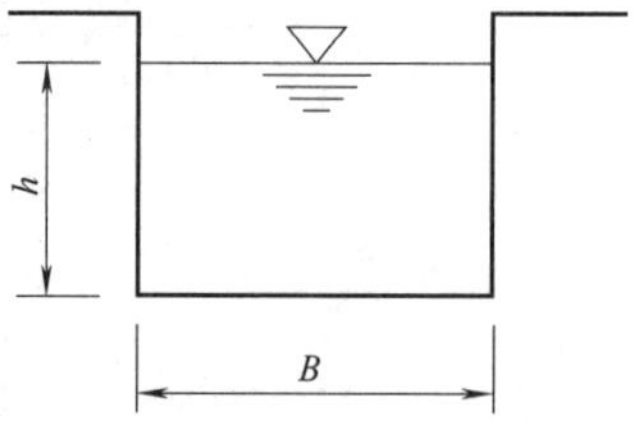

图 9-1 矩形断面暗沟（非满流）

9.1 计算公式

$$Q=Av \tag{9-1}$$

$$v=\frac{1}{n}R^{2/3}i^{1/2} \tag{9-2}$$

$$A=Bh \tag{9-3}$$

$$\rho=B+2h \tag{9-4}$$

$$R=\frac{A}{\rho} \tag{9-5}$$

式中 Q——流量（m^3/s）；
A——过水断面（m^2）；
v——平均流速（m/s）；
i——水力坡降（m/m）；
R——水力半径（m）；
ρ——湿周（m）；
n——粗糙系数；
B——矩形断面宽度（m）；
h——矩形断面水深（m）。

9.2 水力计算

宽度 B=400～8000mm 的矩形断面暗沟（非满流）水力计算见图 9-2～图 9-35。使用者可根据需要直接查阅。

图中流量 Q 以 L/s 计，流速 v 以 m/s 计。

图中粗糙系数以 $n=0.013$ 计，当 n 为其他值 n_x 时，图中所得流量和流速需乘以修正值 K_n，$K_n=0.013\div n_x$。

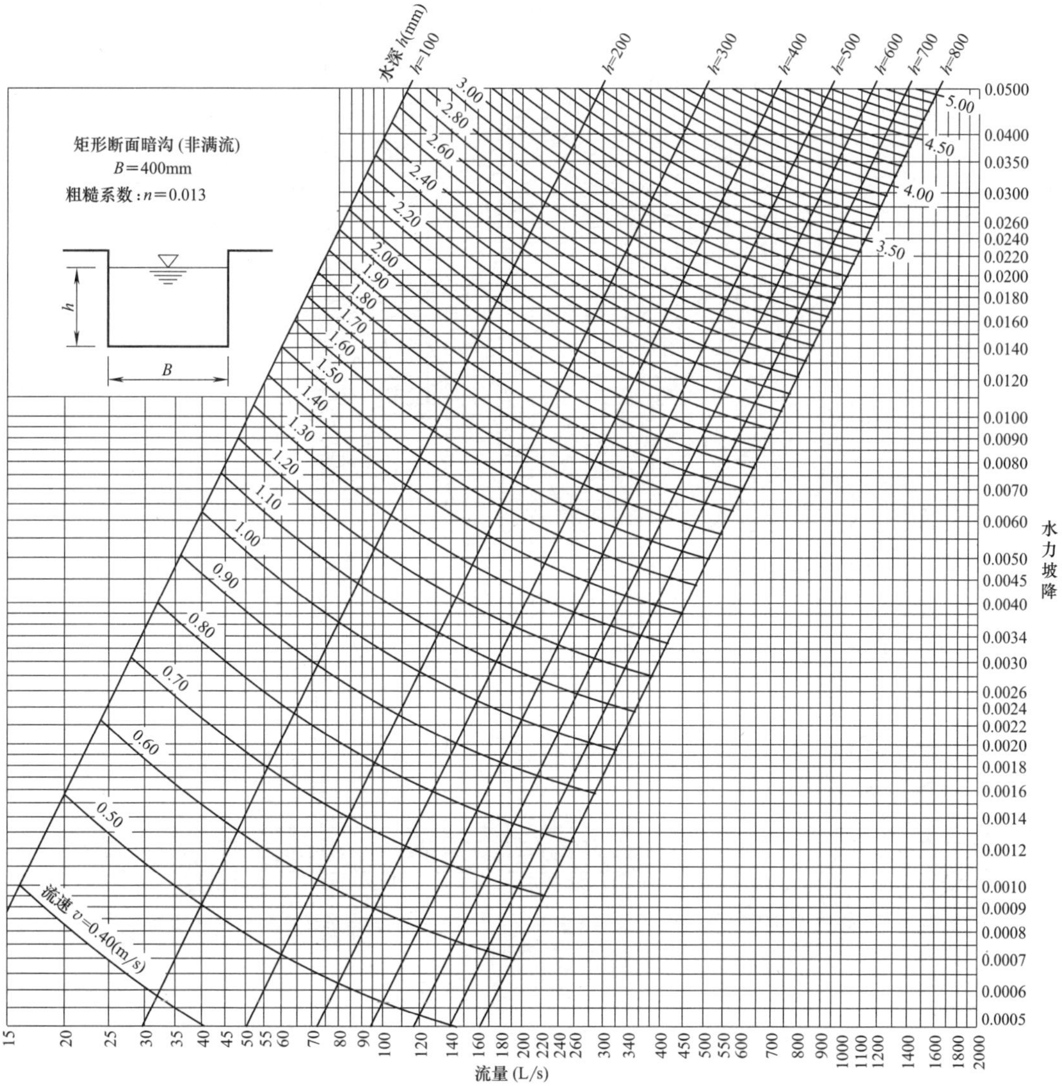

图 9-2 矩形断面暗沟水力计算图（非满流，B=400mm）

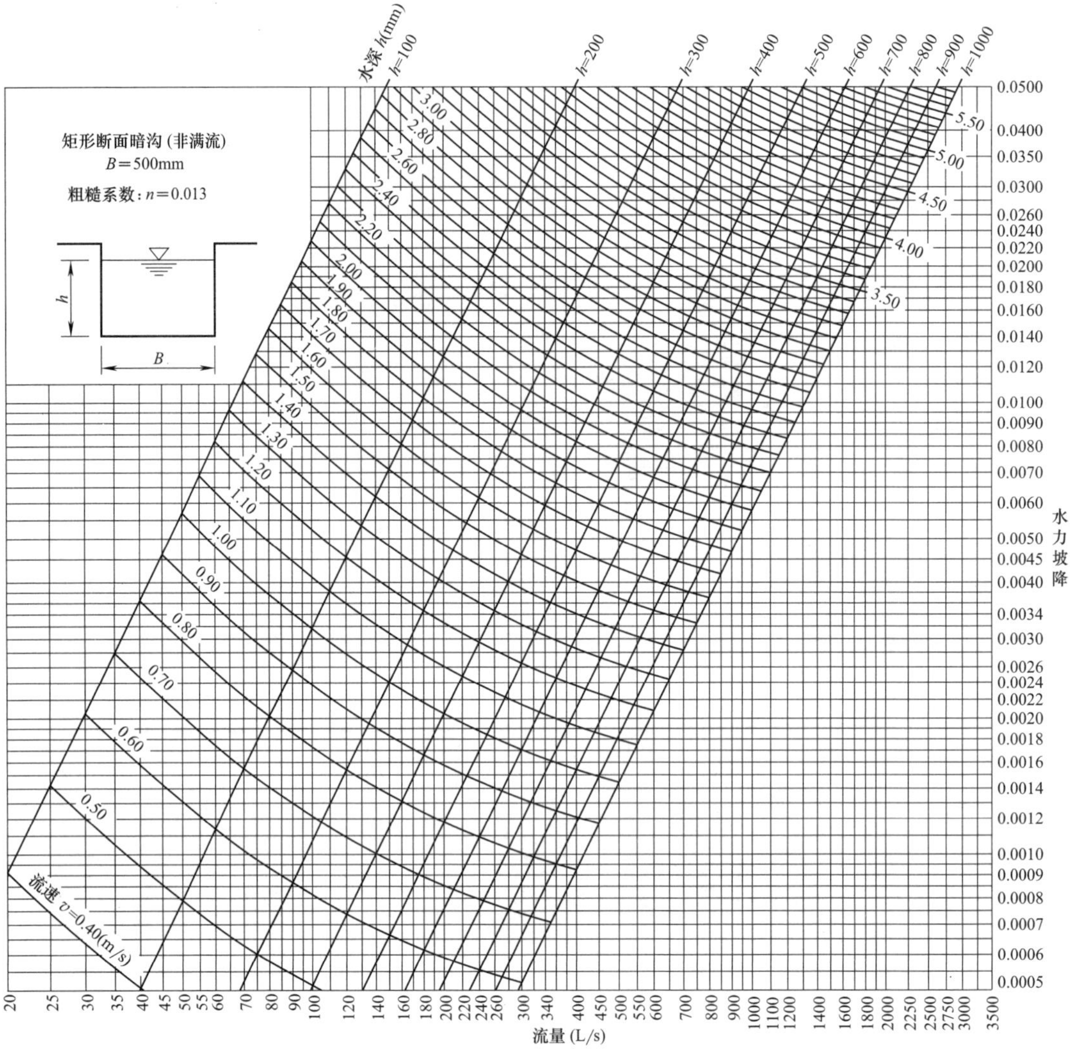

图 9-3 矩形断面暗沟水力计算图（非满流，B=500mm）

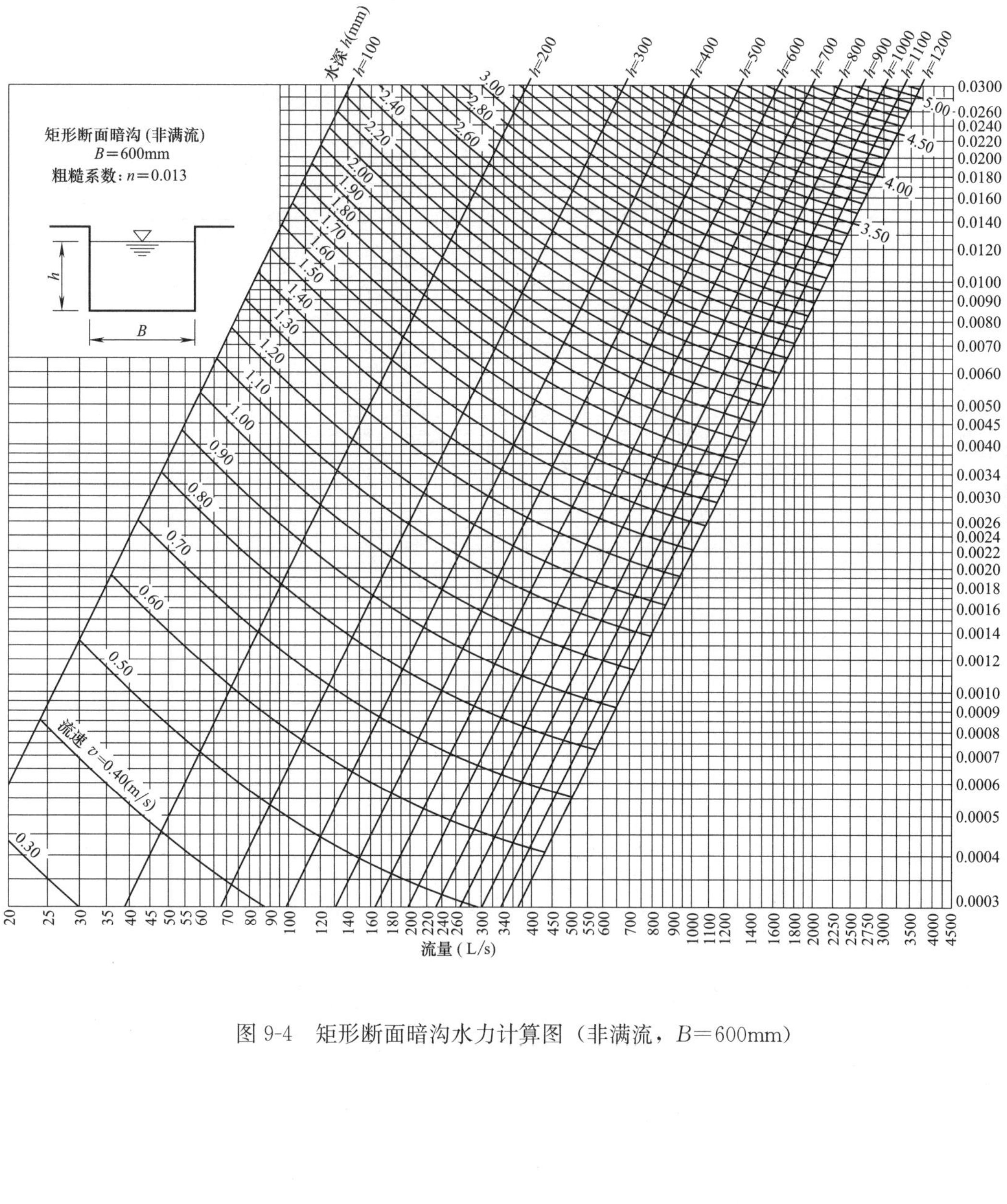

图 9-4 矩形断面暗沟水力计算图（非满流，$B=600\text{mm}$）

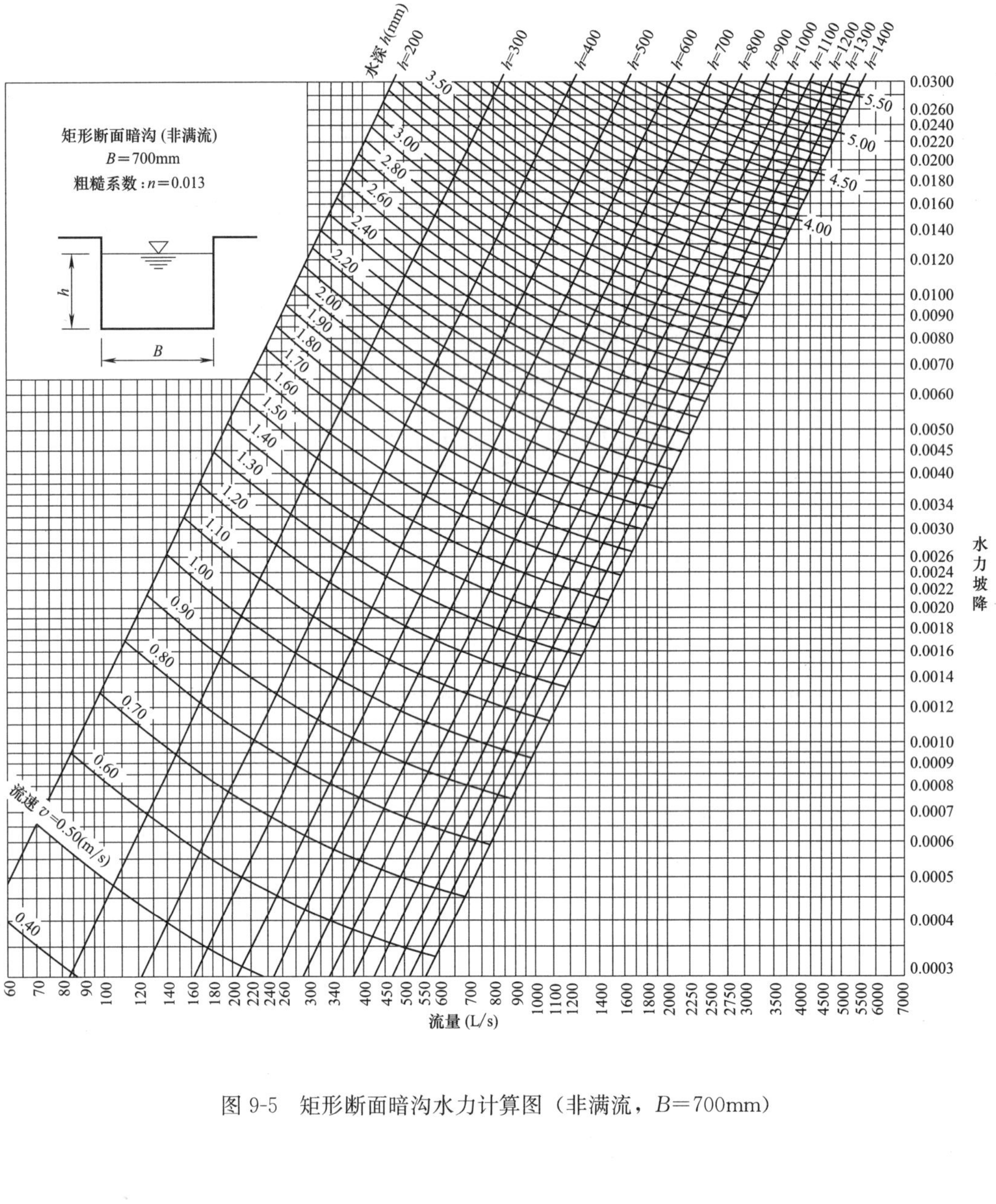

图 9-5 矩形断面暗沟水力计算图（非满流，*B*=700mm）

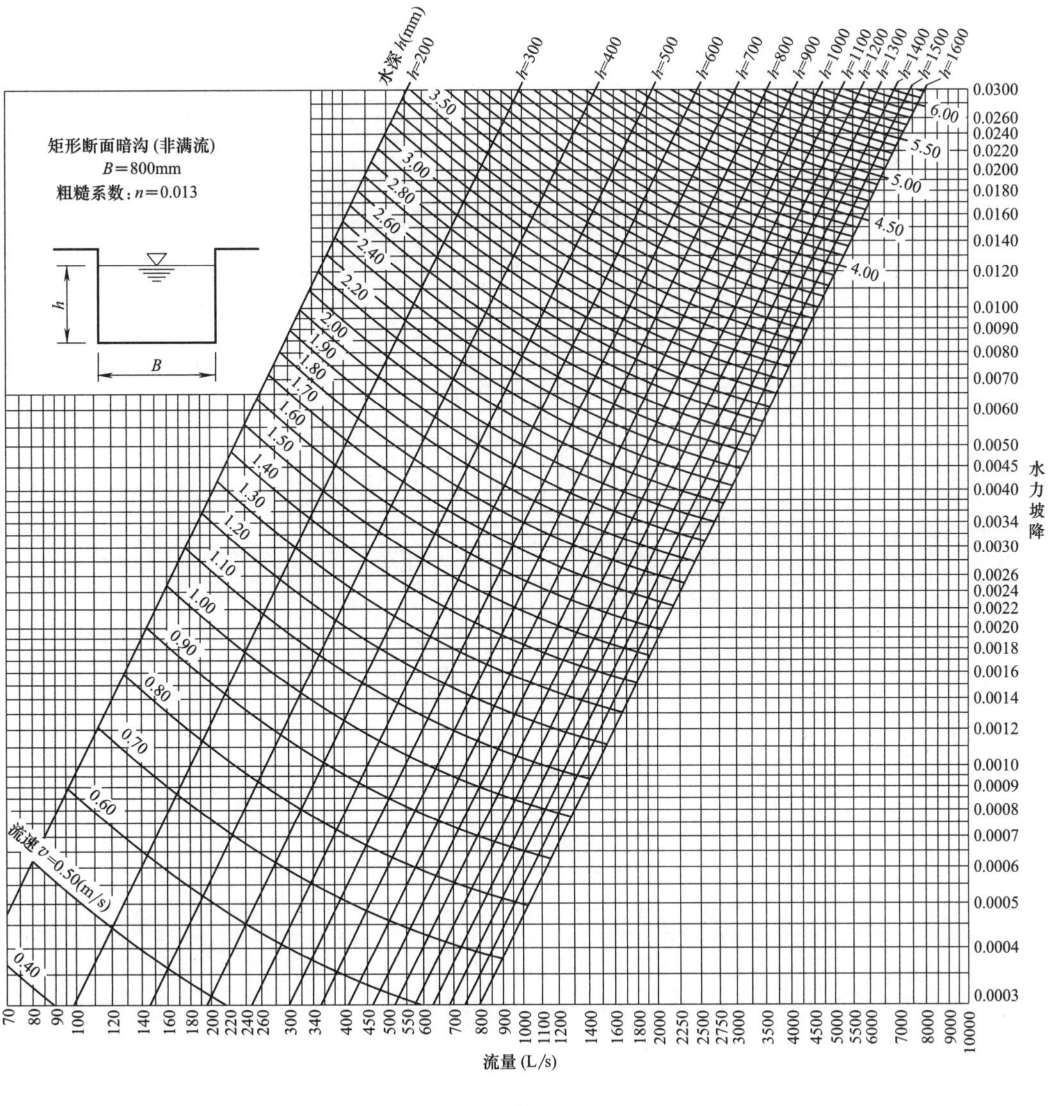

图 9-6 矩形断面暗沟水力计算图（非满流，B=800mm）

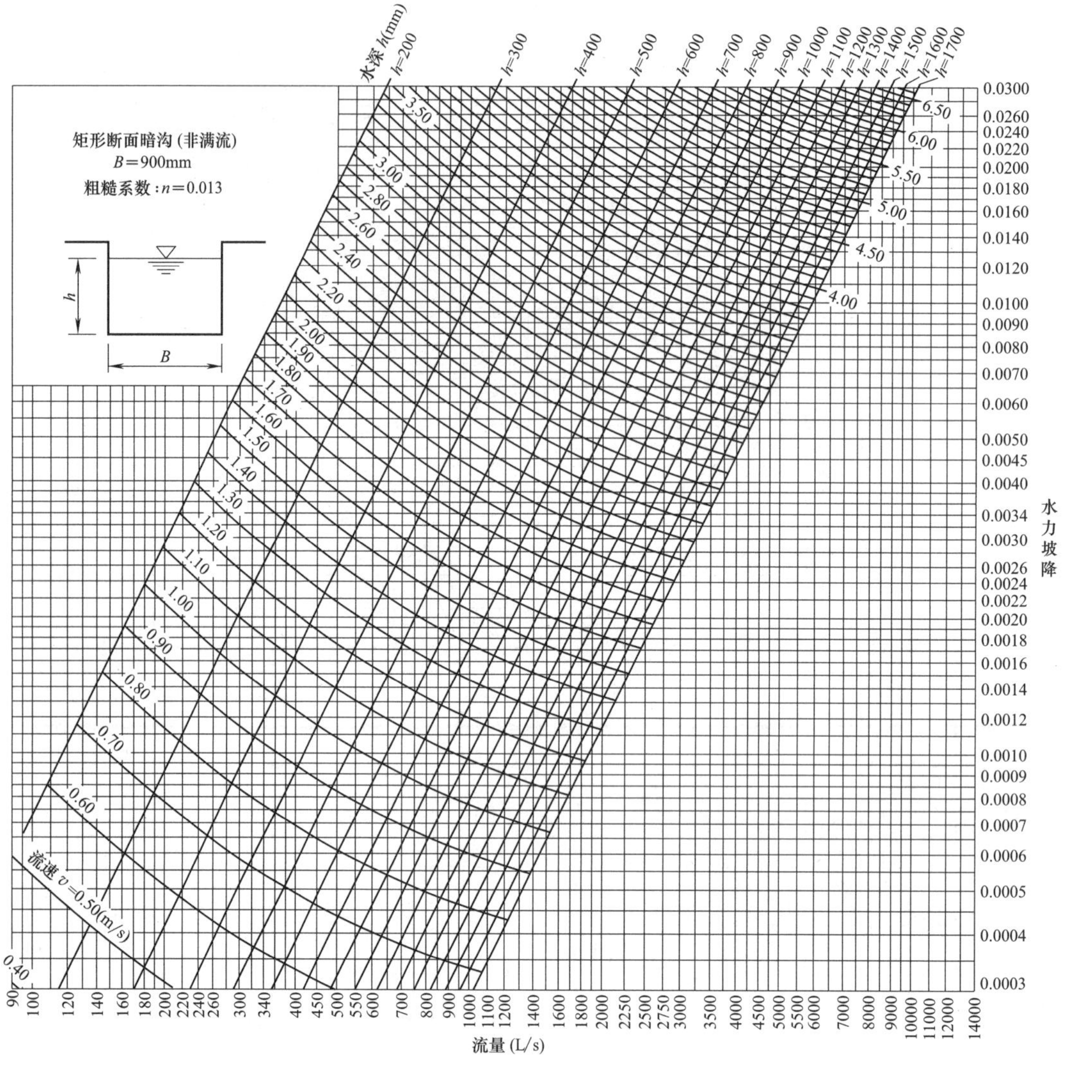

图 9-7 矩形断面暗沟水力计算图（非满流，B=900mm）

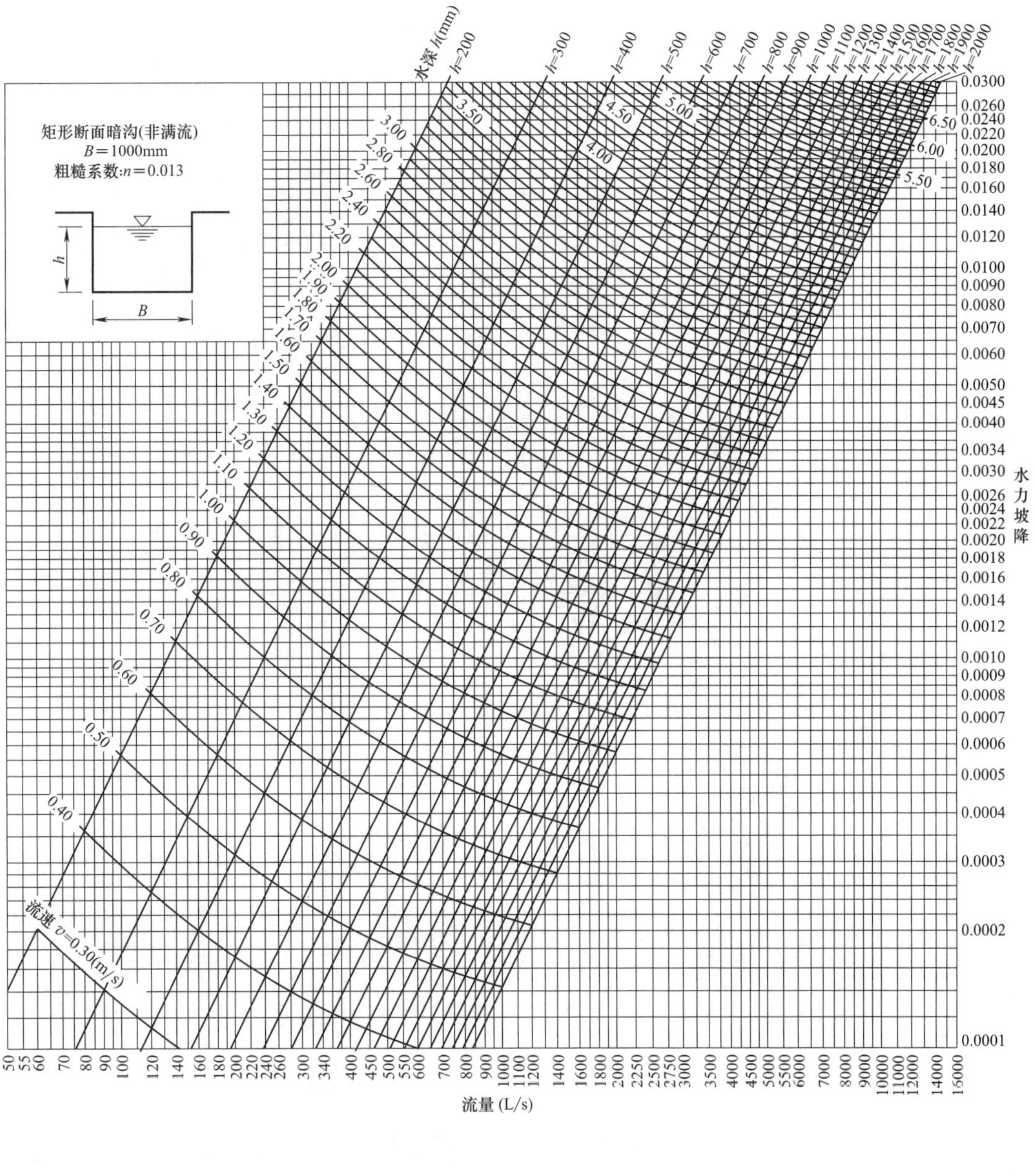

图 9-8 矩形断面暗沟水力计算图（非满流，B=1000mm）

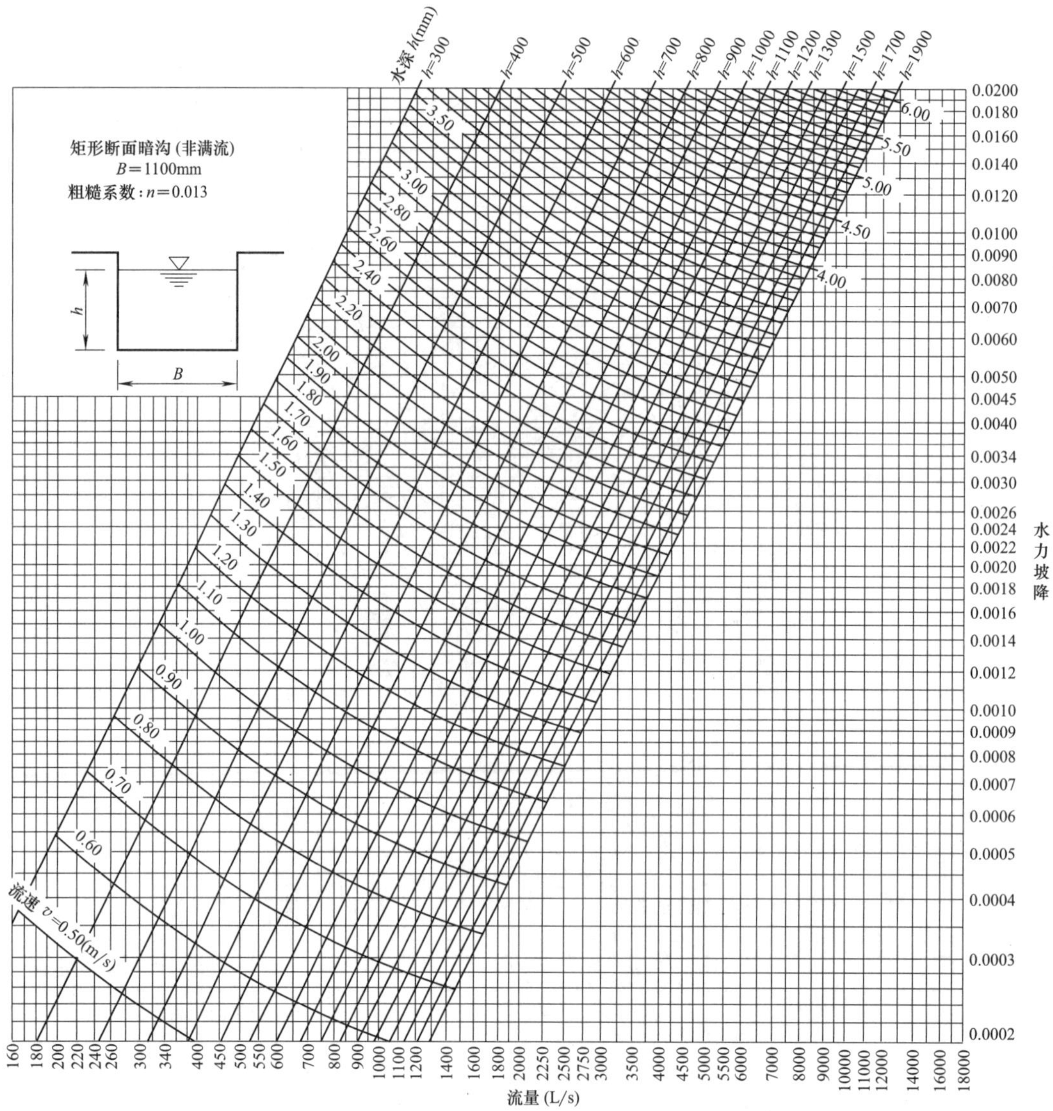

图 9-9 矩形断面暗沟水力计算图（非满流，B=1100mm）

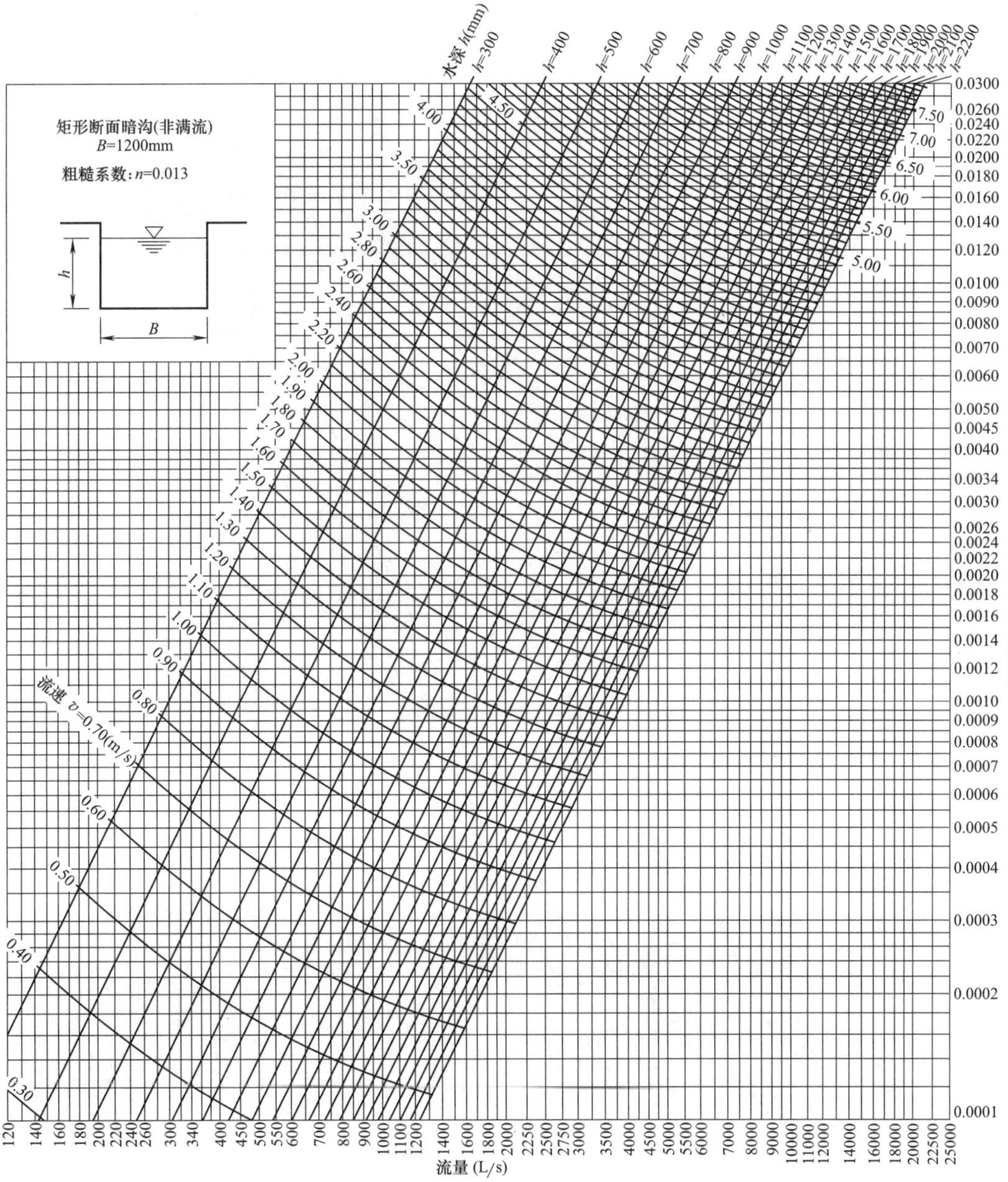

图 9-10 矩形断面暗沟水力计算图（非满流，B=1200mm）

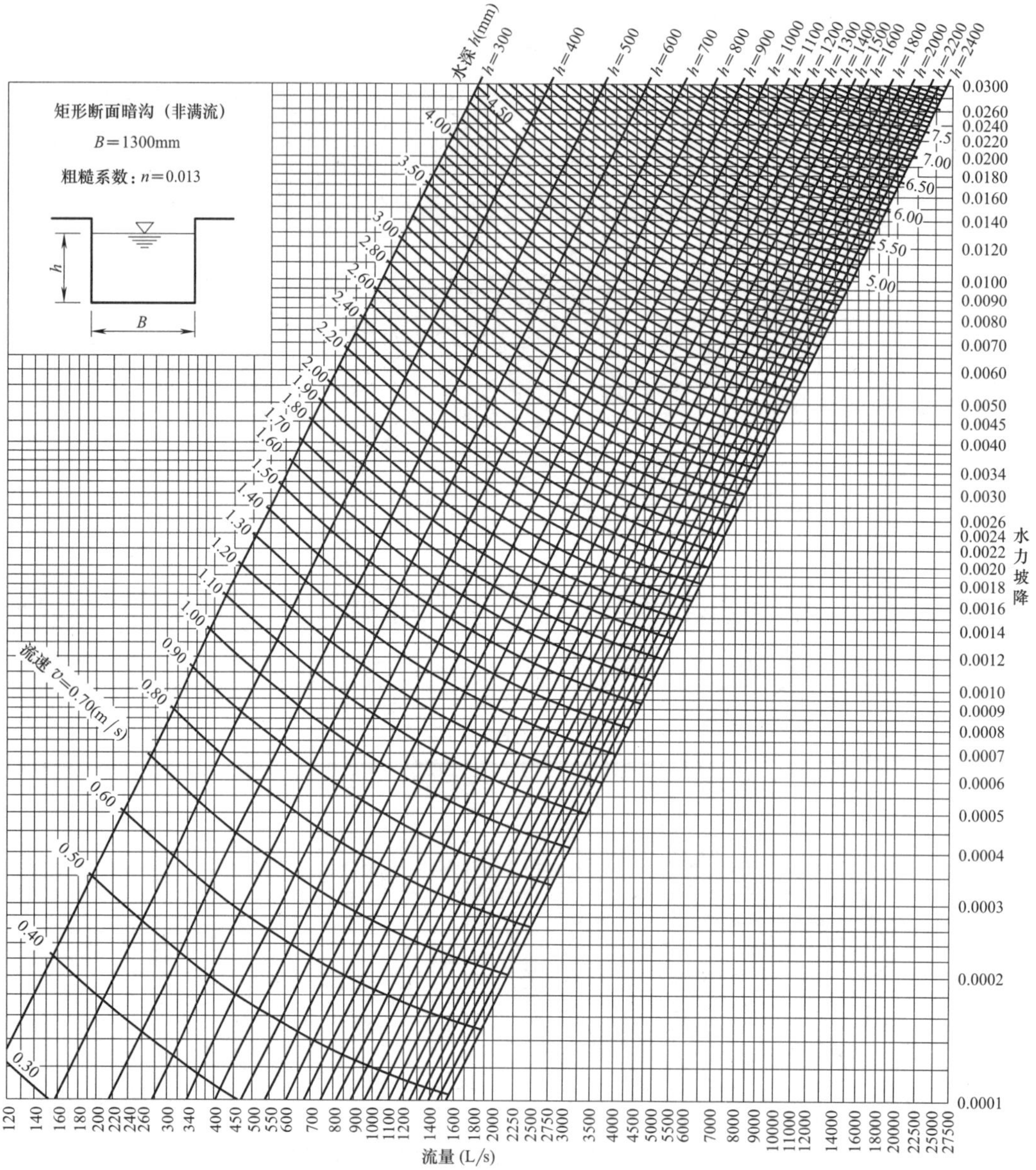

图 9-11　矩形断面暗沟水力计算图（非满流，B=1300mm）

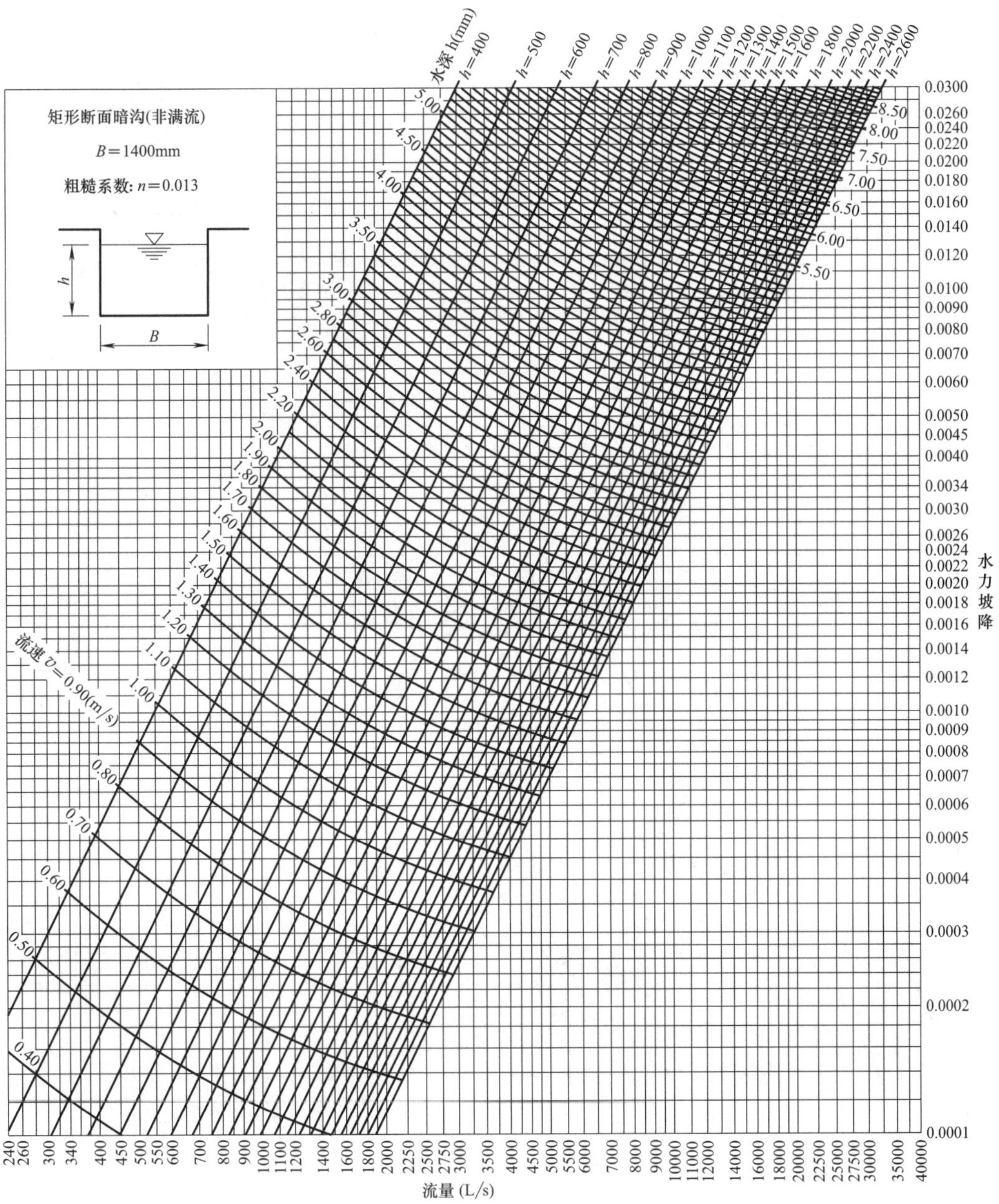

图 9-12 矩形断面暗沟水力计算图（非满流，B=1400mm）

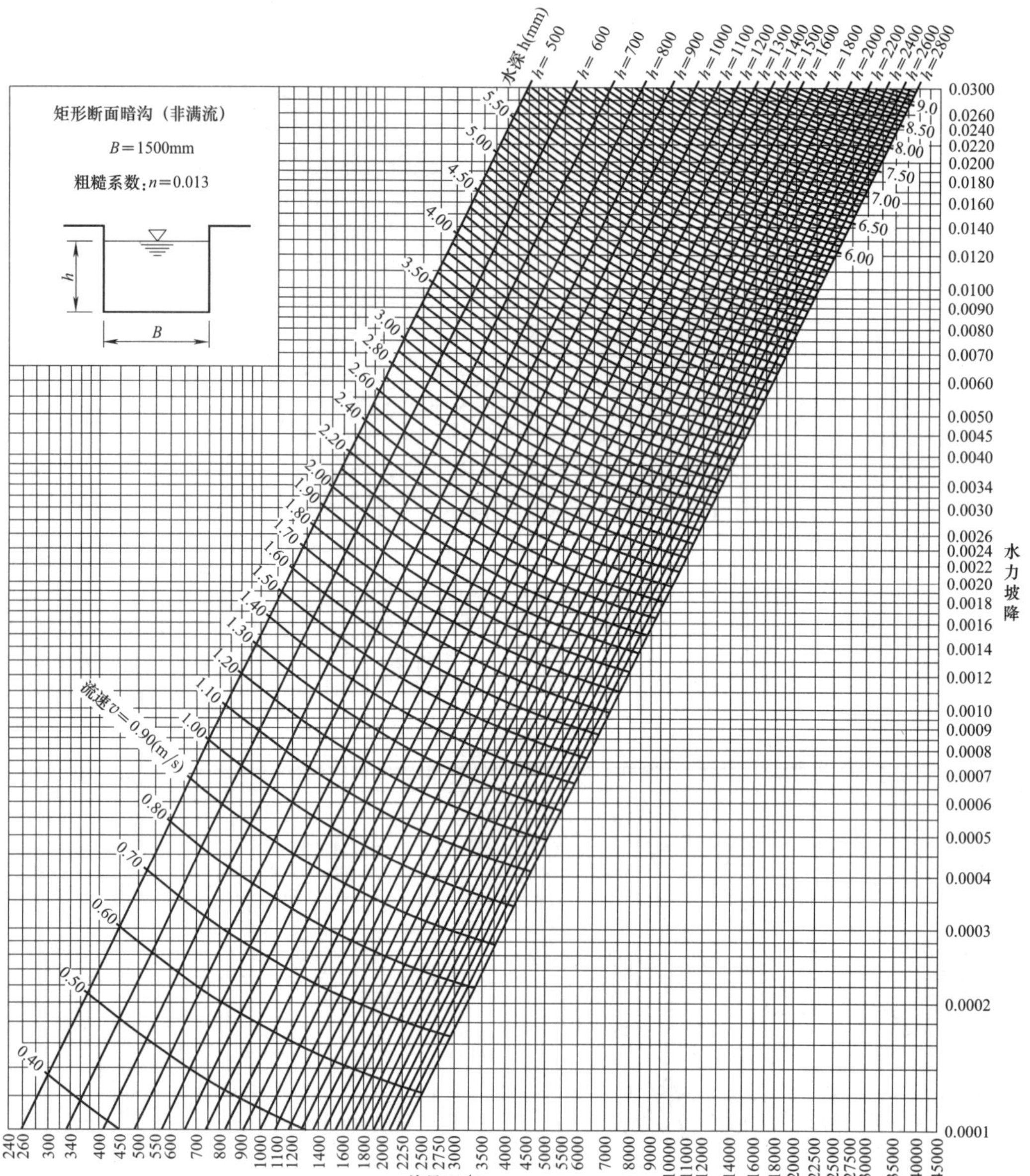

图 9-13　矩形断面暗沟水力计算图（非满流，B=1500mm）

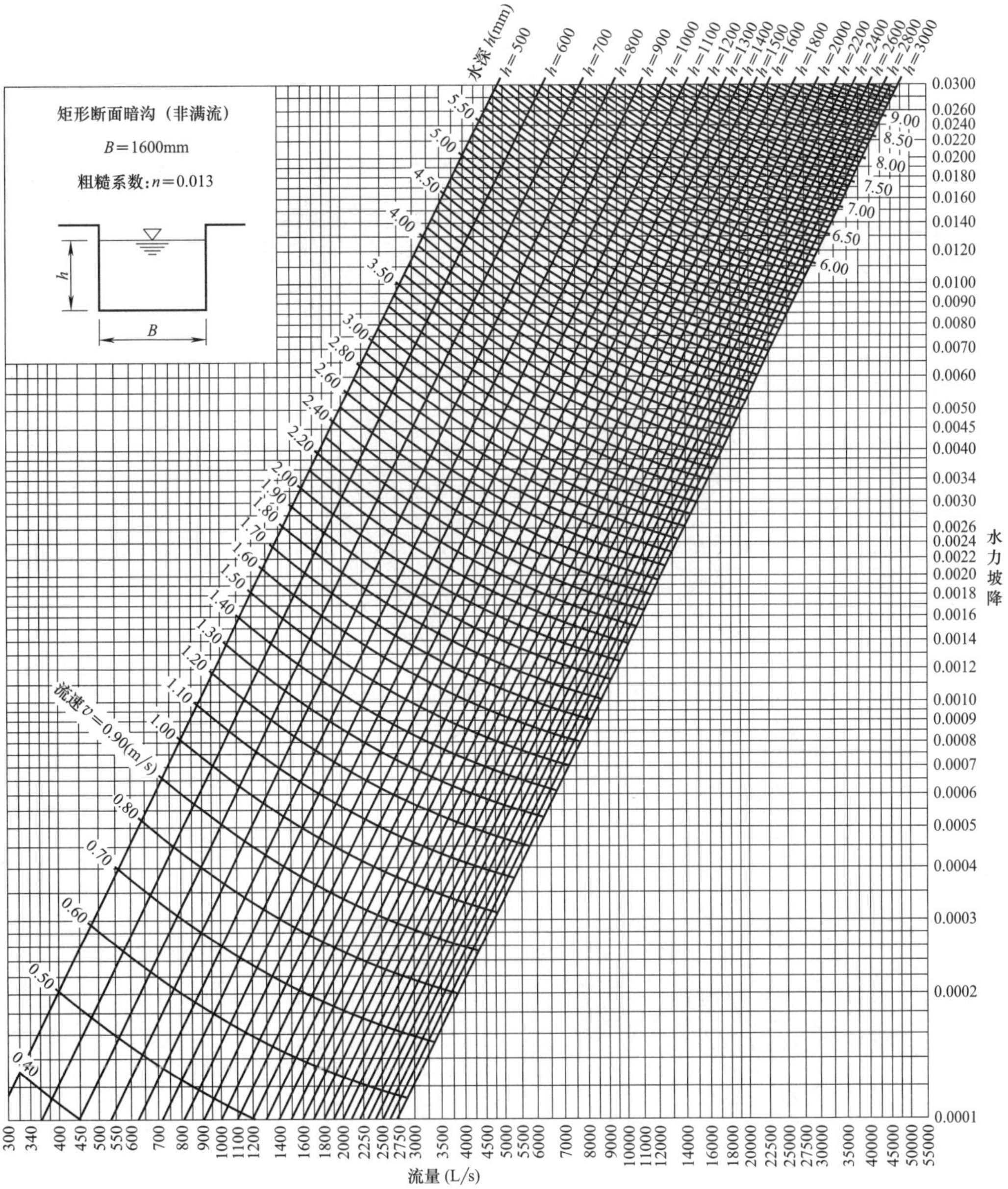

图 9-14　矩形断面暗沟水力计算图（非满流，B=1600mm）

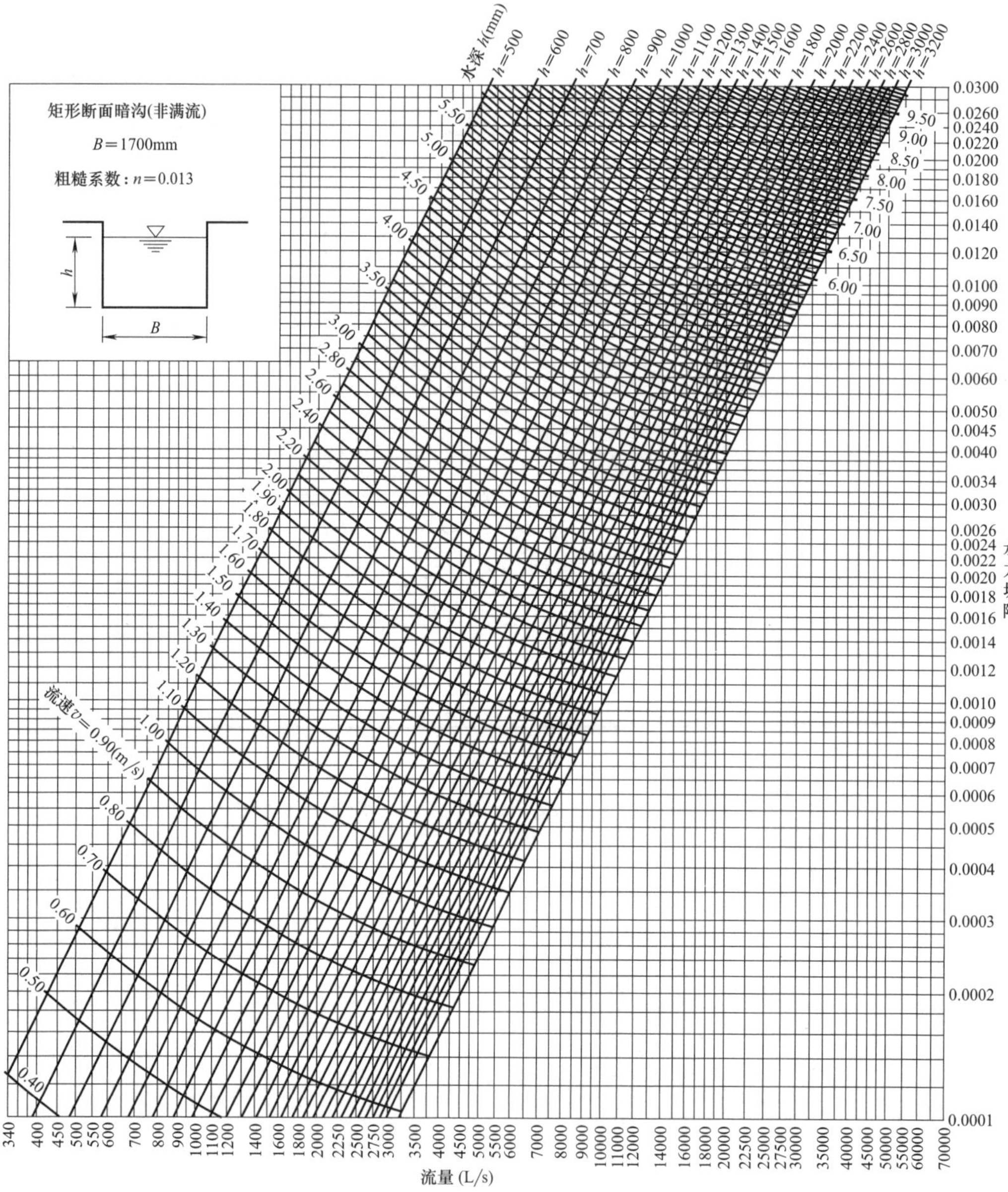

图 9-15　矩形断面暗沟水力计算图（非满流，B=1700mm）

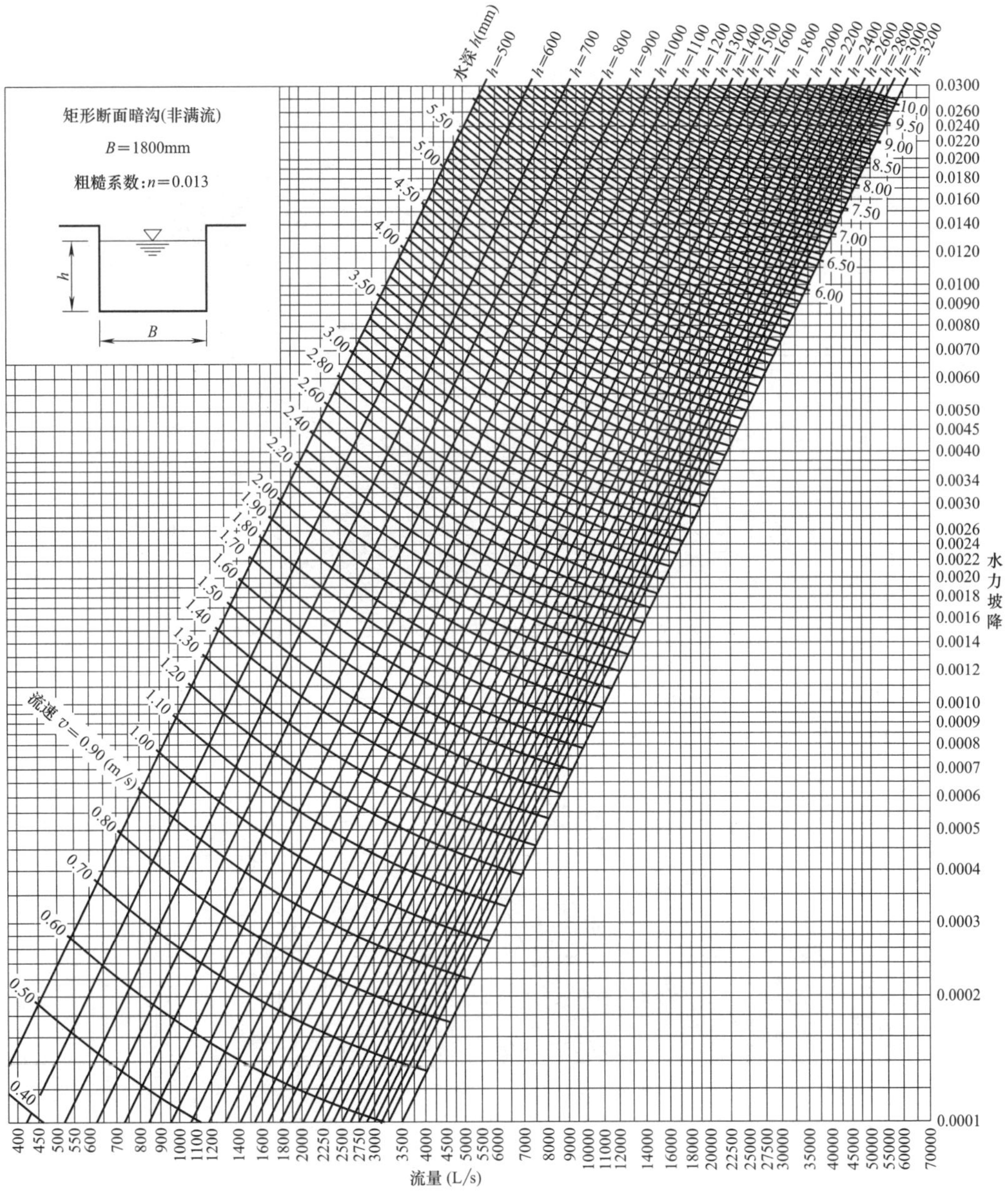

图 9-16 矩形断面暗沟水力计算图（非满流，B=1800mm）

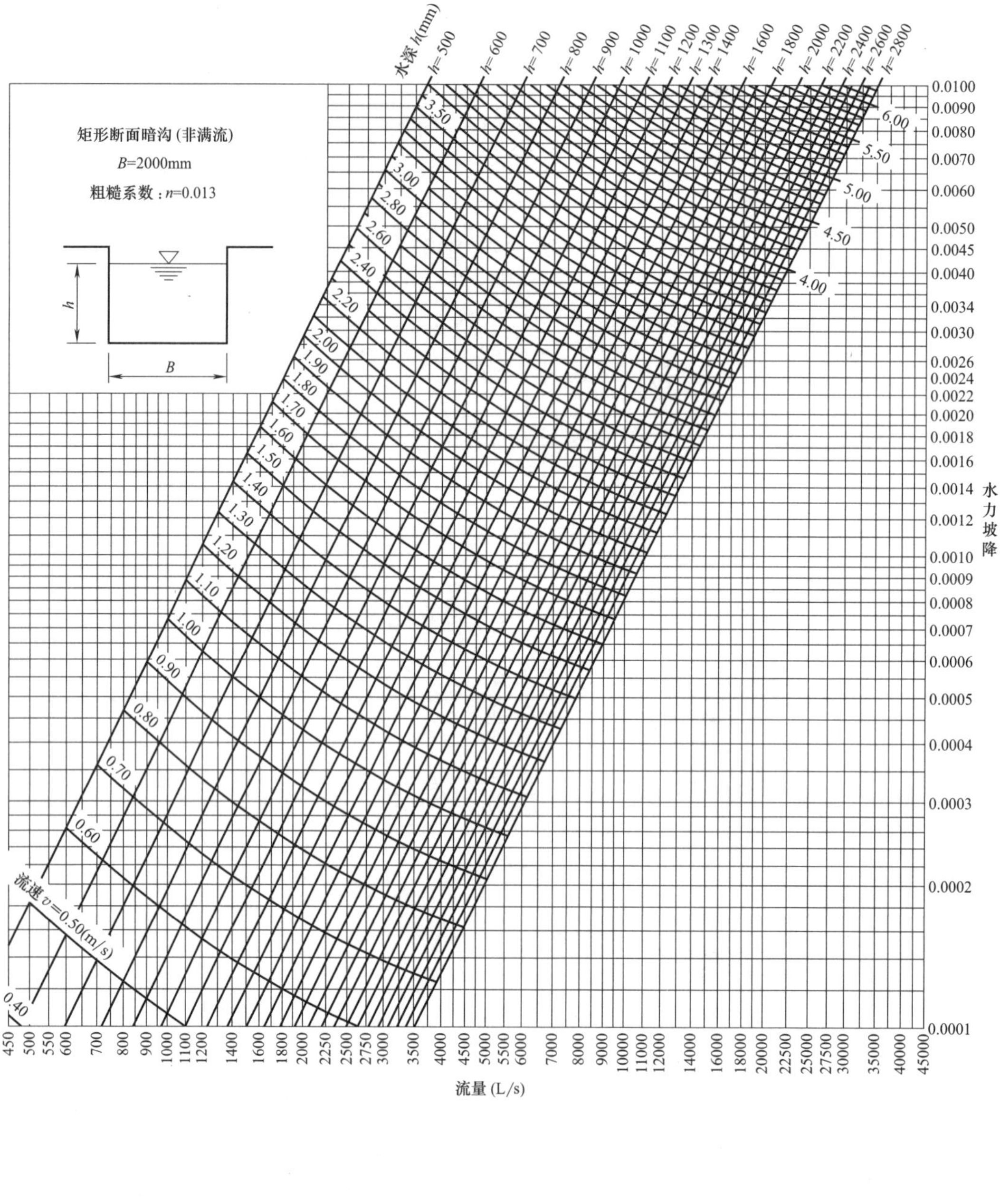

图 9-17　矩形断面暗沟水力计算图（非满流，B=2000mm）

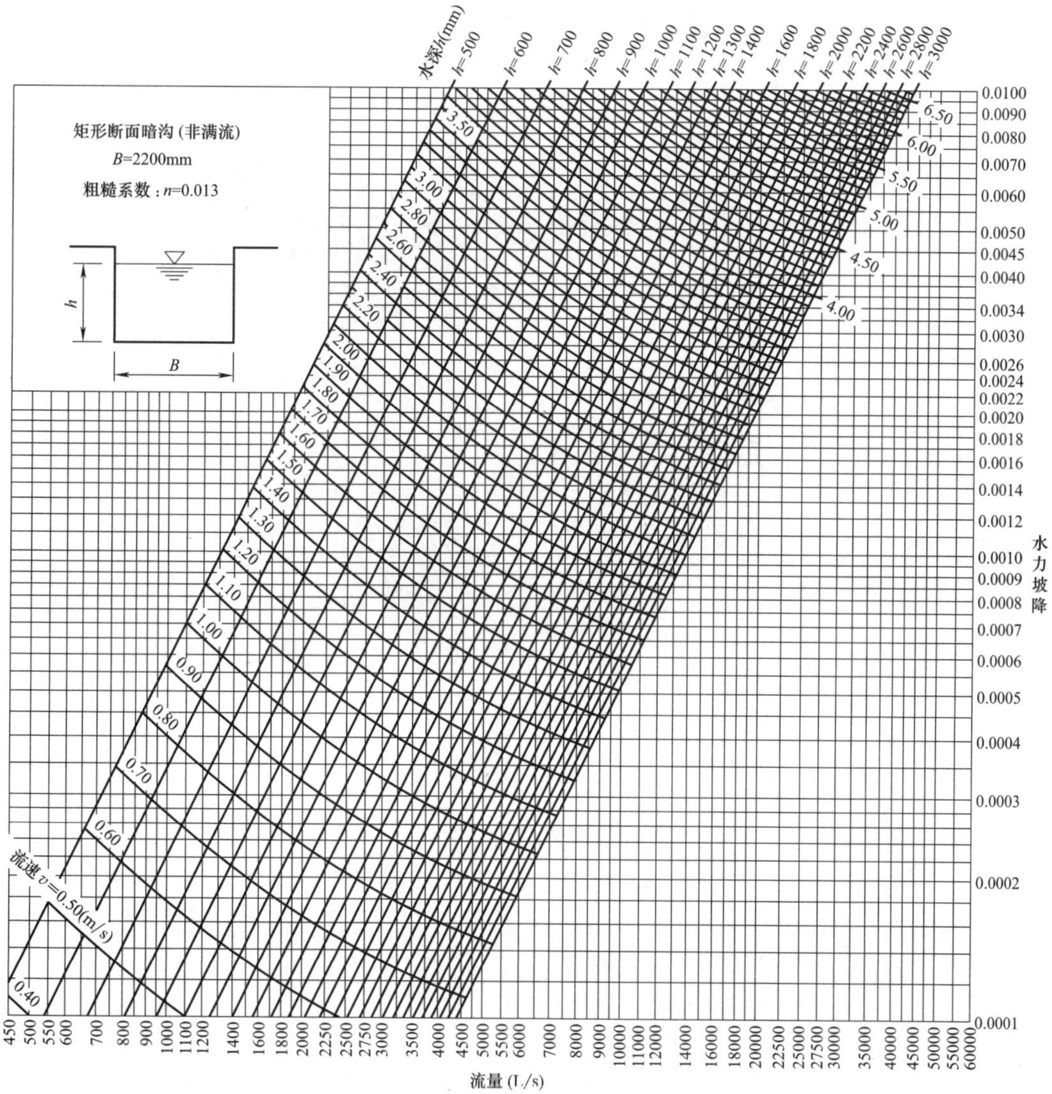

图 9-18 矩形断面暗沟水力计算图（非满流，B=2200mm）

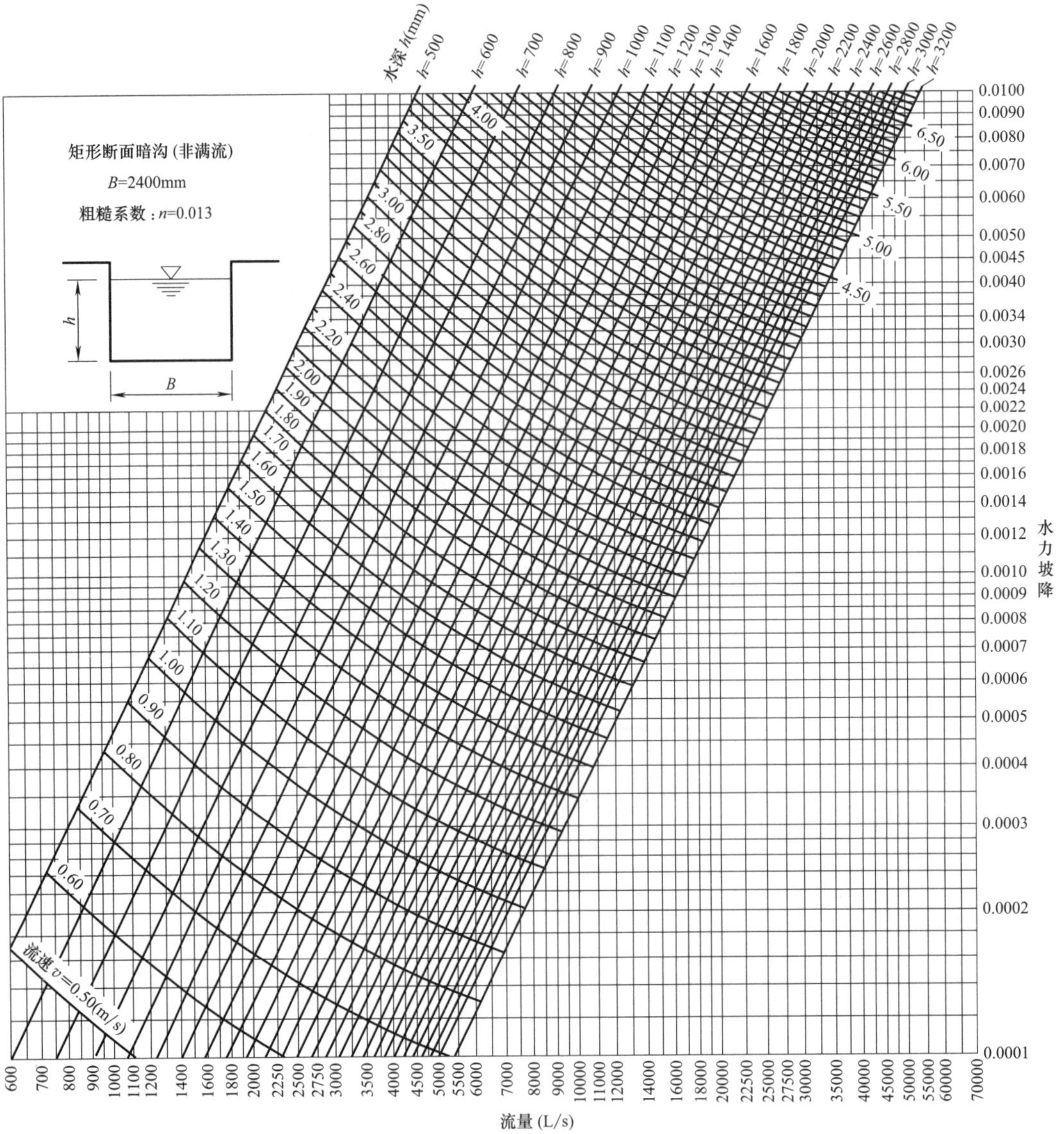

图 9-19　矩形断面暗沟水力计算图（非满流，B=2400mm）

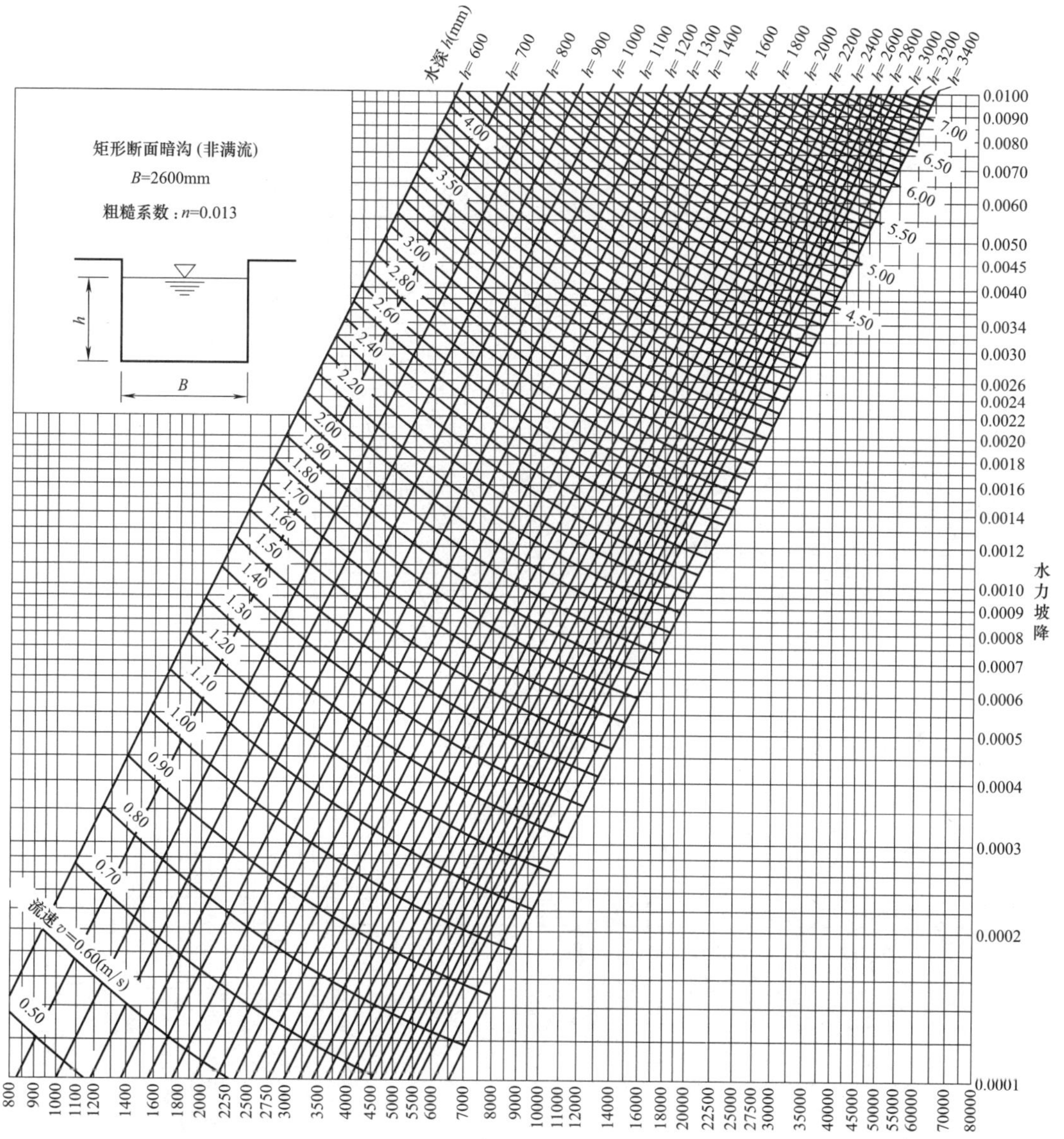

图 9-20 矩形断面暗沟水力计算图（非满流，B=2600mm）

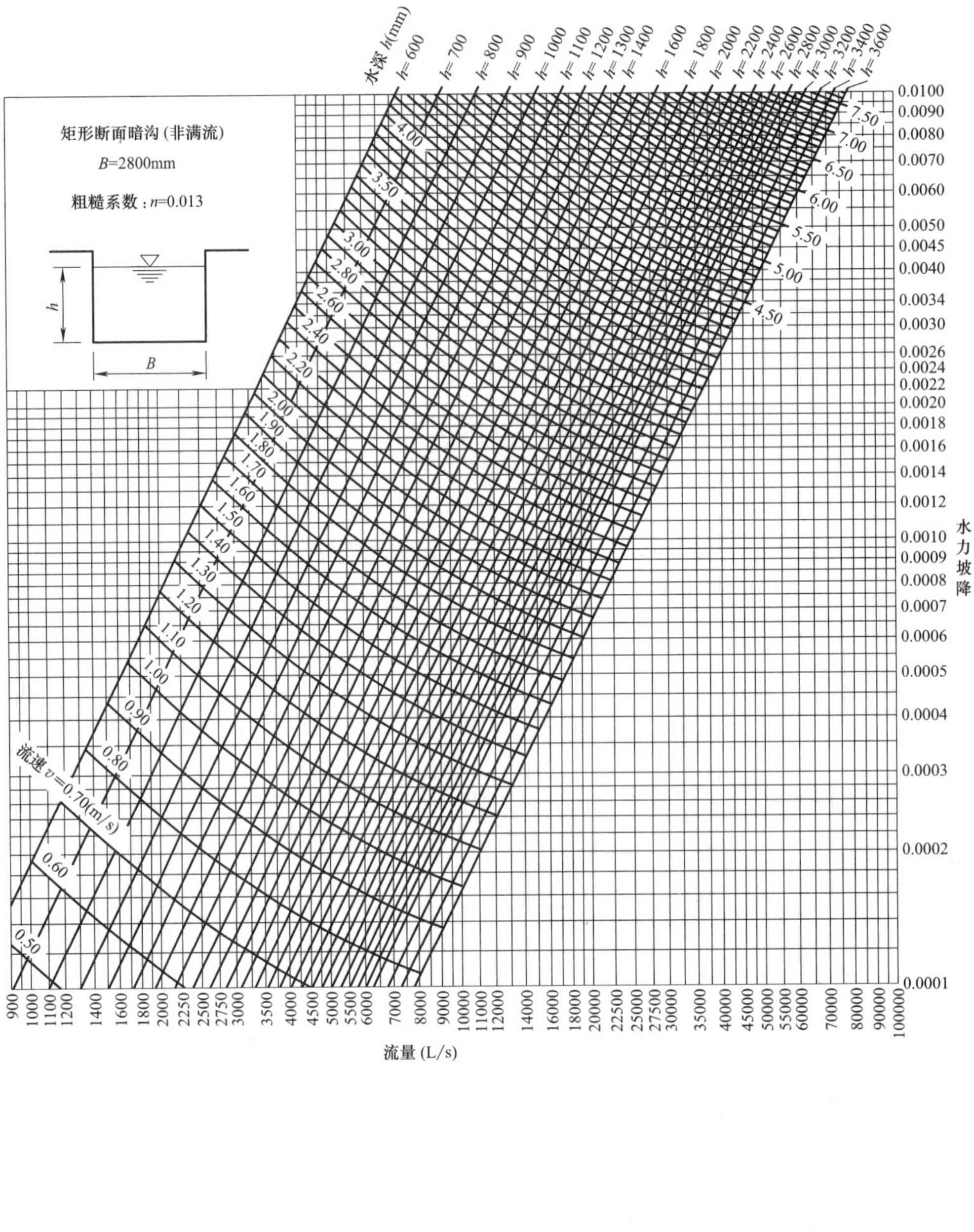

图 9-21 矩形断面暗沟水力计算图（非满流，B=2800mm）

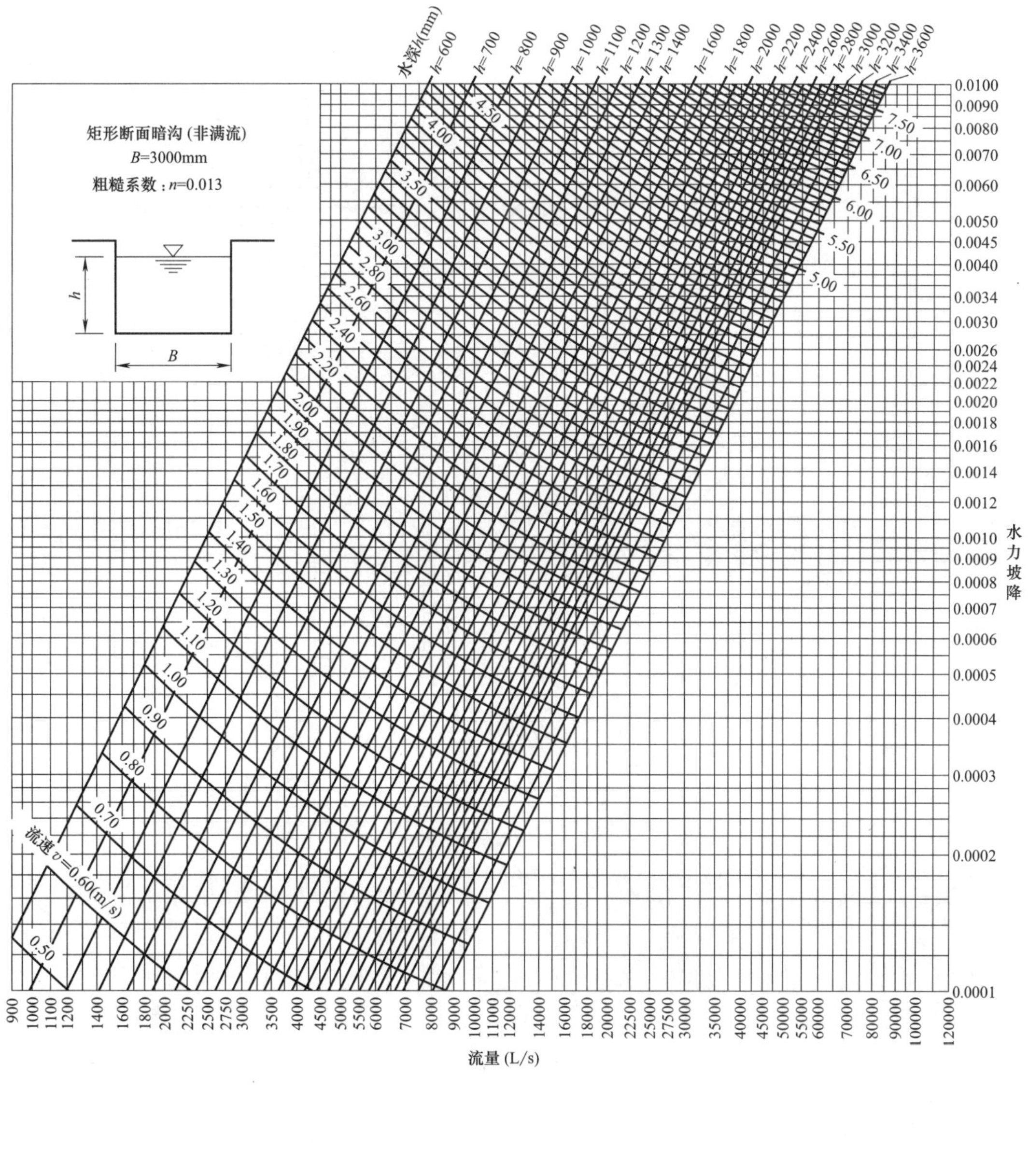

图 9-22 矩形断面暗沟水力计算图（非满流，$B=3000$mm）

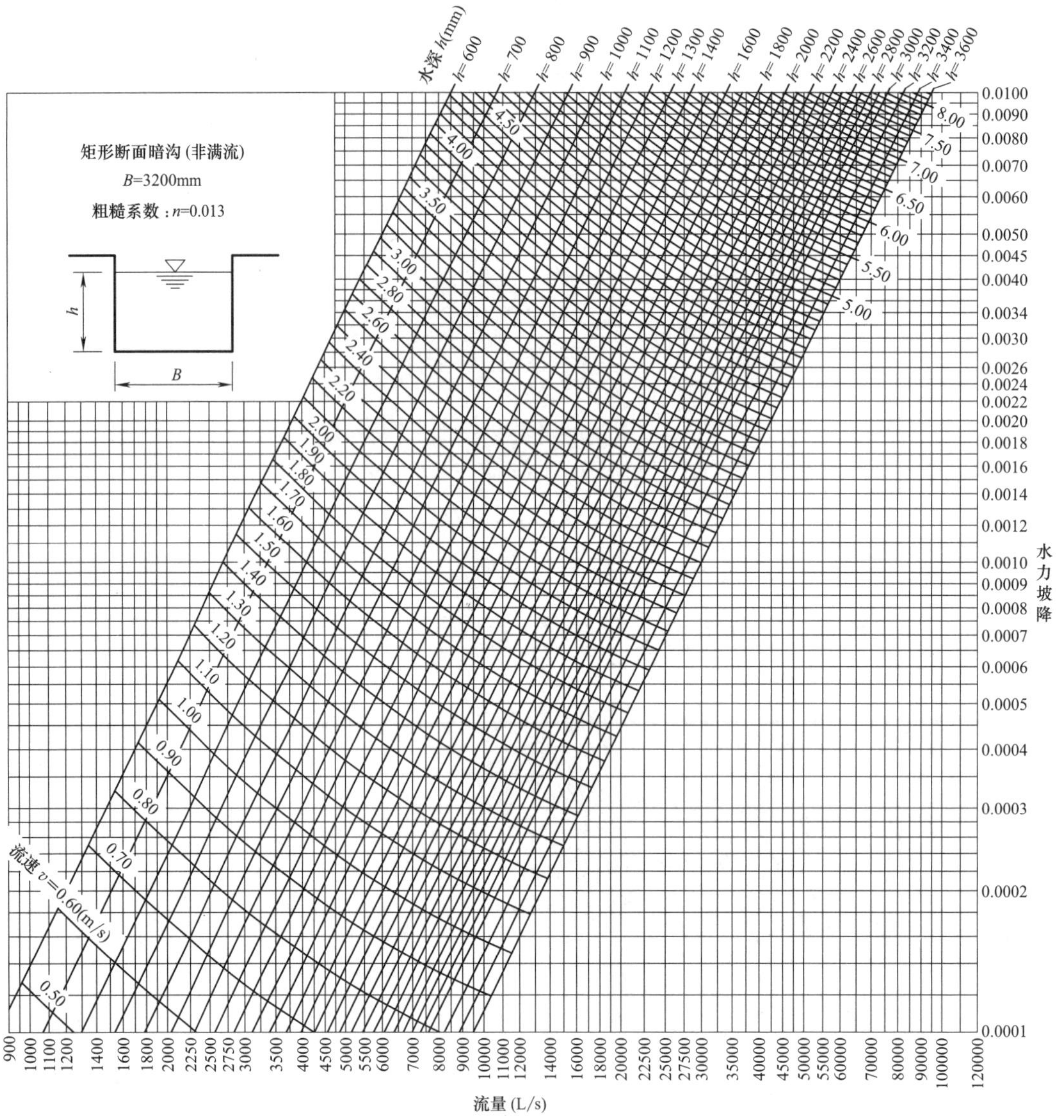

图 9-23 矩形断面暗沟水力计算图（非满流，B=3200mm）

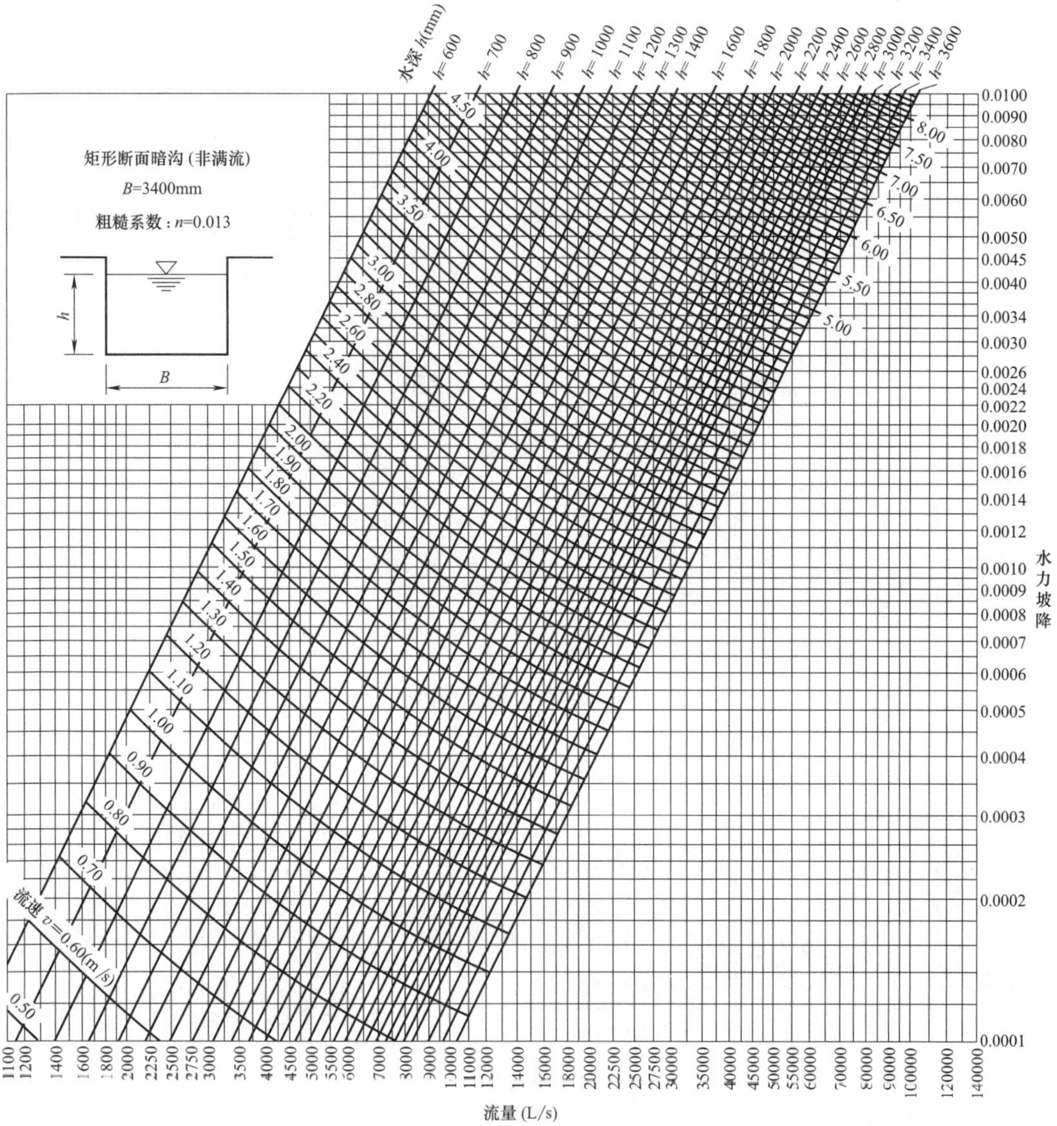

图 9-24　矩形断面暗沟水力计算图（非满流，B=3400mm）

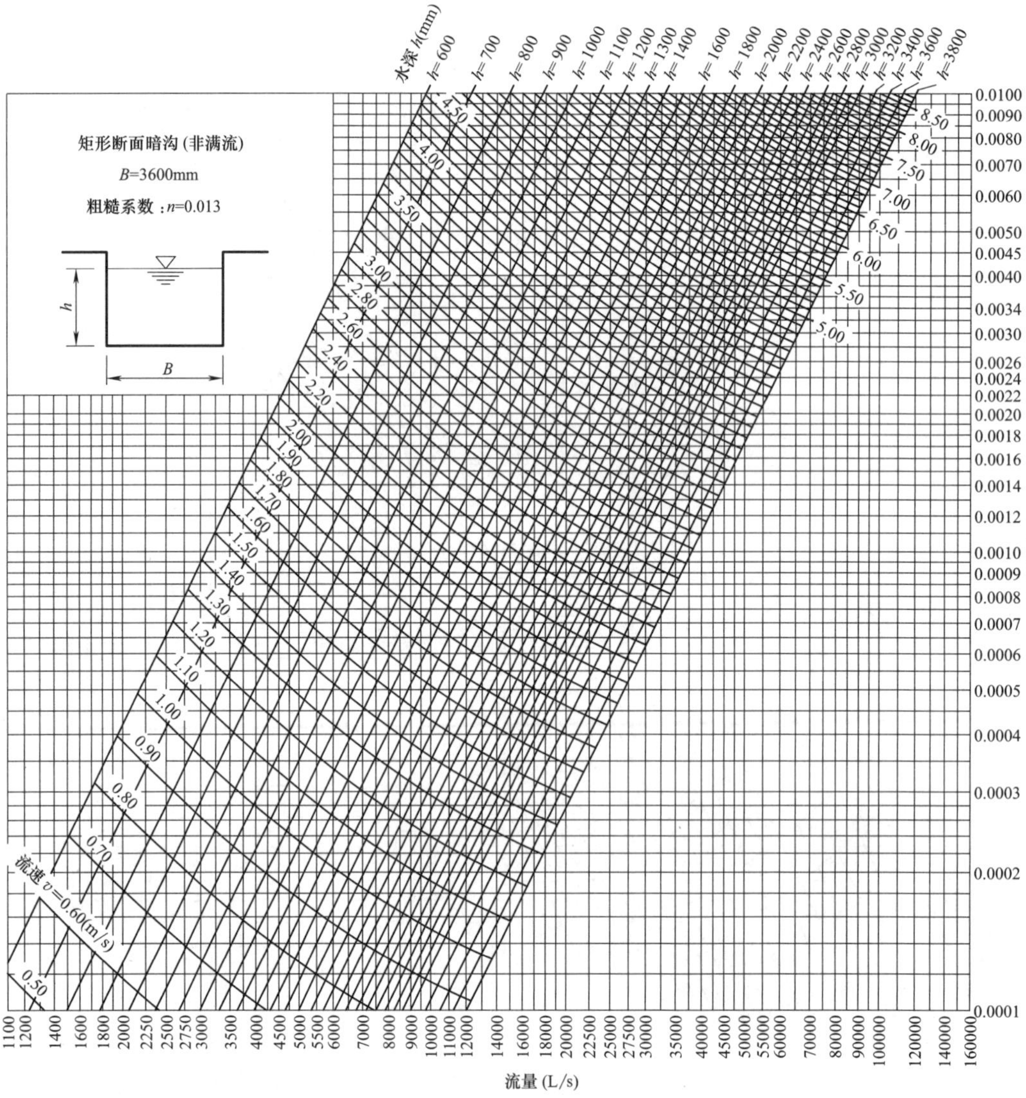

图 9-25　矩形断面暗沟水力计算图（非满流，B＝3600mm）

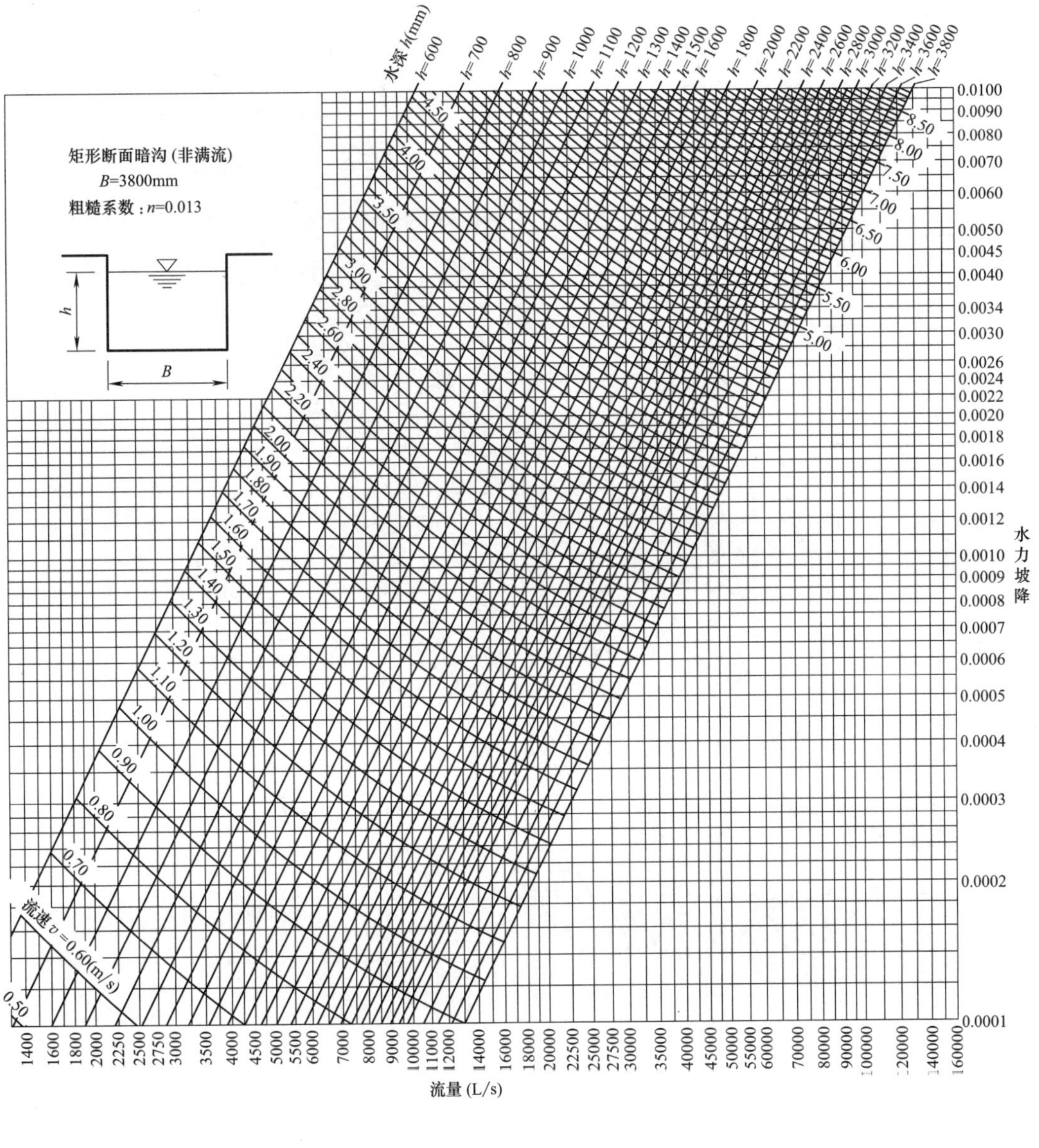

图 9-26　矩形断面暗沟水力计算图（非满流，B=3800mm）

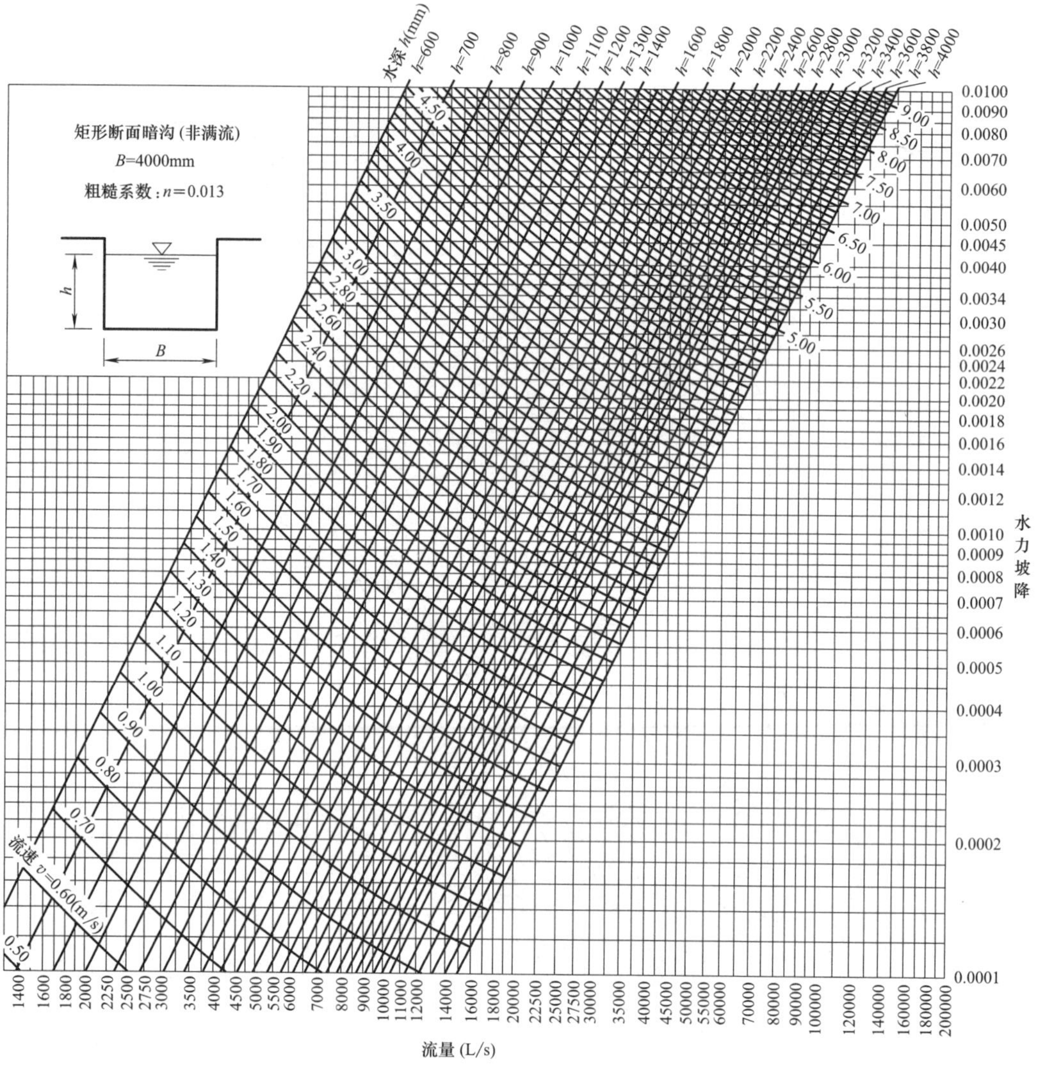

图 9-27　矩形断面暗沟水力计算图（非满流，B=4000mm）

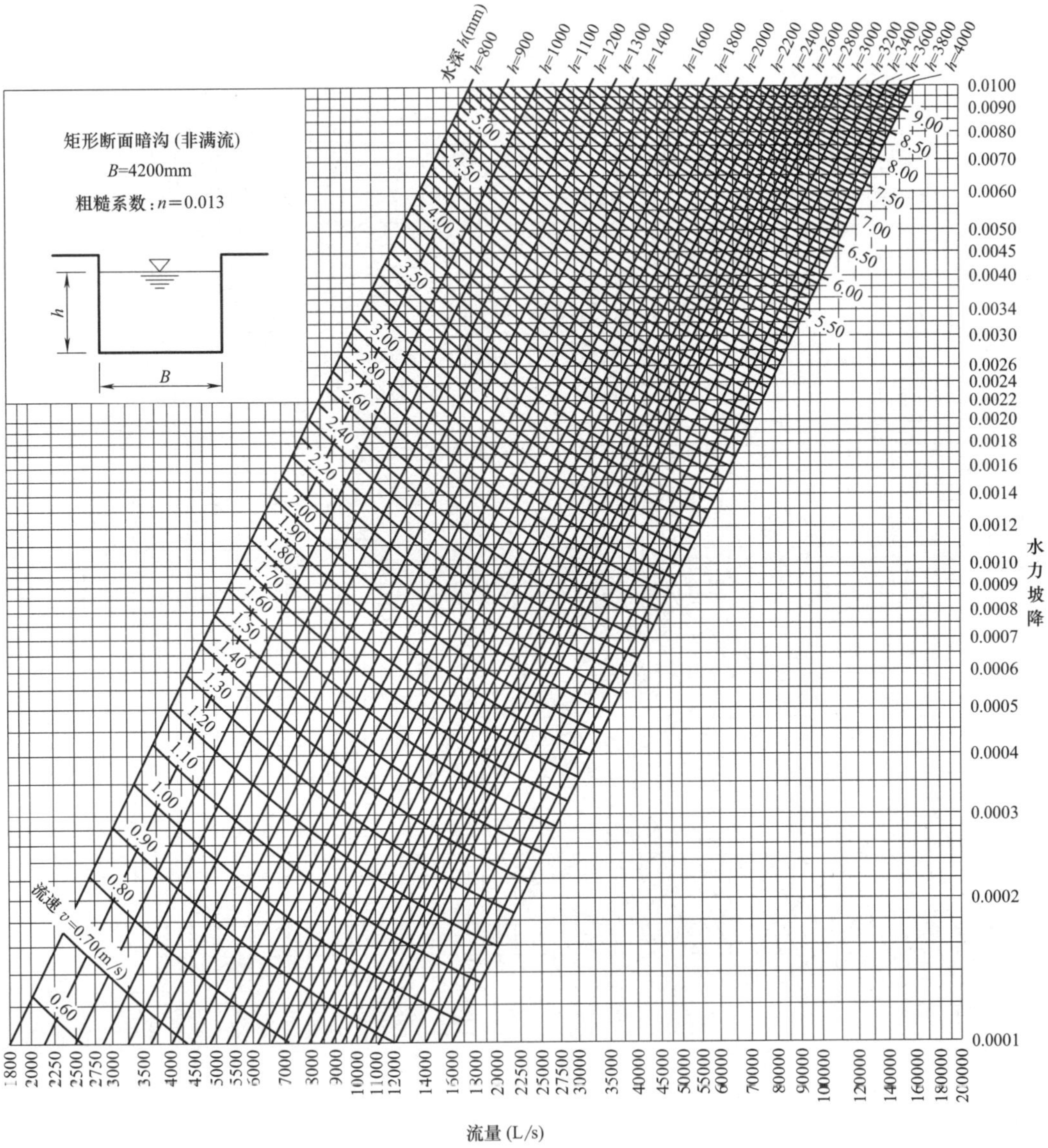

图 9-28 矩形断面暗沟水力计算图（非满流，B=4200mm）

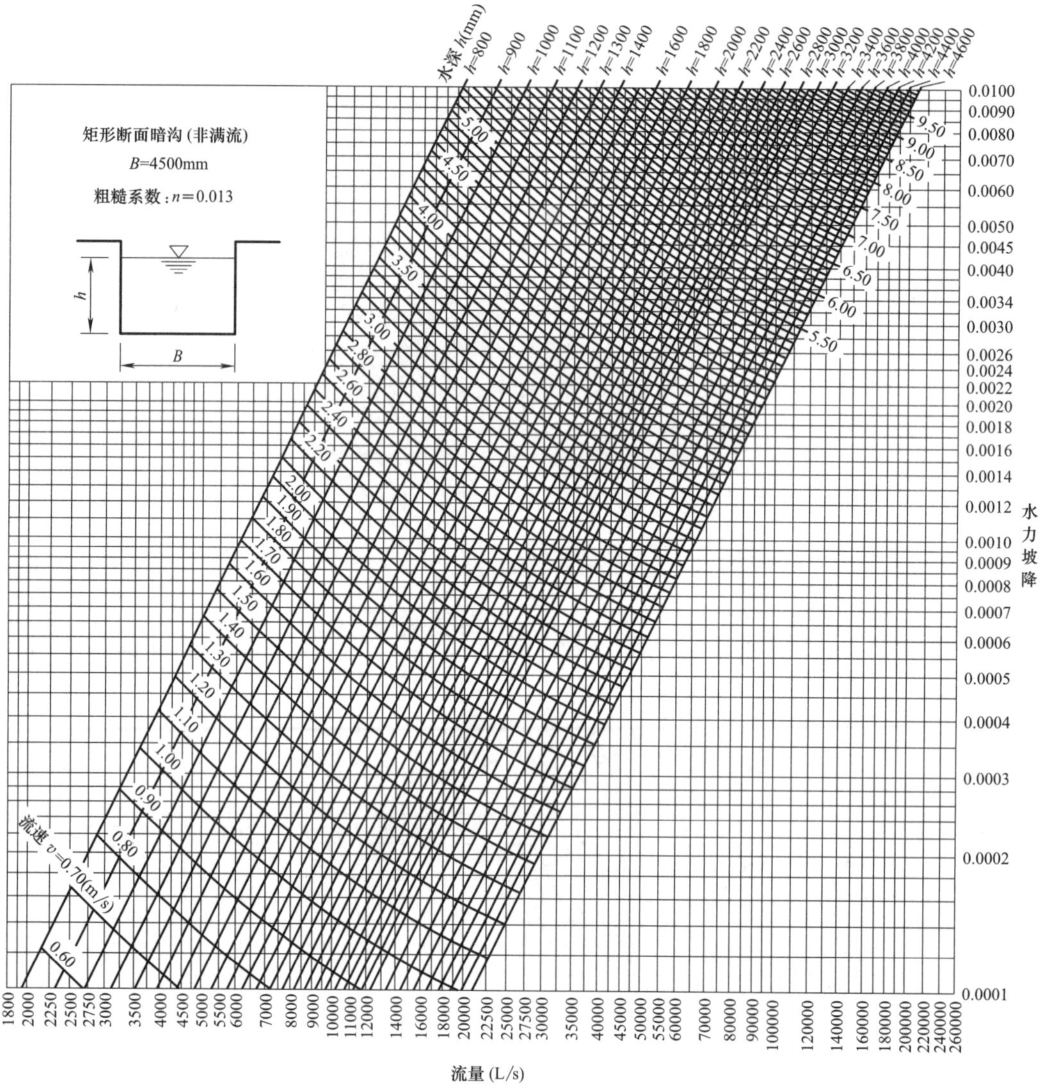

图 9-29 矩形断面暗沟水力计算图（非满流，B=4500mm）

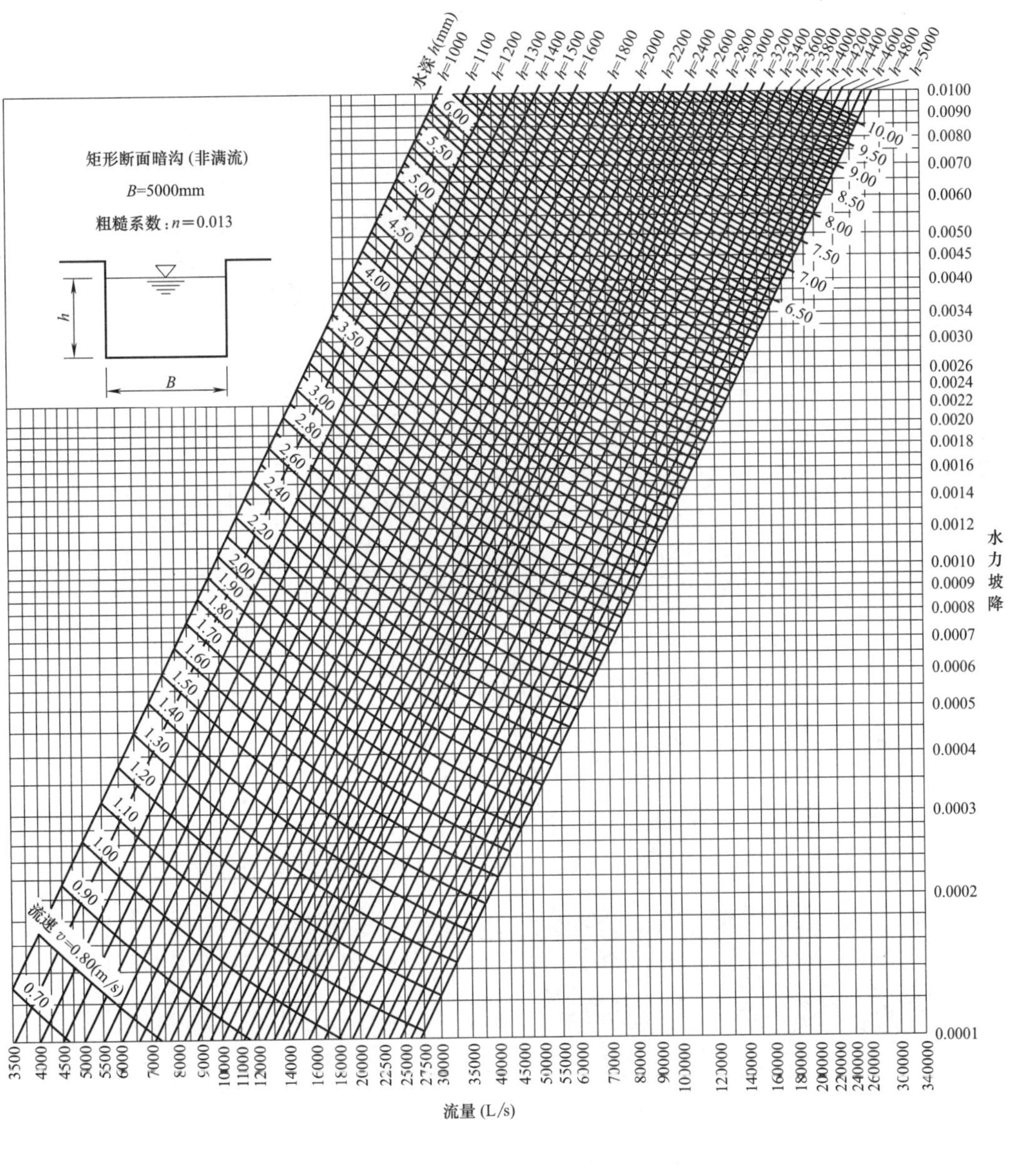

图 9-30 矩形断面暗沟水力计算图（非满流，B=5000mm）

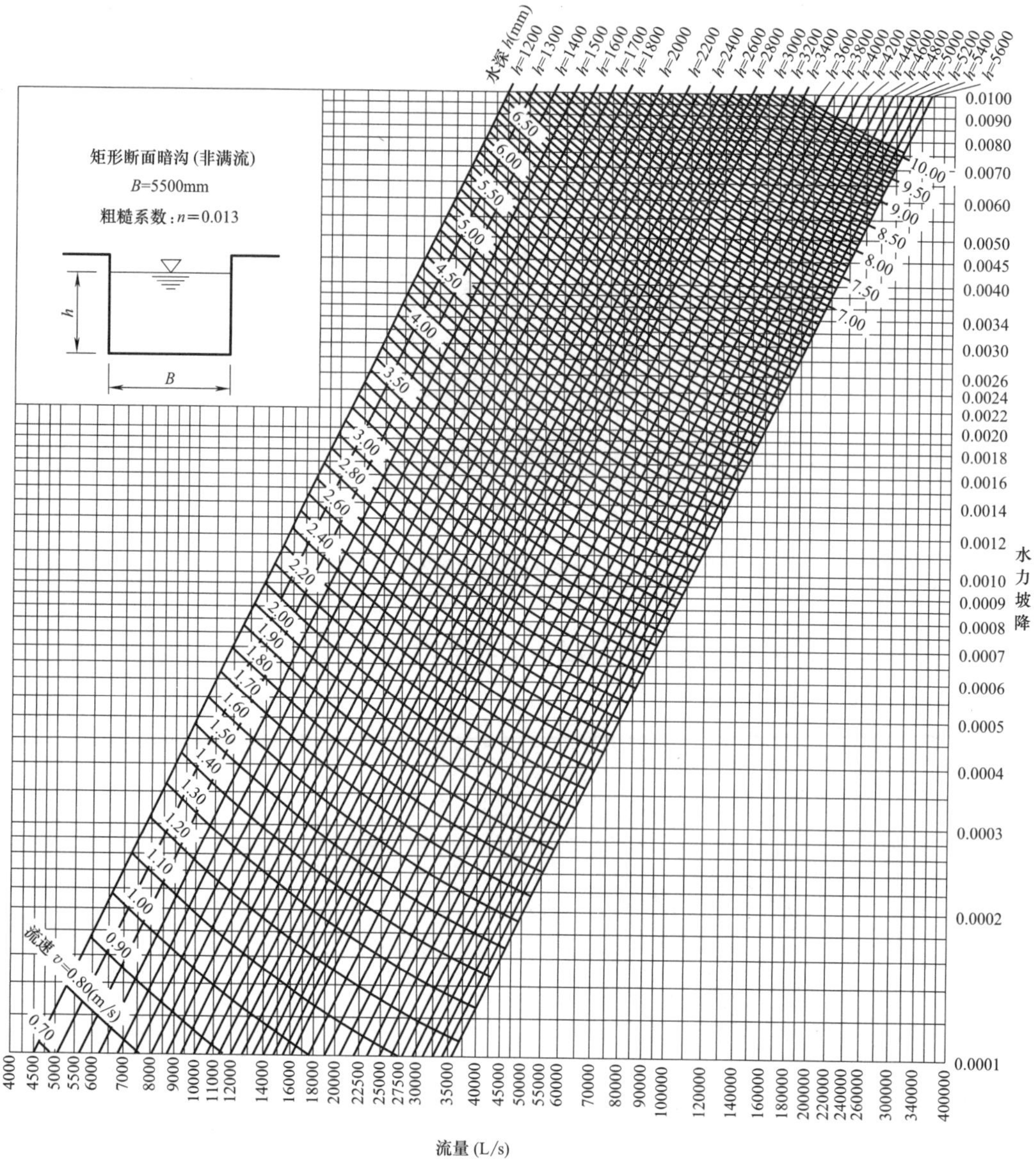

图 9-31 矩形断面暗沟水力计算图（非满流，B=5500mm）

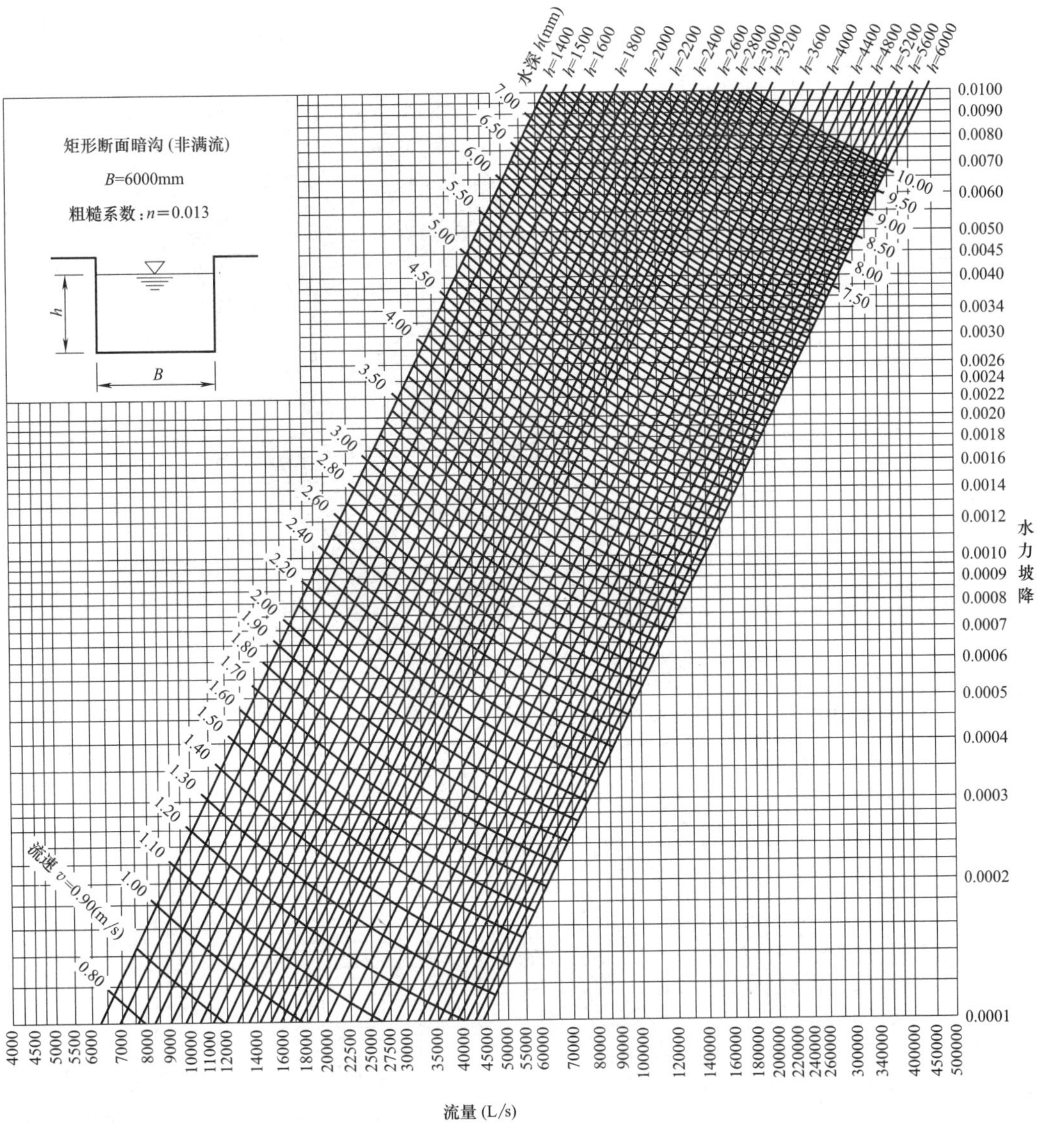

图 9-32 矩形断面暗沟水力计算图（非满流，B=6000mm）

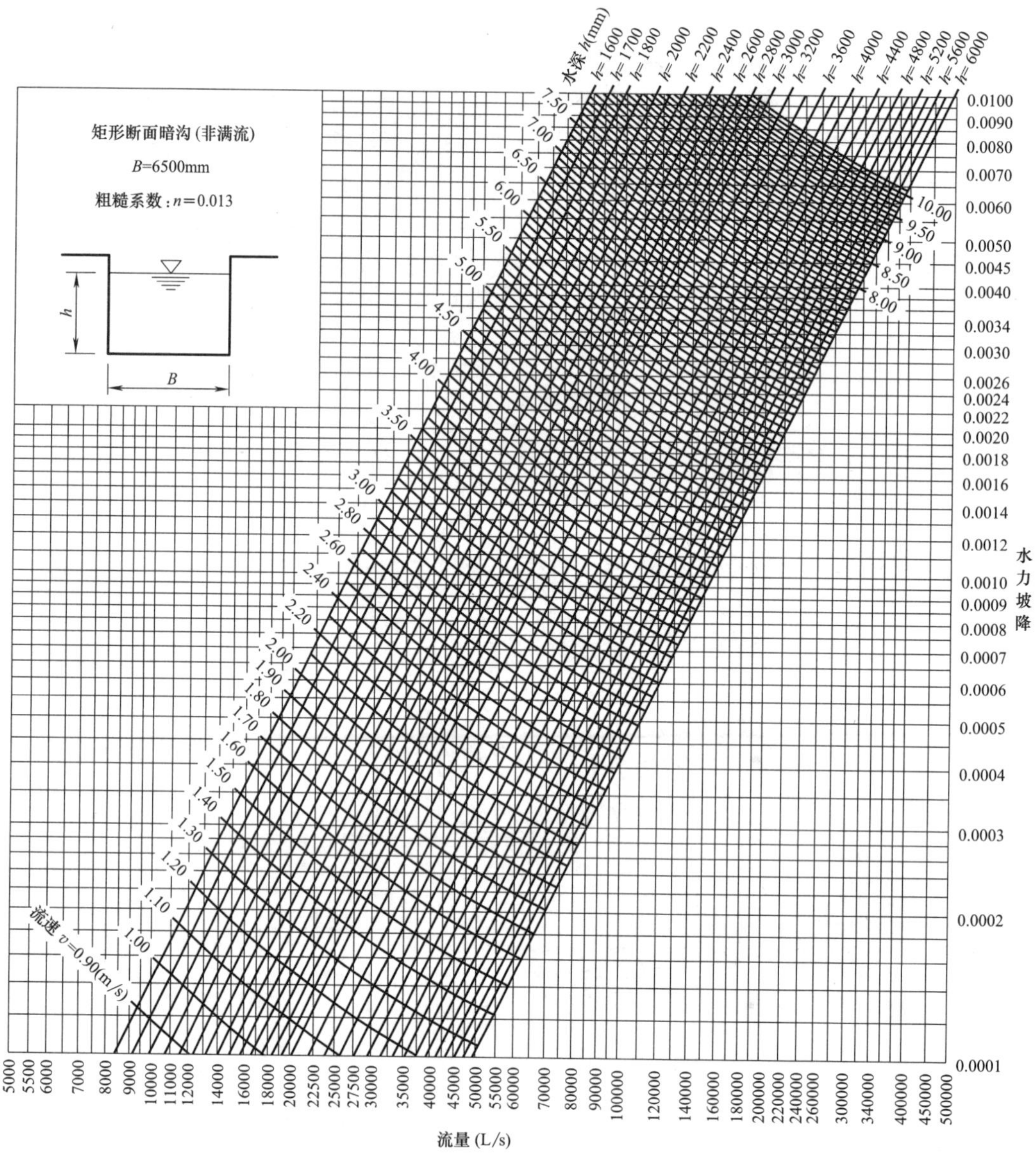

图 9-33　矩形断面暗沟水力计算图（非满流，B=6500mm）

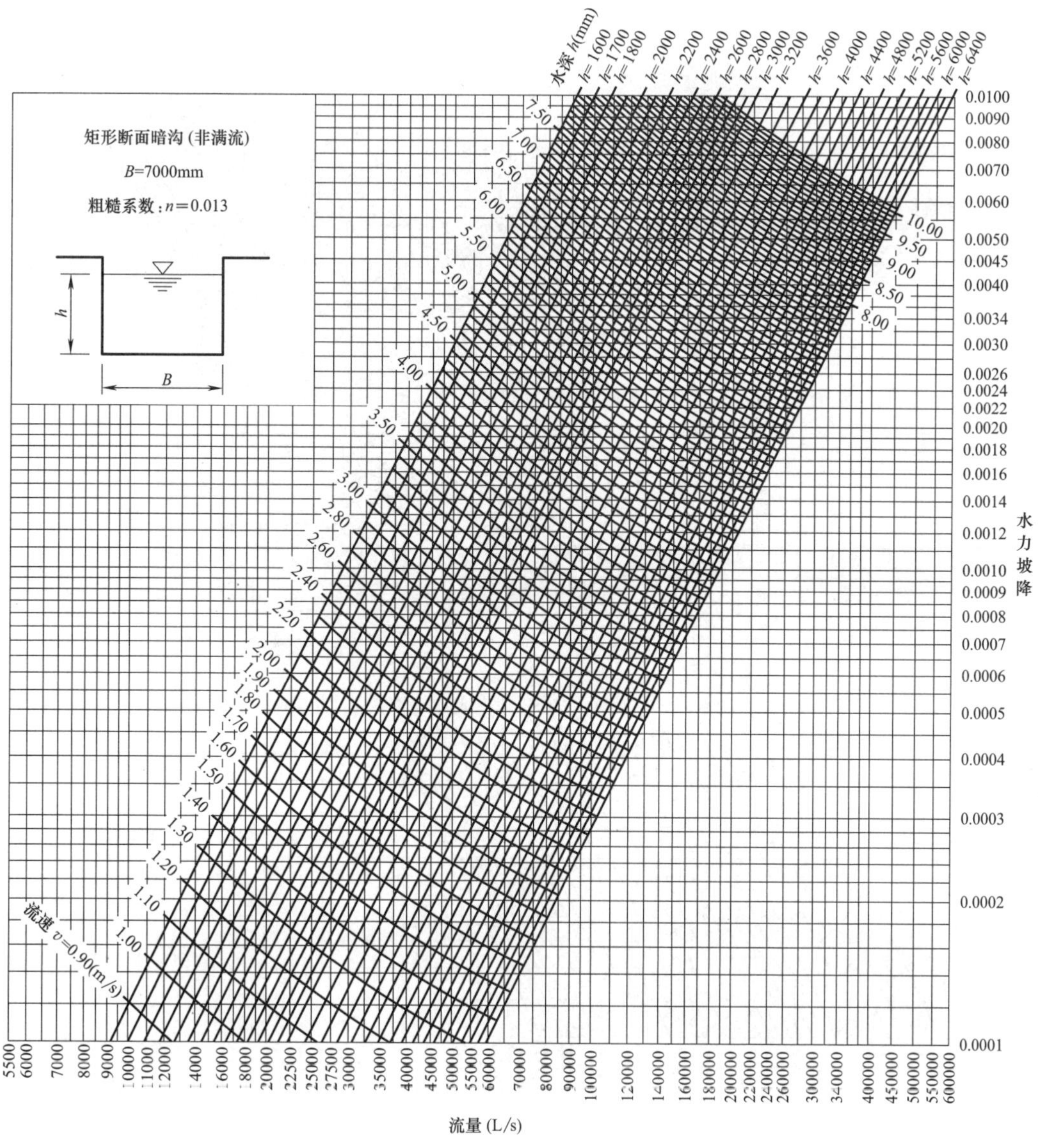

图 9-34 矩形断面暗沟水力计算图（非满流，$B=7000\mathrm{mm}$）

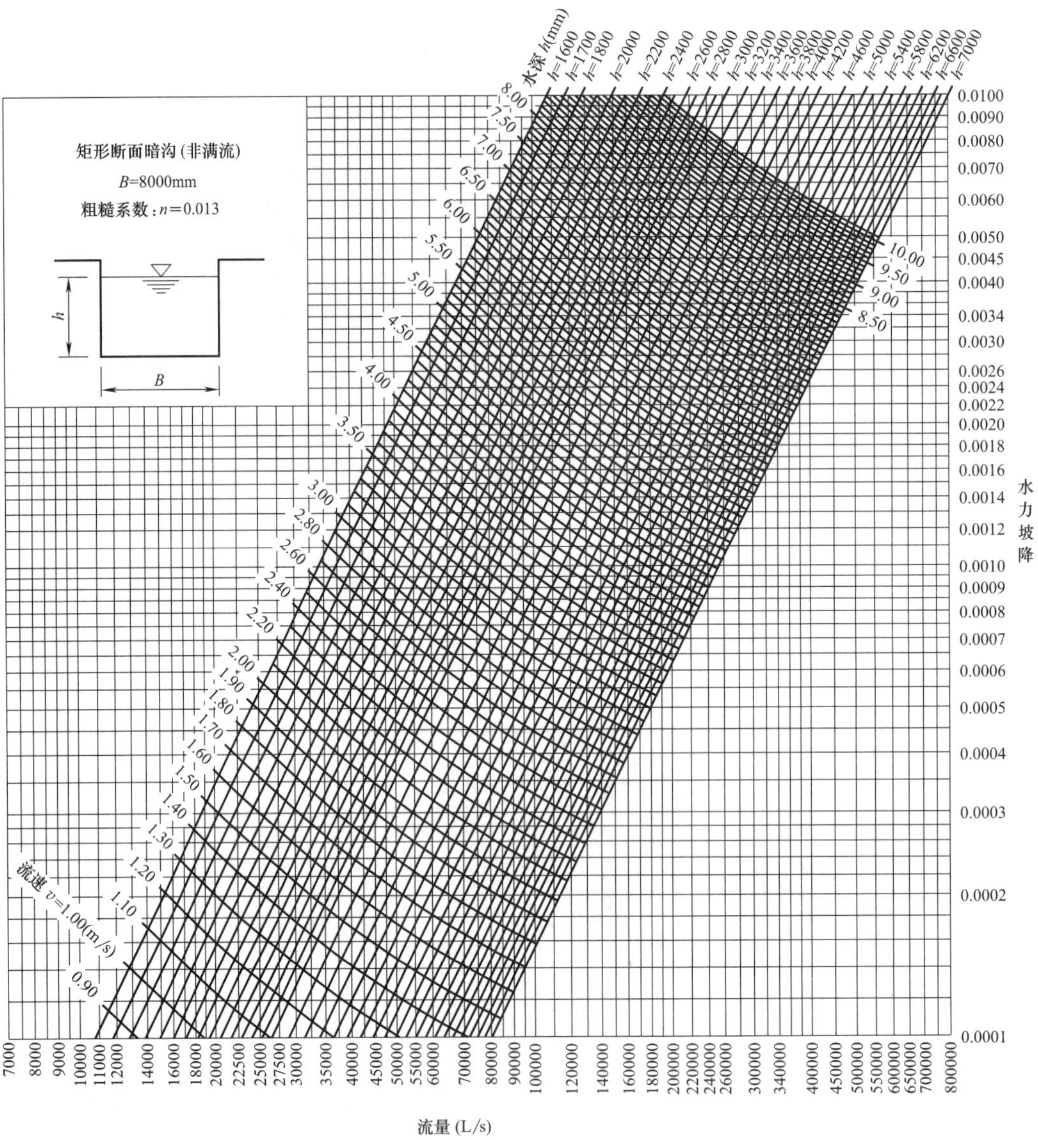

图 9-35　矩形断面暗沟水力计算图（非满流，B=8000mm）

10 梯形断面明渠（n=0.025，m=1.5）

梯形断面明渠，见图 10-1。

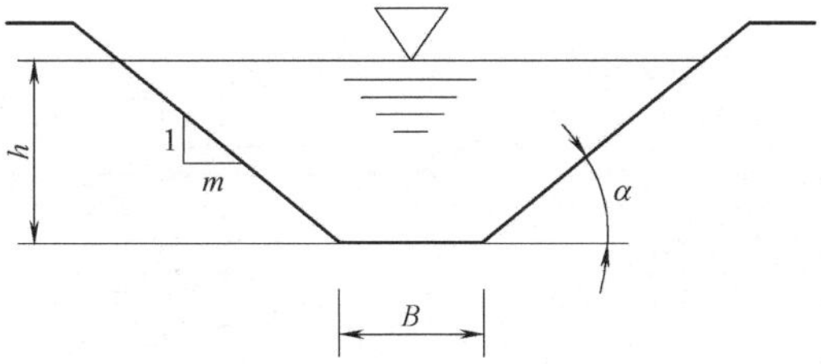

图 10-1 梯形断面明渠

10.1 计算公式

$$Q=Av \tag{10-1}$$

$$v=\frac{1}{n}R^{2/3}i^{1/2} \tag{10-2}$$

$$A=(B+mh)h \tag{10-3}$$

$$\rho=B+2h\sqrt{1+m^2} \tag{10-4}$$

$$R=\frac{A}{\rho} \tag{10-5}$$

式中 Q——流量（m^3/s）；
A——过水断面（m^2）；
v——平均流速（m/s）；
i——水力坡降；
R——水力半径（m）；
ρ——湿周（m）；
n——粗糙系数；
B——梯形断面明渠底宽（m）；
h——梯形断面明渠水深（m）；
m——边坡系数，$m=\cot\alpha$。

10.2 水力计算

底宽 B=400～6000mm 的梯形断面明渠水力计算图（n=0.025，m=1.5）见图 10-2～图 10-34。使用者可根据需要直接查阅。图中流量 Q 以 L/s 计，流速 v 以 m/s 计。图中粗糙系数以 n=0.025 计，当 n 为其他值 n_x 时，图中所得流量和流速需乘以修正值 K_n，$K_n=0.025\div n_x$。

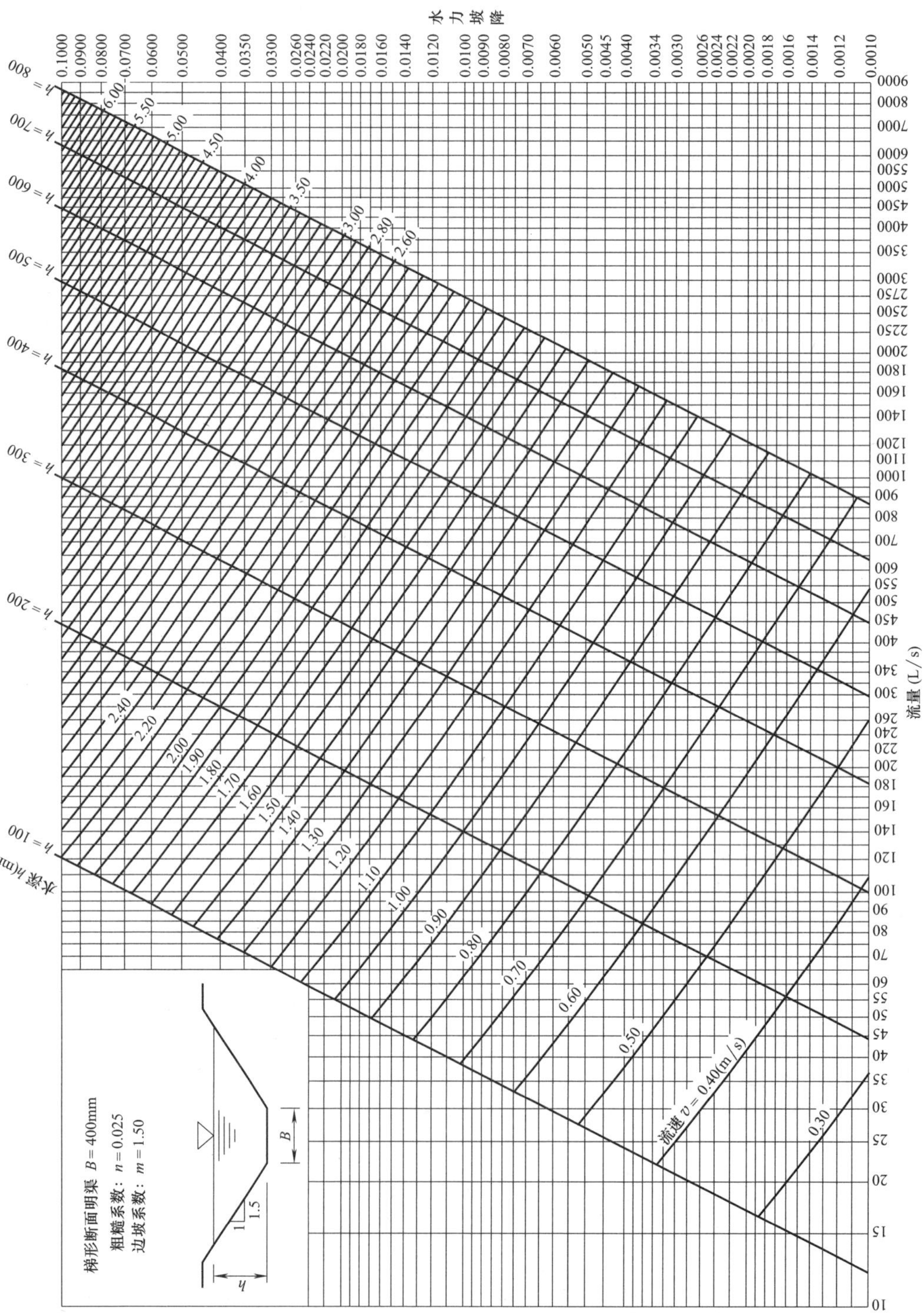

图 10-2 梯形断面明渠水力计算图（m=1.5，B=400mm）

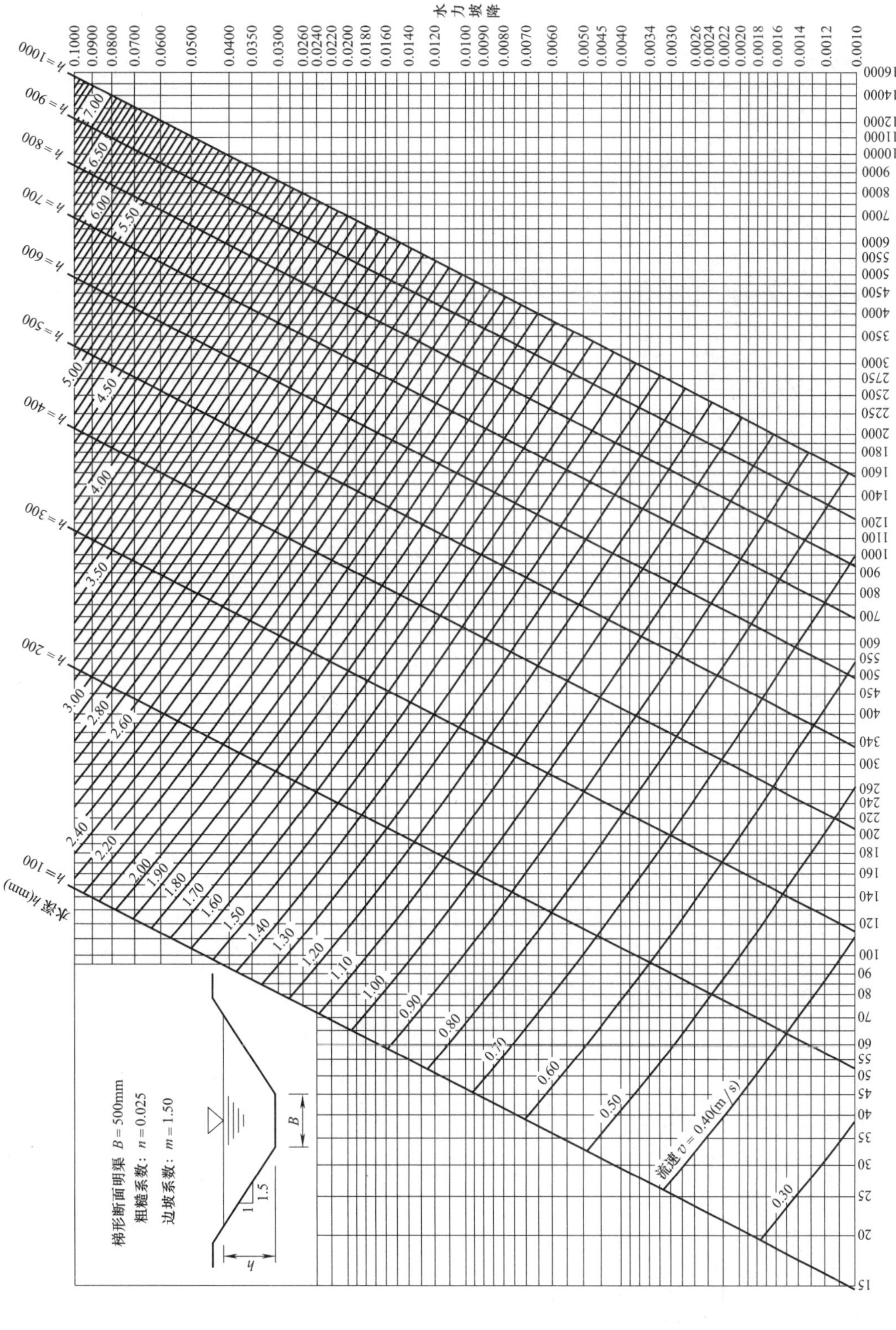

图 10-3 梯形断面明渠水力计算图（$m=1.5$，$B=500$mm）

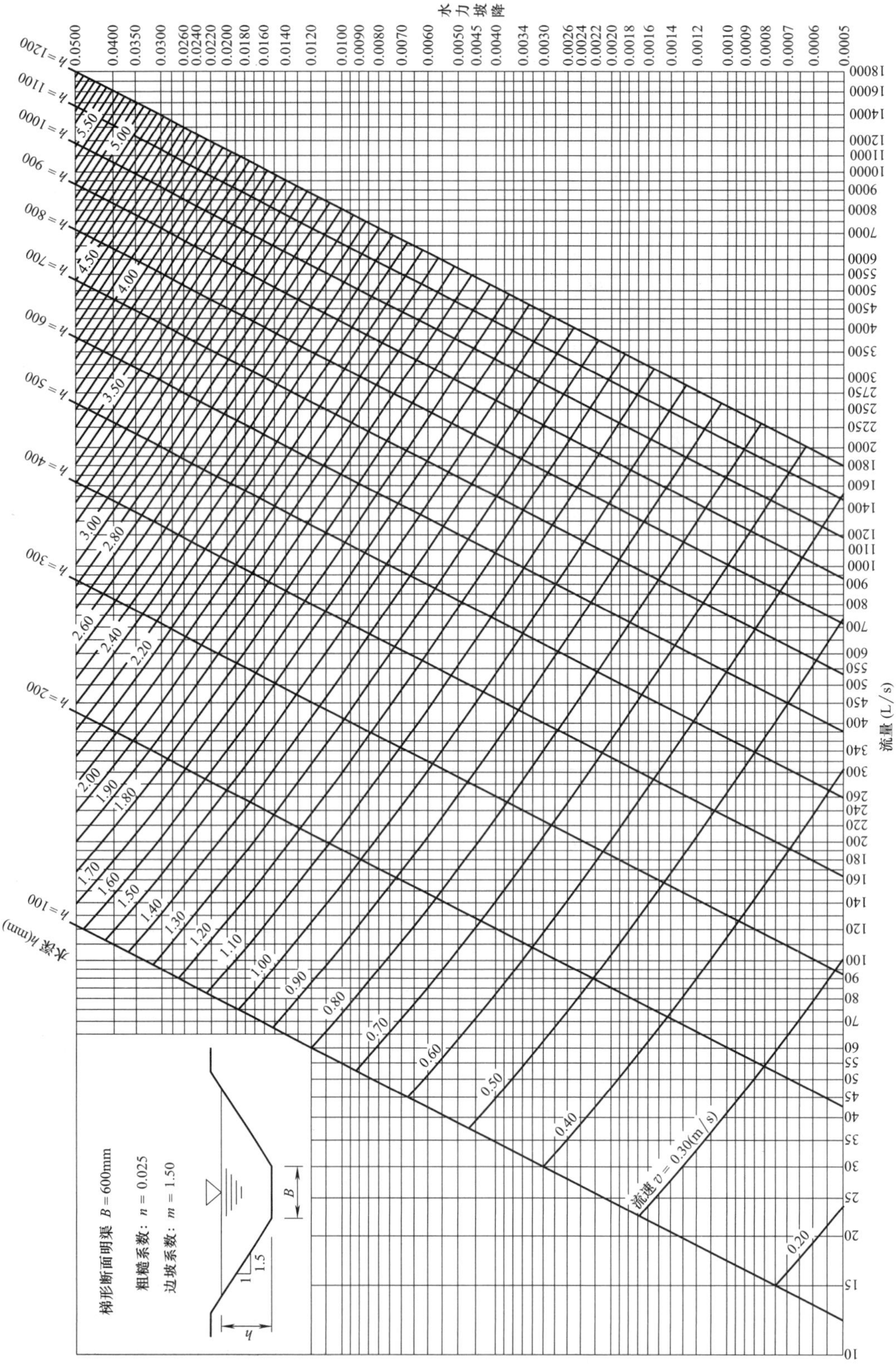

图 10-4　梯形断面明渠水力计算图（m=1.5，B=600mm）

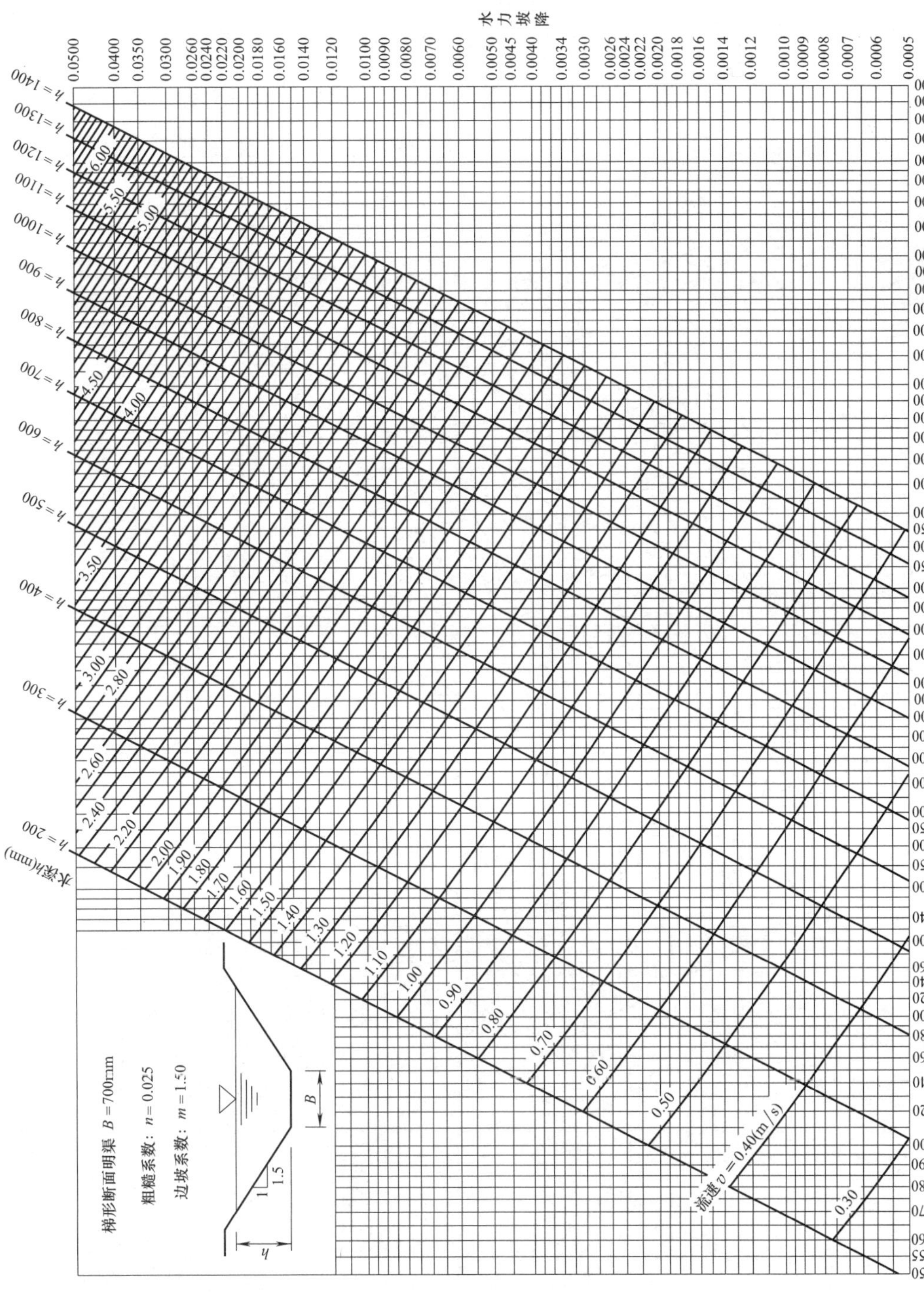

图 10-5 梯形断面明渠水力计算图（$m=1.5$，$B=700\text{mm}$）

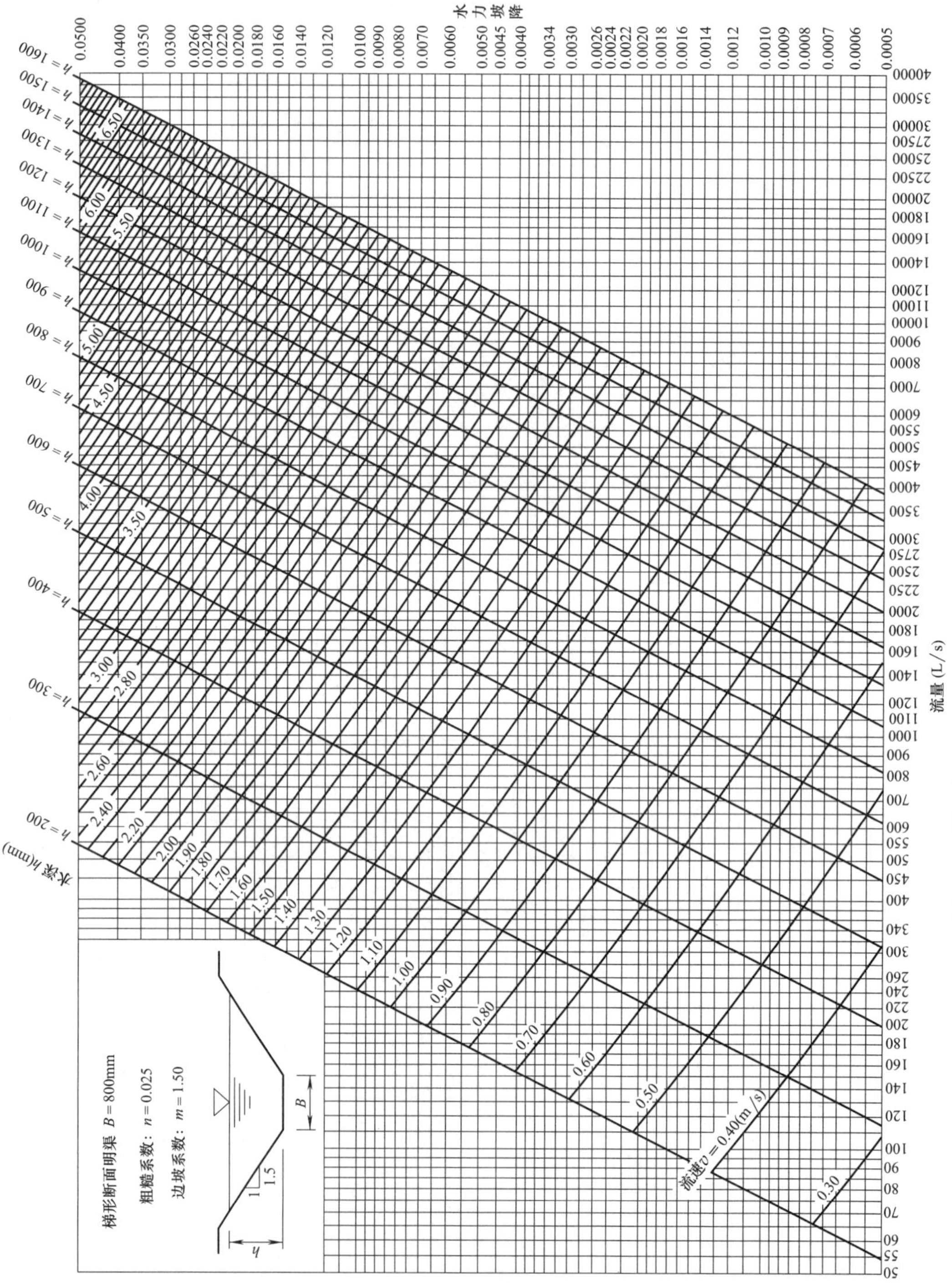

图 10-6 梯形断面明渠水力计算图（m=1.5，B=800mm）

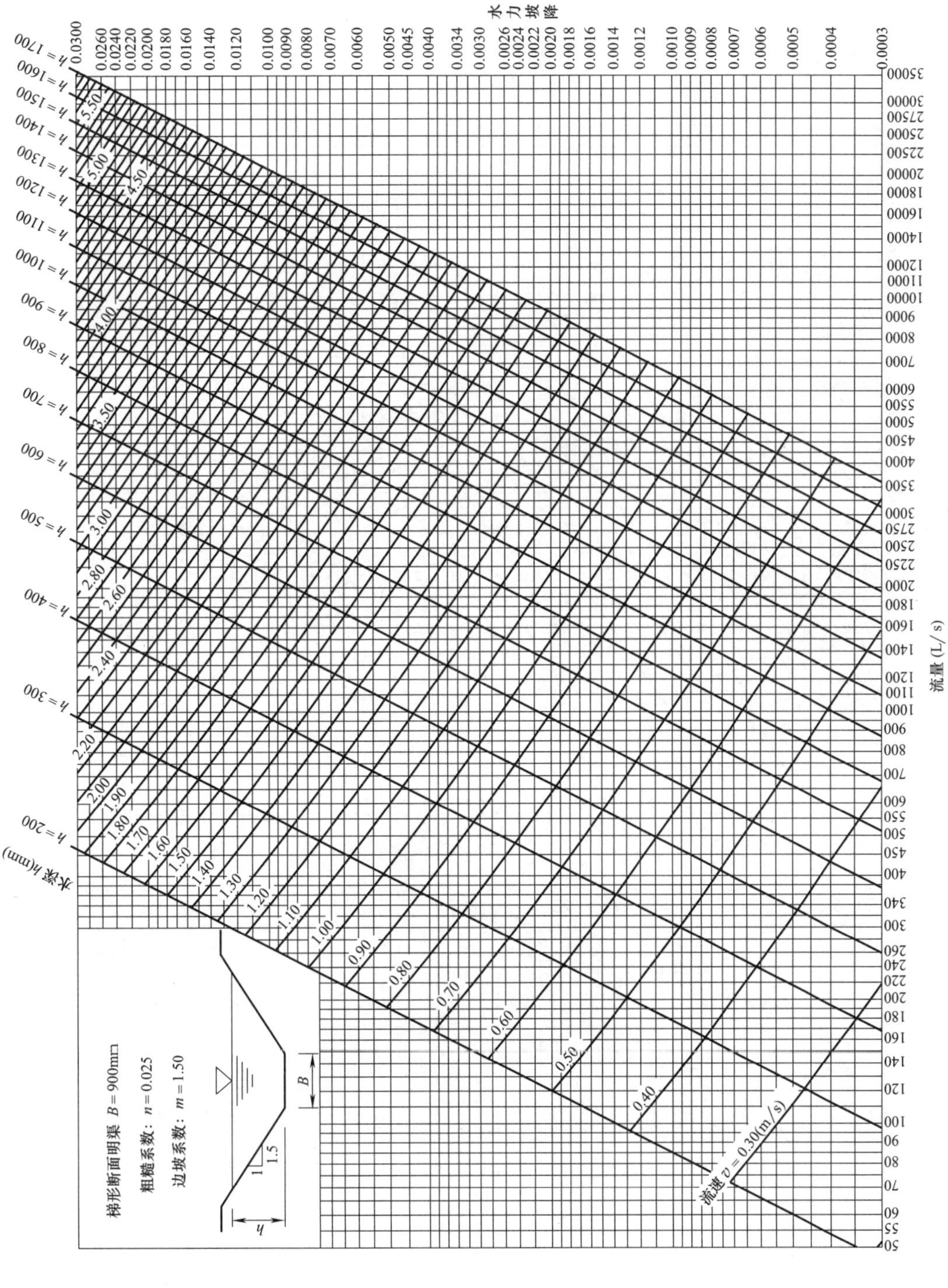

图 10-7 梯形断面明渠水力计算图（m=1.5，B=900mm）

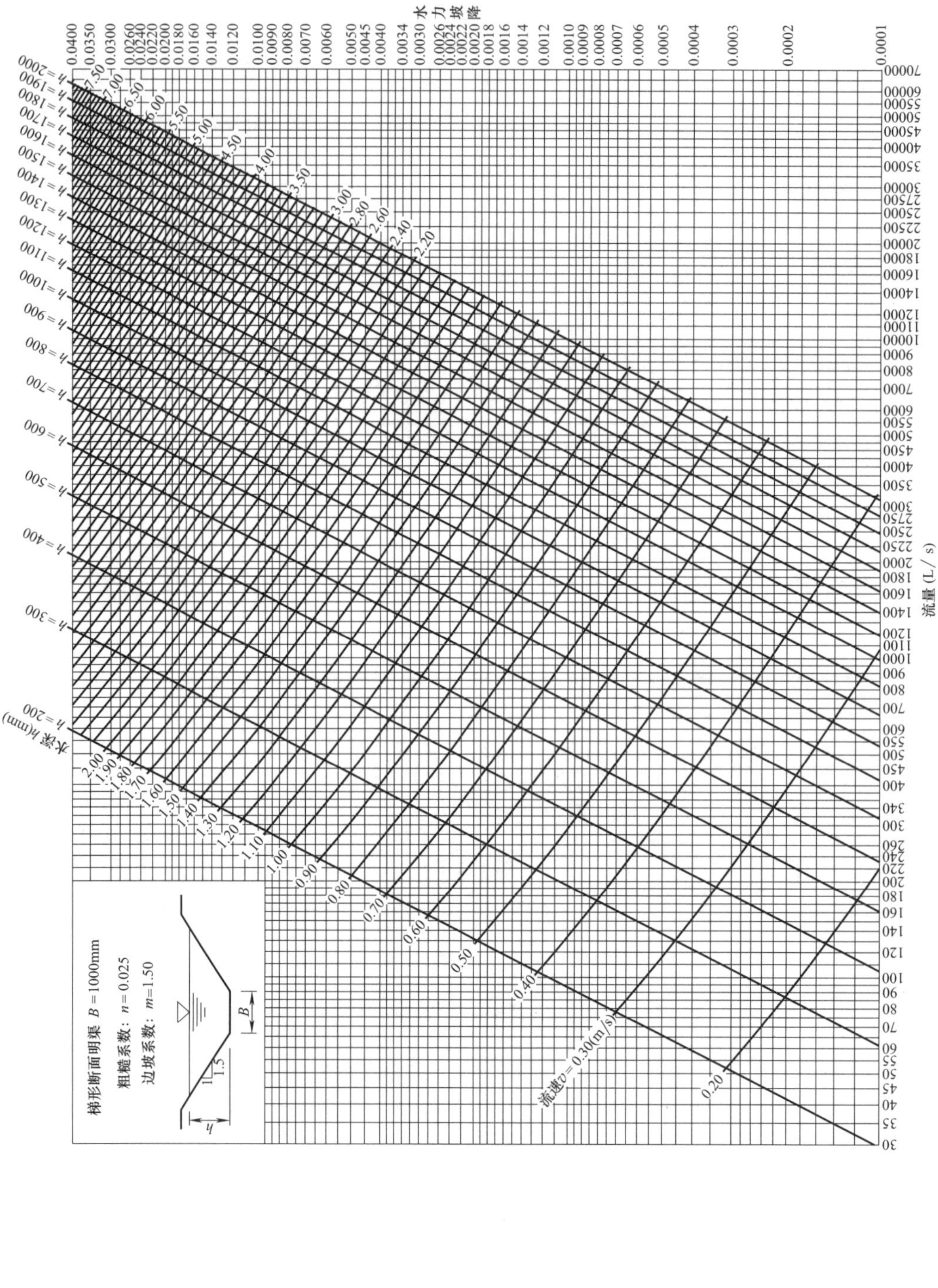

图 10-8 梯形断面明渠水力计算图（m=1.5，B=1000mm）

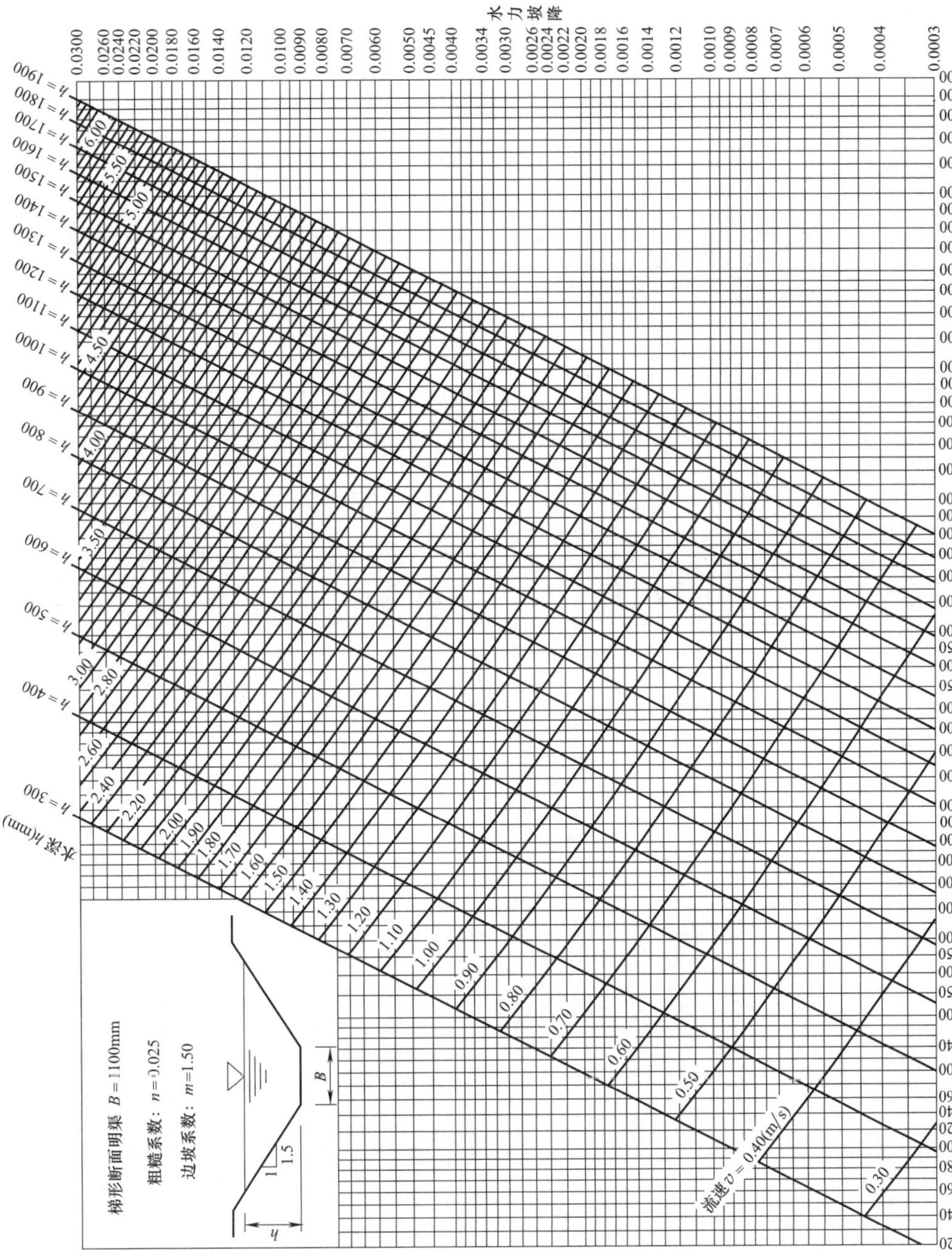

图 10-9 梯形断面明渠水力计算图（$m=1.5$，$B=1100$mm）

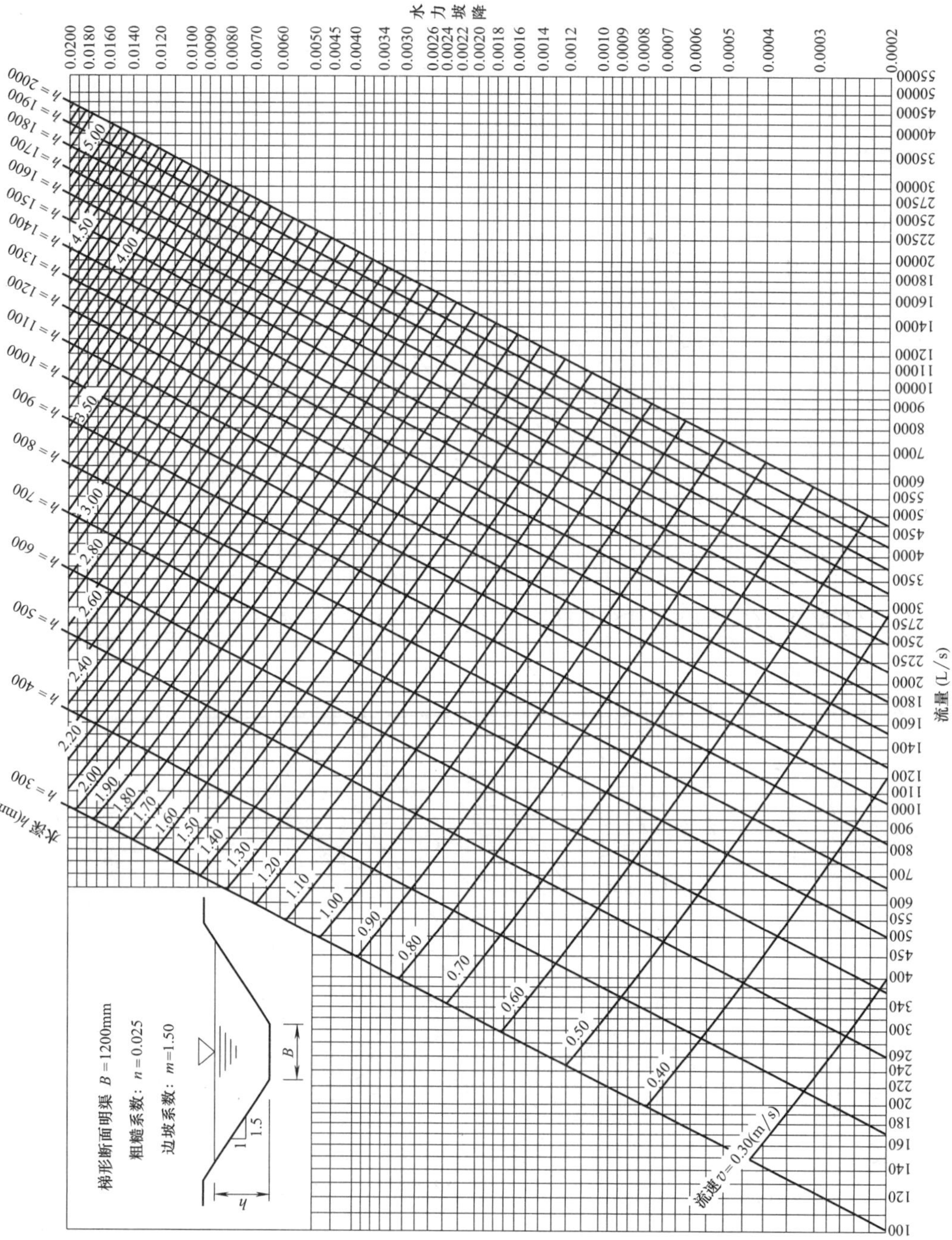

图 10-10　梯形断面明渠水力计算图（m=1.5，B=1200mm）

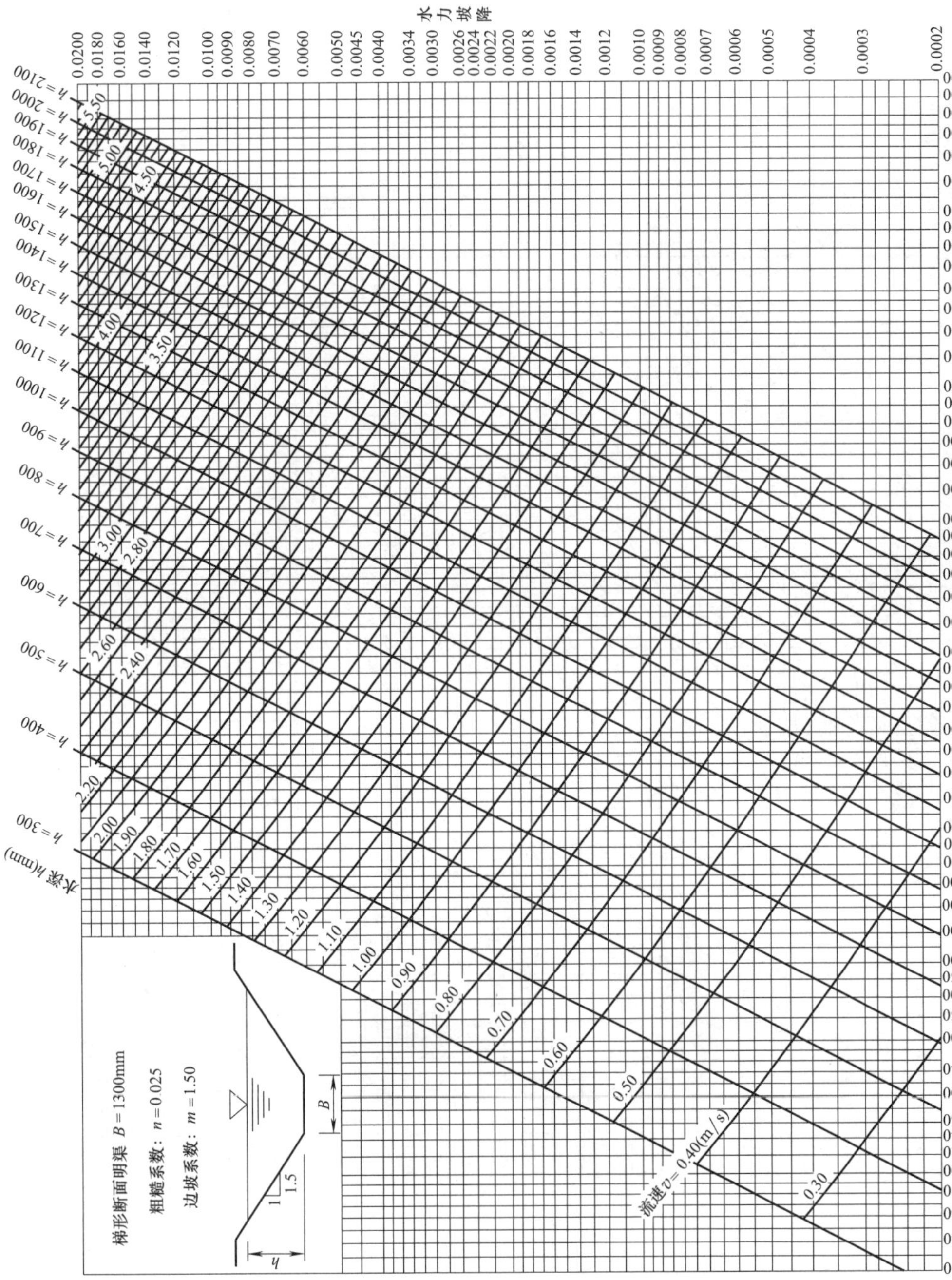

图 10-11 梯形断面明渠水力计算图（$m=1.5$，$B=1300\text{mm}$）

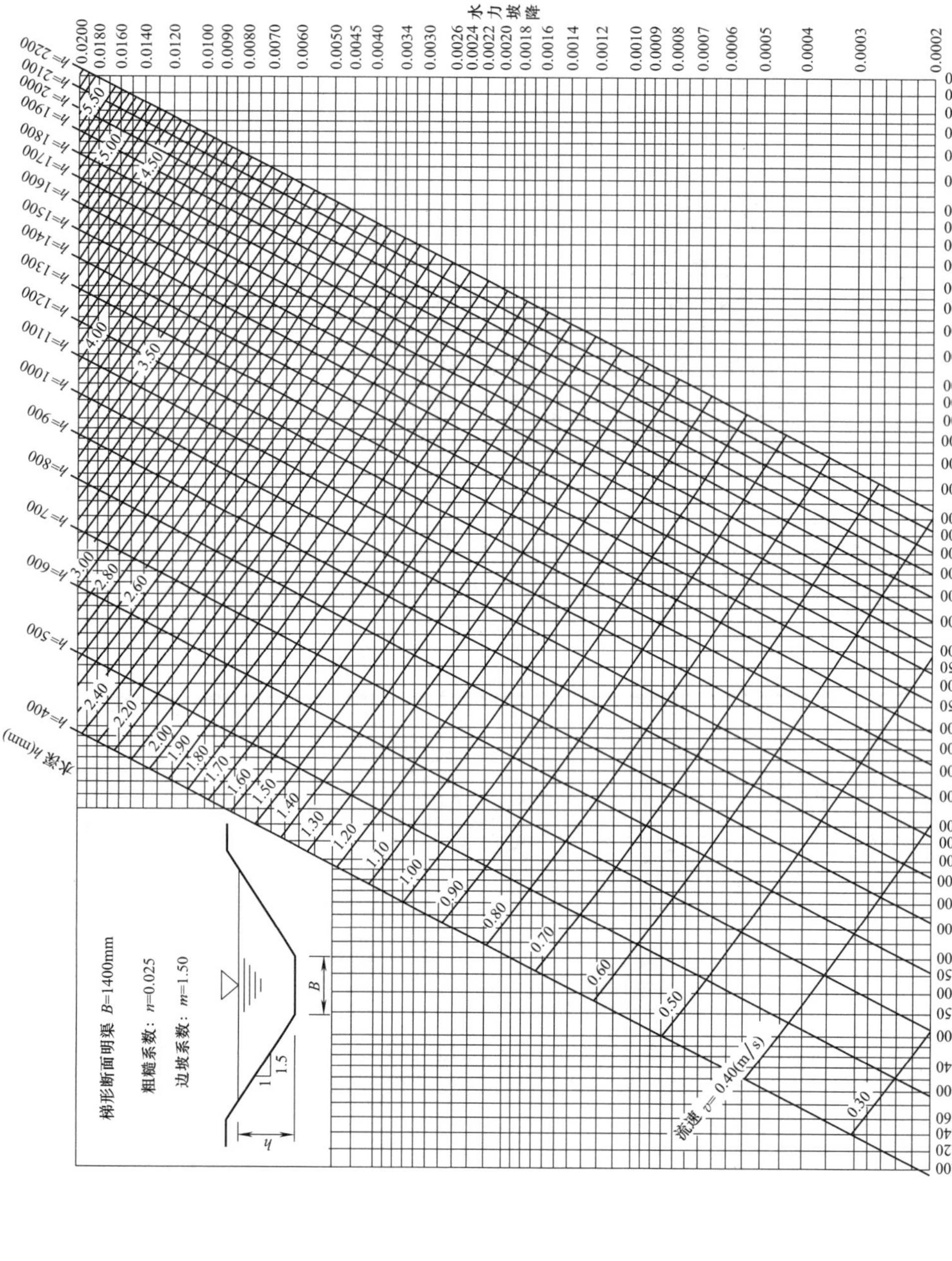

图 10-12 梯形断面明渠水力计算图（m=1.5，B=1400mm）

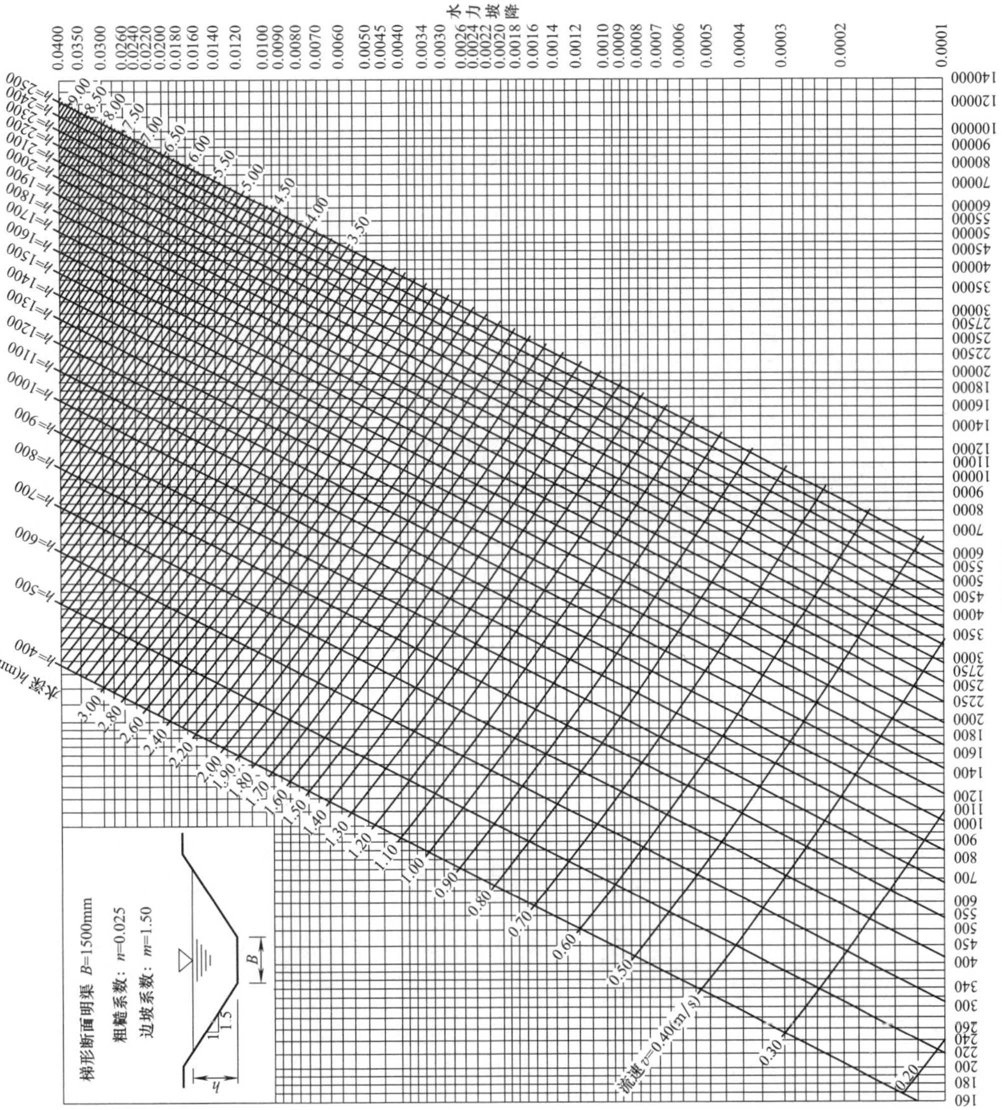

图 10-13　梯形断面明渠水力计算图（$m=1.5$，$B=1500mm$）

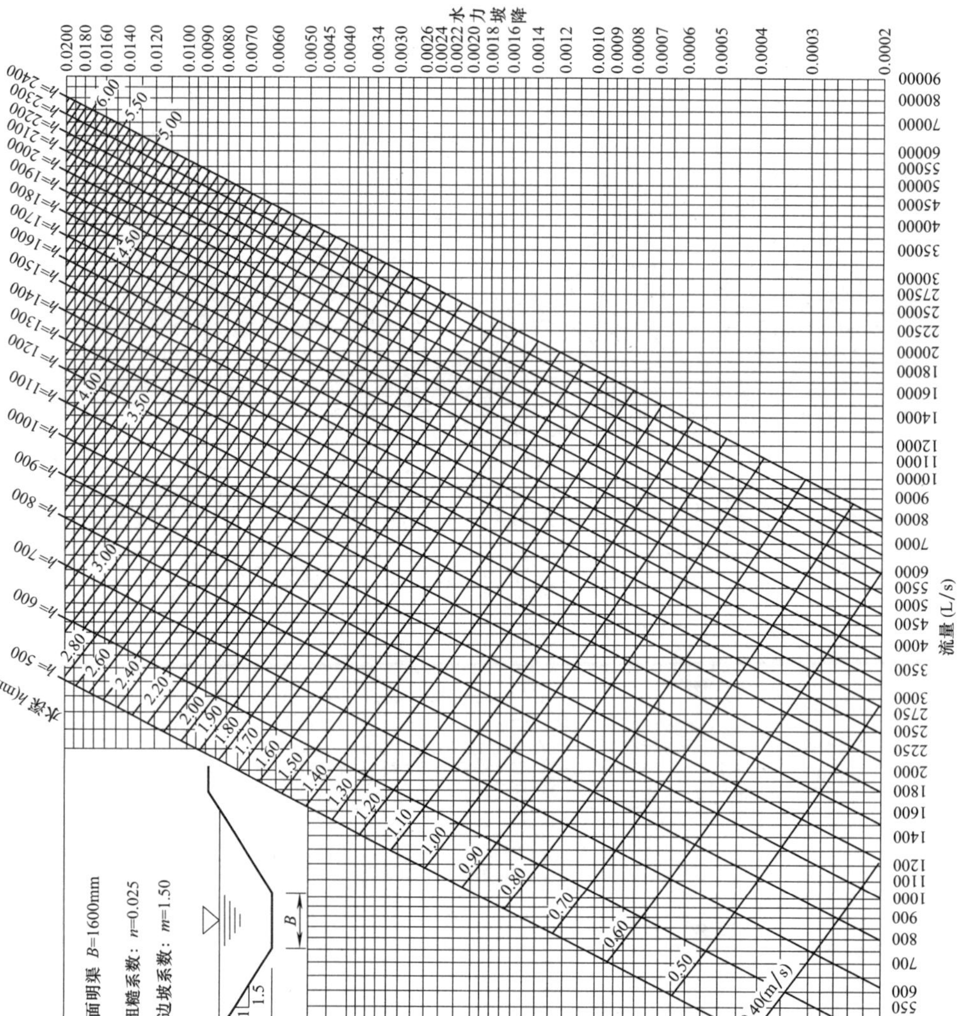

图 10-14　梯形断面明渠水力计算图（m=1.5，B=1600mm）

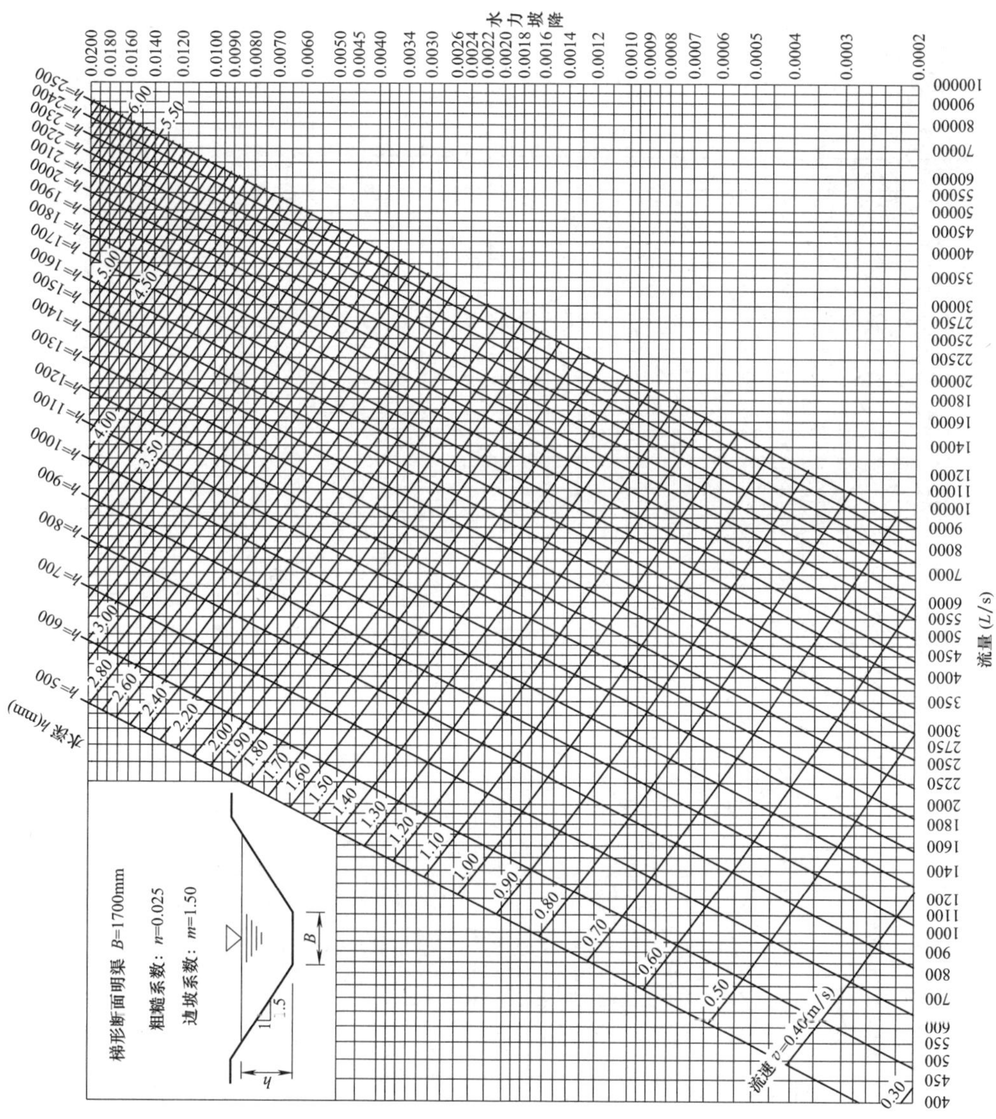

图 10-15 梯形断面明渠水力计算图（$m=1.5$，$B=1700mm$）

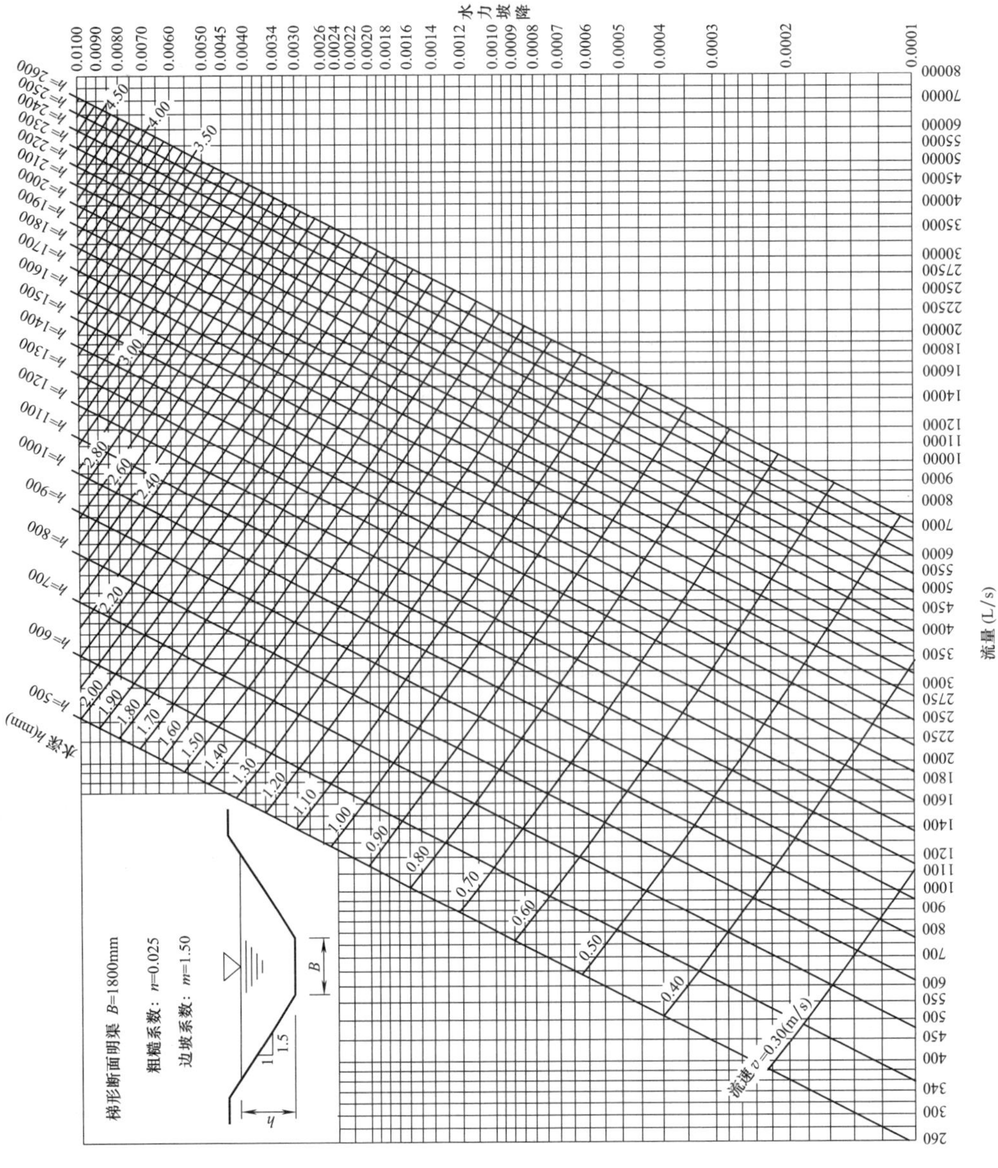

图 10-16 梯形断面明渠水力计算图（m=1.5，B=1800mm）

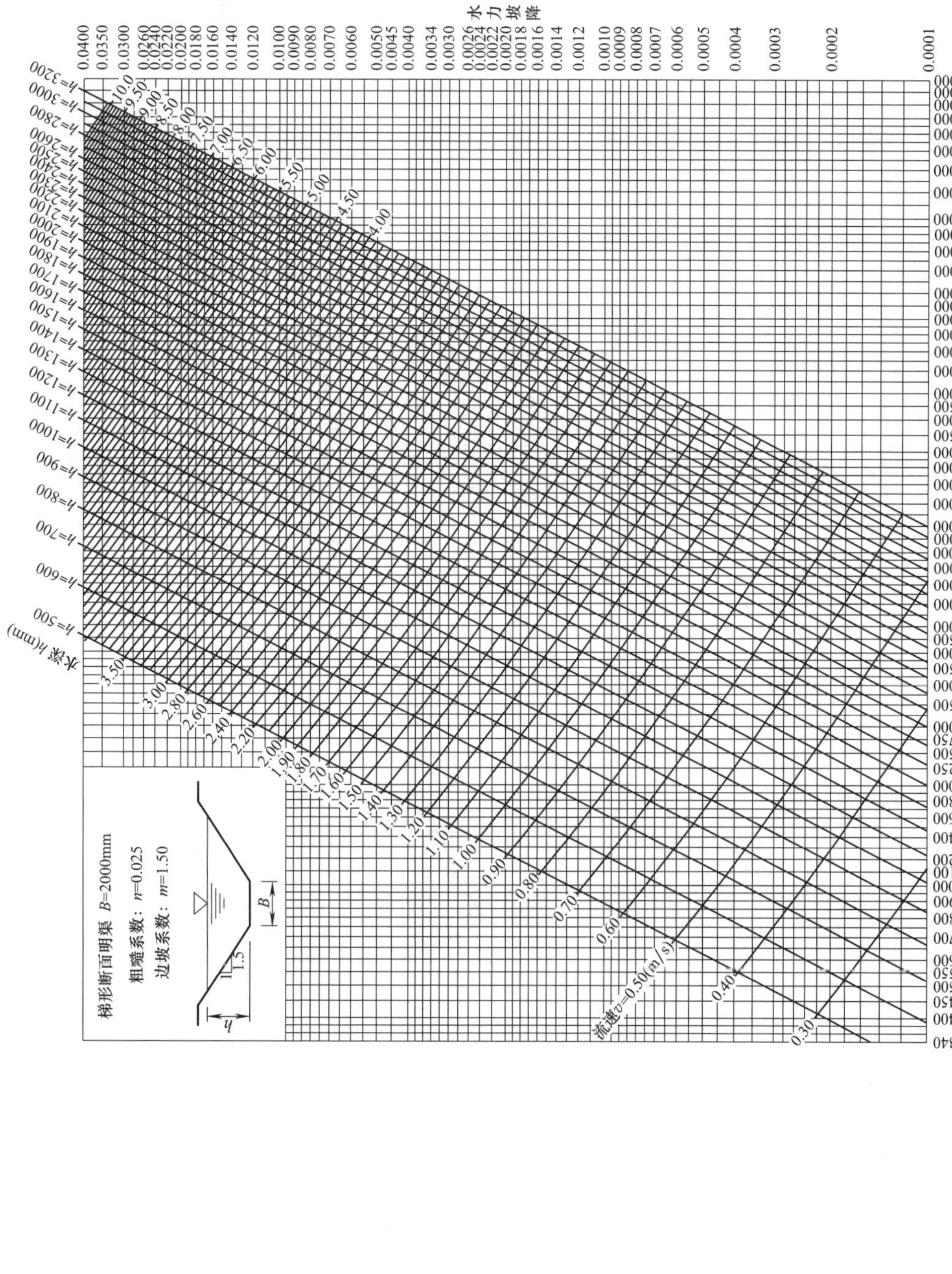

图 10-17 梯形断面明渠水力计算图（$m=1.5$，$B=2000$mm）

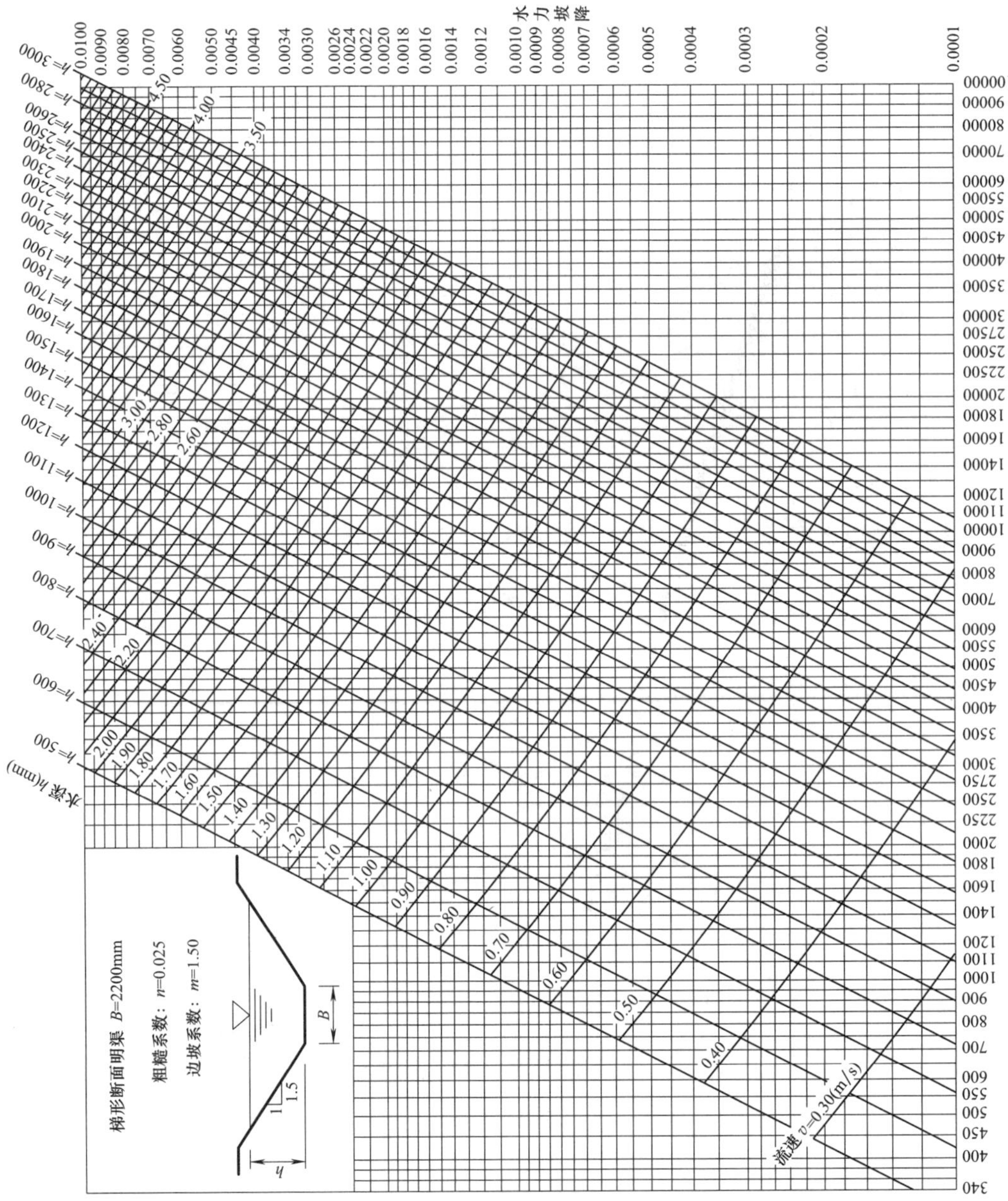

图 10-18 梯形断面明渠水力计算图（m=1.5，B=2200mm）

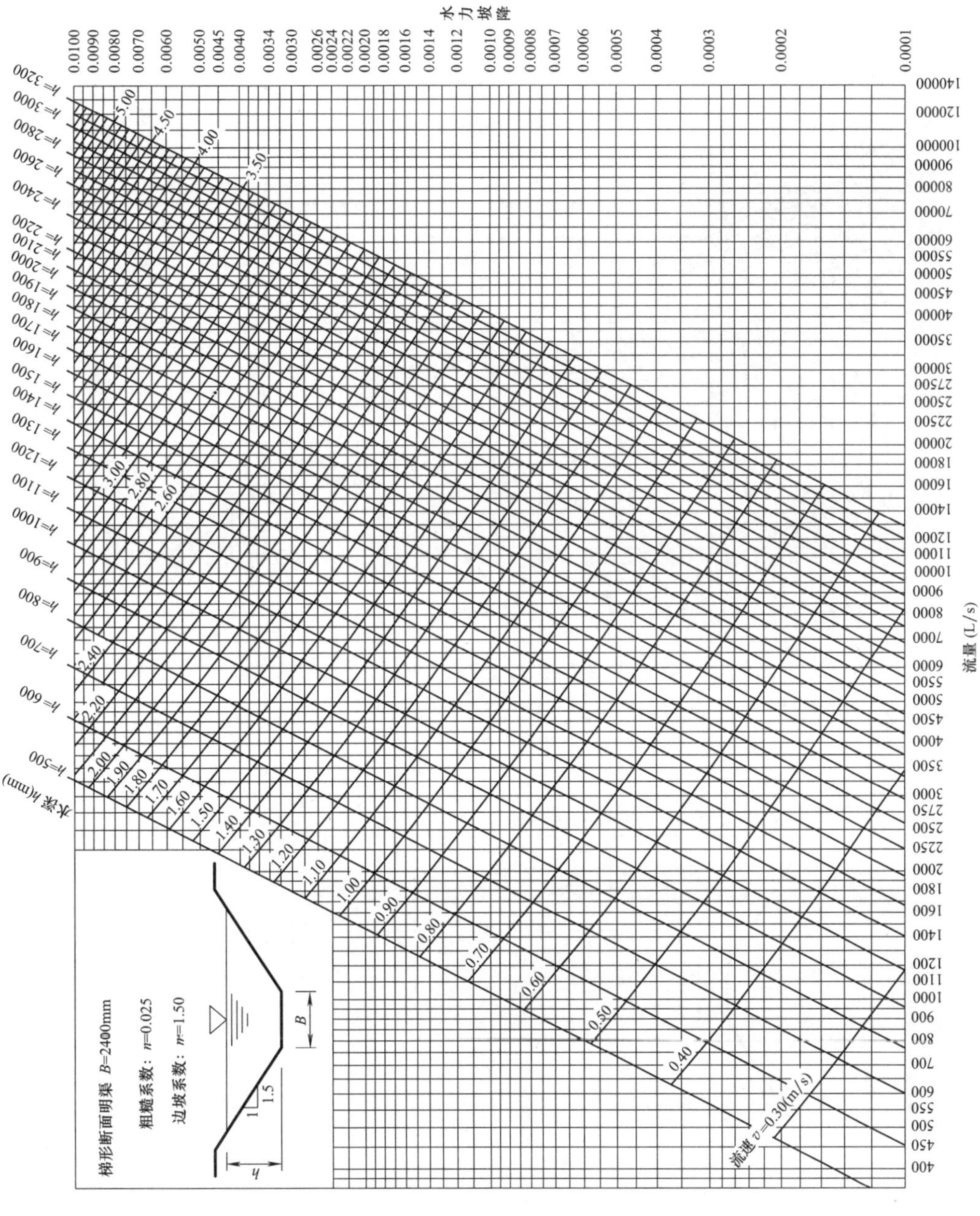

图 10-19 梯形断面明渠水力计算图（$m=1.5$，$B=2400$mm）

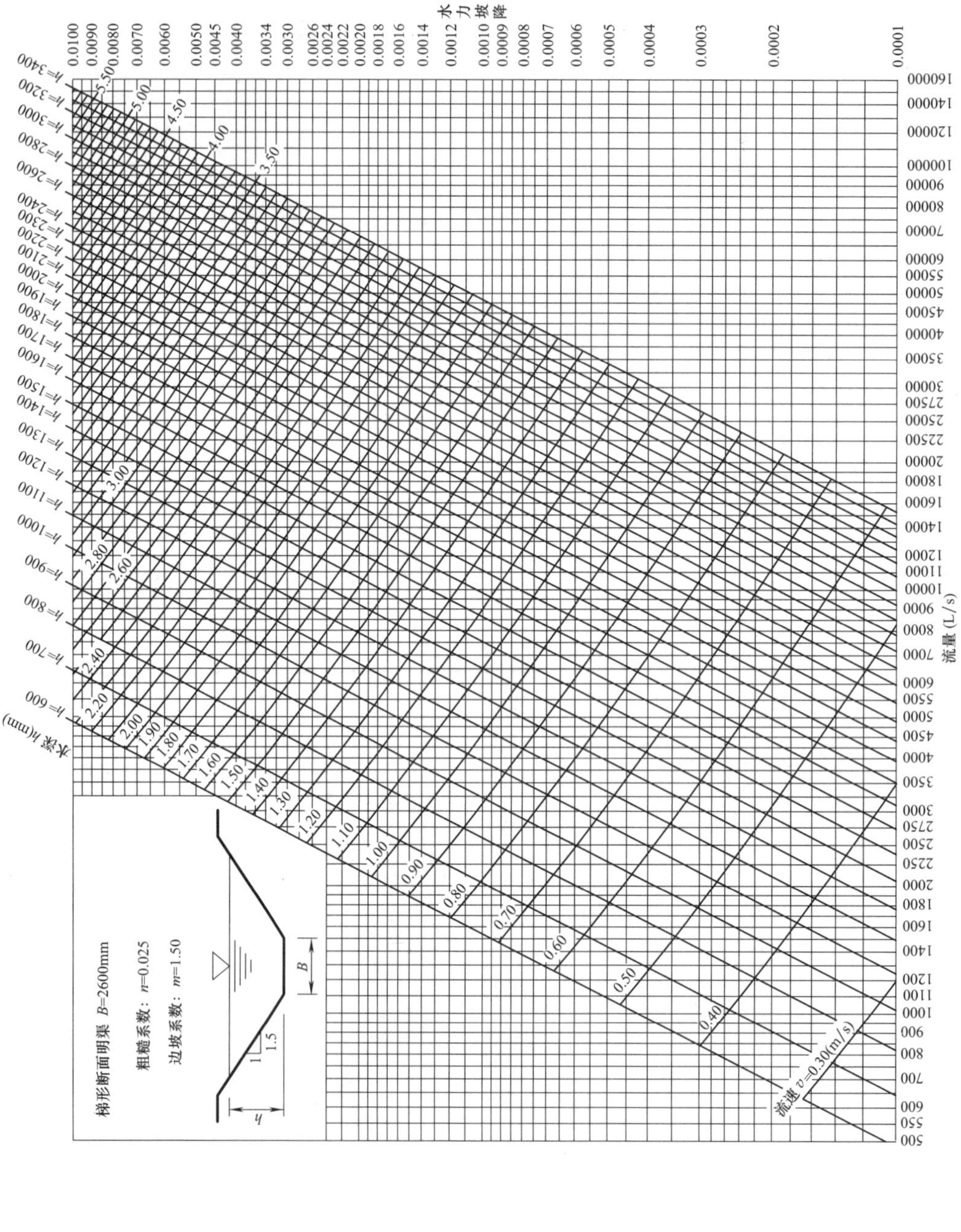

图 10-20 梯形断面明渠水力计算图（m=1.5，B=2600mm）

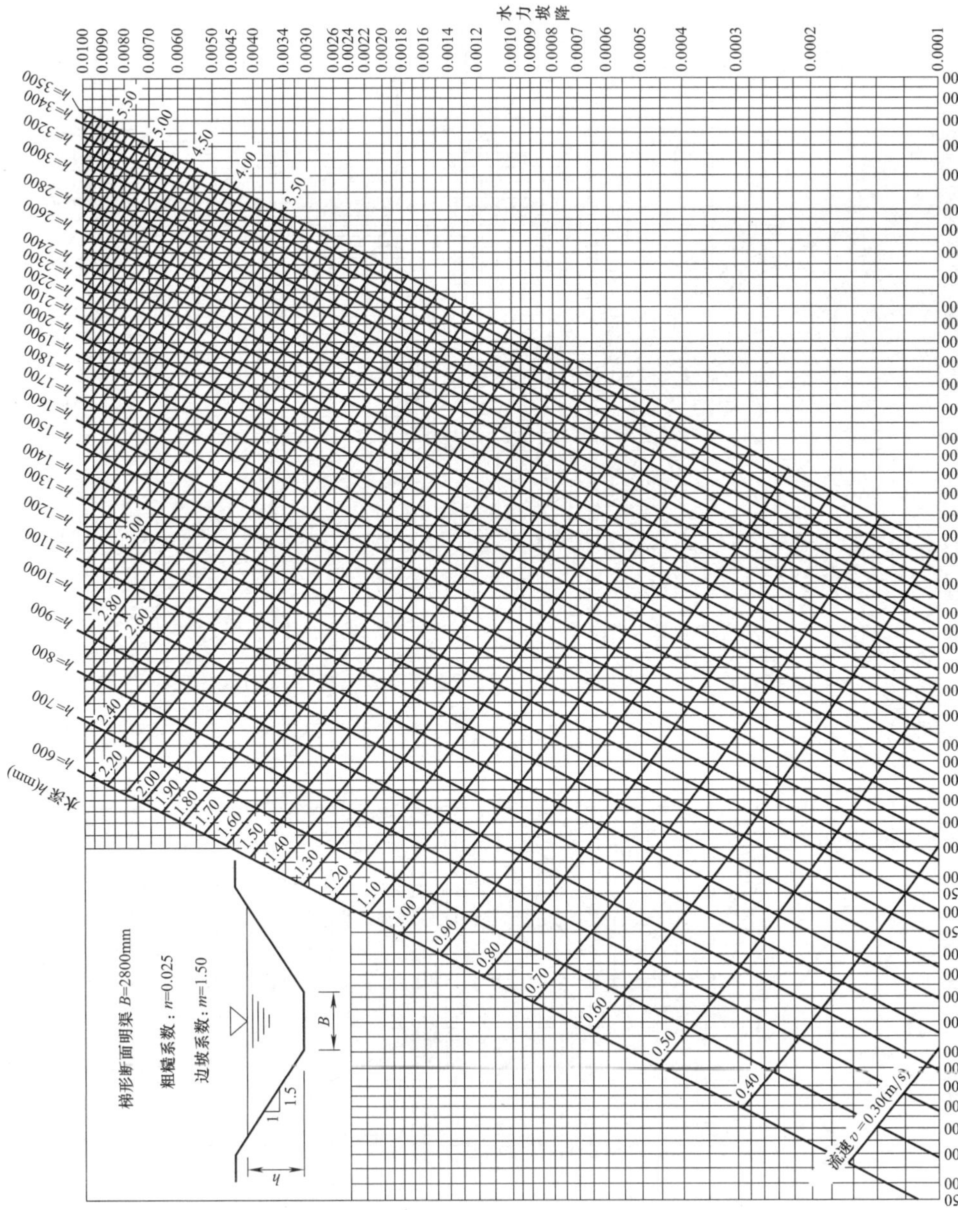

图 10-21 梯形断面明渠水力计算图（$m=1.5$，$B=2800\text{mm}$）

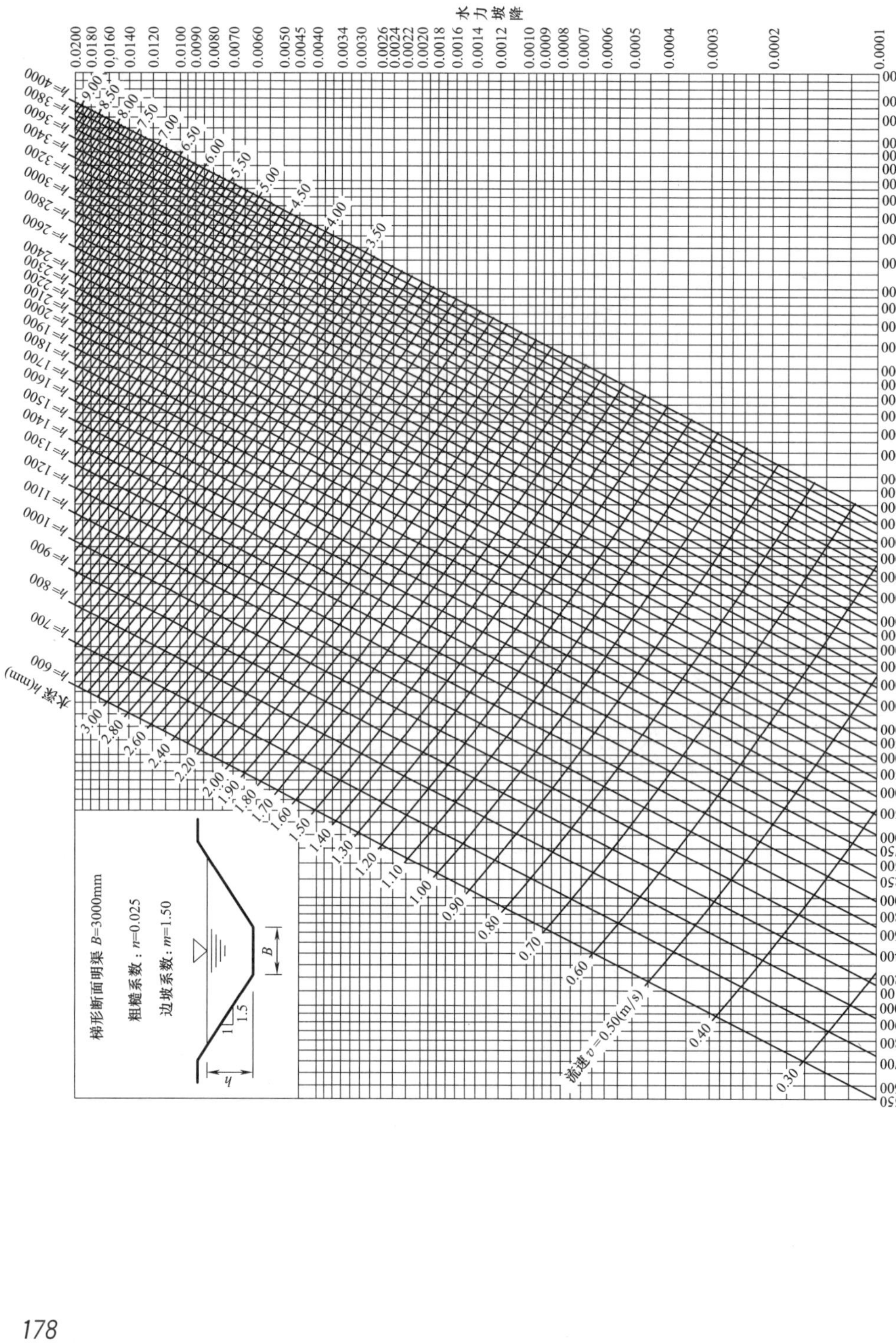

图 10-22　梯形断面明渠水力计算图（$m=1.5$，$B=3000\text{mm}$）

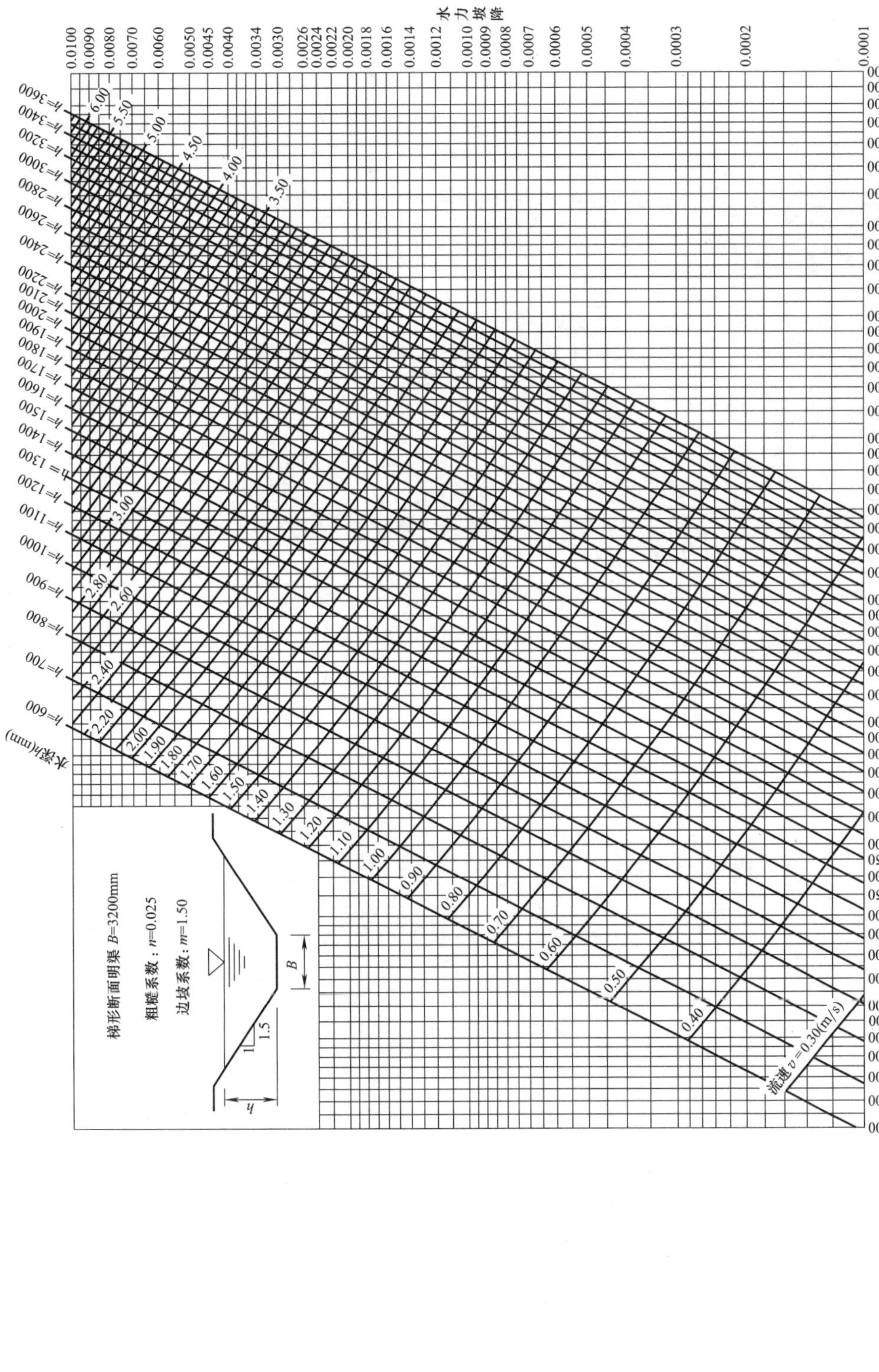

图 10-23　梯形断面明渠水力计算图（$m=1.5$，$B=3200\text{mm}$）

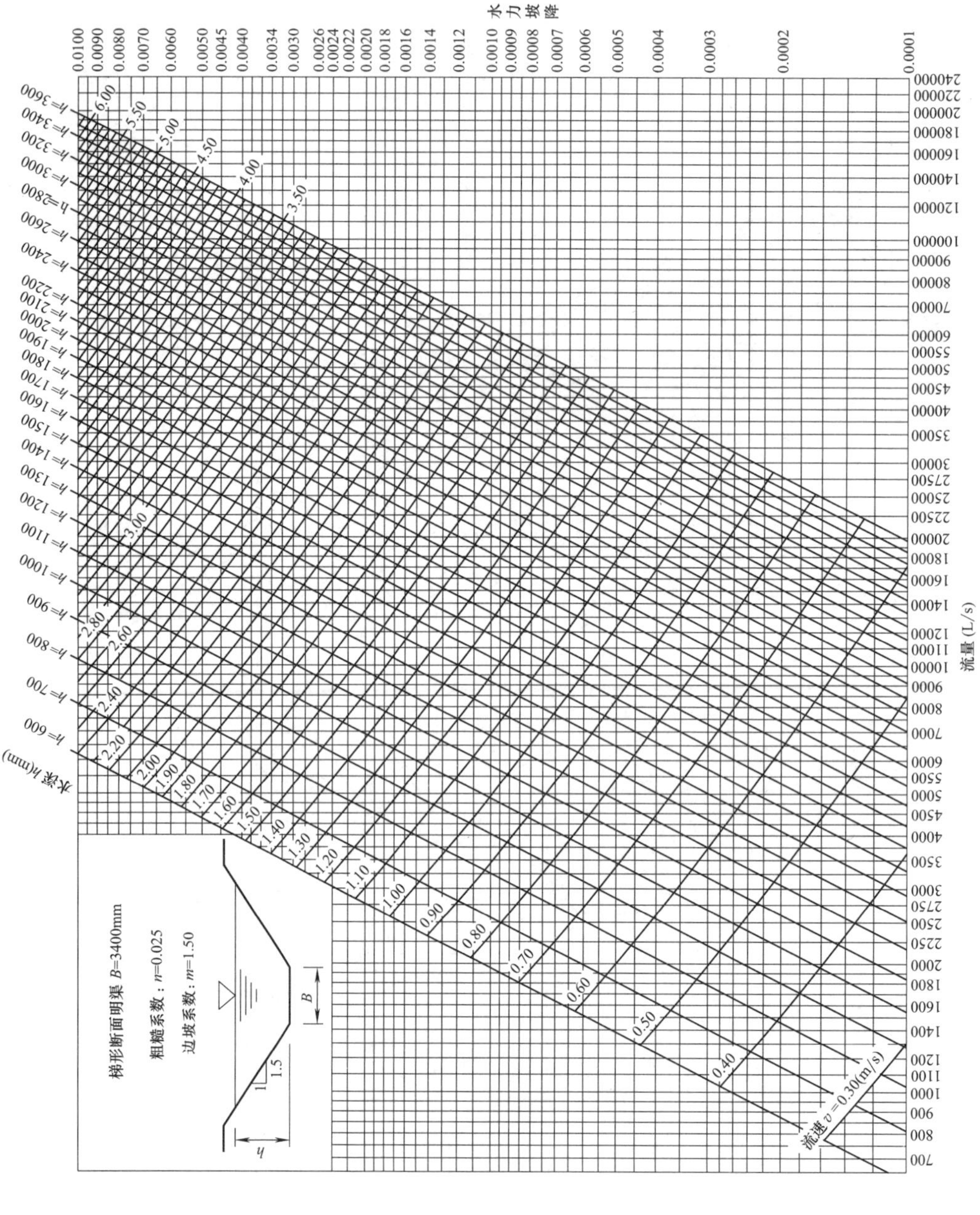

图 10-24　梯形断面明渠水力计算图（m=1.5，B=3400mm）

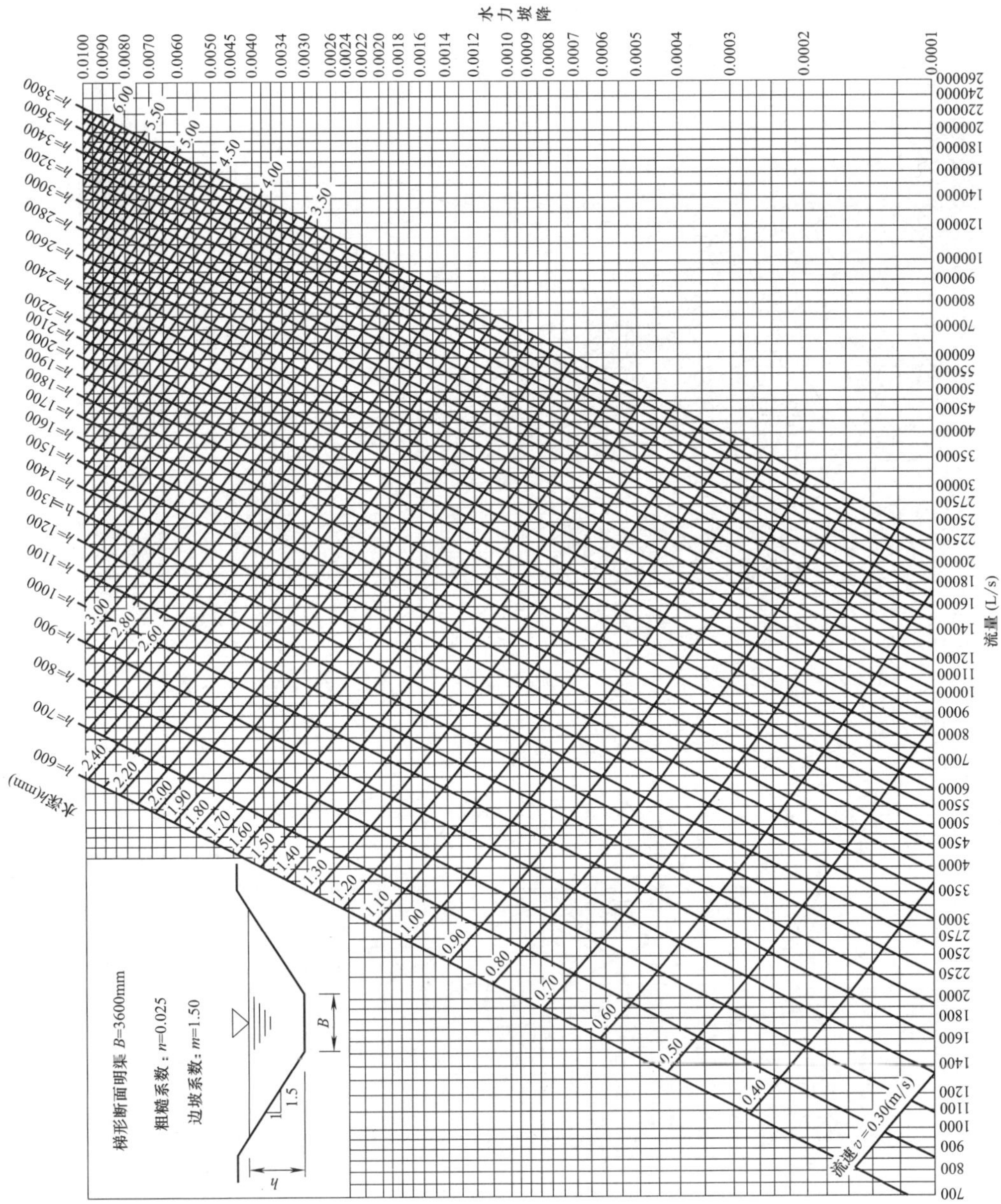

图 10-25 梯形断面明渠水力计算图（$m=1.5$，$B=3600mm$）

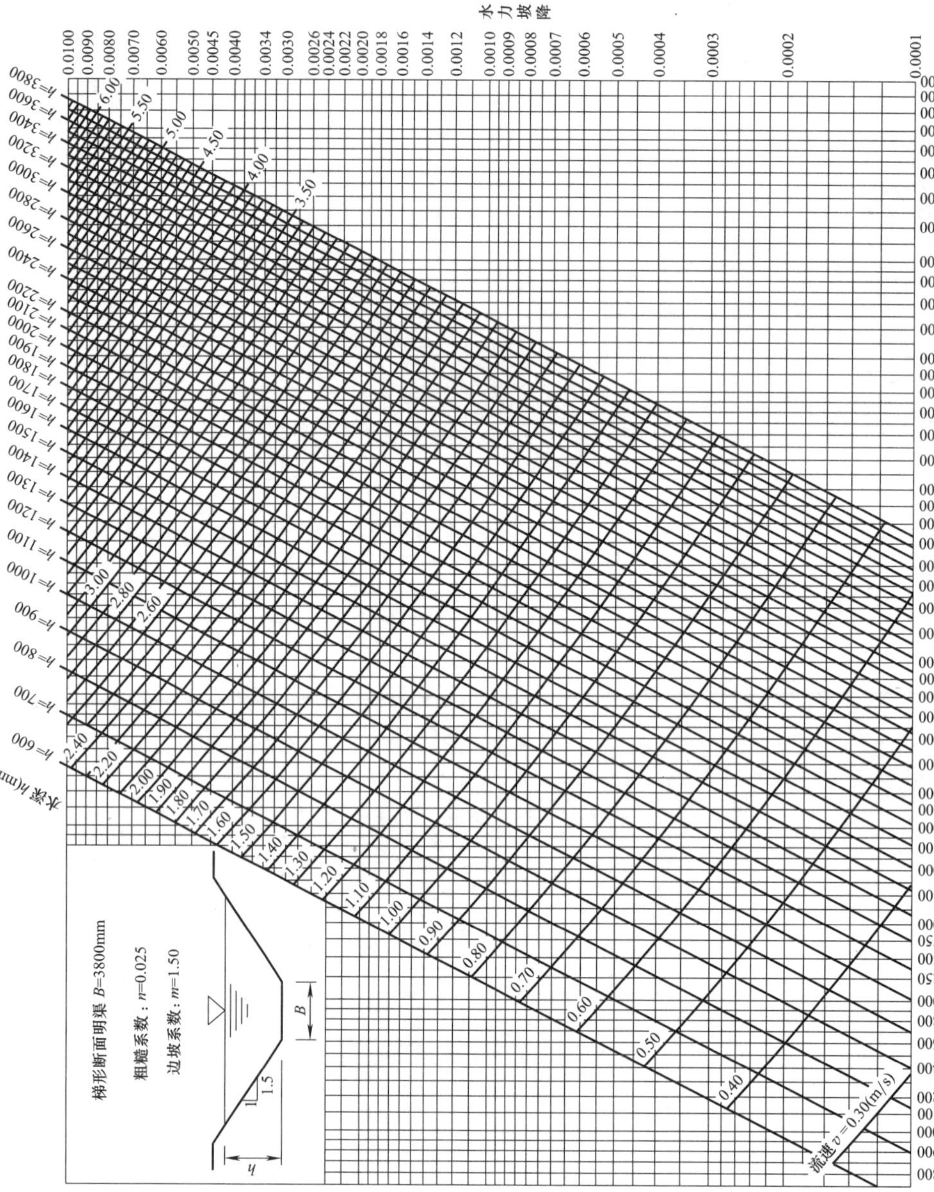

图 10-26　梯形断面明渠水力计算图（m=1.5，B=3800mm）

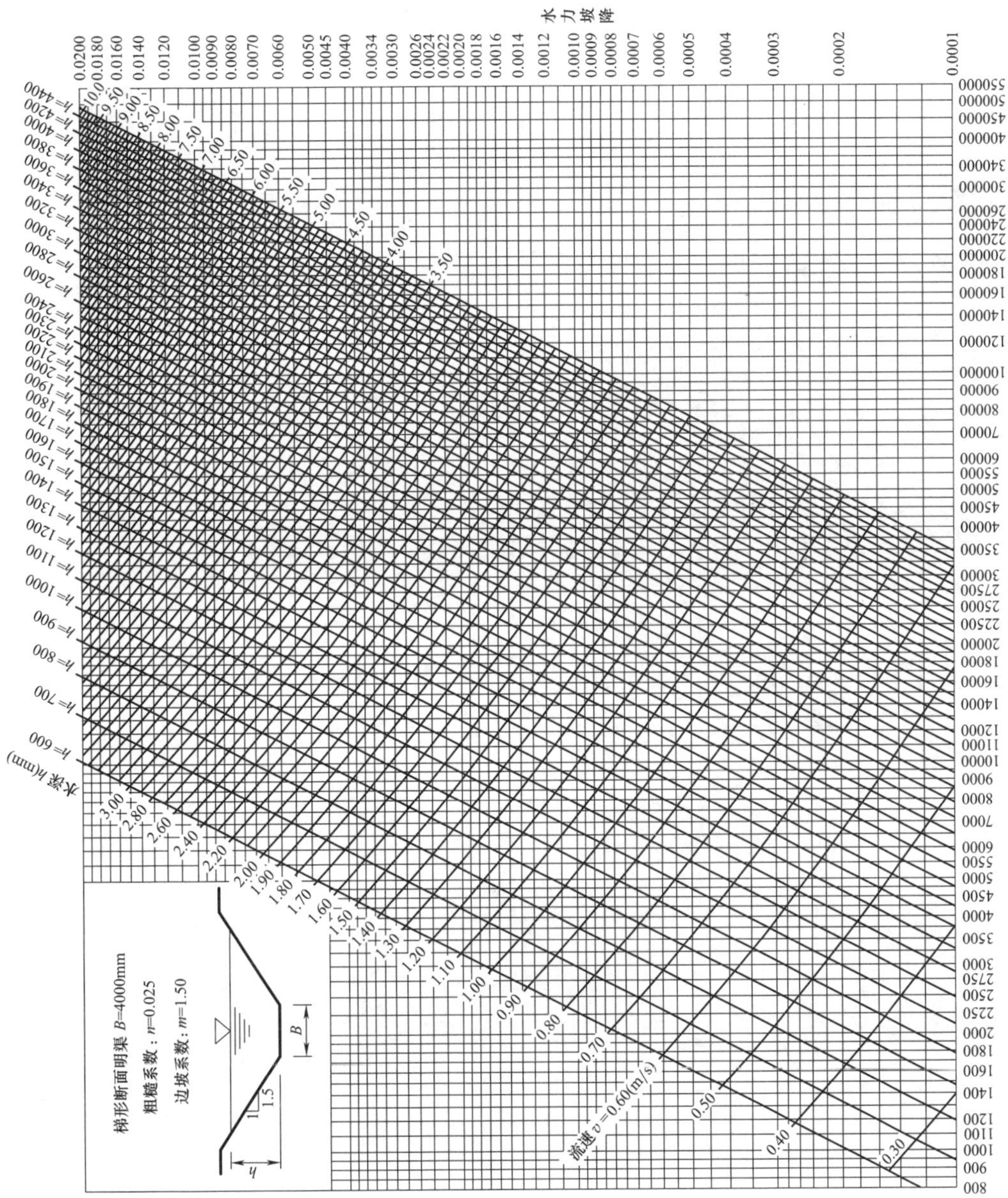

图 10-27 梯形断面明渠水力计算图（$m=1.5$，$B=4000mm$）

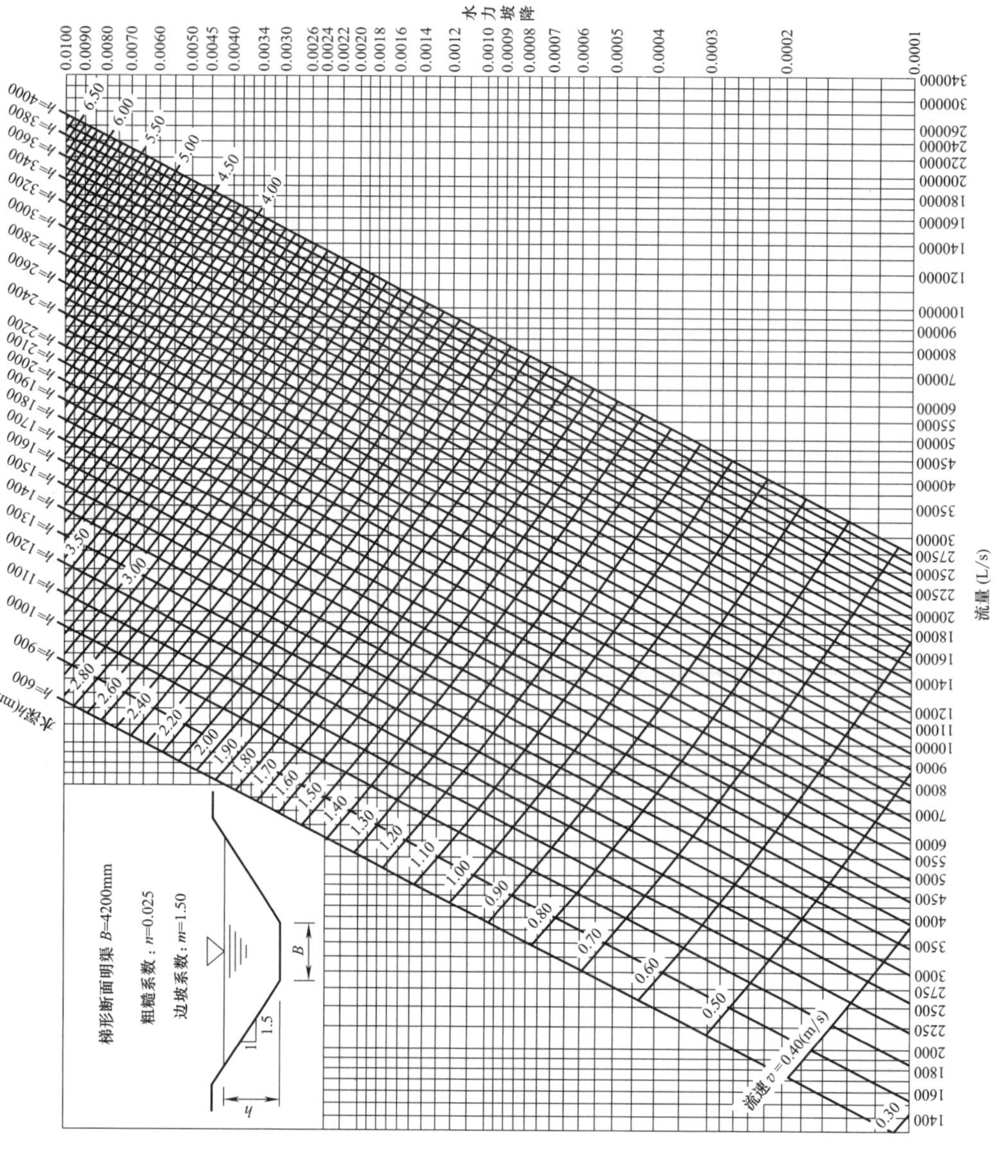

图 10-28 梯形断面明渠水力计算图（m=1.5，B=4200mm）

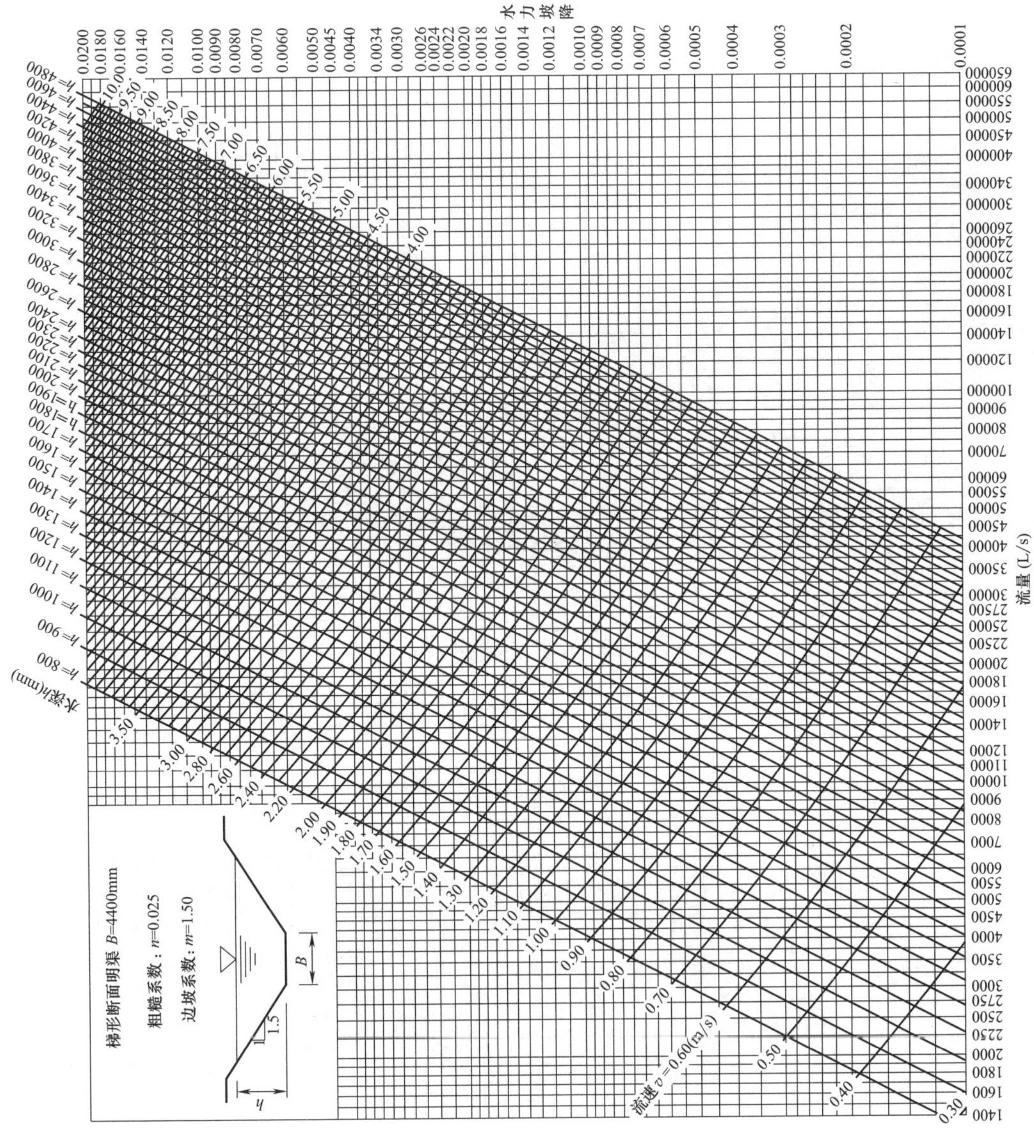

图 10-29 梯形断面明渠水力计算图（$m=1.5$，$B=4400$mm）

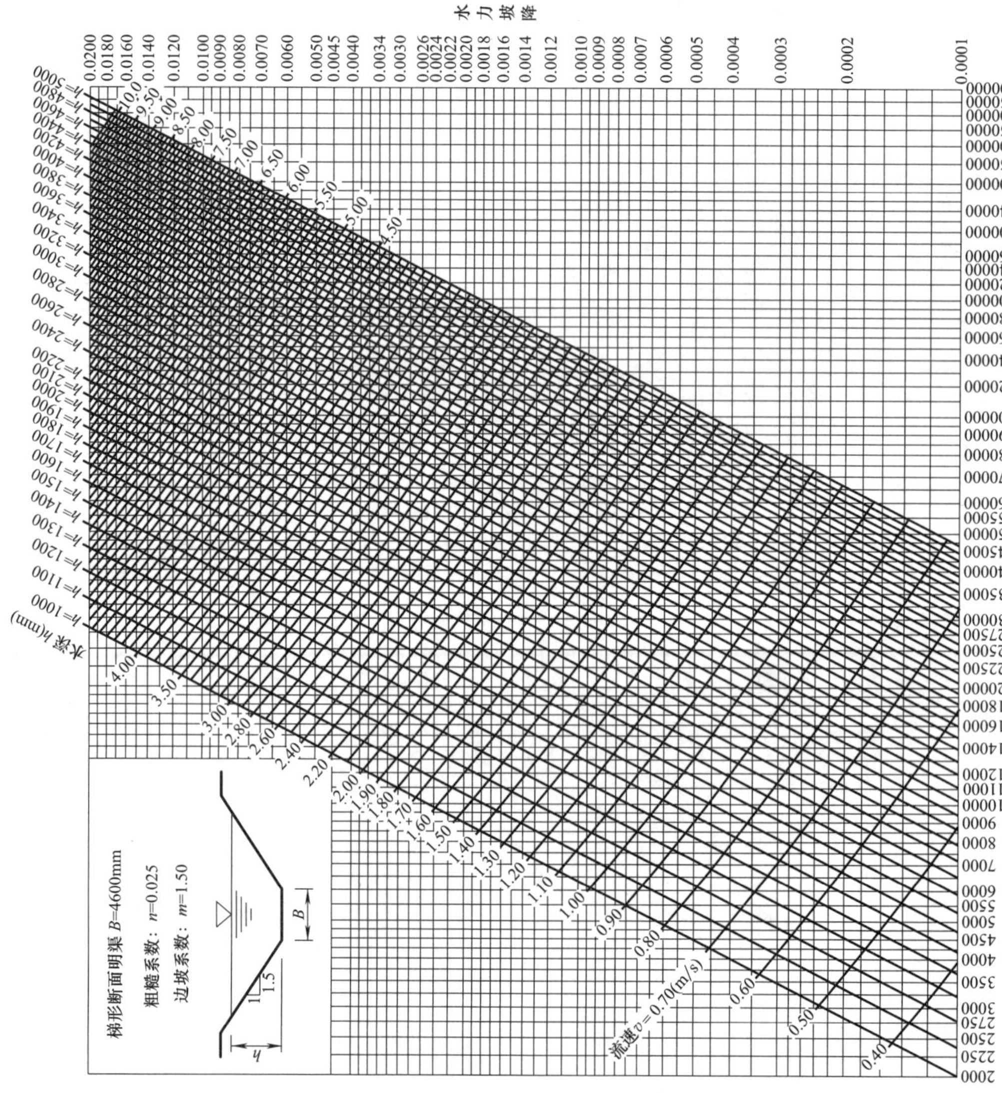

图 10-30　梯形断面明渠水力计算图（m=1.5，B=4600mm）

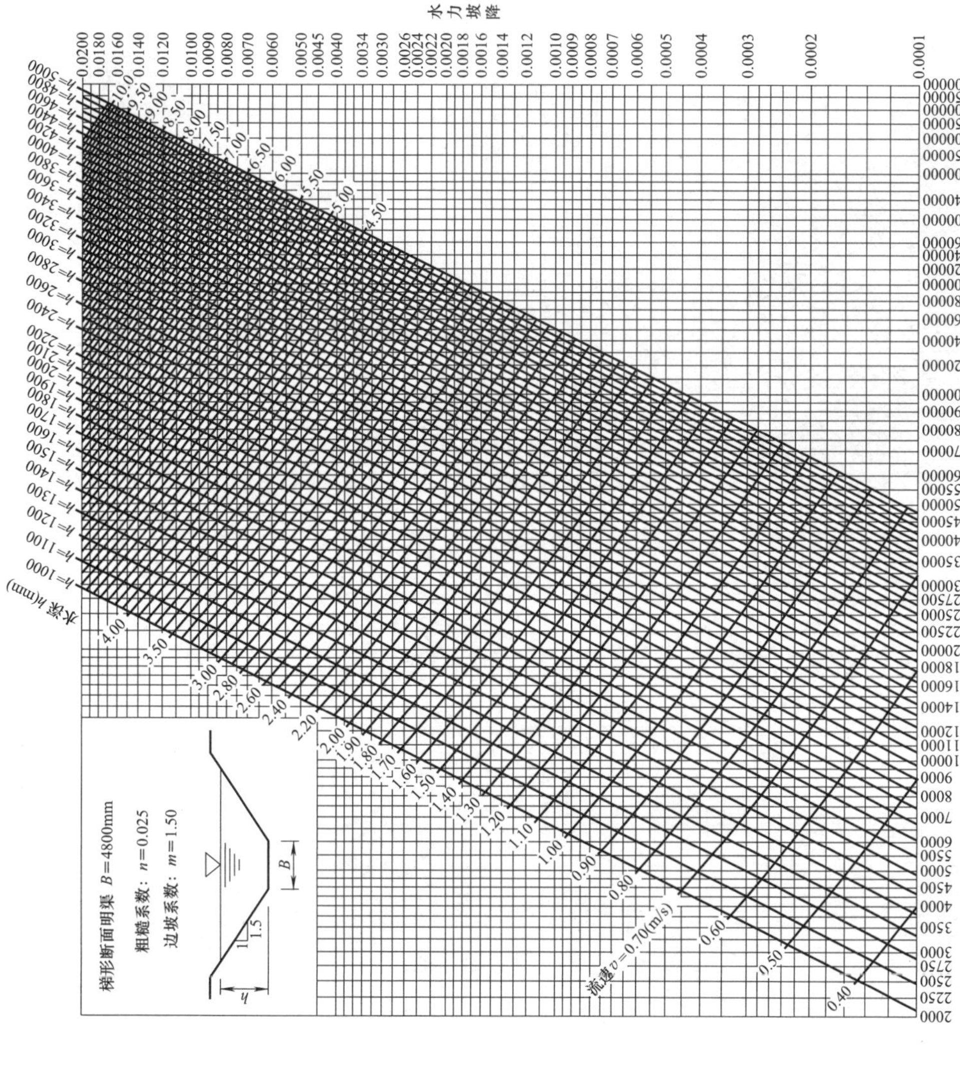

图 10-31 梯形断面明渠水力计算图（$m=1.5$，$B=4800\text{mm}$）

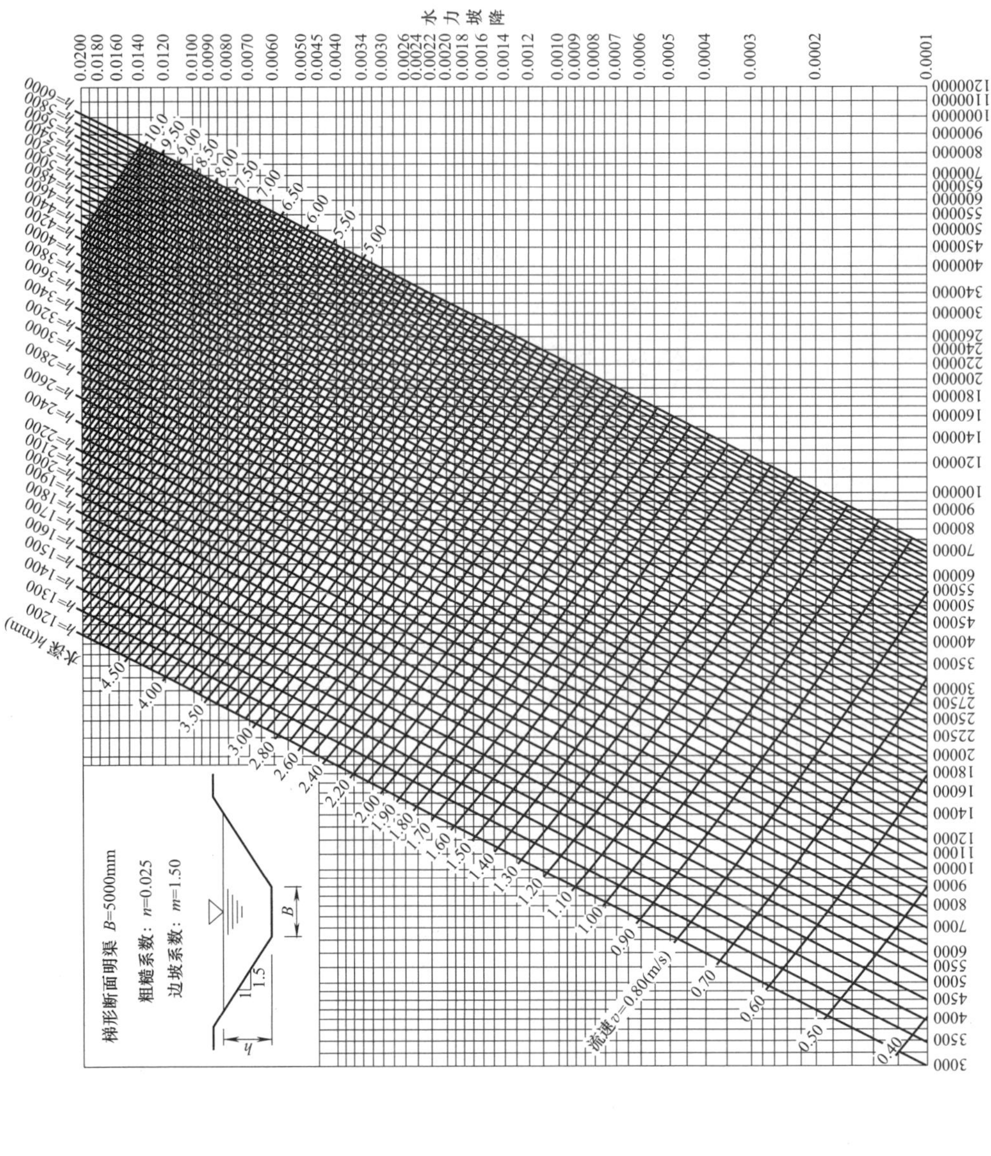

图 10-32 梯形断面明渠水力计算图（m=1.5，B=5000mm）

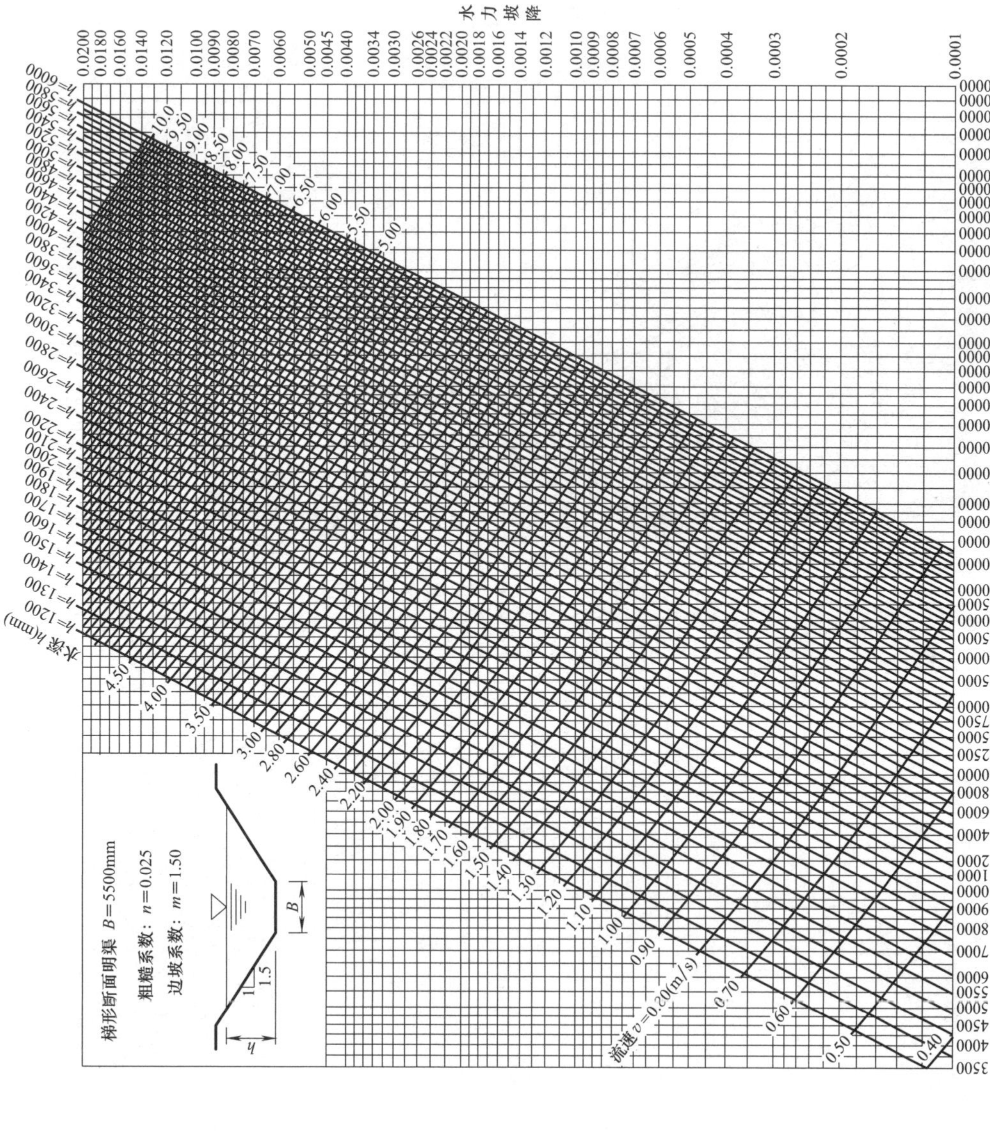

图 10-33 梯形断面明渠水力计算图（$m=1.5$，$B=5500\text{mm}$）

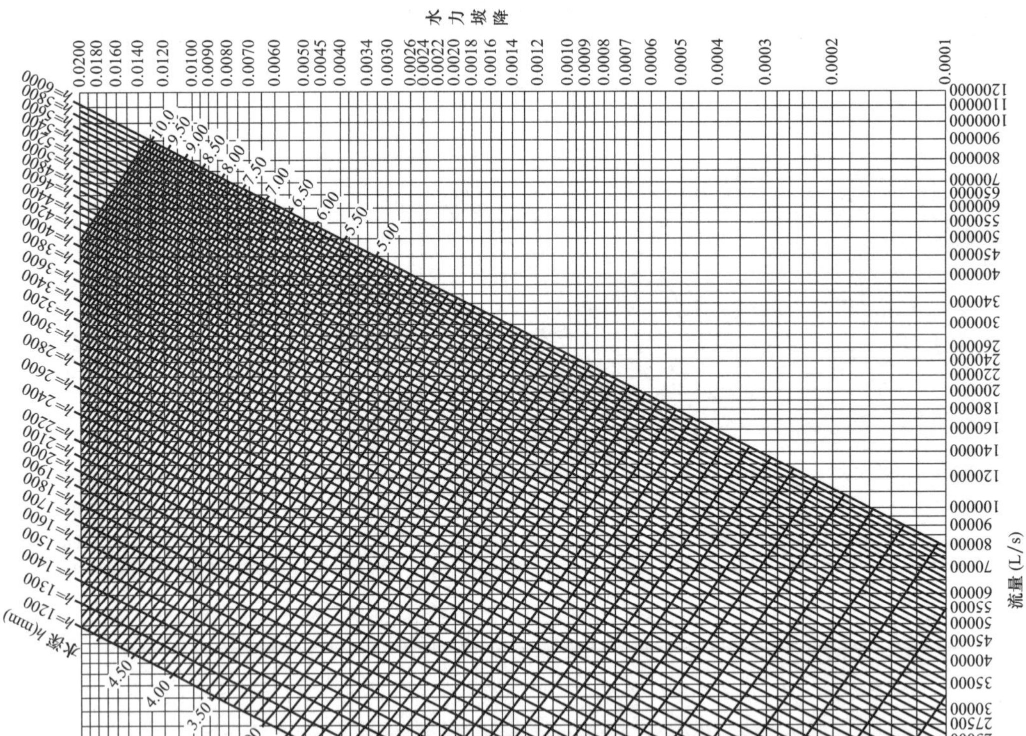

图 10-34 梯形断面明渠水力计算图（m=1.5，B=6000mm）

11　梯形断面明渠（n=0.025，m=2.0）

梯形断面明渠（n=0.025，m=2.0），见图 11-1。

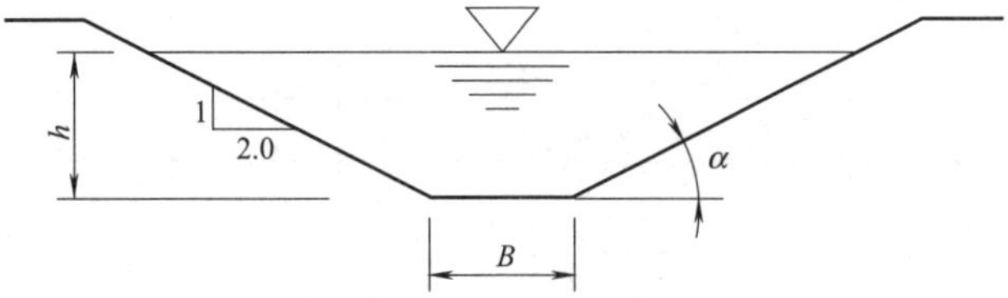

图 11-1　梯形断面明渠

11.1　计算公式

计算公式见第 10 章式（10-1）～式（10-5）。其中边坡系数 $m=\cot\alpha=2.0$。

11.2　水力计算

底宽 B=400～6000mm 的梯形断面明渠水力计算图（n=0.025，m=2.0）见图 11-2～图 11-34。使用者可根据需要直接查阅。图中流量 Q 以 L/s 计，流速 v 以 m/s 计。图中粗糙系数以 n=0.025 计，当 n 为其他值 n_x 时，图中所得流量和流速需乘以修正值 K_n，$K_n=0.025\div n_x$。

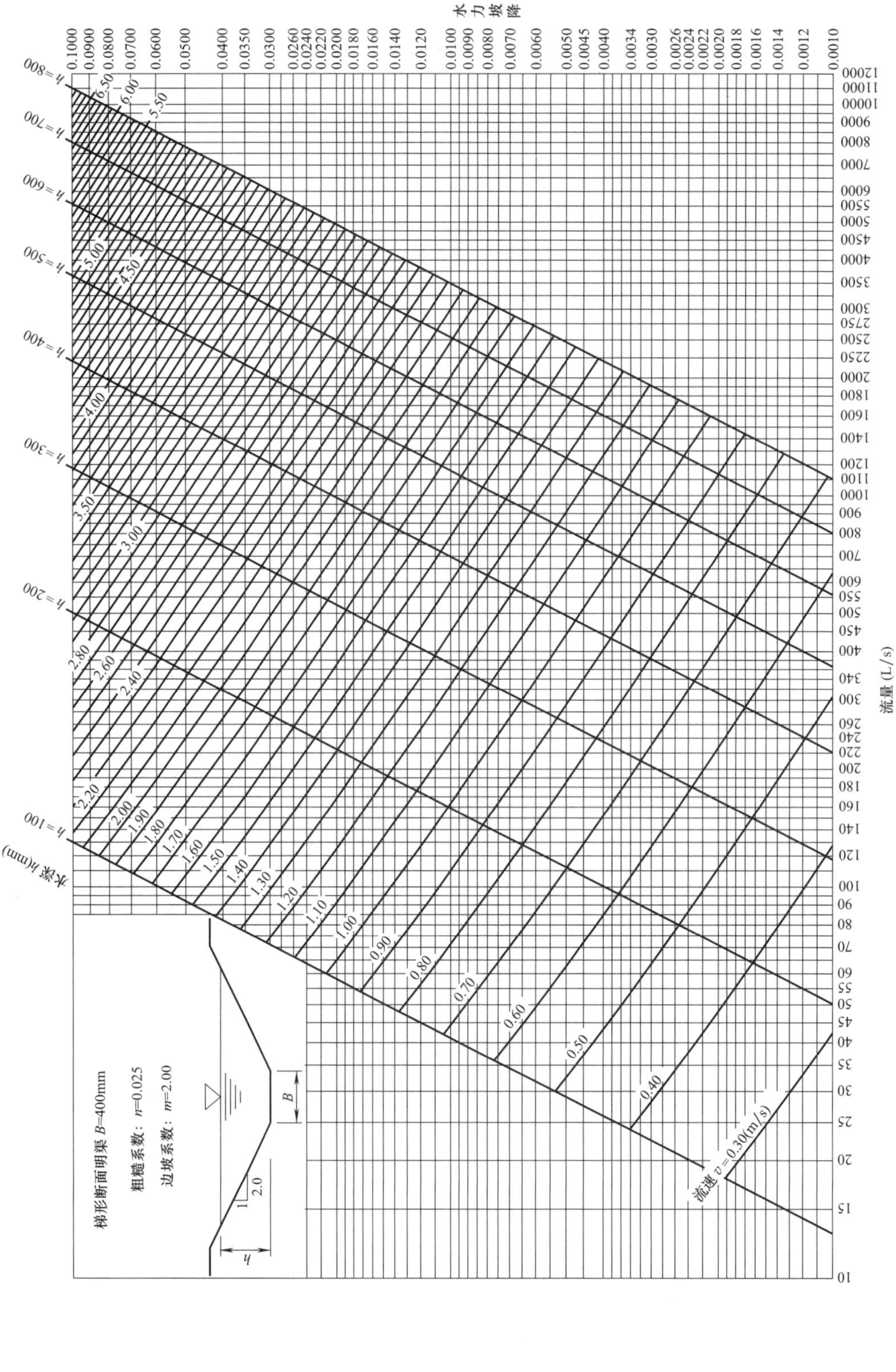

图 11-2　梯形断面明渠水力计算图（m=2.0，B=400mm）

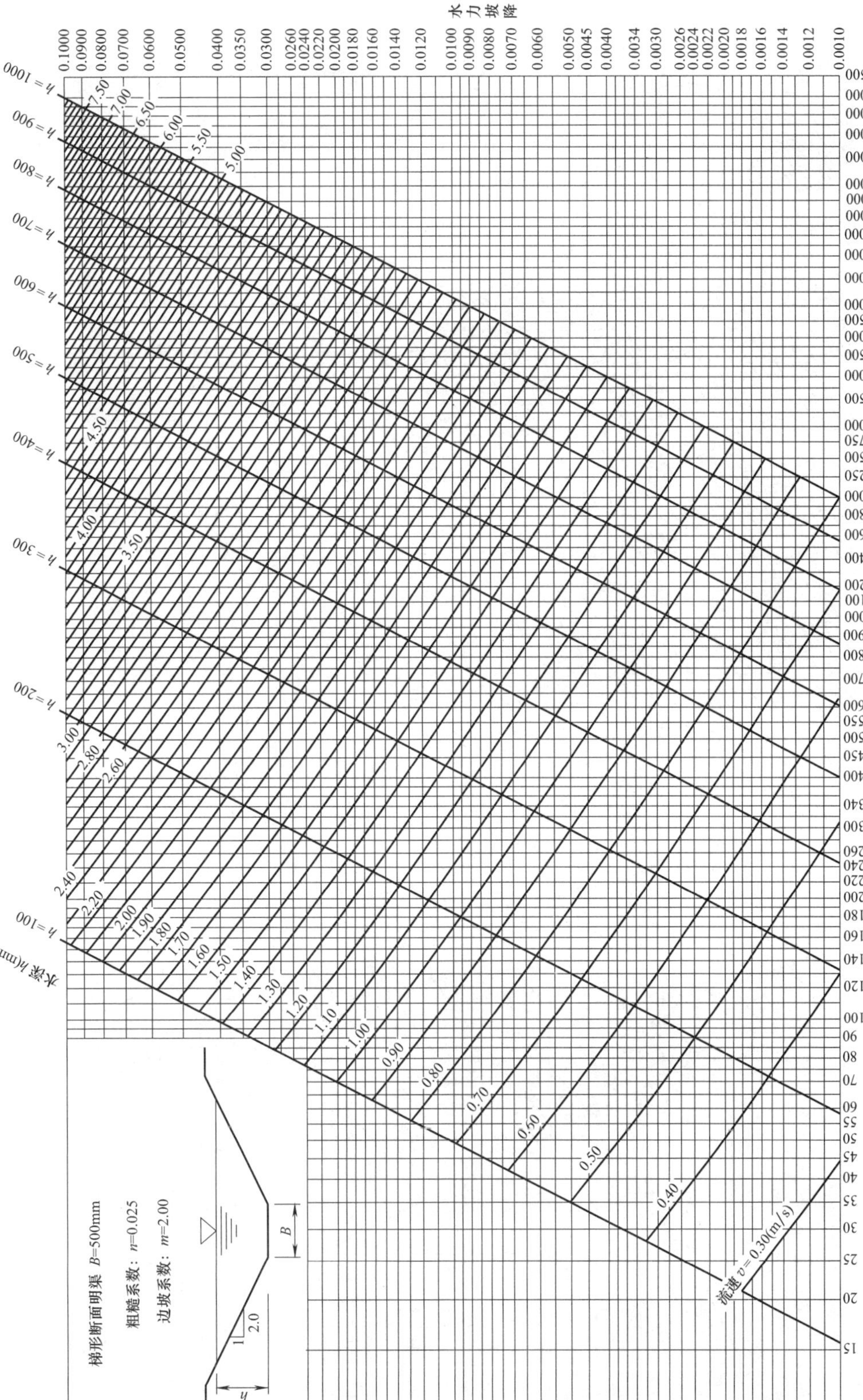

图 11-3 梯形断面明渠水力计算图（$m=2.0$，$B=500$mm）

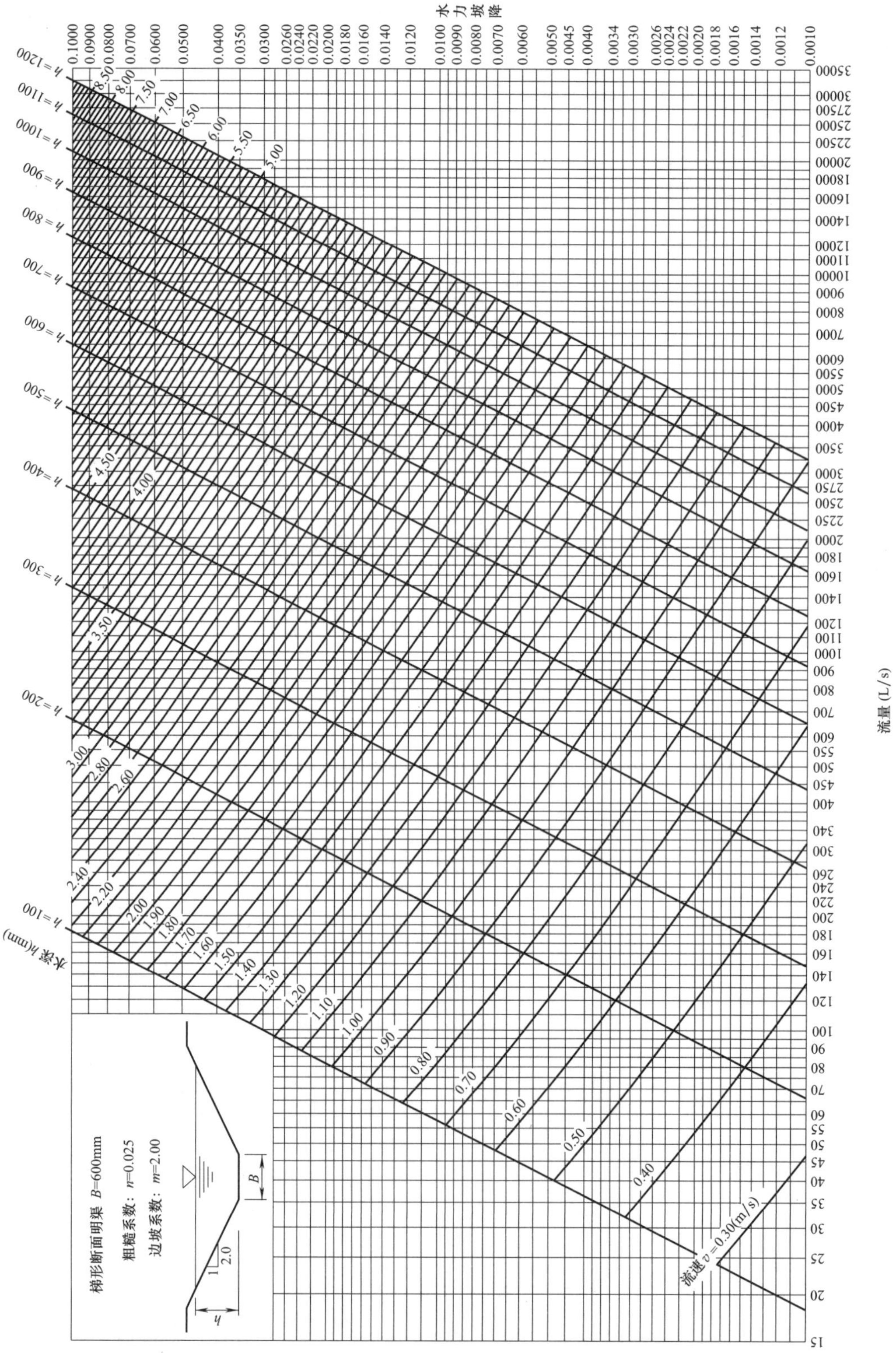

图 11-4 梯形断面明渠水力计算图（m=2.0，B=600mm）

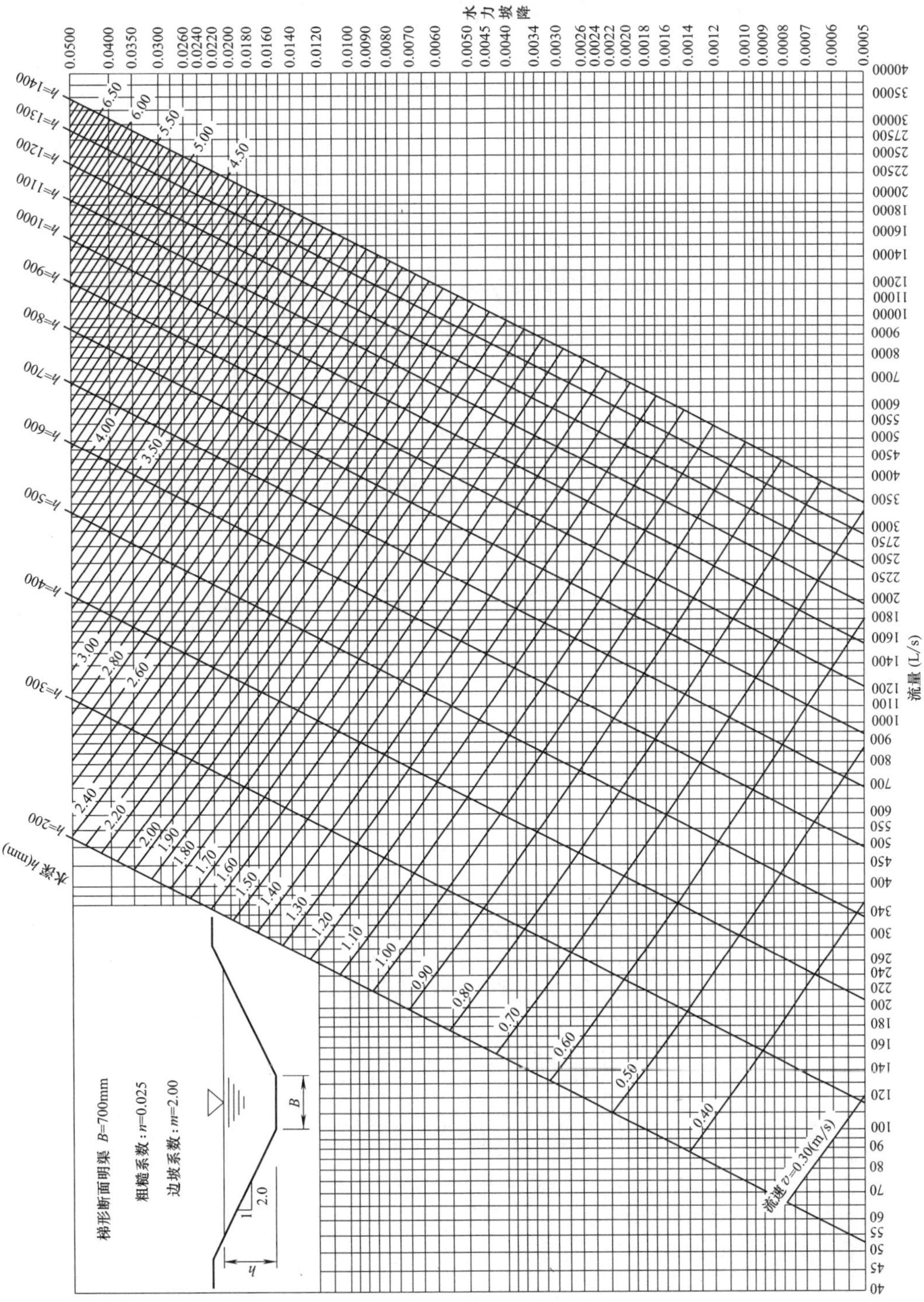

图 11-5 梯形断面明渠水力计算图（$m=2.0$，$B=700\text{mm}$）

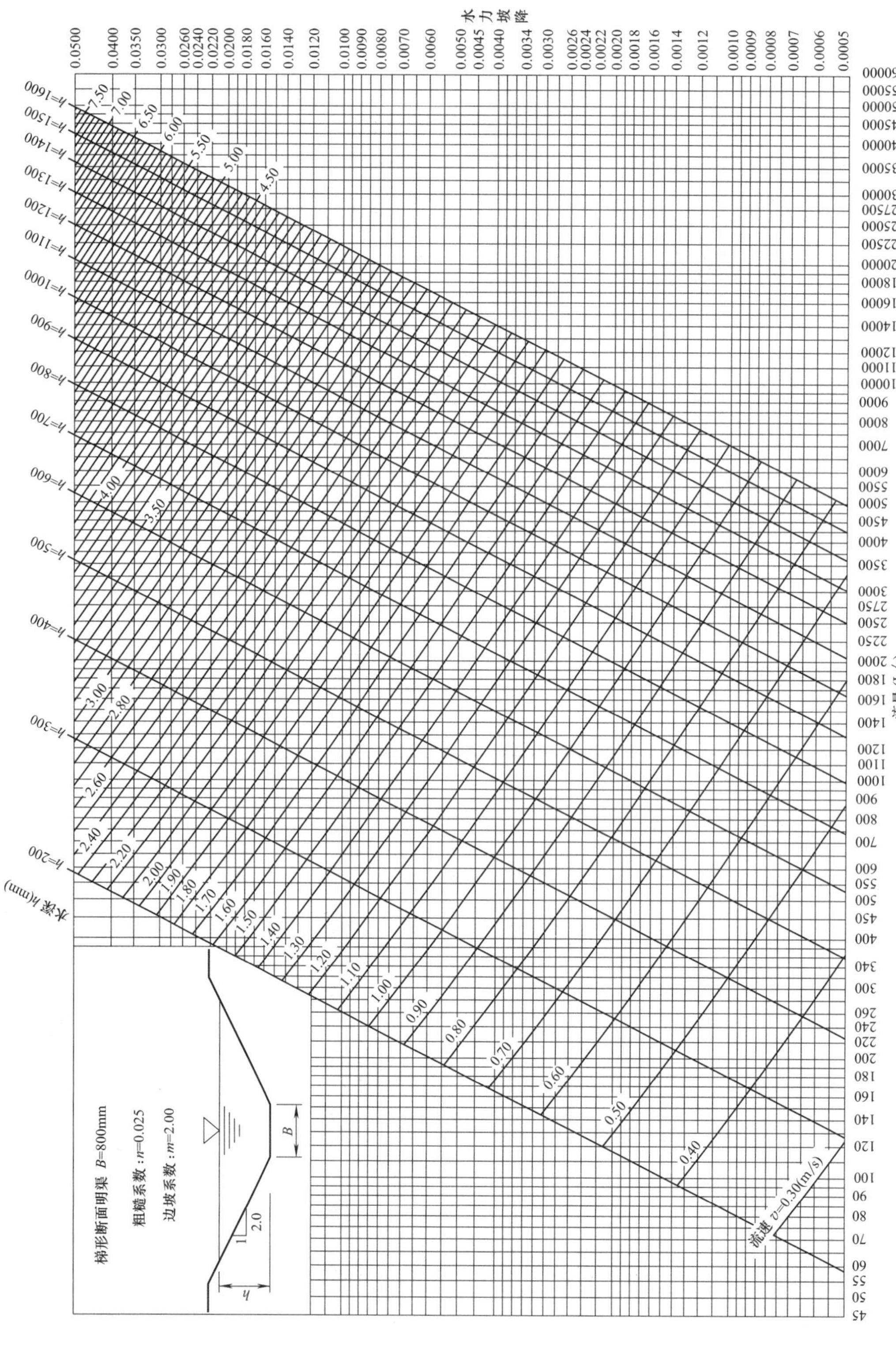

图 11-6　梯形断面明渠水力计算图（$m=2.0$，$B=800mm$）

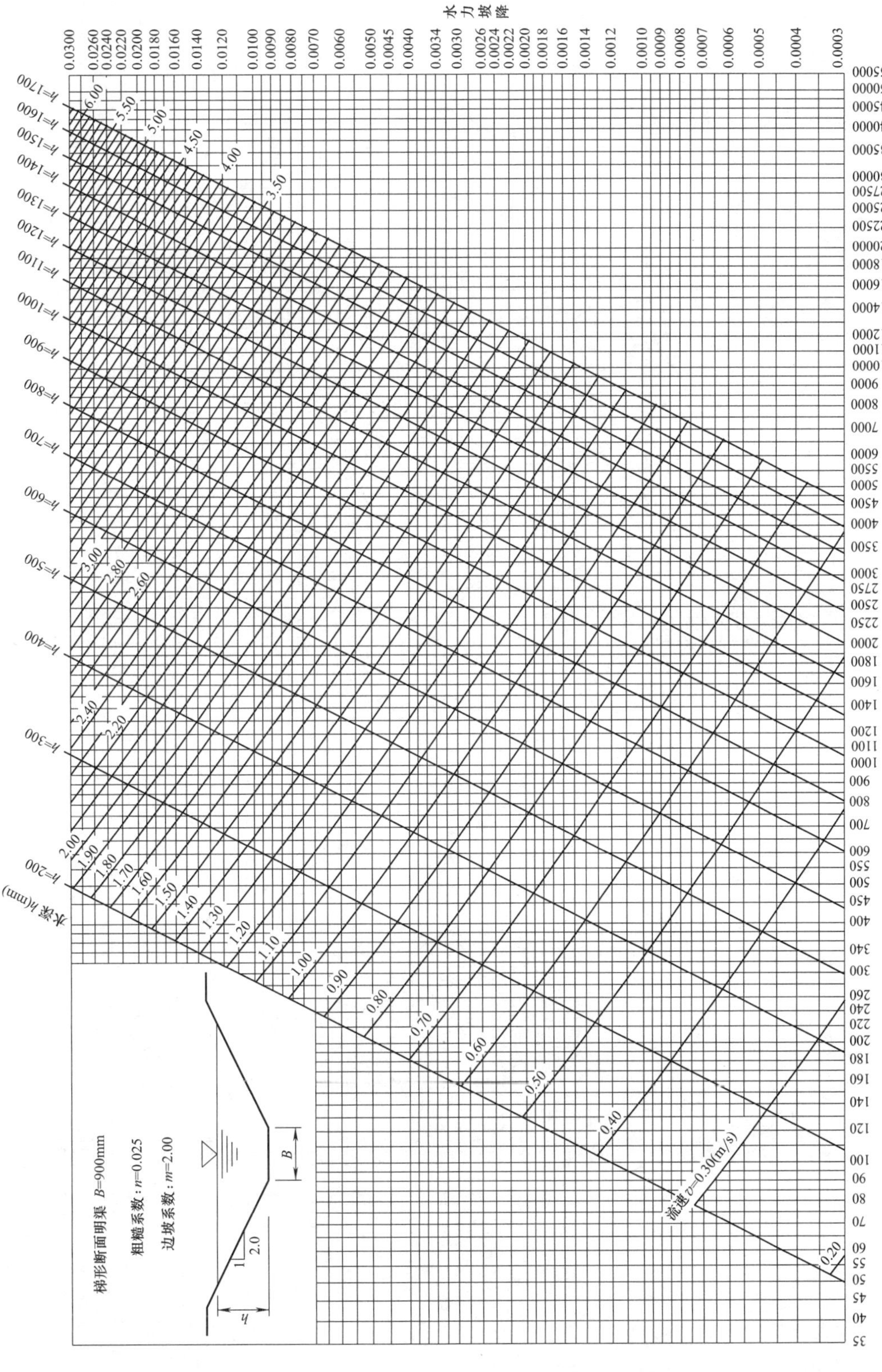

图 11-7 梯形断面明渠水力计算图（$m=2.0$，$B=900$mm）

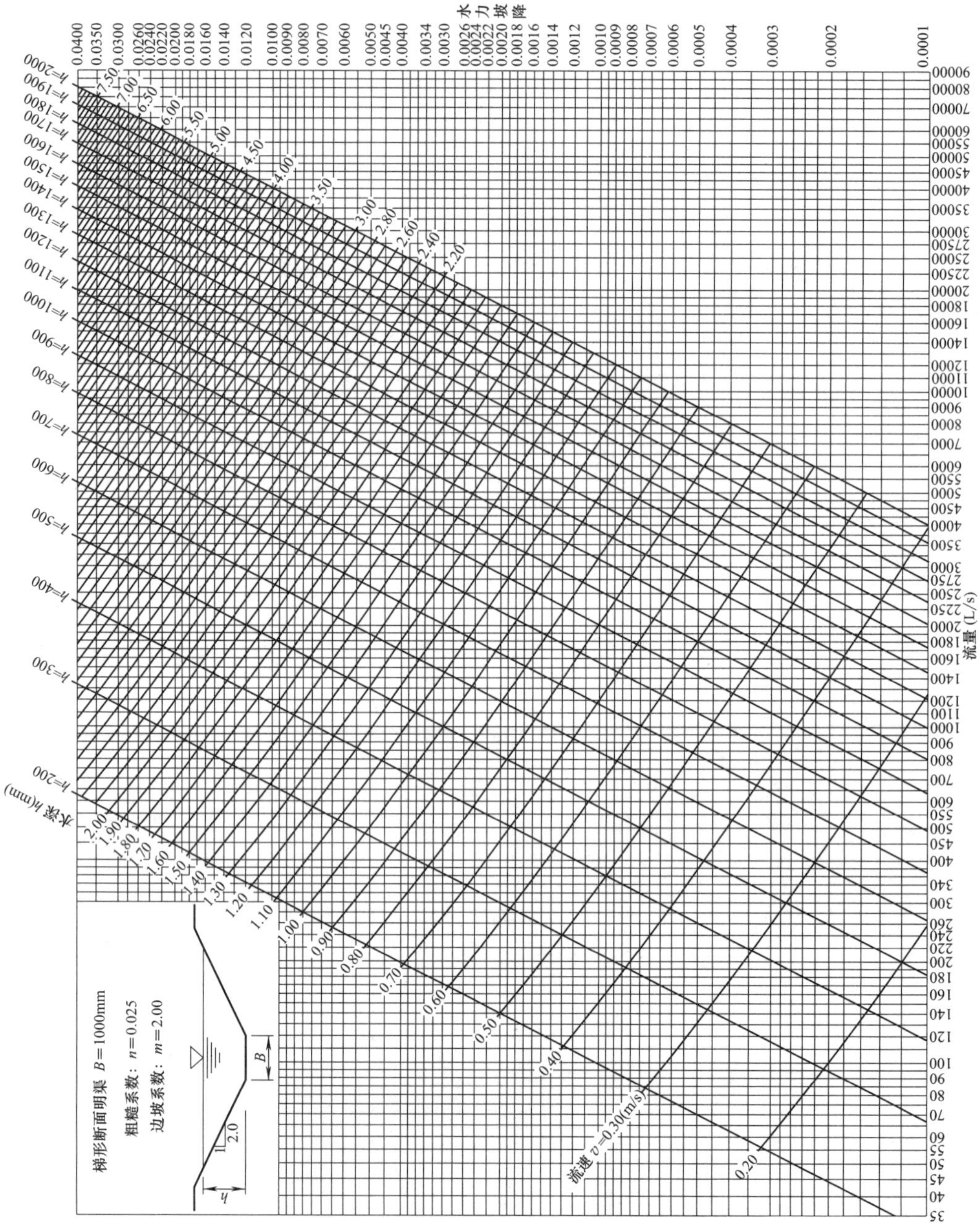

图 11-8　梯形断面明渠水力计算图（m=2.0，B=1000mm）

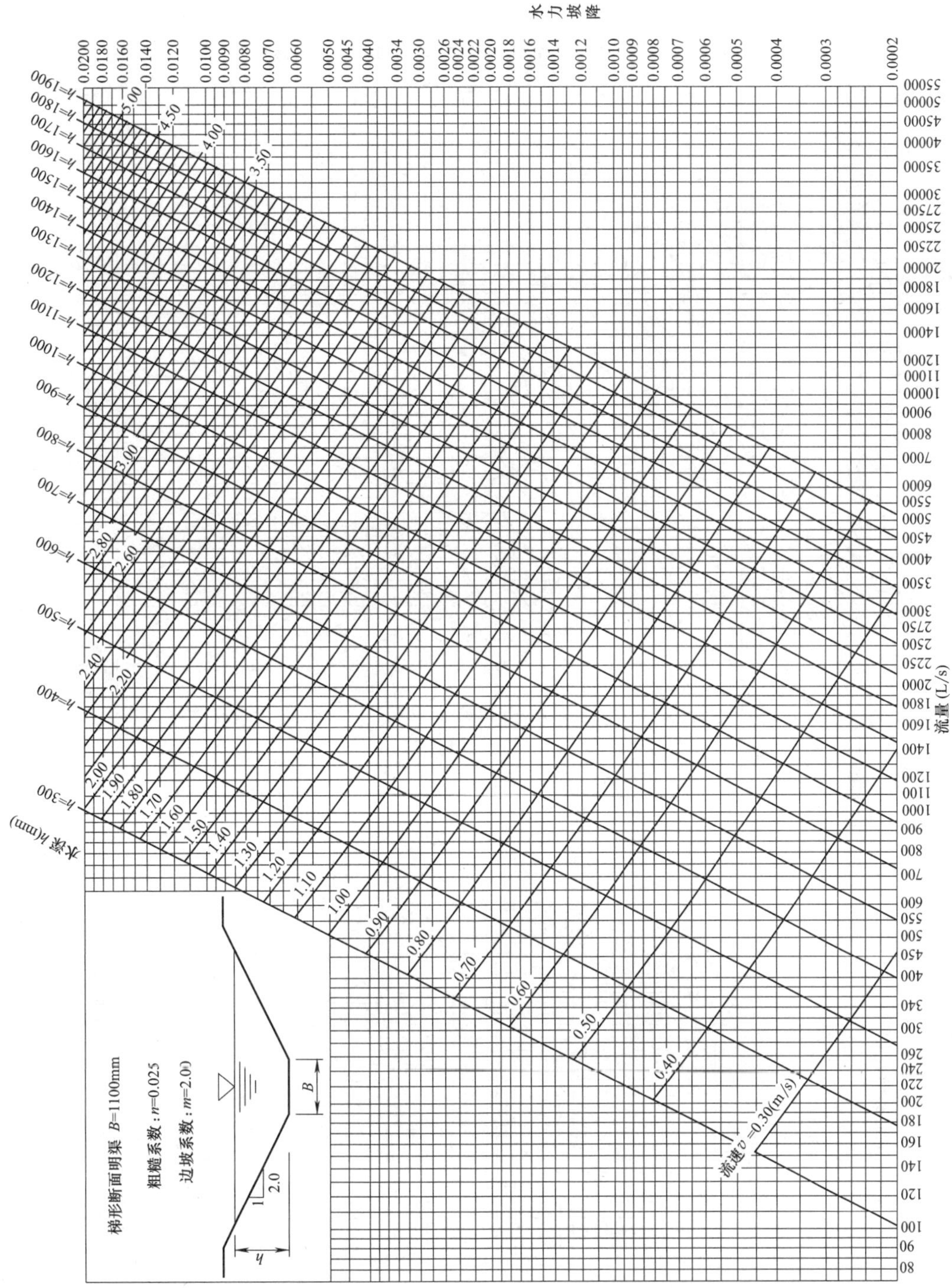

图 11-9 梯形断面明渠水力计算图（$m=2.0$，$B=1100$mm）

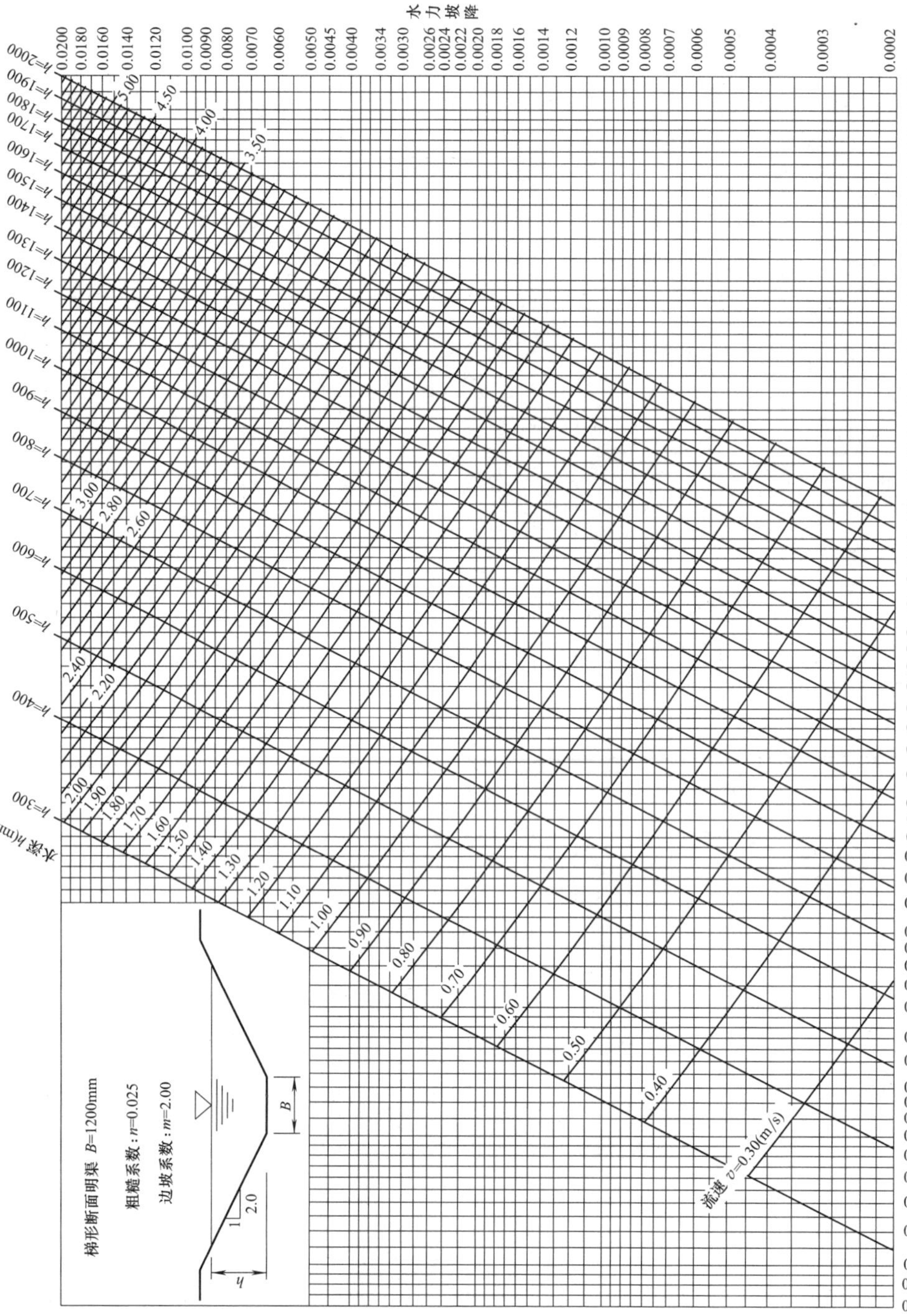

图 11-10 梯形断面明渠水力计算图（$m=2.0$，$B=1200$mm）

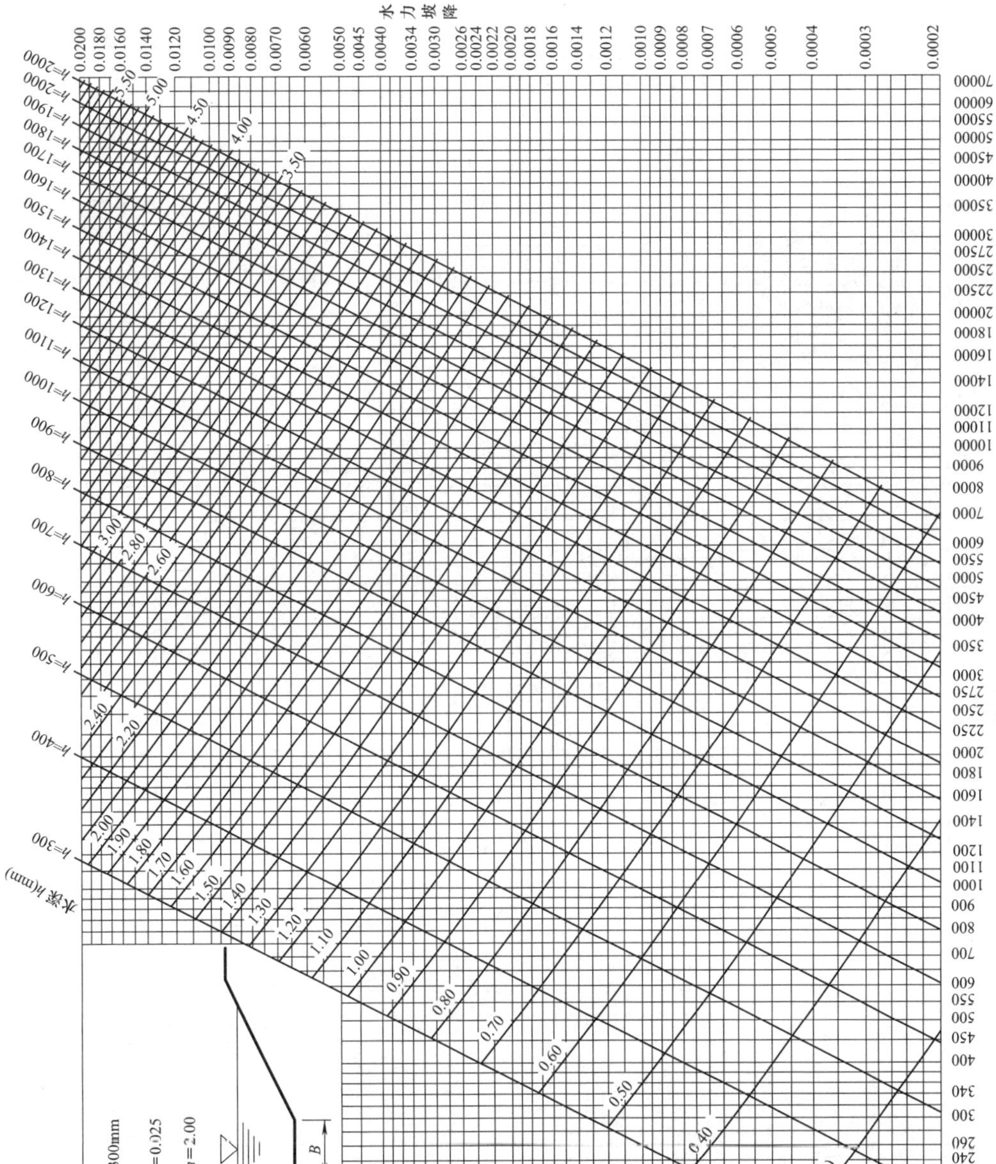

图 11-11 梯形断面明渠水力计算图（$m=2.0$，$B=1300$mm）

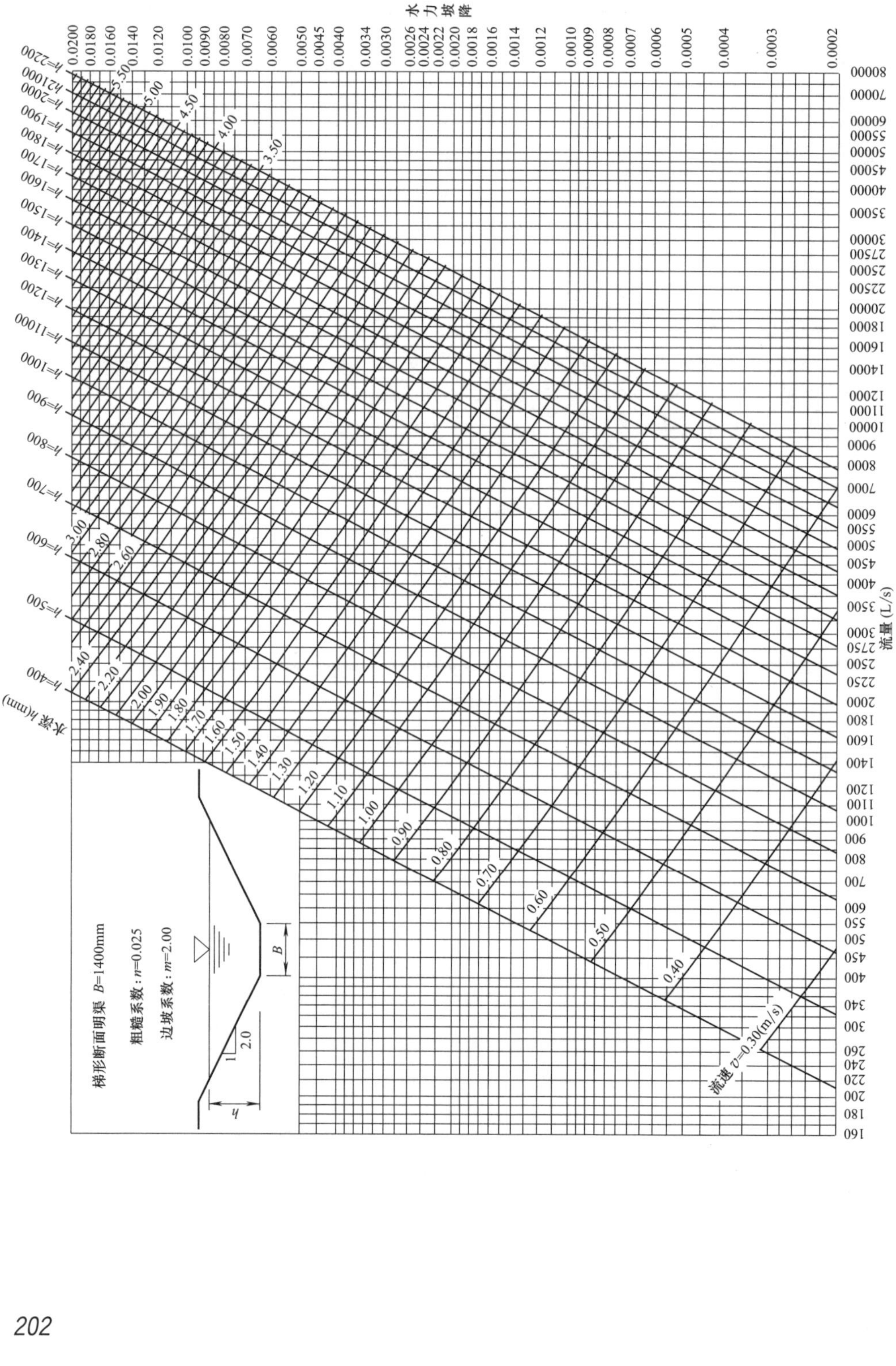

图 11-12 梯形断面明渠水力计算图（m=2.0，B=1400mm）

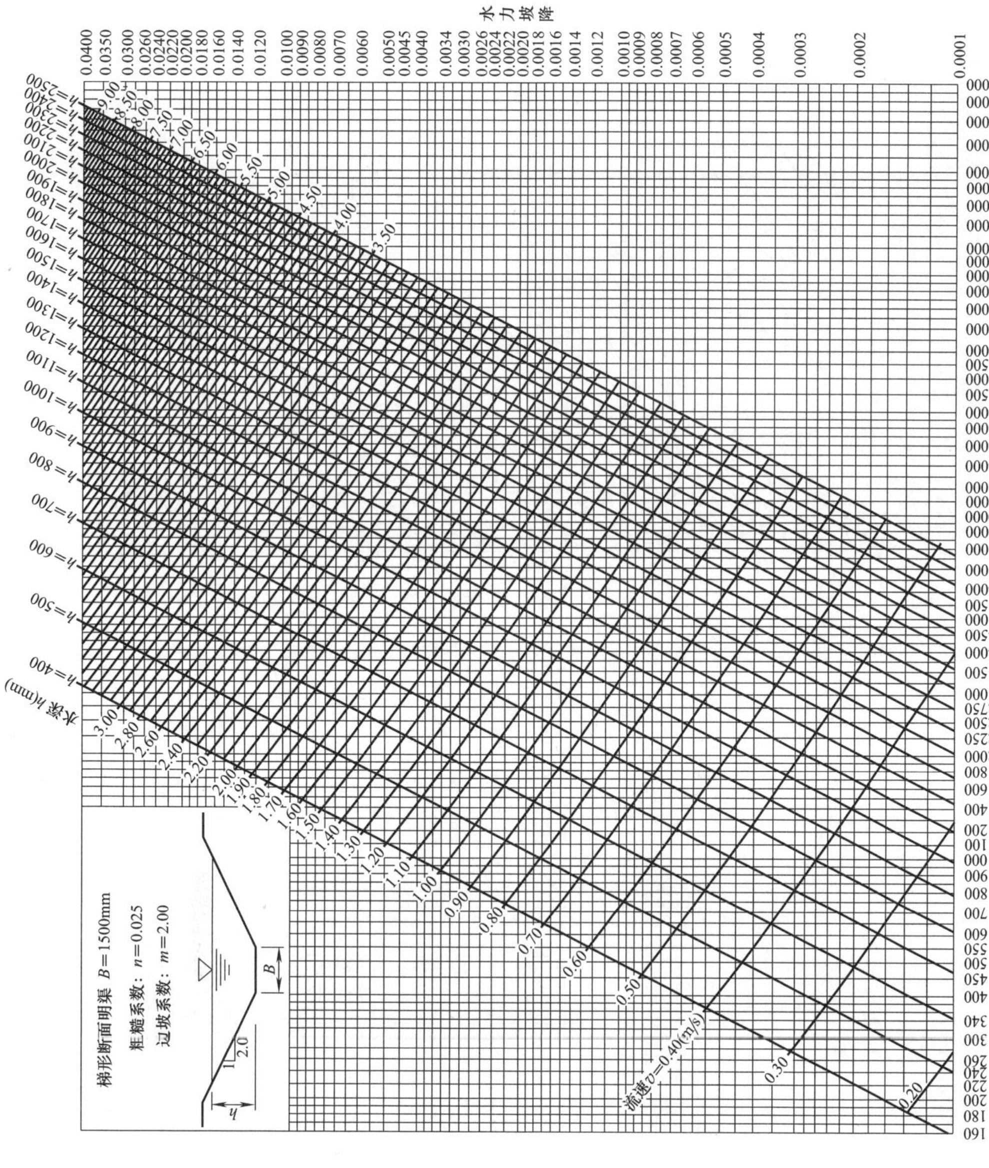

图 11-13　梯形断面明渠水力计算图（$m=2.0$，$B=1500mm$）

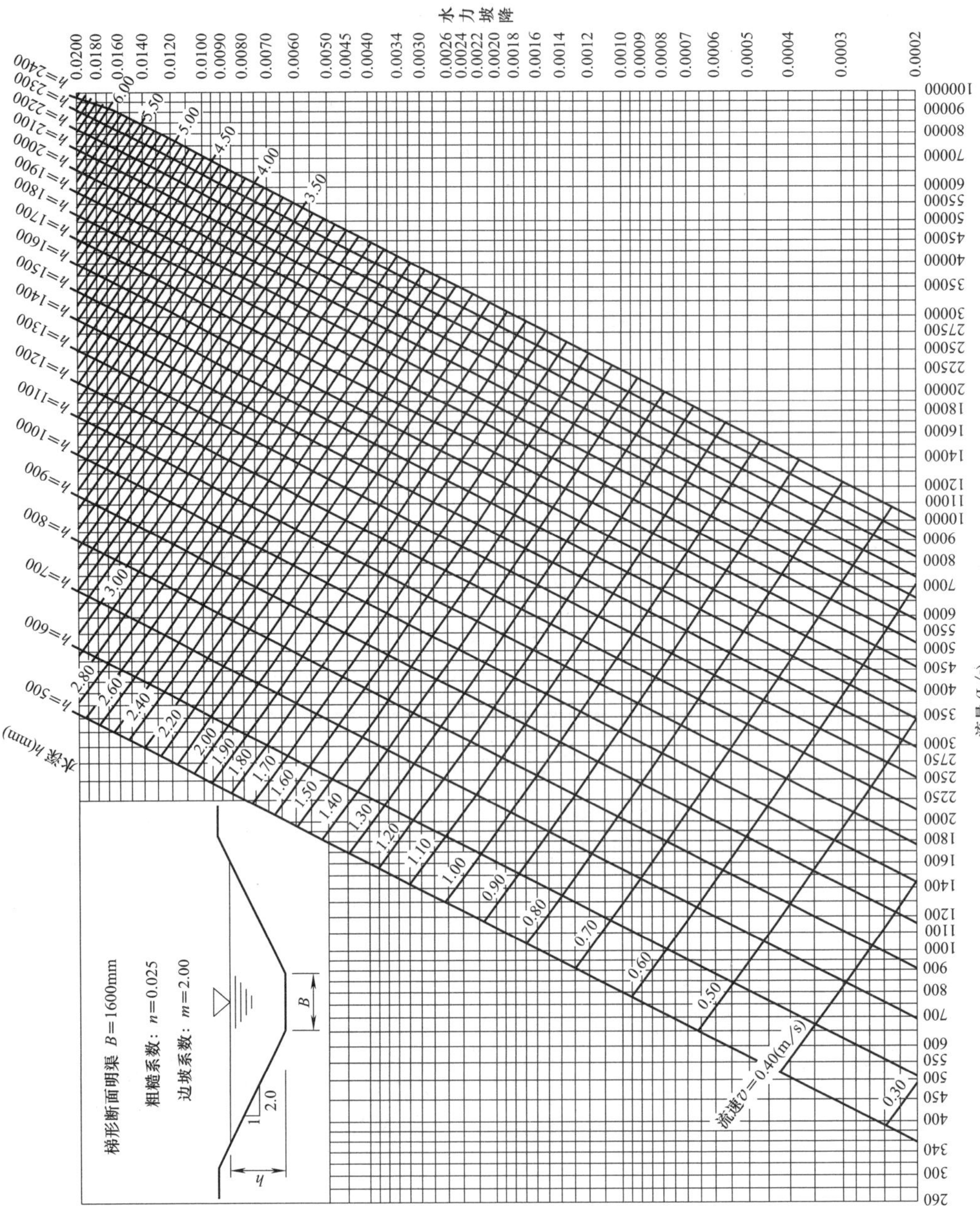

图 11-14 梯形断面明渠水力计算图（m=2.0，B=1600mm）

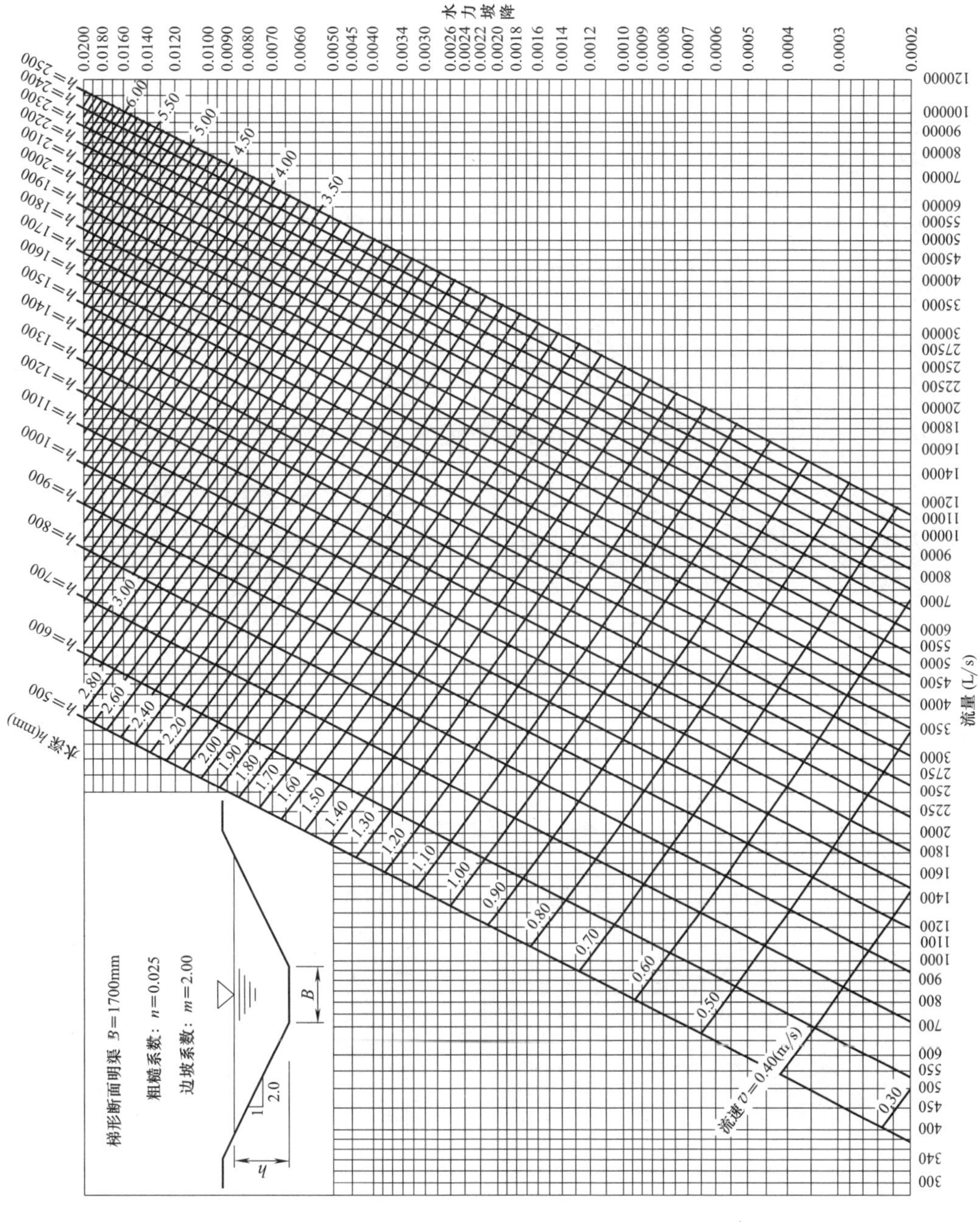

图 11-15 梯形断面明渠水力计算图（$m=2.0$，$B=1700$mm）

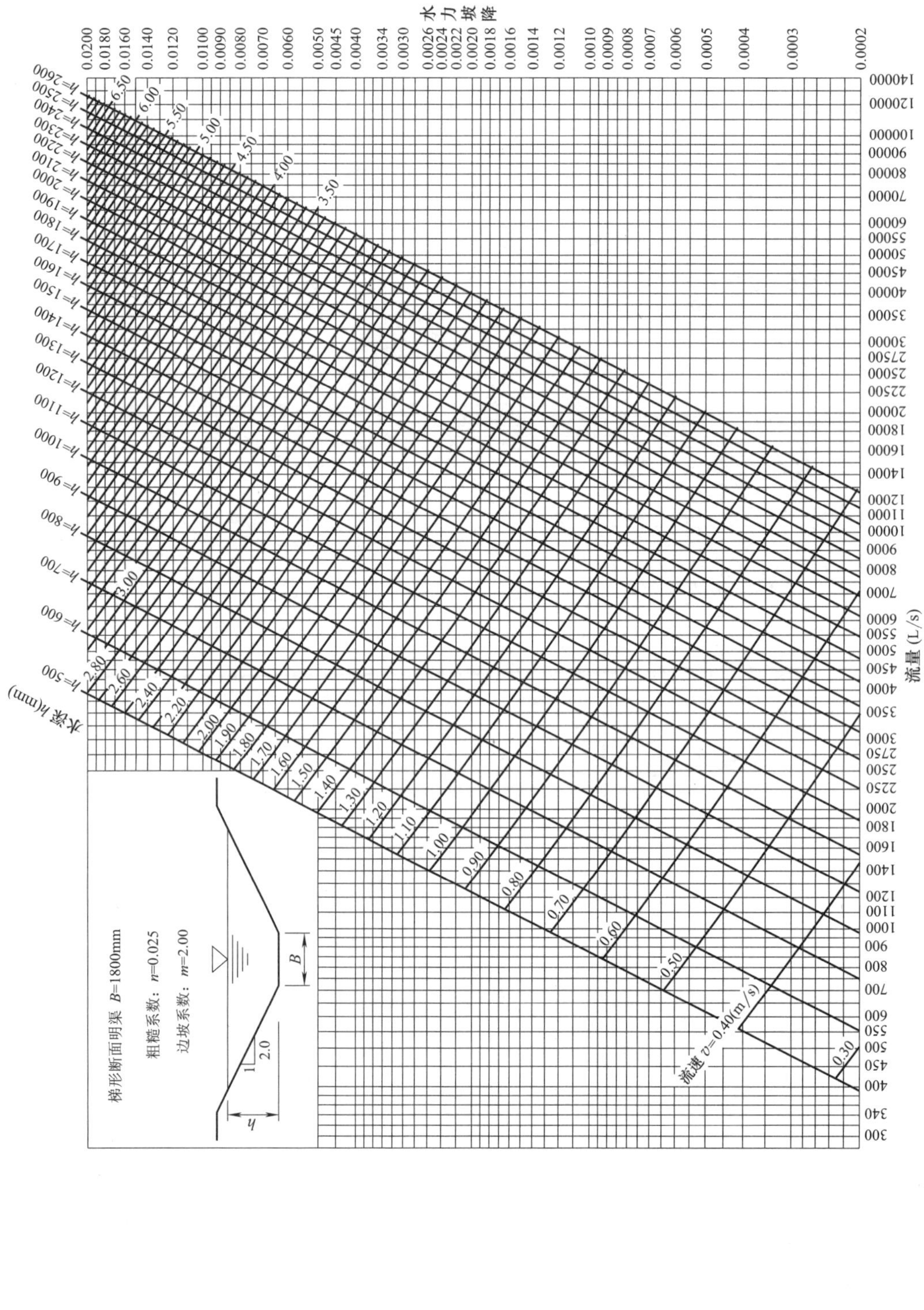

图 11-16　梯形断面明渠水力计算图（m=2.0，B=1800mm）

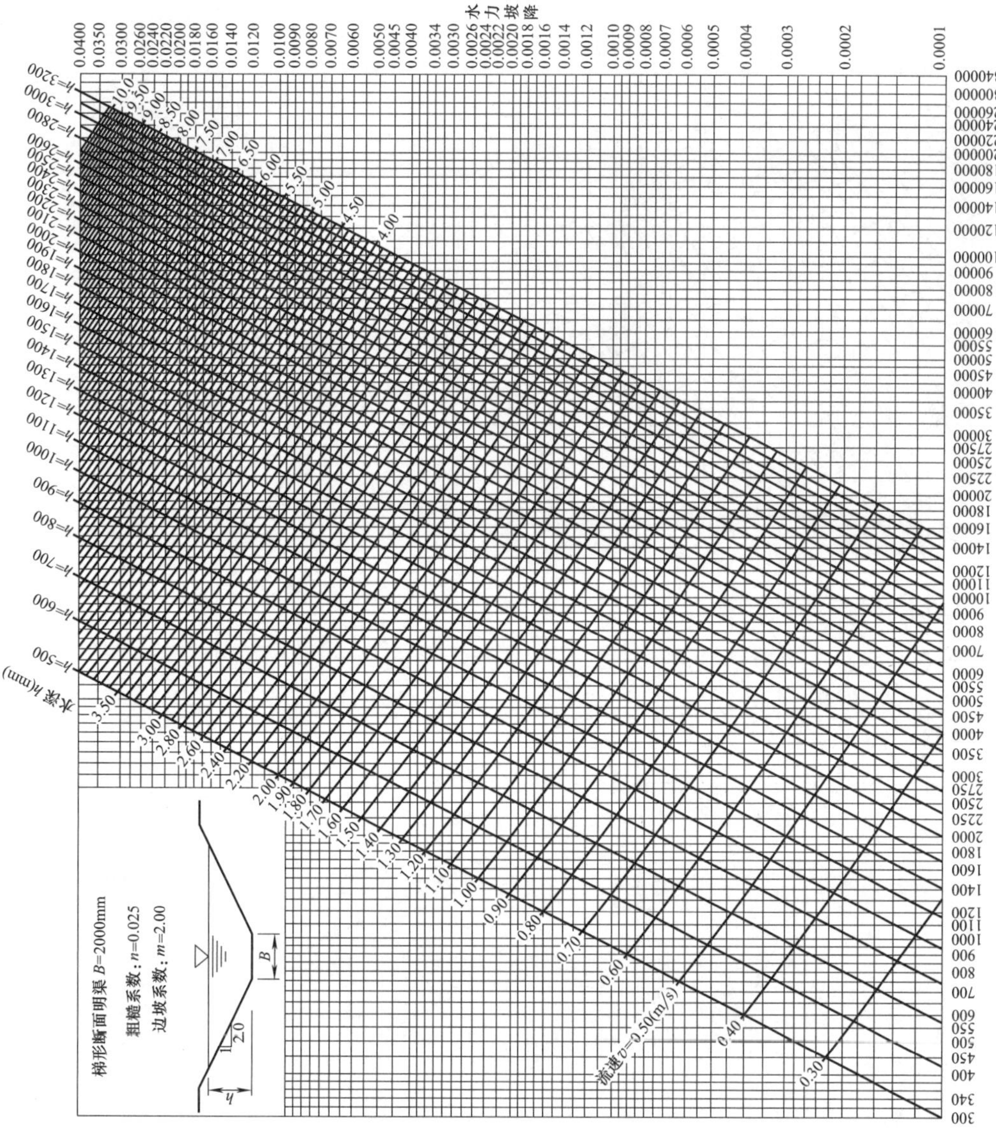

图 11-17 梯形断面明渠水力计算图（$m=2.0$，$B=2000$mm）

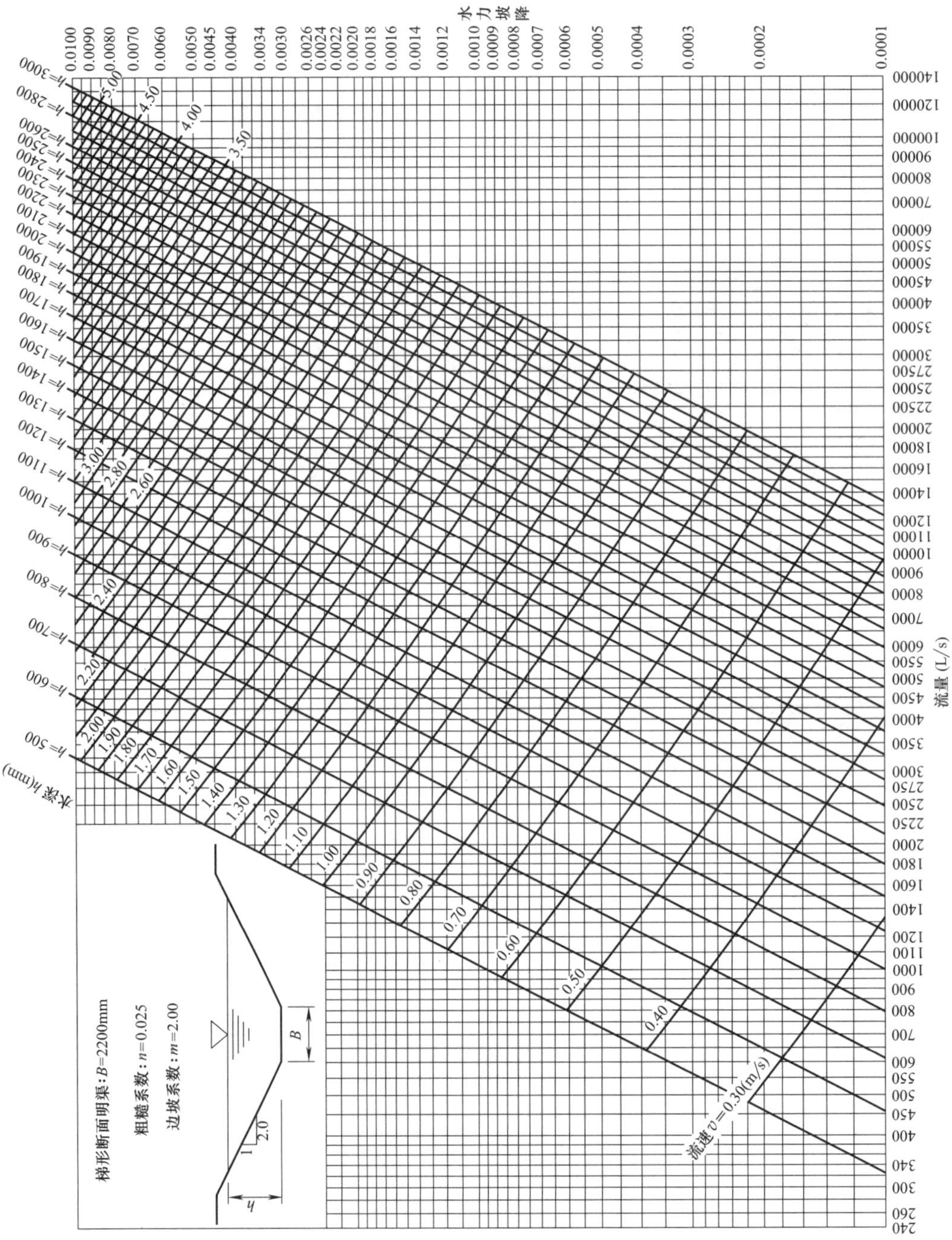

图 11-18　梯形断面明渠水力计算图（m=2.0，B=2200mm）

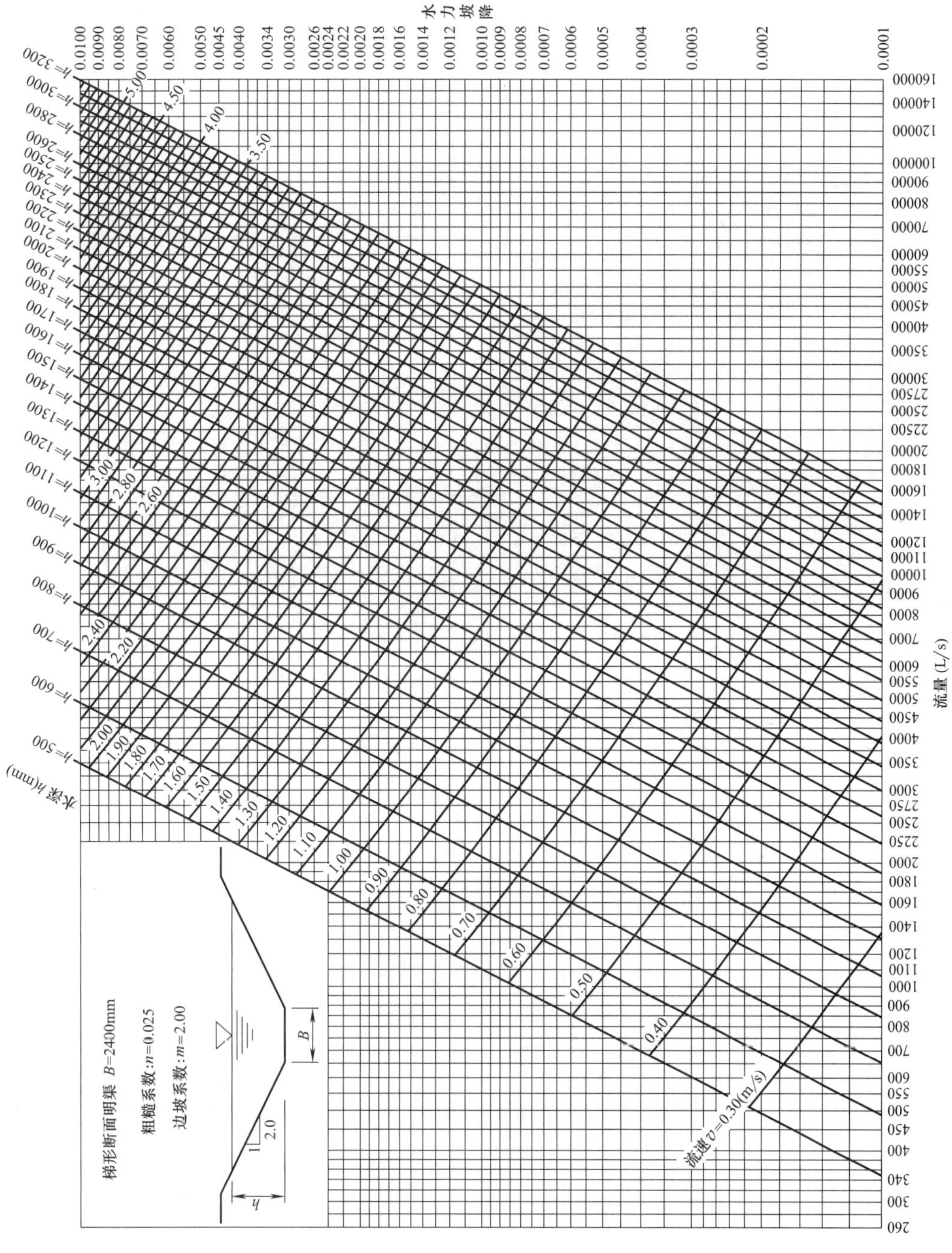

图 11-19 梯形断面明渠水力计算图（$m=2.0$，$B=2400$mm）

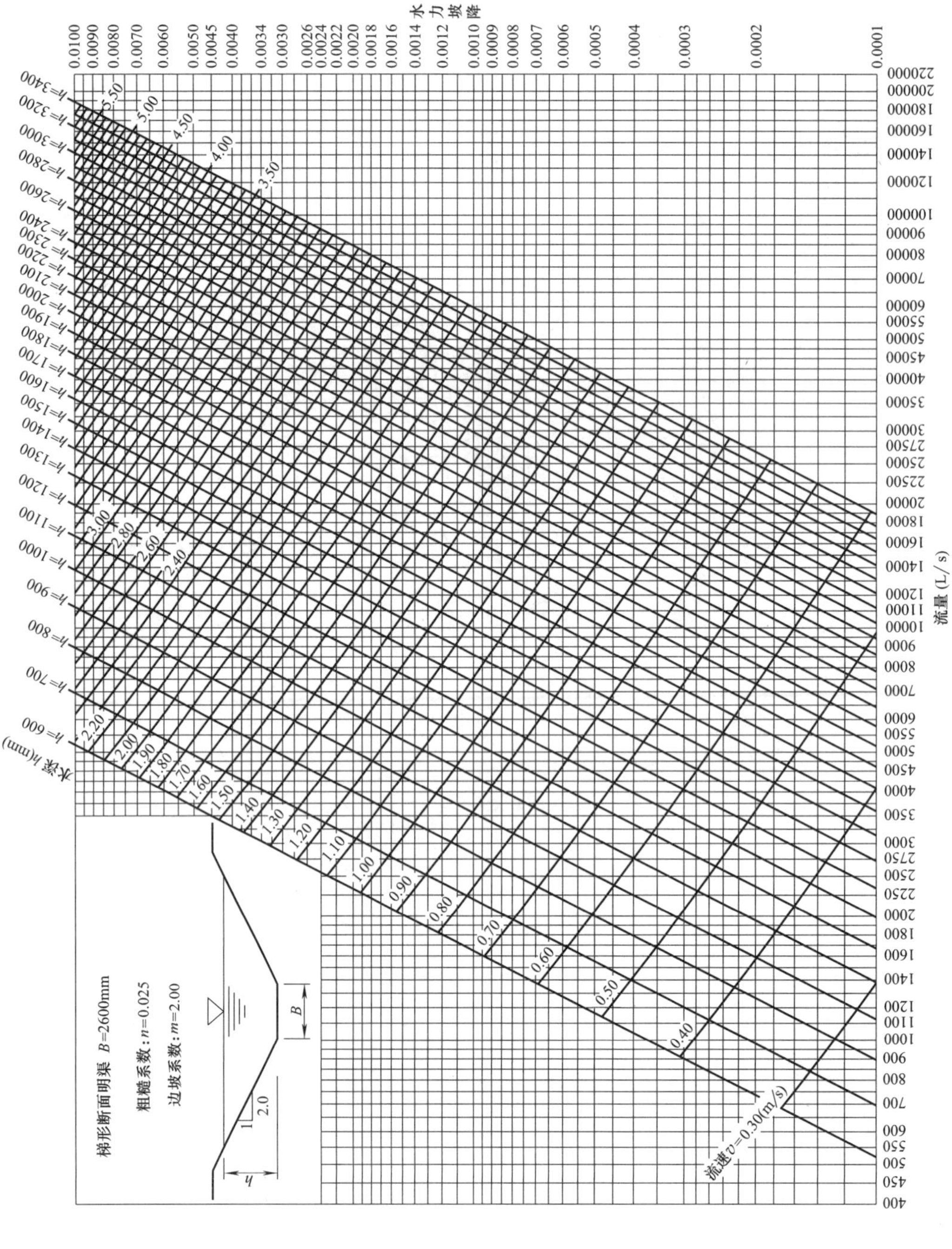

图 11-20 梯形断面明渠水力计算图（m=2.0，B=2600mm）

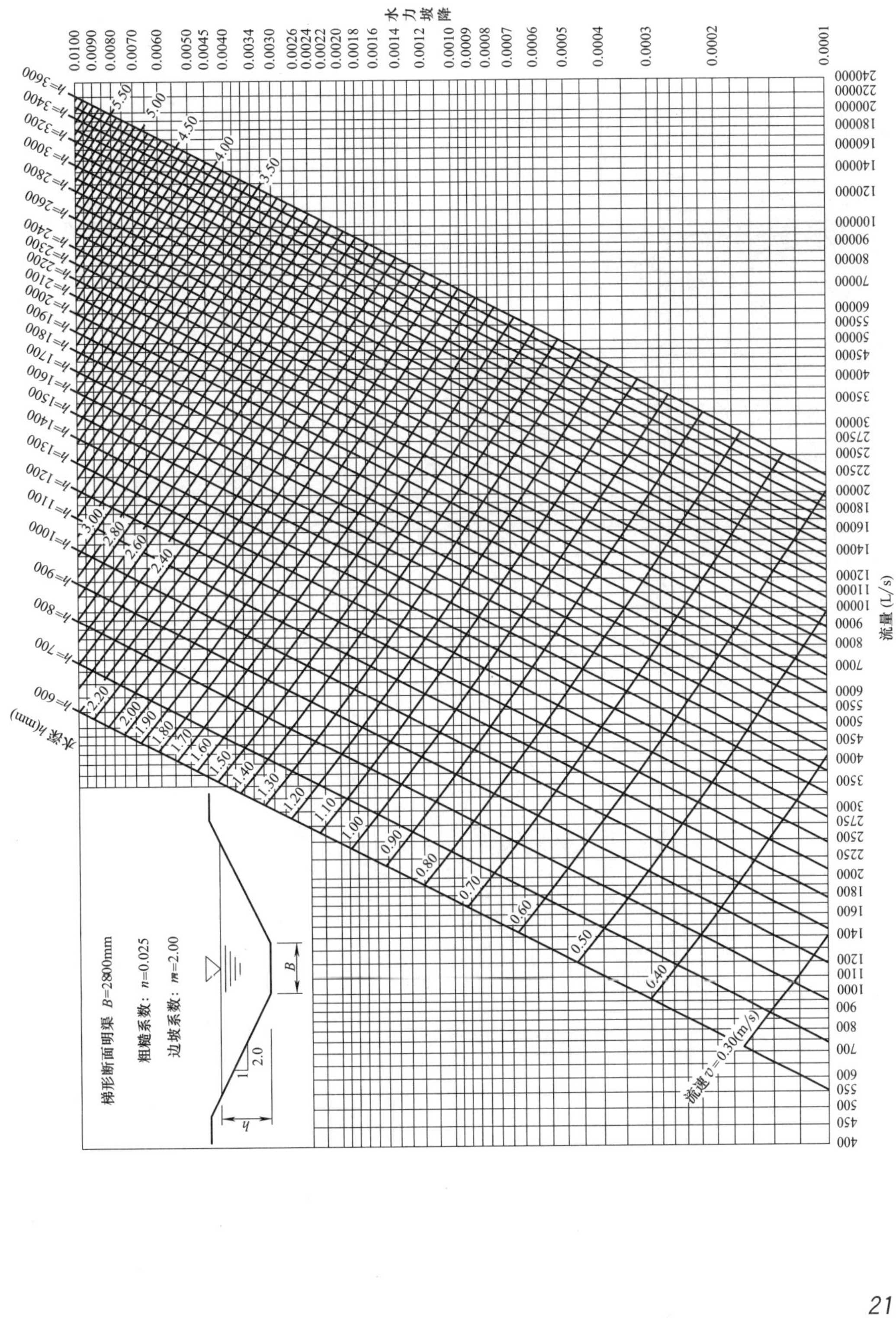

图 11-21 梯形断面明渠水力计算图（$m=2.0$，$B=2800$mm）

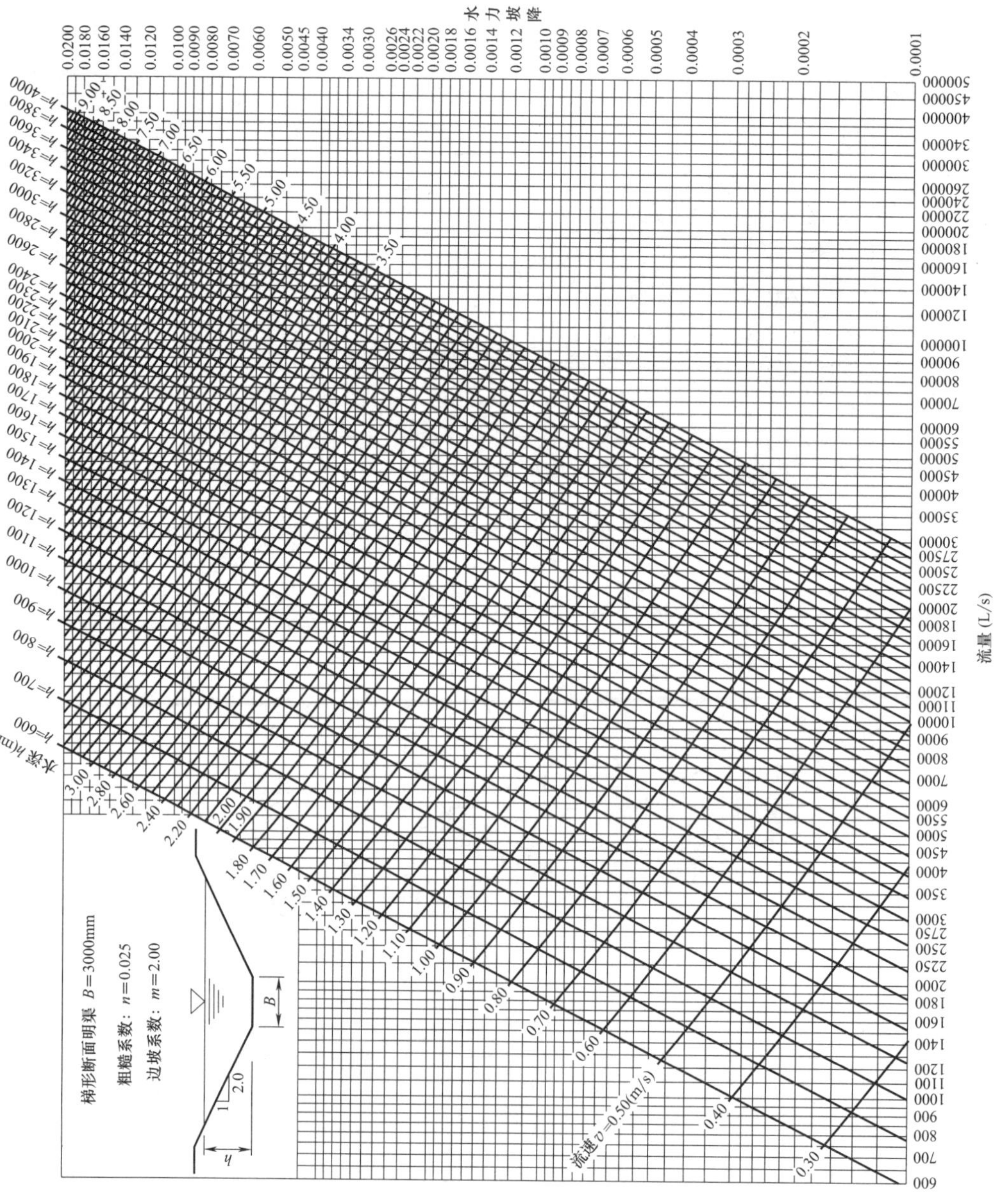

图 11-22　梯形断面明渠水力计算图（m=2.0，B=3000mm）

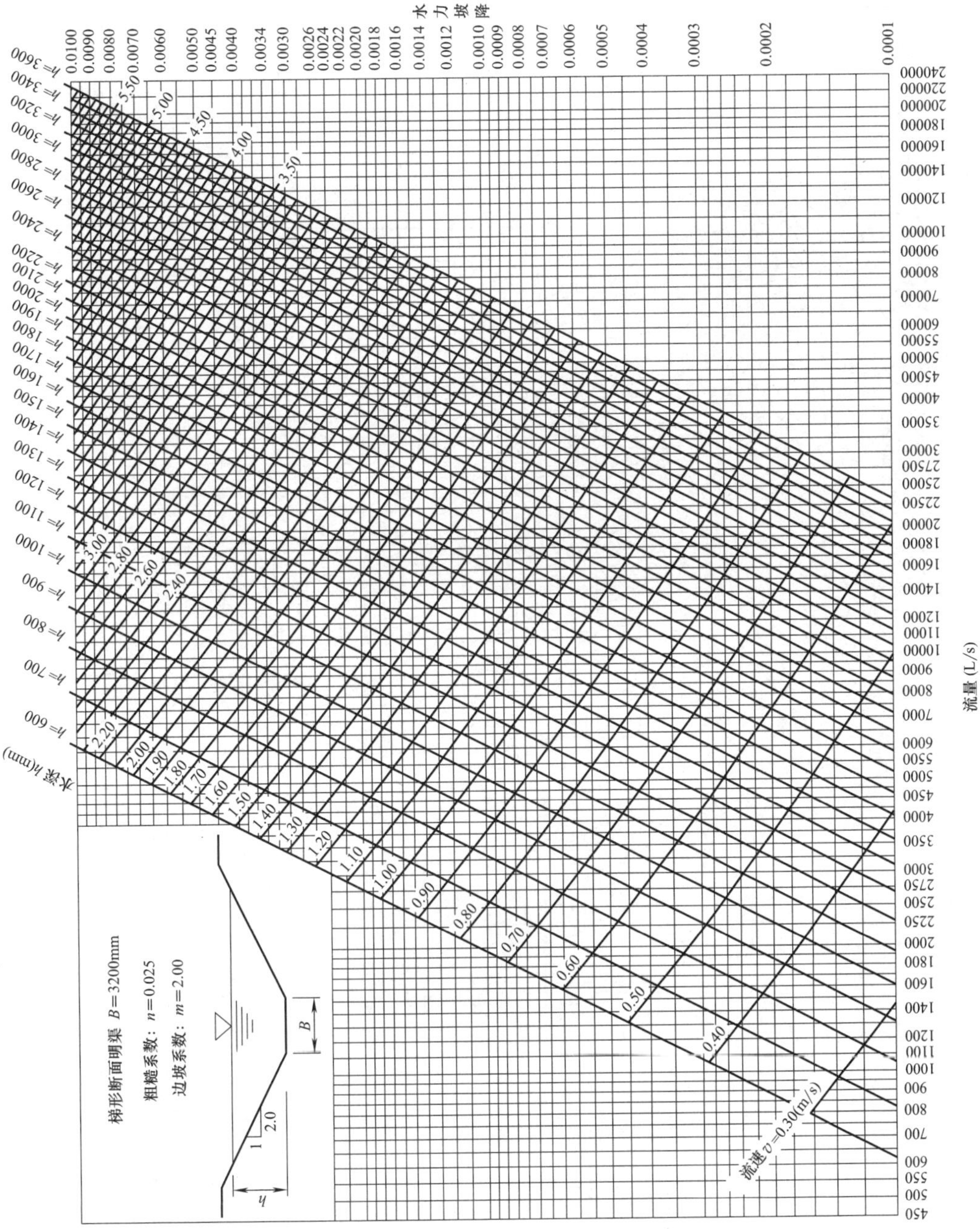

图 11-23　梯形断面明渠水力计算图（$m=2.0$，$B=3200mm$）

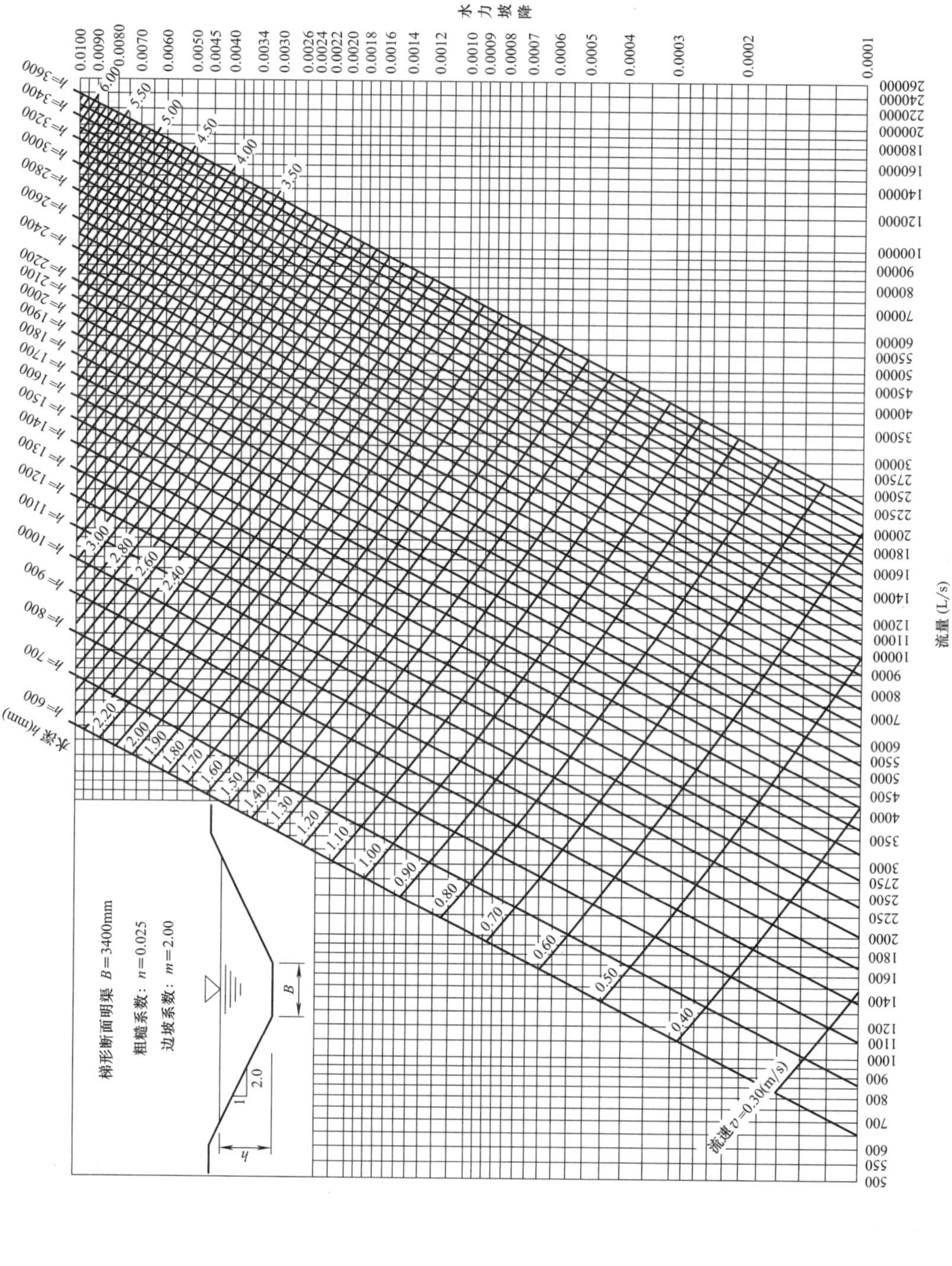

图 11-24 梯形断面明渠水力计算图（m=2.0，B=3400mm）

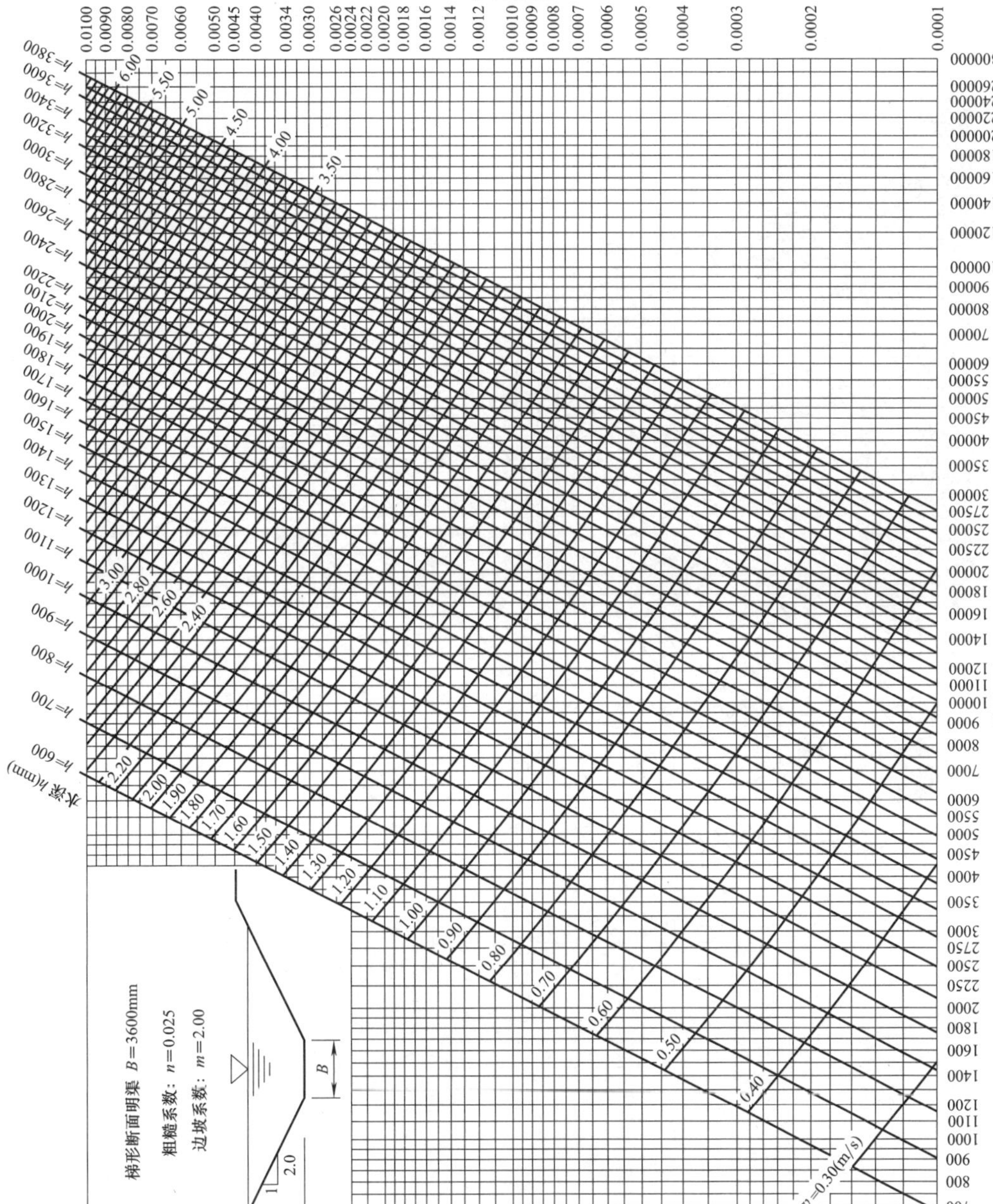

图 11-25 梯形断面明渠水力计算图（$m=2.0$，$B=3600\text{mm}$）

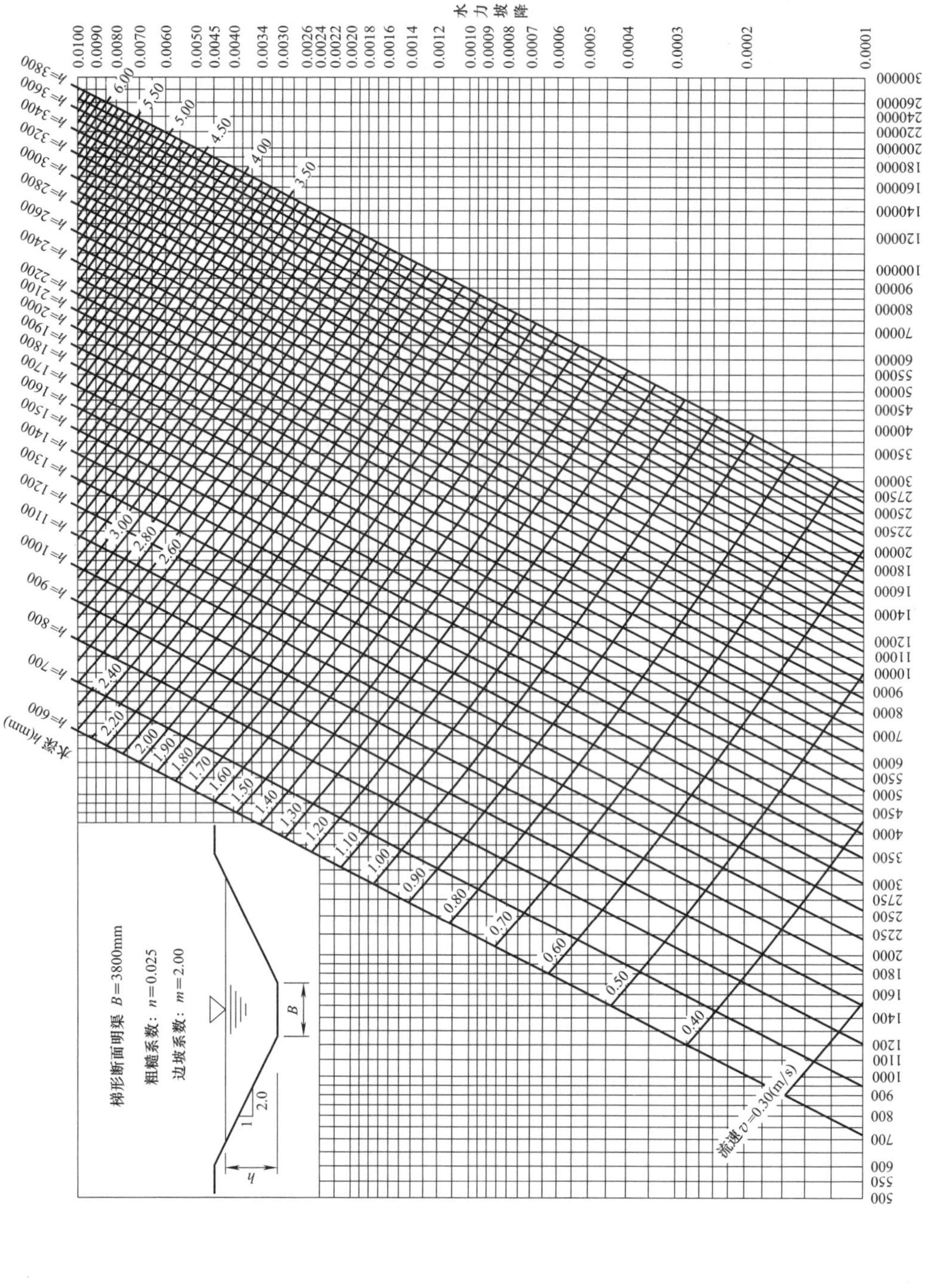

图 11-26　梯形断面明渠水力计算图（m=2.0，B=3800mm）

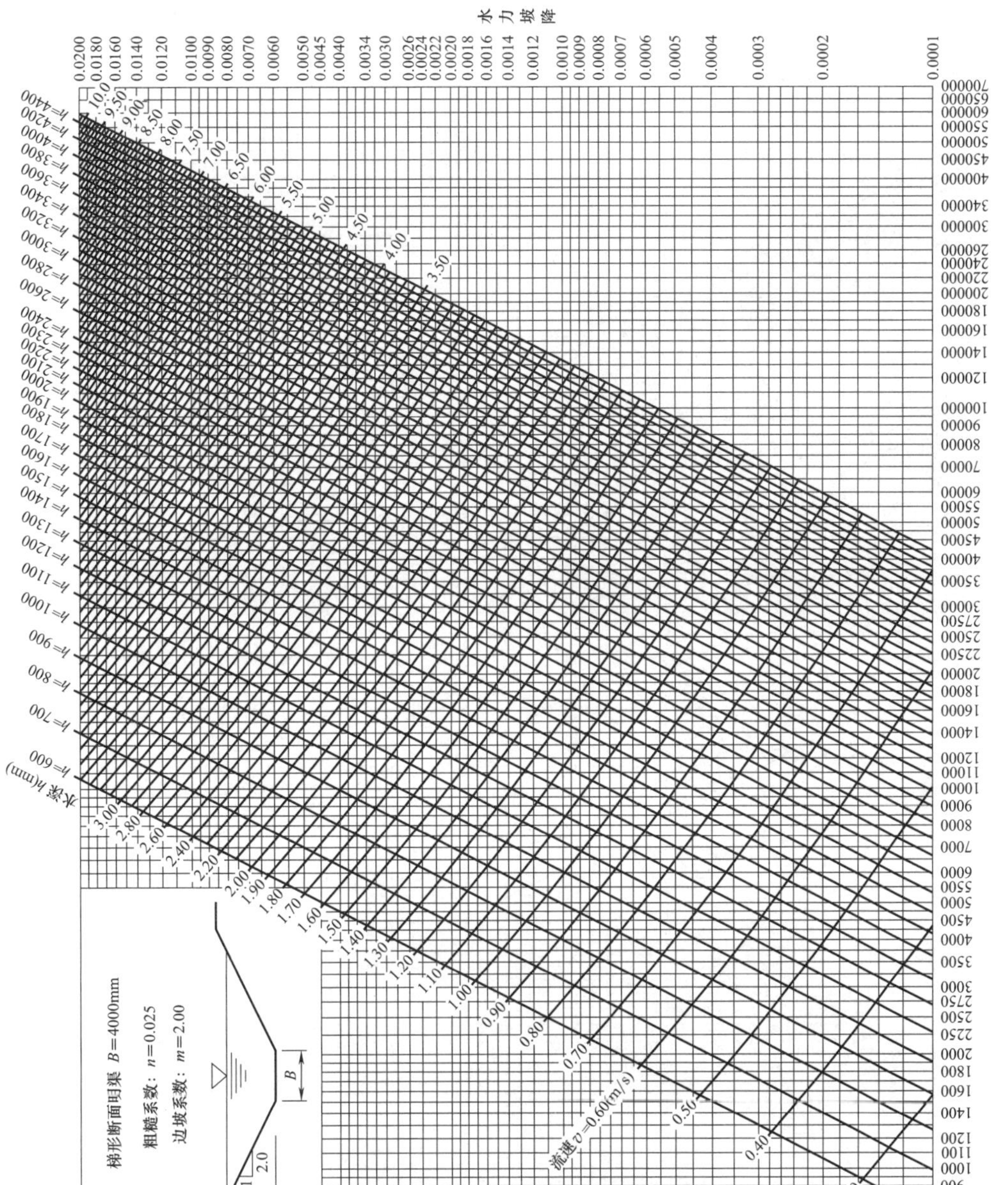

图 11-27 梯形断面明渠水力计算图（$m=2.0$，$B=4000$mm）

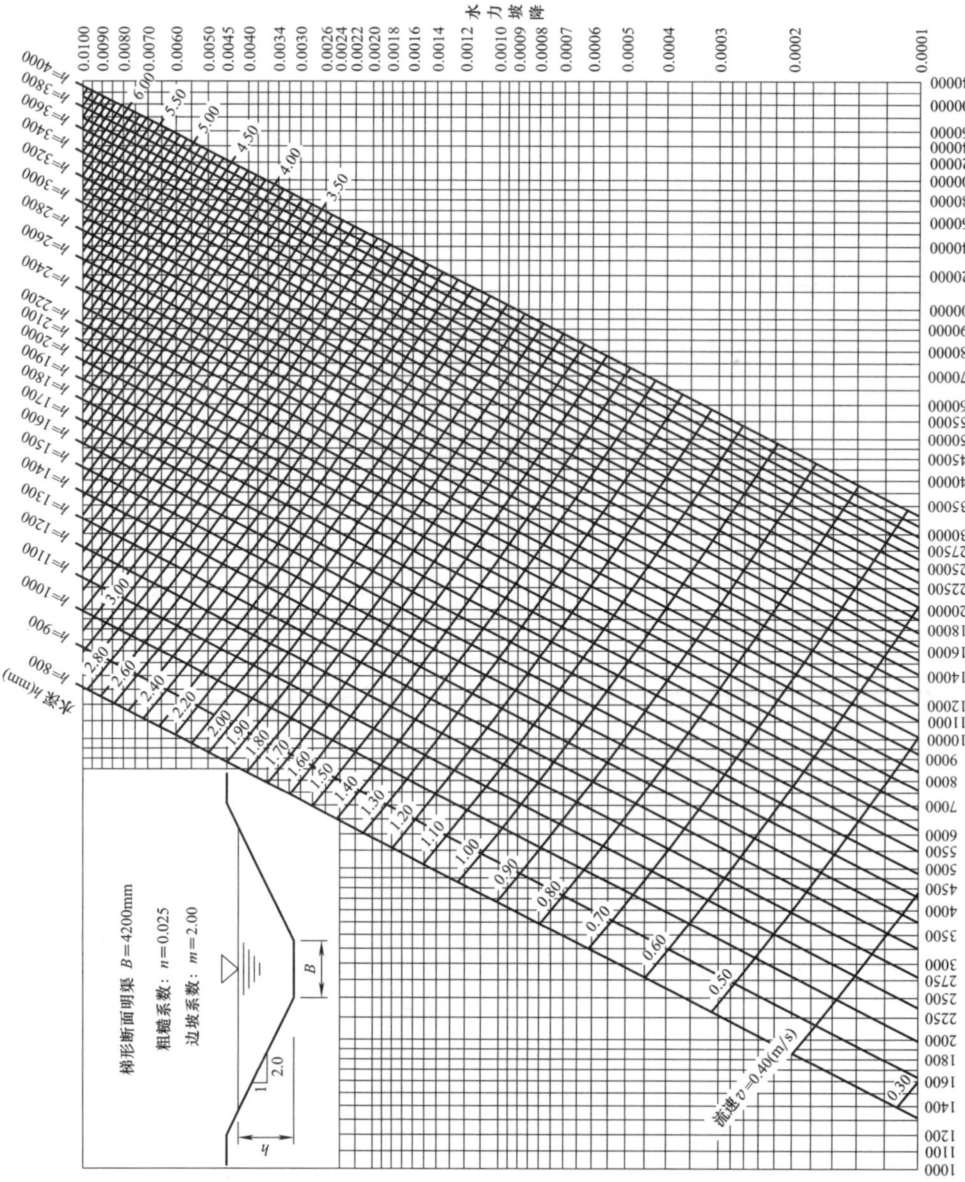

图 11-28 梯形断面明渠水力计算图（m=2.0，B=4200mm）

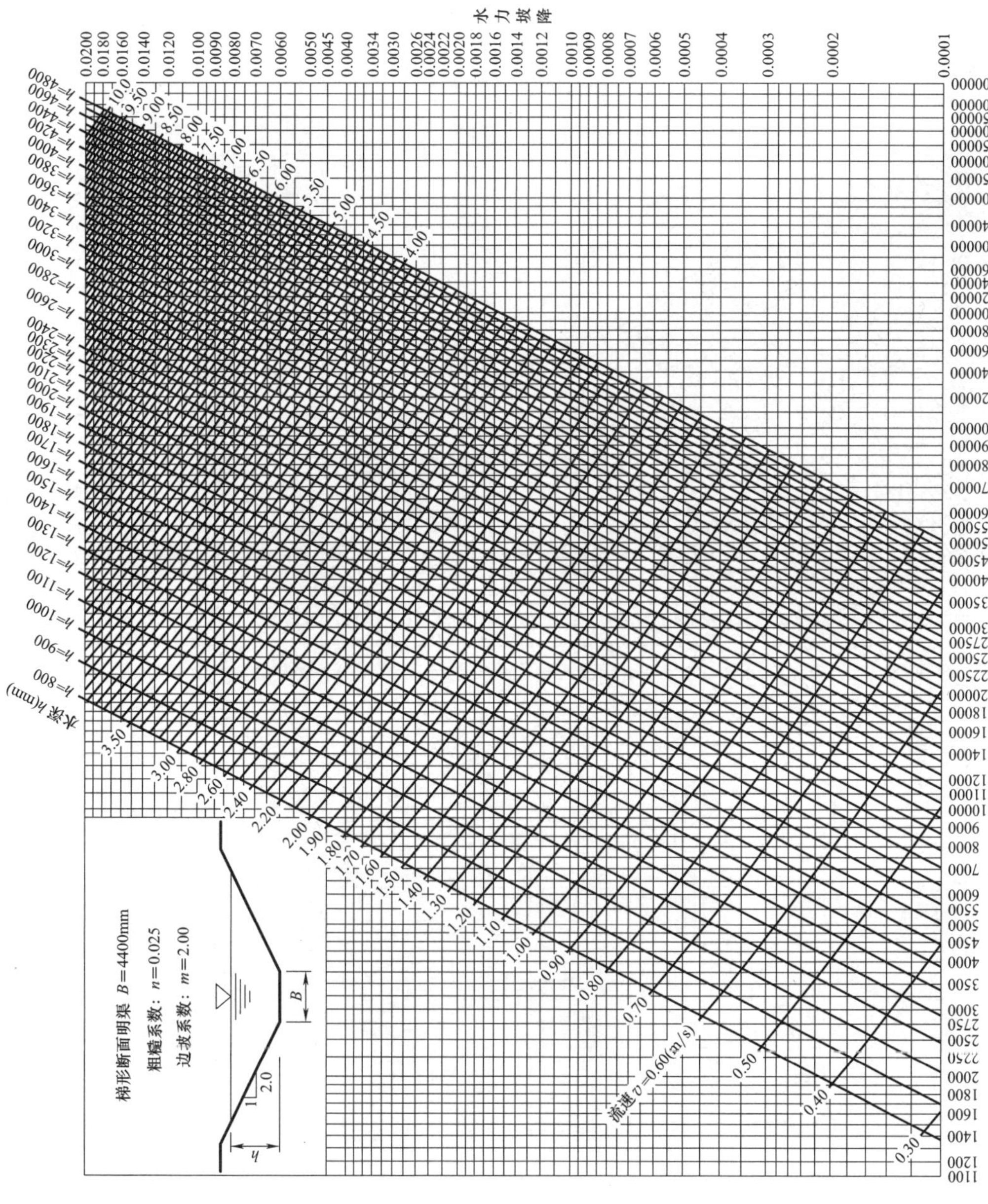

图 11-29 梯形断面明渠水力计算图（$m=2.0$，$B=4400$mm）

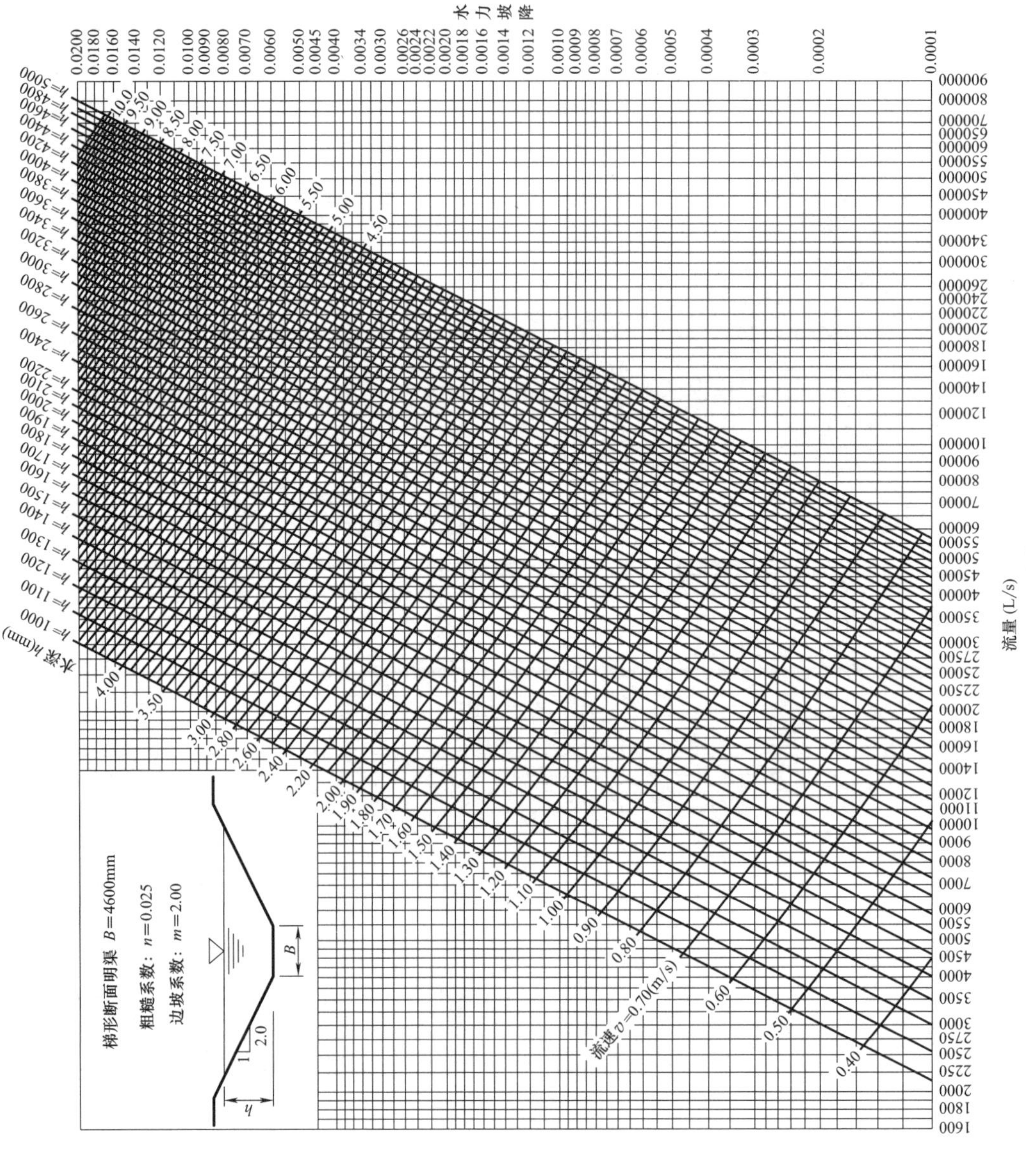

图 11-30　梯形断面明渠水力计算图（m=2.0，B=4600mm）

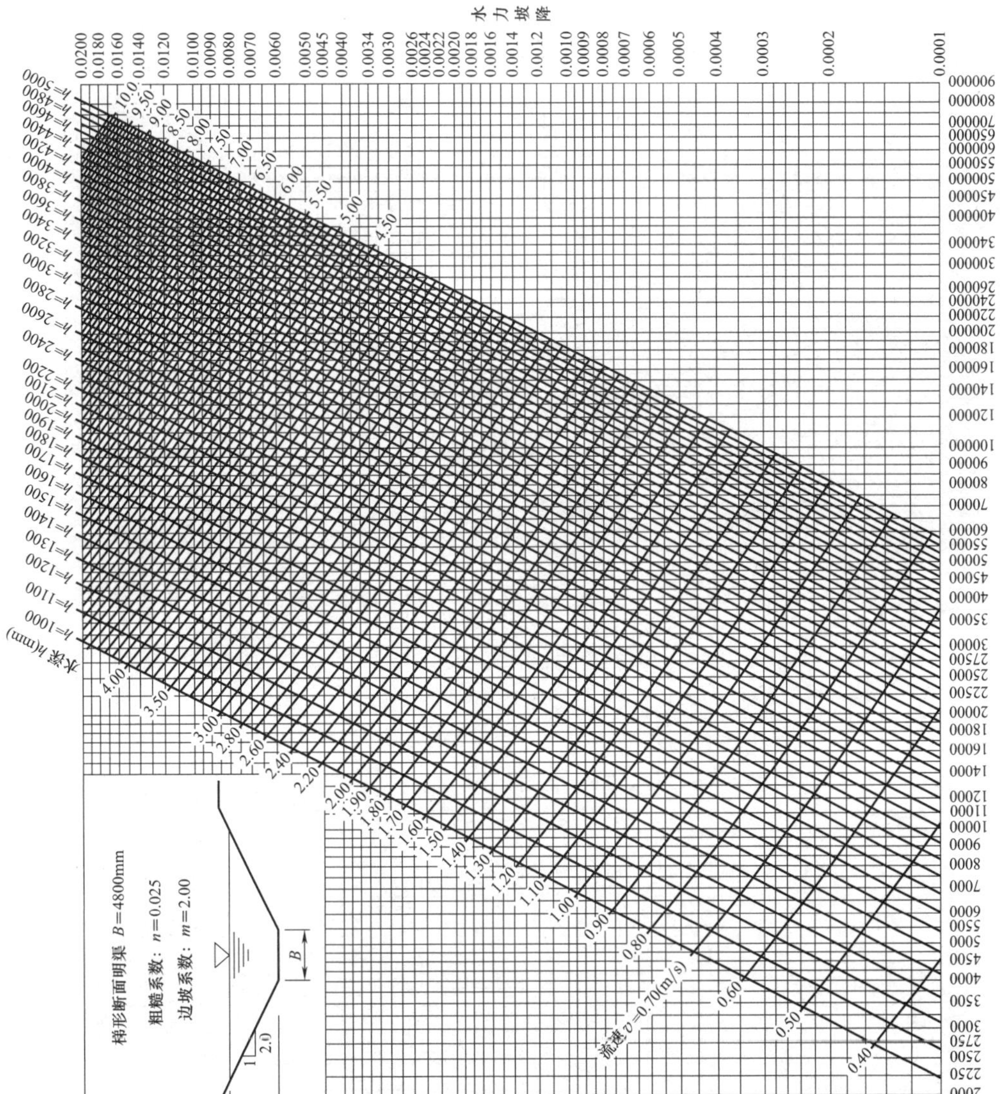

图 11-31 梯形断面明渠水力计算图（$m=2.0$，$B=4800$mm）

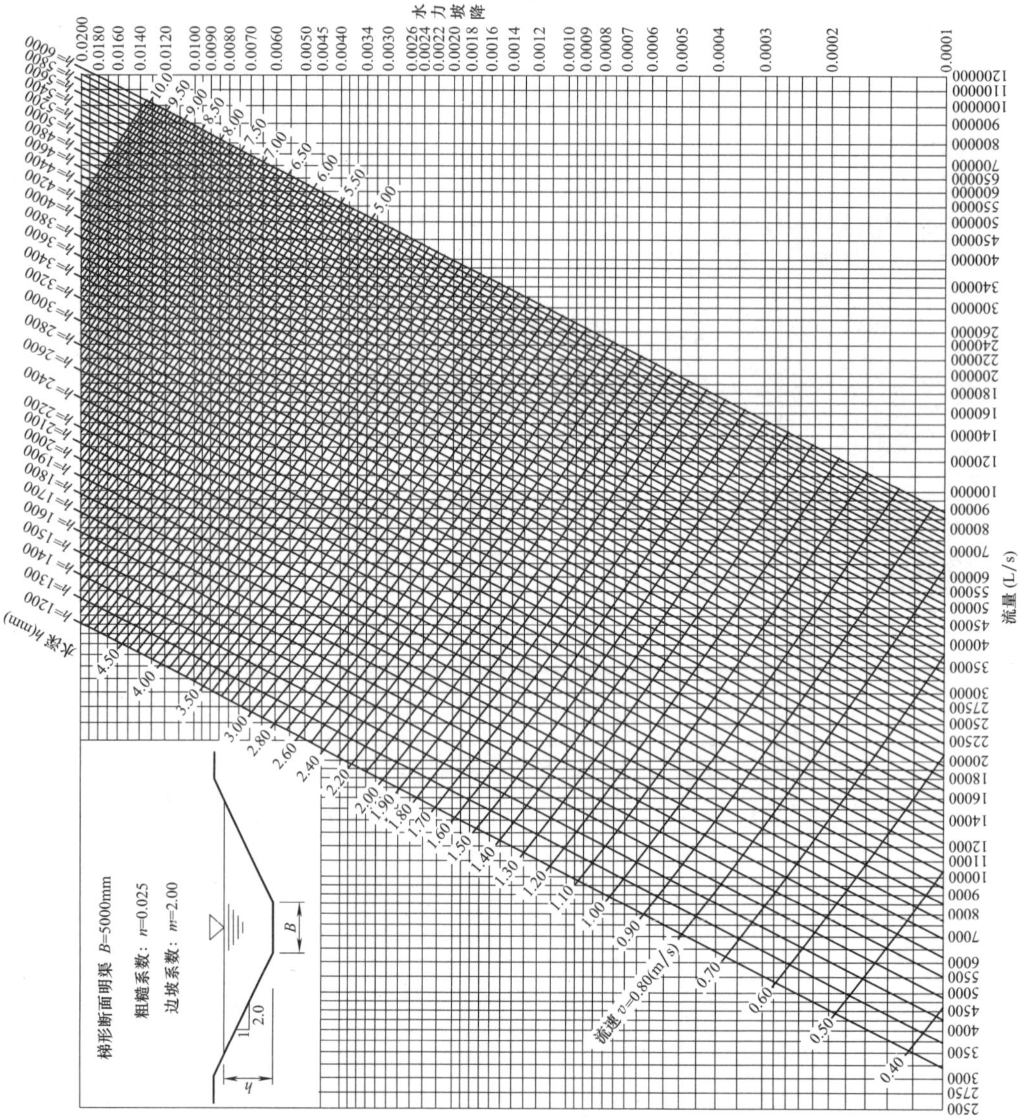

图 11-32 梯形断面明渠水力计算图（m=2.0，B=5000mm）

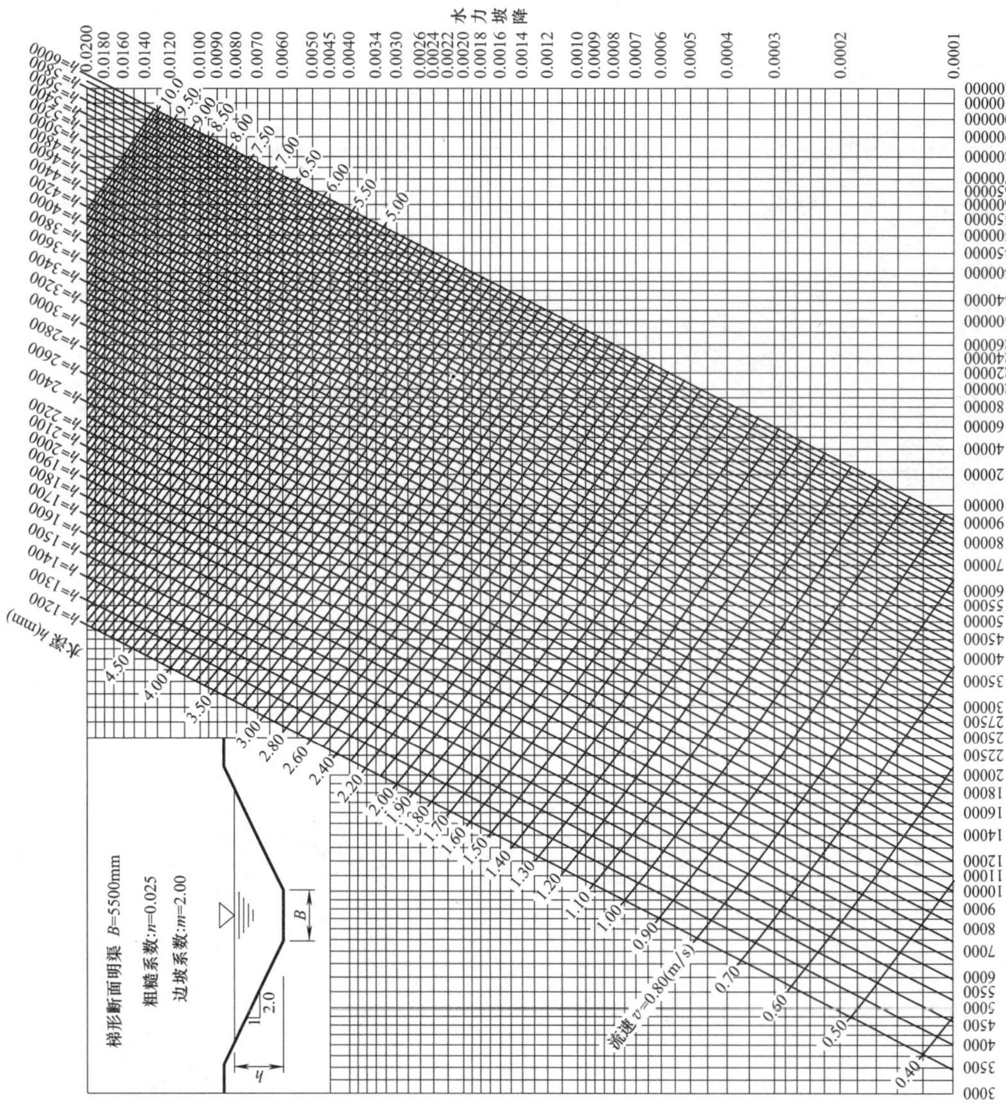

图 11-33 梯形断面明渠水力计算图（m=2.0，B=5500mm）

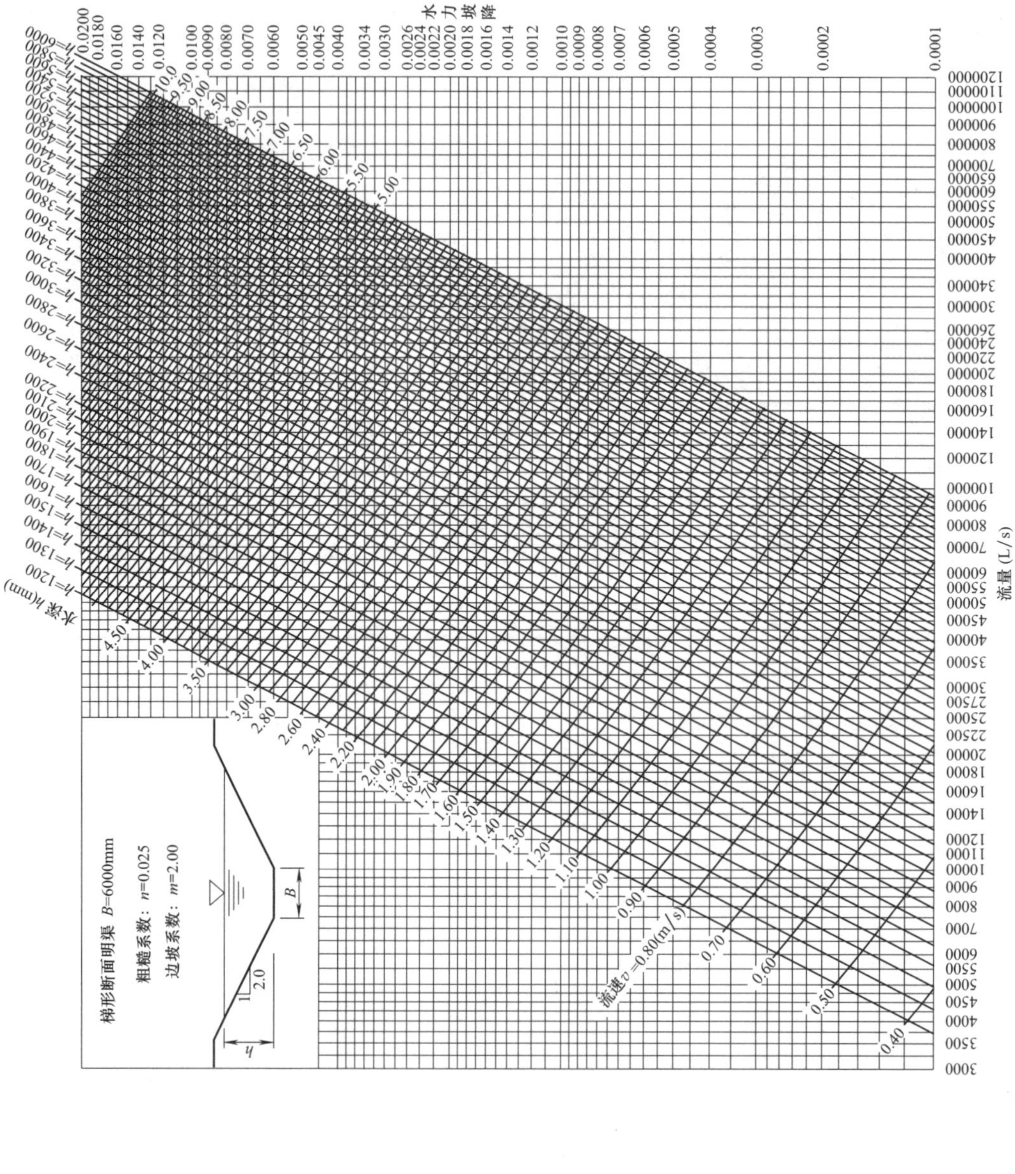

图 11-34 梯形断面明渠水力计算图（m=2.0，B=6000mm）

12　马蹄形断面暗沟

12.1　马蹄形断面（Ⅰ型）暗沟

马蹄形断面（Ⅰ型）水力条件优良，结构受力条件好，可节省工程造价，适合于大流量排水的情况，在给水排水、水利及水电工程中被广泛采用，应用历史悠久。见图 12-1。

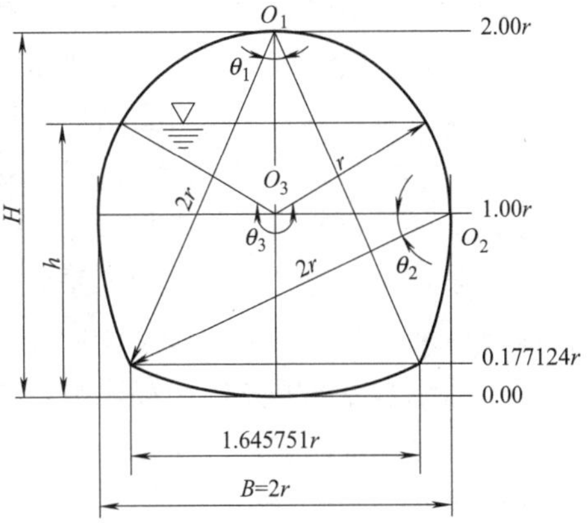

图 12-1　马蹄形断面（Ⅰ型）

12.1.1　计算公式

1. 基本公式

$$Q=Av \tag{12-1}$$

$$v=C\sqrt{Ri} \tag{12-2}$$

$$R=\frac{A}{\rho} \tag{12-3}$$

式中　Q——流量（m^3/s）；

A——过水断面（m^2）；

v——平均流速（m/s）；

i——水力坡降；

R——水力半径（m）；

ρ——湿周（m）；

C——谢才系数（$m^{0.5}/s$）。

谢才系数采用曼宁公式：

$$C=\frac{1}{n}R^{1/6} \tag{12-4}$$

式中　n——粗糙系数。

将式（12-4）代入式（12-2），得：

$$v=\frac{1}{n}R^{2/3}i^{1/2} \tag{12-5}$$

式（12-5）即为国家标准《室外排水设计规范》GB 50014—2006（2014 年版）规定的排水管渠流速公式。

2. 过水断面 A 和湿周 ρ

马蹄形断面（Ⅰ型）形状及几何关系见图 12-1。

其中顶弧半径为 r，底弧半径为 $2r$。

马蹄形断面（Ⅰ型）过水断面 A 和湿周 ρ 的计算公式经推导后如下：

（1）当水深 $h \leqslant 0.1771r$ 时（即 $h/H \leqslant 0.0886$ 时）

$$A=2r^2(\theta_1-\sin\theta_1)$$

$$\rho=2r\theta_1$$

（2）当 $0.1771r<h \leqslant 1.0r$ 时（即 $0.0886<h/H \leqslant 0.50$ 时）

$$A=1.7465r^2-[4\theta_2+(2\cos\theta_2-1)(2\sin\theta_2-\tan\theta_2)-\tan\theta_2]r^2$$

$$\rho=(3.3922-4\theta_2)r$$

（3）当 $1.0r<h \leqslant 2.0r$ 时（即 $0.50<h/H \leqslant 1.00$ 时）

$$A=0.1757r^2+0.5(\theta_3-\sin\theta_3)r^2$$

$$\rho=(0.2506+\theta_3)r$$

式中　θ——管道断面水深圆心角，以弧度计，见图 12-1；

其余同前。

12.1.2　马蹄形断面（Ⅰ型）水力计算图表及其使用说明

（1）水力要素计算见表 12-1，非满流时的流量和流速修正值见表 12-2。

（2）宽度 B=1500～8000mm 的马蹄形断面（Ⅰ型）满流时水力计算见图 12-2，最大设计充满度时（$h/H=0.75$）水力计算见图 12-3，非满流时水力计算见图 12-4～图 12-17。图中流量 Q 以 L/s 计，流速 v 以 m/s 计。

（3）非满流水力计算图中粗糙系数以 $n=0.014$ 计，当 n 为其他值 n_x 时，图中所得流量和流速需乘以修正值 K_n，$K_n=0.014 \div n_x$。

（4）满流水力计算图中粗糙系数以 $n=0.013$ 计，当 n 为其他值 n_x 时，图中所得流量和流速需乘以修正值 K_n，$K_n=0.013 \div n_x$。

【例 12-1】　某马蹄形断面（Ⅰ型）雨水暗沟，宽度 $B=4000$mm，粗糙系数 $n=0.013$，坡度 $i=0.0006$，求满流（充满度 $h/H=1.00$）时的流量和流速。

【解 1】　查表计算。

由表 12-1 查得，满流时，过水断面 $A=3.3173r^2$，水力半径 $R=0.5077r$。由图 12-1 可知，顶弧半径 $r=0.5B=0.5\times4000=2000\text{mm}=2.0\text{m}$。

所以，流速为：$v=\dfrac{1}{n}R^{2/3}i^{1/2}=\dfrac{1}{0.013}\times(0.5077\times2.0)^{2/3}\times0.0006^{1/2}=1.90\text{m/s}$

流量为：$Q=Av=3.3173r^2v=3.3173\times2.0^2\times1.90=25.258\text{m}^3/\text{s}$

【解 2】　查图计算。

因为 $n=0.013$，可直接查图得出所求数据，由图 12-2 查得：

流量 $Q\approx25258\text{L/s}=25.258\text{m}^3/\text{s}$

流速 $v\approx1.90\text{m/s}$

所得数据和【解 1】相同。

【例 12-2】　上题中，求设计充满度 $h/H=0.94$ 时的流量和流速。

【解】　由表 12-2 查得，当 $h/H=0.94$ 时，流量修正值 $K_q=1.0729$，流速修正值 $K_v=1.0984$，

故所求流量为：

$$Q_{0.94}=K_q\times Q_{1.0}=1.0729\times25.258=27.10\text{m}^3/\text{s}$$

所求流速为：

$$v_{0.94}=K_v\times v_{1.0}=1.0984\times1.90=2.09\text{m/s}$$

【例 12-3】 某马蹄形断面（Ⅰ型）污水暗沟，宽度 $B=1900$mm，粗糙系数 $n=0.014$，坡度 $i=0.0004$，求最大设计充满度（$h/H=0.75$）时的流量和流速。

【解 1】 在水力计算图中没有该断面尺寸，因此需查表计算。

由表 12-1 查得，$h/H=0.75$ 时，过水断面 $A=2.7031r^2$，水力半径 $R=0.6089r$。由图 12-1 可知，顶弧半径 $r=0.5B=0.5\times1900=950\text{mm}=0.95\text{m}$。

所以，流速为：$v=\frac{1}{n}R^{2/3}i^{1/2}=\frac{1}{0.014}\times(0.6089\times0.95)^{2/3}\times0.0004^{1/2}=0.9918\text{m/s}$

流量为：$Q=Av=2.7031r^2v=2.7031\times0.95^2\times0.9918=2.420\text{m}^3/\text{s}$

【解 2】 用本书的配套应用软件《给水排水工程常用管渠水力计算》软件求解。

在软件的“马蹄形断面（Ⅰ型）暗沟水力计算（非满流）”页面中，用 B、H、i 求 Q、v 的第二种计算方法，输入上述坡度 $i=0.0004=0.4‰$、沟宽 $B=1900$mm、充满度 $h/H=0.75$ 等数据后，得流速 $v=0.992$m/s，流量 $Q=2419.5\text{L/s}=2.4195\text{m}^3/\text{s}$。

所得各项数据和【解 1】的结果很接近，符合要求。

标准马蹄形断面（Ⅰ型）水力要素计算表　　表 12-1

h/H	A (r^2)	ρ (r)	R (r)	h/H	A (r^2)	ρ (r)	R (r)	h/H	A (r^2)	ρ (r)	R (r)	h/H	A (r^2)	ρ (r)	R (r)
0.01	0.0075	0.5662	0.0133	0.26	0.8051	2.4228	0.3323	0.51	1.7865	3.4323	0.5205	0.76	2.7375	4.4860	0.6102
0.02	0.0213	0.8013	0.0265	0.27	0.8429	2.4639	0.3421	0.52	1.8265	3.4723	0.5260	0.77	2.7714	4.5331	0.6114
0.03	0.0390	0.9823	0.0397	0.28	0.8808	2.5050	0.3516	0.53	1.8664	3.5123	0.5314	0.78	2.8048	4.5810	0.6123
0.04	0.0600	1.1352	0.0528	0.29	0.9189	2.5459	0.3609	0.54	1.9063	3.5524	0.5366	0.79	2.8377	4.6297	0.6129
0.05	0.0837	1.2702	0.0659	0.30	0.9572	2.5868	0.3700	0.55	1.9462	3.5926	0.5417	0.80	2.8700	4.6793	0.6133
0.06	0.1098	1.3927	0.0789	0.31	0.9957	2.6276	0.3789	0.56	1.9859	3.6328	0.5467	0.81	2.9017	4.7297	0.6135
0.07	0.1382	1.5055	0.0918	0.32	1.0343	2.6683	0.3876	0.57	2.0256	3.6732	0.5515	0.82	2.9328	4.7812	0.6134
0.08	0.1686	1.6109	0.1047	0.33	1.0731	2.7089	0.3961	0.58	2.0651	3.7136	0.5561	0.83	2.9632	4.8339	0.6130
0.09	0.2009	1.7024	0.1180	0.34	1.1120	2.7495	0.4044	0.59	2.1045	3.7542	0.5606	0.84	2.9928	4.8878	0.6123
0.10	0.2340	1.7462	0.1340	0.35	1.1510	2.7900	0.4126	0.60	2.1438	3.7950	0.5649	0.85	3.0218	4.9430	0.6113
0.11	0.2675	1.7897	0.1495	0.36	1.1902	2.8304	0.4205	0.61	2.1829	3.8359	0.5691	0.86	3.0500	4.9999	0.6100
0.12	0.3013	1.8331	0.1644	0.37	1.2294	2.8708	0.4283	0.62	2.2218	3.8770	0.5731	0.87	3.0773	5.0584	0.6084
0.13	0.3355	1.8762	0.1788	0.38	1.2688	2.9111	0.4359	0.63	2.2606	3.9183	0.5769	0.88	3.1038	5.1189	0.6063
0.14	0.3700	1.9192	0.1928	0.39	1.3083	2.9514	0.4433	0.64	2.2991	3.9598	0.5806	0.89	3.1293	5.1816	0.6039
0.15	0.4048	1.9620	0.2063	0.40	1.3478	2.9916	0.4505	0.65	2.3374	4.0016	0.5841	0.90	3.1538	5.2468	0.6011
0.16	0.4399	2.0046	0.2194	0.41	1.3875	3.0318	0.4576	0.66	2.3754	4.0437	0.5874	0.91	3.1772	5.3151	0.5978
0.17	0.4752	2.0470	0.2322	0.42	1.4272	3.0719	0.4646	0.67	2.4132	4.0861	0.5906	0.92	3.1996	5.3868	0.5940
0.18	0.5109	2.0893	0.2445	0.43	1.4670	3.1120	0.4714	0.68	2.4506	4.1288	0.5935	0.93	3.2206	5.4628	0.5896
0.19	0.5468	2.1315	0.2565	0.44	1.5068	3.1521	0.4780	0.69	2.4878	4.1718	0.5963	0.94	3.2403	5.5440	0.5845
0.20	0.5830	2.1735	0.2682	0.45	1.5467	3.1922	0.4845	0.70	2.5246	4.2153	0.5989	0.95	3.2586	5.6318	0.5786
0.21	0.6194	2.2153	0.2796	0.46	1.5866	3.2322	0.4909	0.71	2.5611	4.2591	0.6013	0.96	3.2751	5.7284	0.5717
0.22	0.6561	2.2571	0.2907	0.47	1.6265	3.2722	0.4971	0.72	2.5972	4.3034	0.6035	0.97	3.2898	5.8375	0.5636
0.23	0.6930	2.2987	0.3015	0.48	1.6665	3.3122	0.5031	0.73	2.6329	4.3482	0.6055	0.98	3.3023	5.9663	0.5535
0.24	0.7302	2.3402	0.3120	0.49	1.7065	3.3522	0.5091	0.74	2.6682	4.3936	0.6073	0.99	3.3120	6.1332	0.5400
0.25	0.7675	2.3815	0.3223	0.50	1.7465	3.3922	0.5148	0.75	2.7031	4.4394	0.6089	1.00	3.3173	6.5338	0.5077

注：h/H——充满度；A——过水断面；ρ——湿周；R——水力半径；r——顶弧半径。

标准马蹄形断面（Ⅰ型）在非满流时的水流断面面积、流量及流速修正值表　表 12-2

h/H	K_a	K_q	K_v	h/H	K_a	K_q	K_v	h/H	K_a	K_q	K_v	h/H	K_a	K_q	K_v
0.01	0.0023	0.0002	0.0882	0.26	0.2427	0.1830	0.7538	0.51	0.5385	0.5475	1.0167	0.76	0.8252	0.9329	1.1305
0.02	0.0064	0.0009	0.1398	0.27	0.2541	0.1953	0.7685	0.52	0.5506	0.5637	1.0239	0.77	0.8355	0.9456	1.1319
0.03	0.0118	0.0022	0.1829	0.28	0.2655	0.2078	0.7828	0.53	0.5626	0.5800	1.0309	0.78	0.8455	0.9579	1.1330
0.04	0.0181	0.0040	0.2212	0.29	0.2770	0.2207	0.7965	0.54	0.5747	0.5963	1.0376	0.79	0.8554	0.9699	1.1338
0.05	0.0252	0.0065	0.2563	0.30	0.2886	0.2337	0.8099	0.55	0.5867	0.6126	1.0442	0.80	0.8652	0.9813	1.1343
0.06	0.0331	0.0096	0.2890	0.31	0.3002	0.2470	0.8228	0.56	0.5987	0.6289	1.0505	0.81	0.8747	0.9924	1.1345
0.07	0.0417	0.0133	0.3198	0.32	0.3118	0.2605	0.8353	0.57	0.6106	0.6452	1.0566	0.82	0.8841	1.0029	1.1343
0.08	0.0508	0.0177	0.3490	0.33	0.3235	0.2742	0.8475	0.58	0.6225	0.6615	1.0626	0.83	0.8932	1.0128	1.1339
0.09	0.0605	0.0229	0.3780	0.34	0.3352	0.2880	0.8593	0.59	0.6344	0.6777	1.0683	0.84	0.9022	1.0222	1.1330
0.10	0.0705	0.0290	0.4115	0.35	0.3470	0.3021	0.8708	0.60	0.6463	0.6939	1.0738	0.85	0.9109	1.0310	1.1318
0.11	0.0806	0.0357	0.4425	0.36	0.3588	0.3164	0.8819	0.61	0.6580	0.7101	1.0790	0.86	0.9194	1.0391	1.1302
0.12	0.0908	0.0428	0.4715	0.37	0.3706	0.3309	0.8927	0.62	0.6698	0.7261	1.0841	0.87	0.9277	1.0465	1.1281
0.13	0.1011	0.0504	0.4987	0.38	0.3825	0.3455	0.9033	0.63	0.6815	0.7421	1.0889	0.88	0.9356	1.0532	1.1256
0.14	0.1115	0.0585	0.5244	0.39	0.3944	0.3603	0.9135	0.64	0.6931	0.7579	1.0936	0.89	0.9433	1.0590	1.1226
0.15	0.1220	0.0669	0.5486	0.40	0.4063	0.3752	0.9234	0.65	0.7046	0.7736	1.0979	0.90	0.9507	1.0640	1.1191
0.16	0.1326	0.0758	0.5716	0.41	0.4183	0.3903	0.9331	0.66	0.7161	0.7892	1.1021	0.91	0.9578	1.0679	1.1150
0.17	0.1433	0.0850	0.5935	0.42	0.4302	0.4055	0.9425	0.67	0.7274	0.8046	1.1060	0.92	0.9645	1.0709	1.1103
0.18	0.1540	0.0946	0.6144	0.43	0.4422	0.4209	0.9517	0.68	0.7387	0.8198	1.1097	0.93	0.9709	1.0726	1.1048
0.19	0.1648	0.1046	0.6344	0.44	0.4542	0.4363	0.9606	0.69	0.7499	0.8348	1.1132	0.94	0.9768	1.0729	1.0984
0.20	0.1757	0.1149	0.6535	0.45	0.4662	0.4519	0.9693	0.70	0.7610	0.8497	1.1164	0.95	0.9823	1.0717	1.0910
0.21	0.1867	0.1255	0.6719	0.46	0.4783	0.4676	0.9778	0.71	0.7720	0.8642	1.1194	0.96	0.9873	1.0686	1.0824
0.22	0.1978	0.1364	0.6895	0.47	0.4903	0.4834	0.9860	0.72	0.7829	0.8786	1.1221	0.97	0.9917	1.0632	1.0721
0.23	0.2089	0.1476	0.7065	0.48	0.5024	0.4993	0.9940	0.73	0.7937	0.8926	1.1246	0.98	0.9955	1.0545	1.0592
0.24	0.2201	0.1591	0.7228	0.49	0.5144	0.5153	1.0018	0.74	0.8043	0.9064	1.1268	0.99	0.9984	1.0403	1.0420
0.25	0.2314	0.1709	0.7386	0.50	0.5265	0.5314	1.0093	0.75	0.8149	0.9198	1.1288	1.00	1.0000	1.0000	1.0000

注：h/H——充满度；K_a——水流断面面积修正值；K_q——流量修正值；K_v——流速修正值。

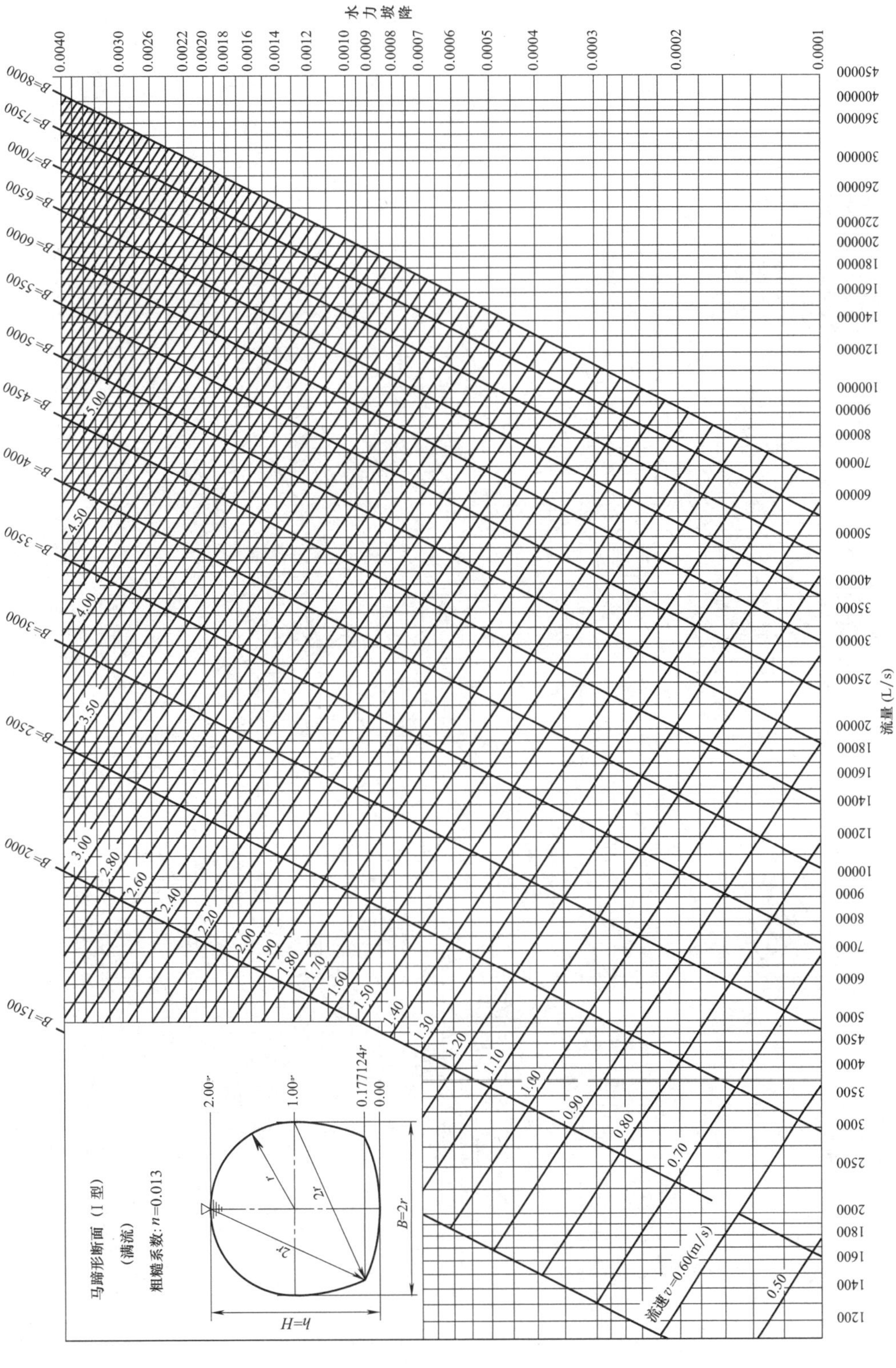

图12-2　马蹄形断面（Ⅰ型）水力计算图（满流）

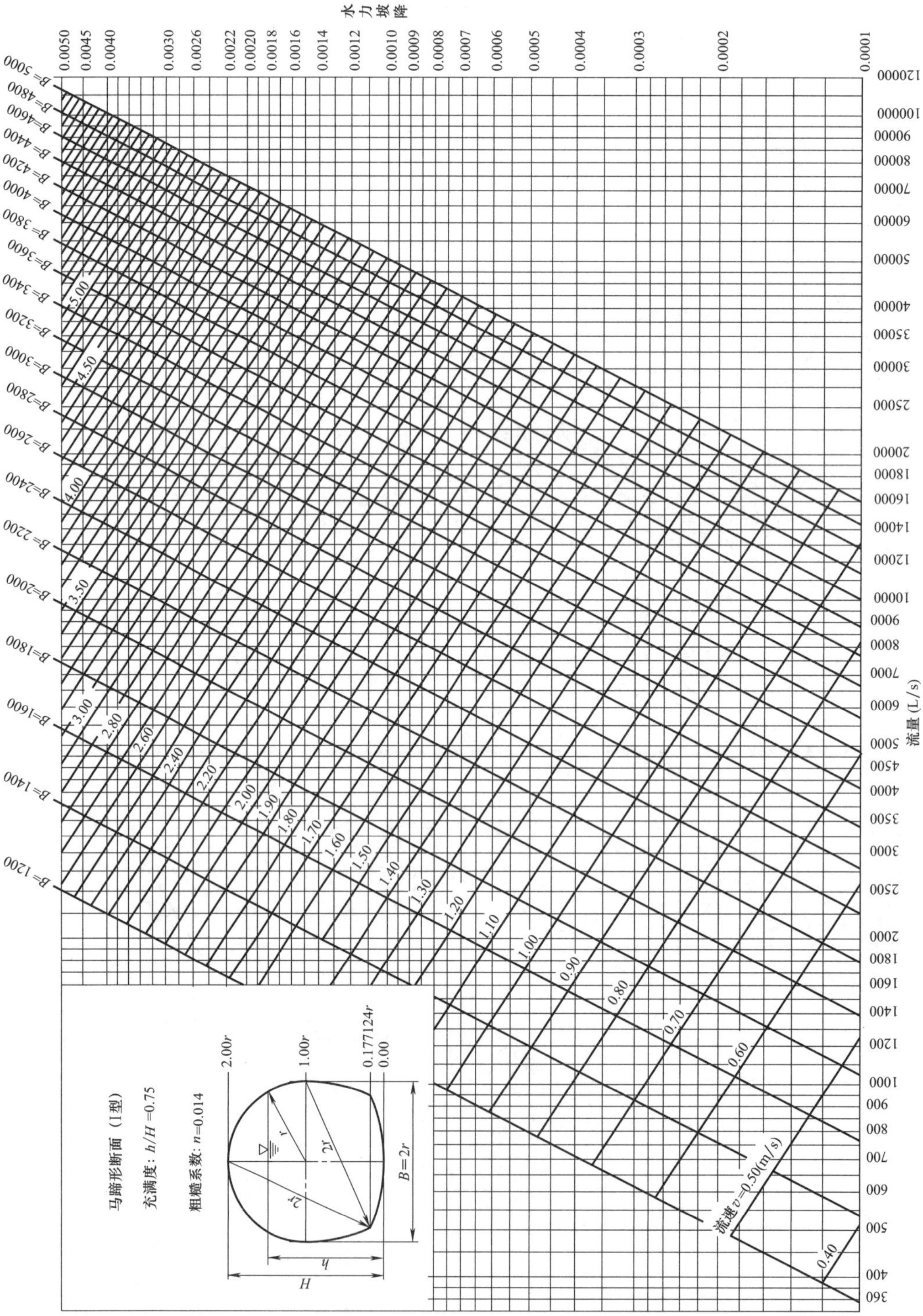

图12-3　马蹄形断面（I型）水力计算图（h/H=0.75）

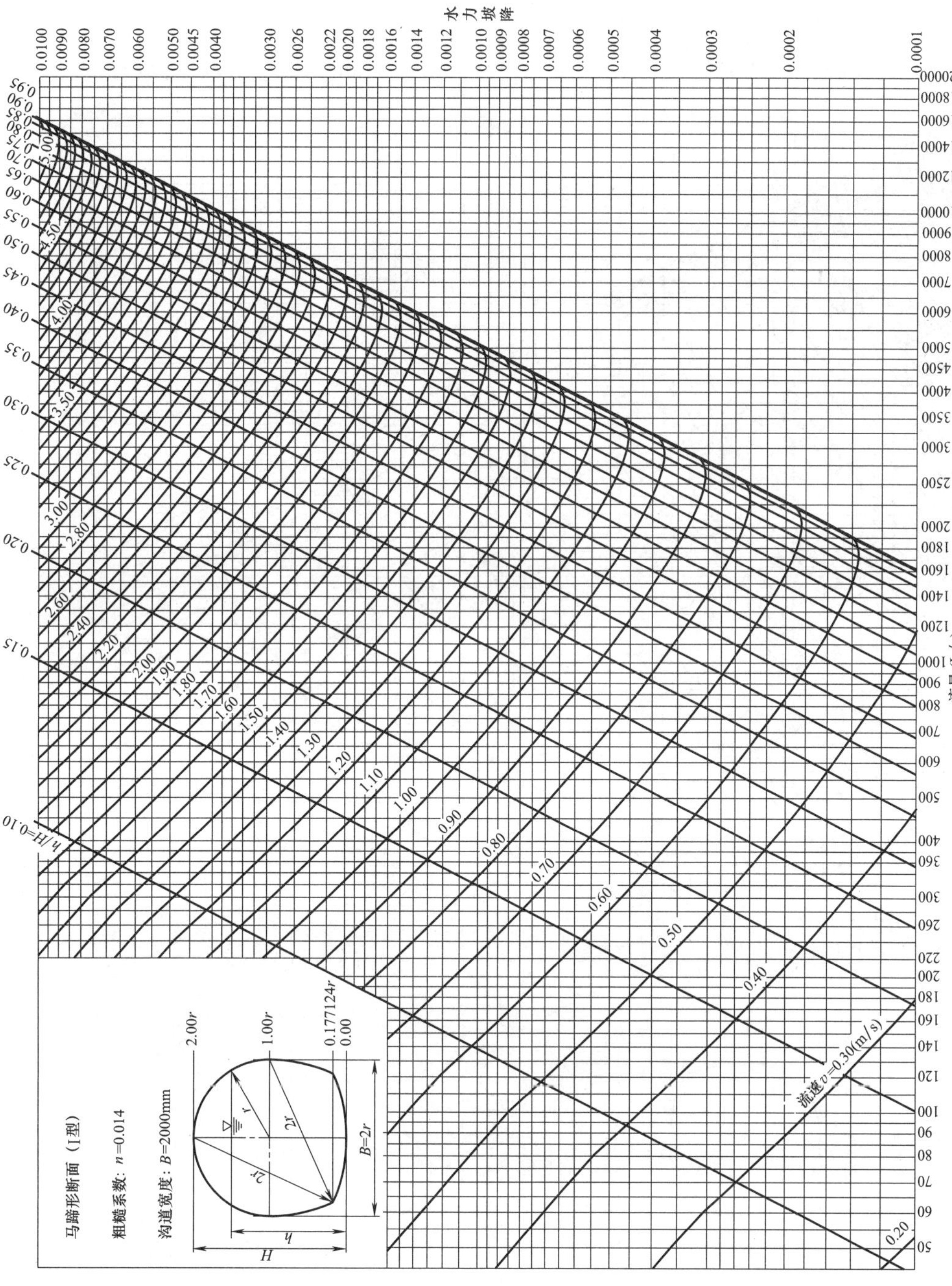

图 12-4 马蹄形断面（Ⅰ型）水力计算图（B=2000mm）

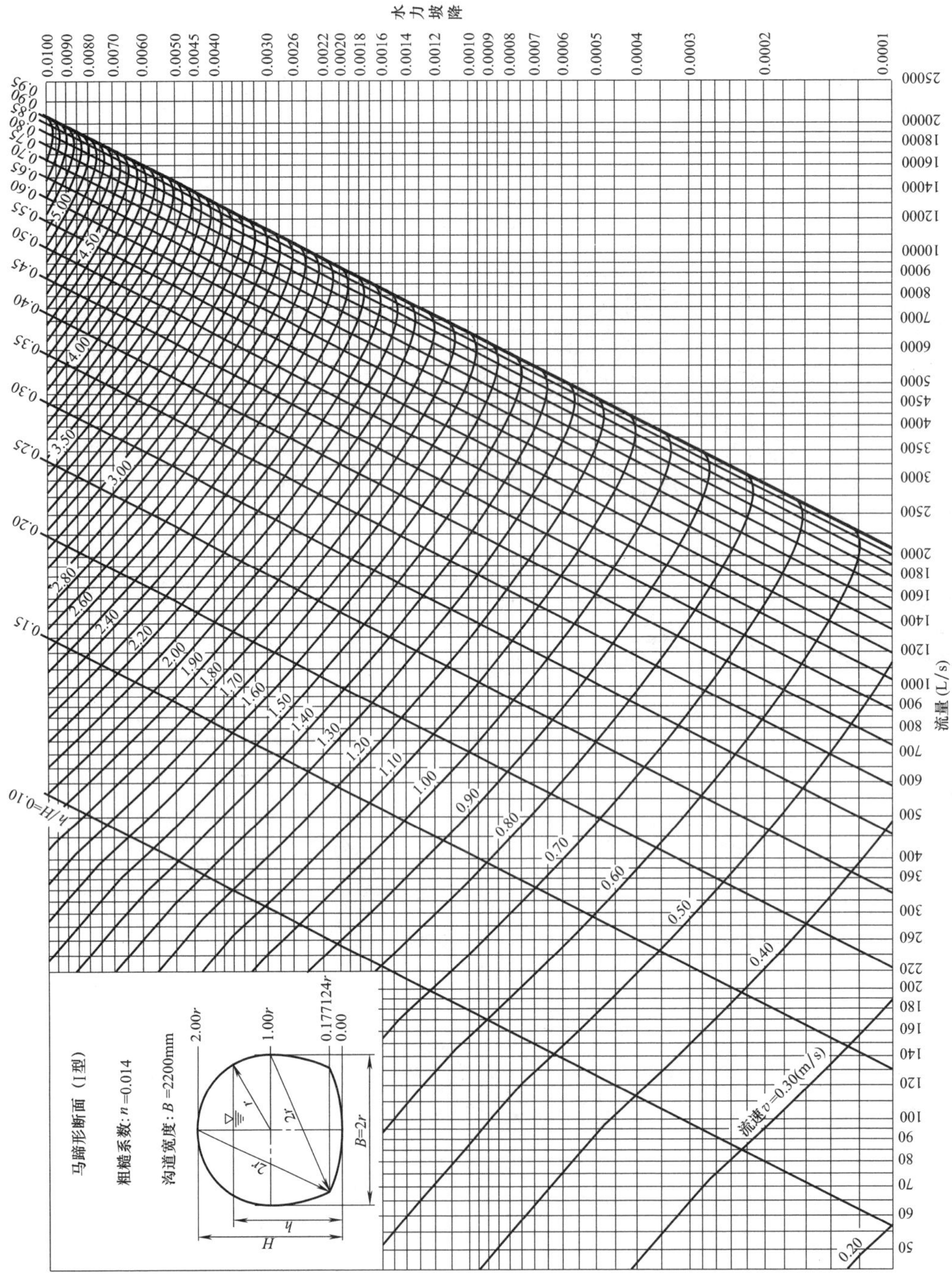

图 12-5　马蹄形断面（I型）水力计算图（B=2200mm）

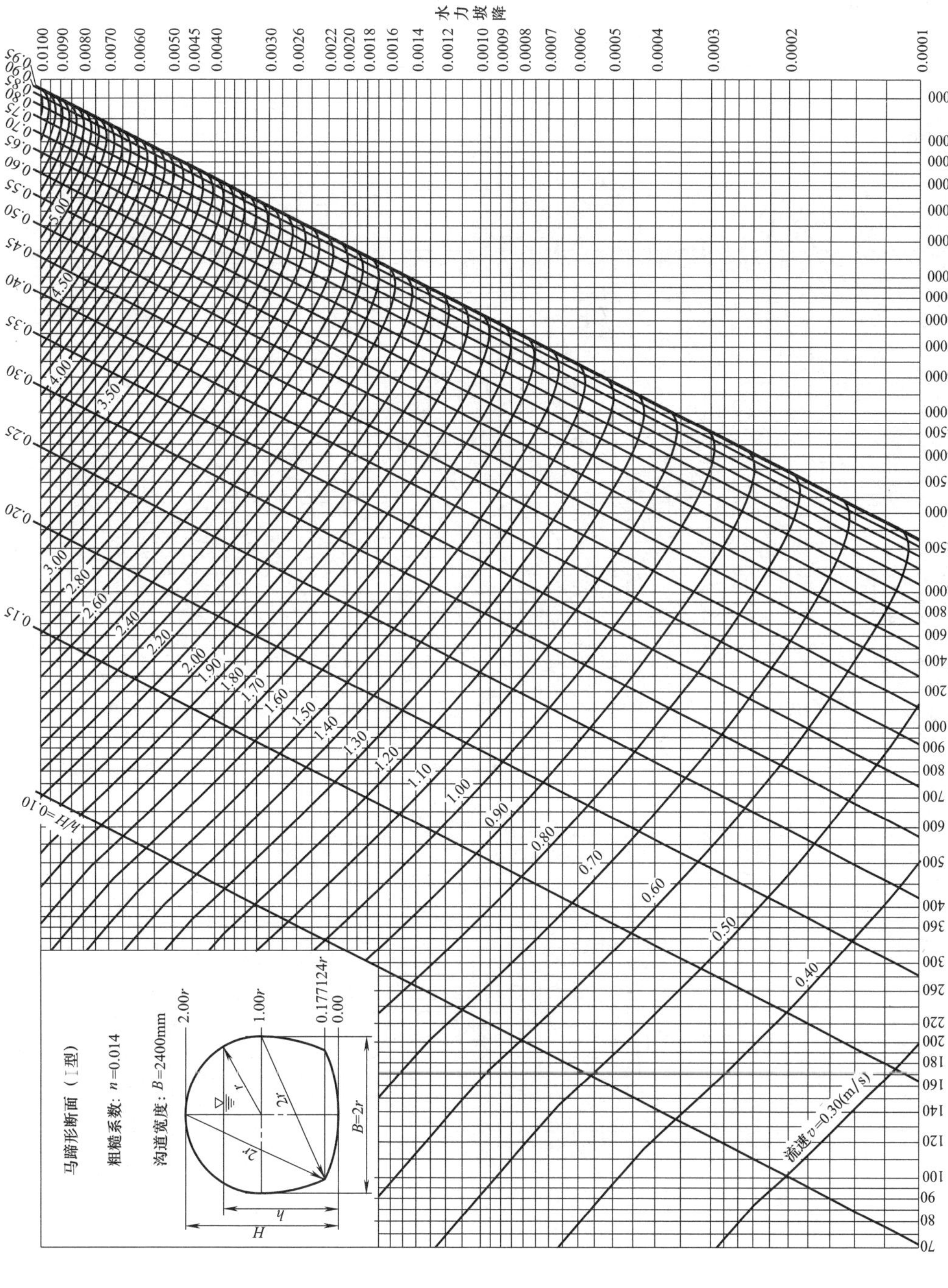

图 12-6　马蹄形断面（Ⅰ型）水力计算图（B=2400mm）

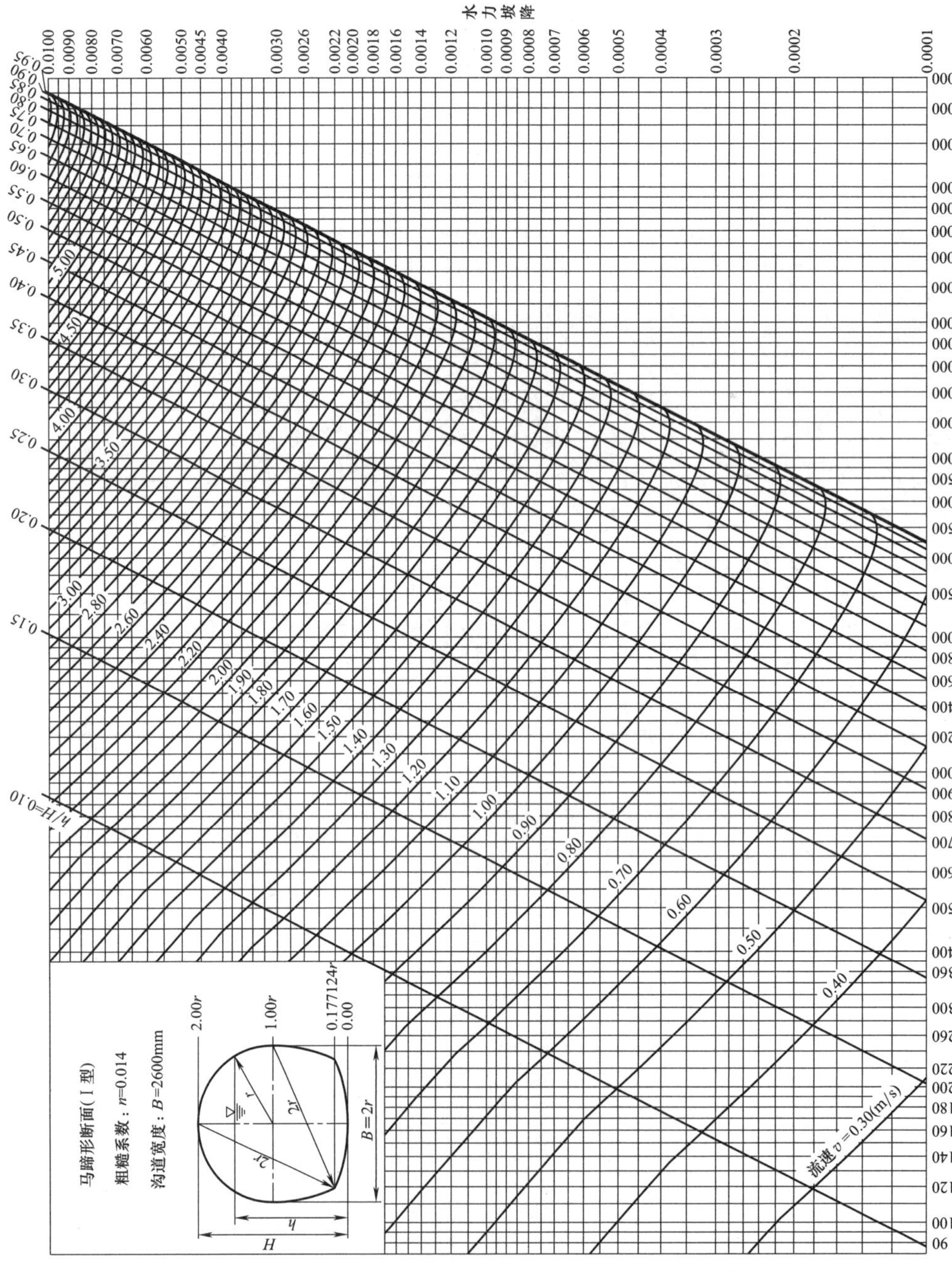

图 12-7 马蹄形断面（Ⅰ型）水力计算图（B=2600mm）

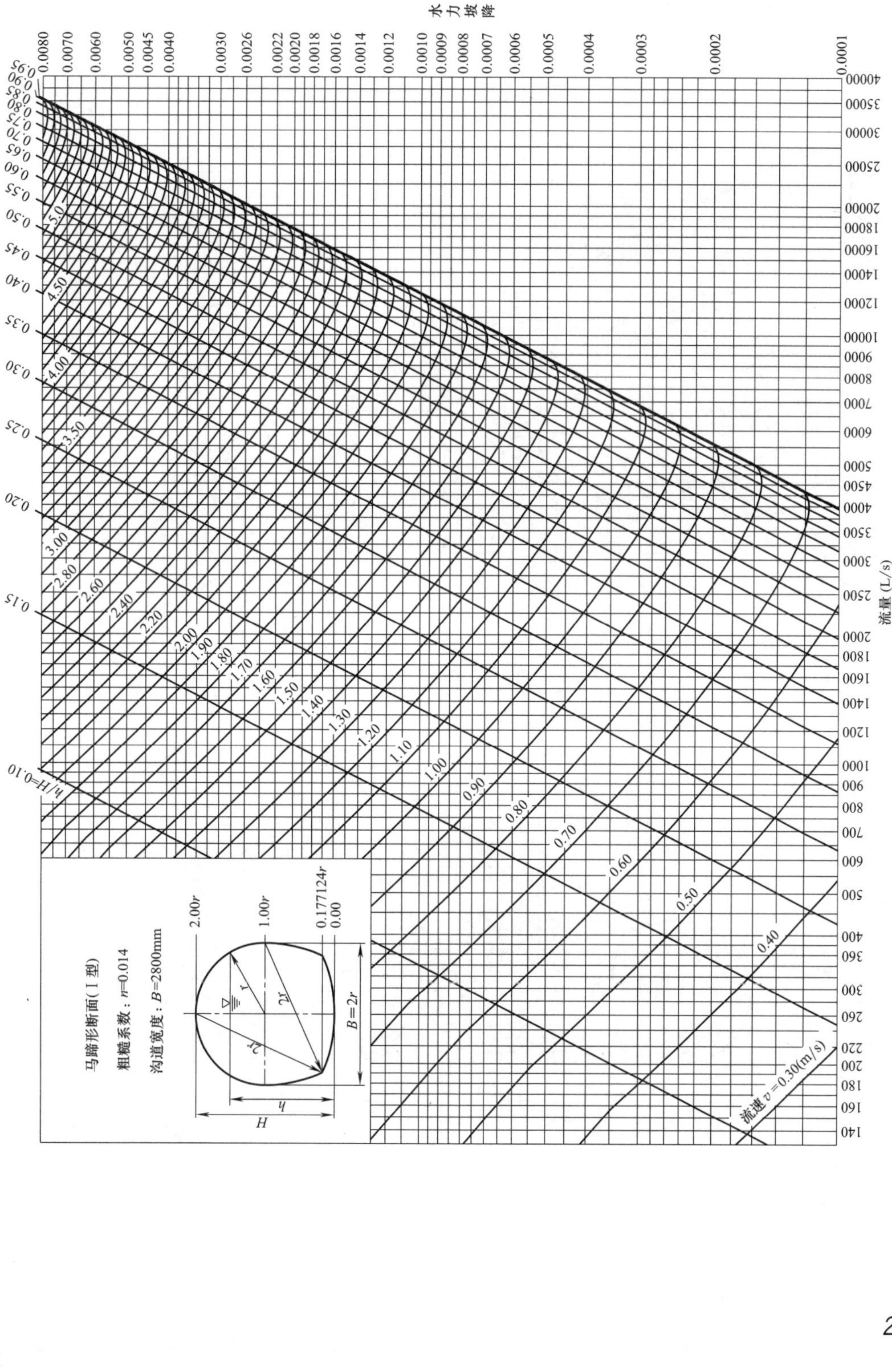

图 12-8 马蹄形断面（Ⅰ型）水力计算图（$B=2800$mm）

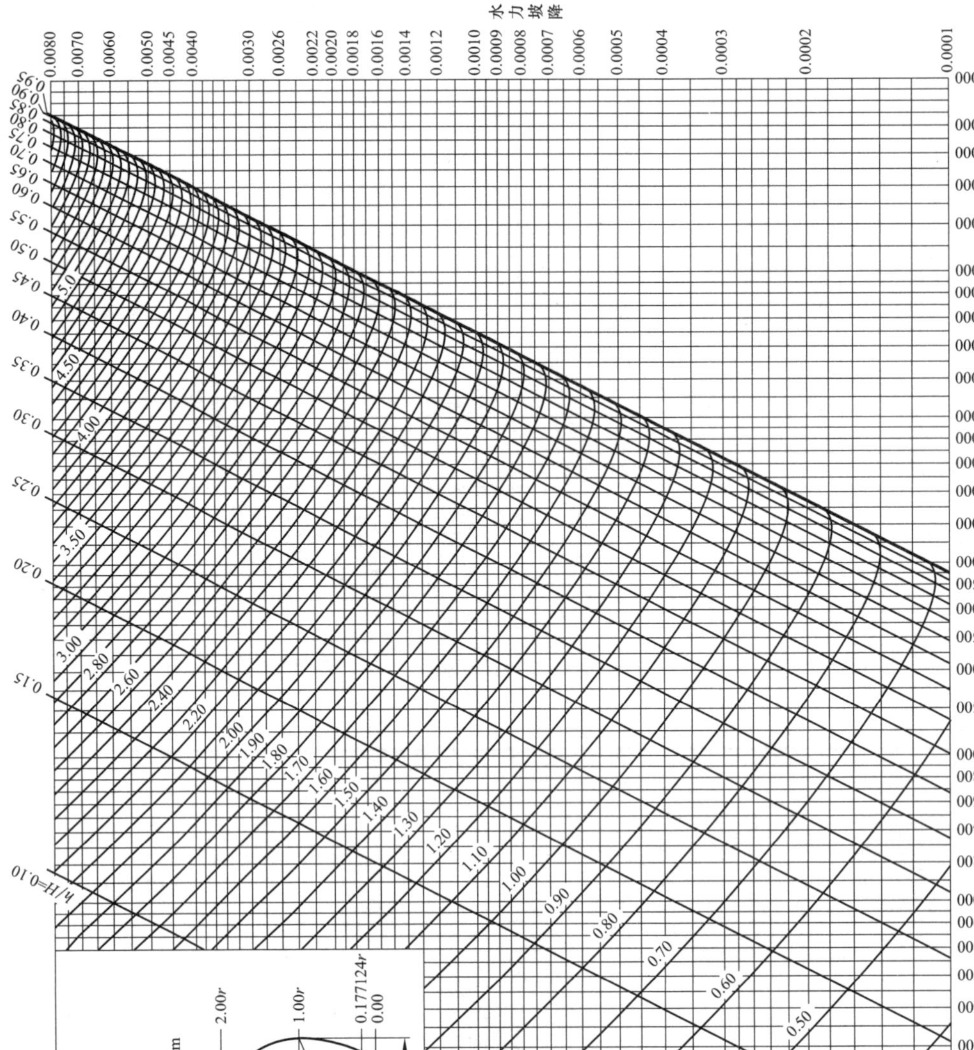

图 12-9 马蹄形断面（Ⅰ型）水力计算图（B=3000mm）

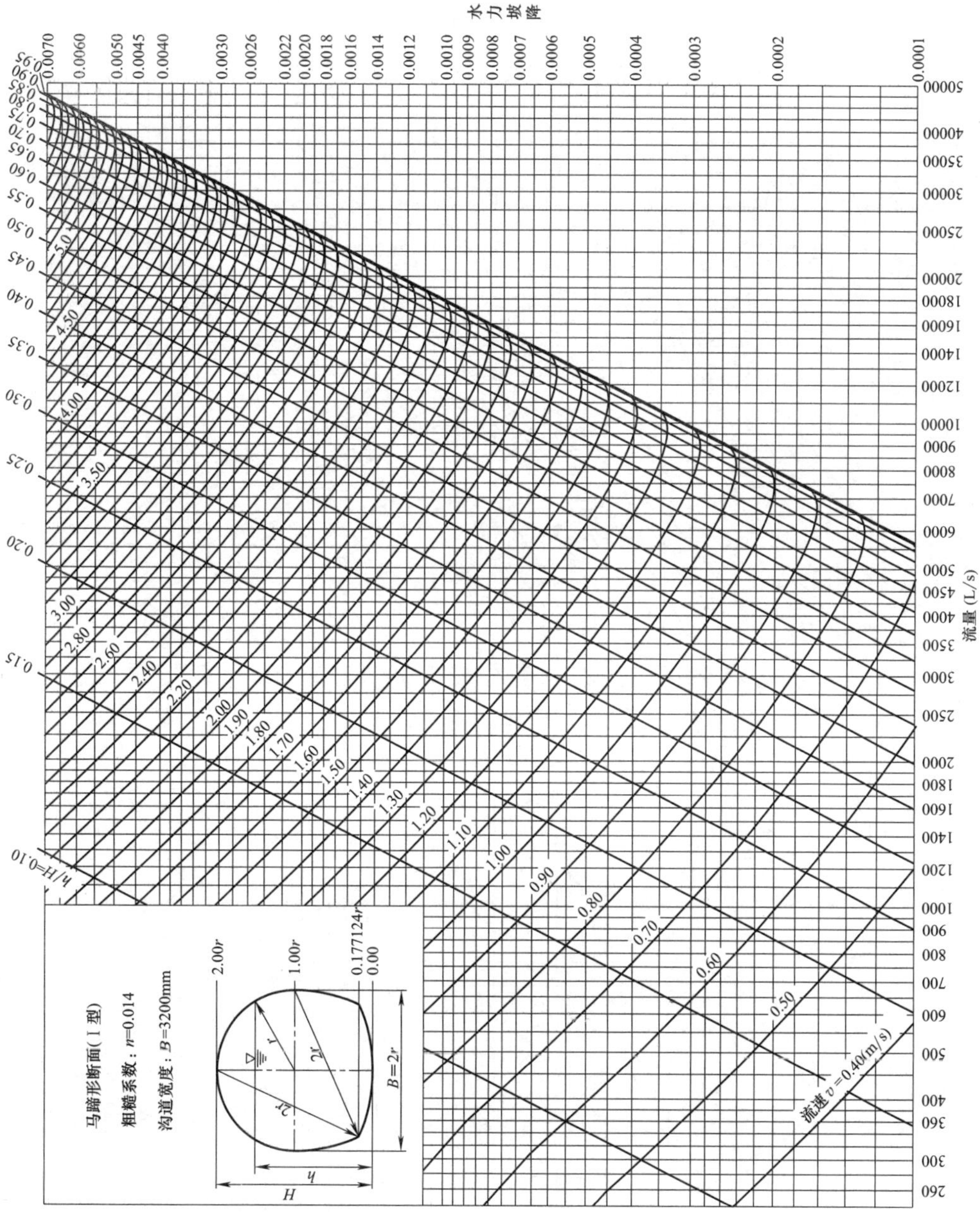

图 12-10 马蹄形断面（Ⅰ型）水力计算图（B=3200mm）

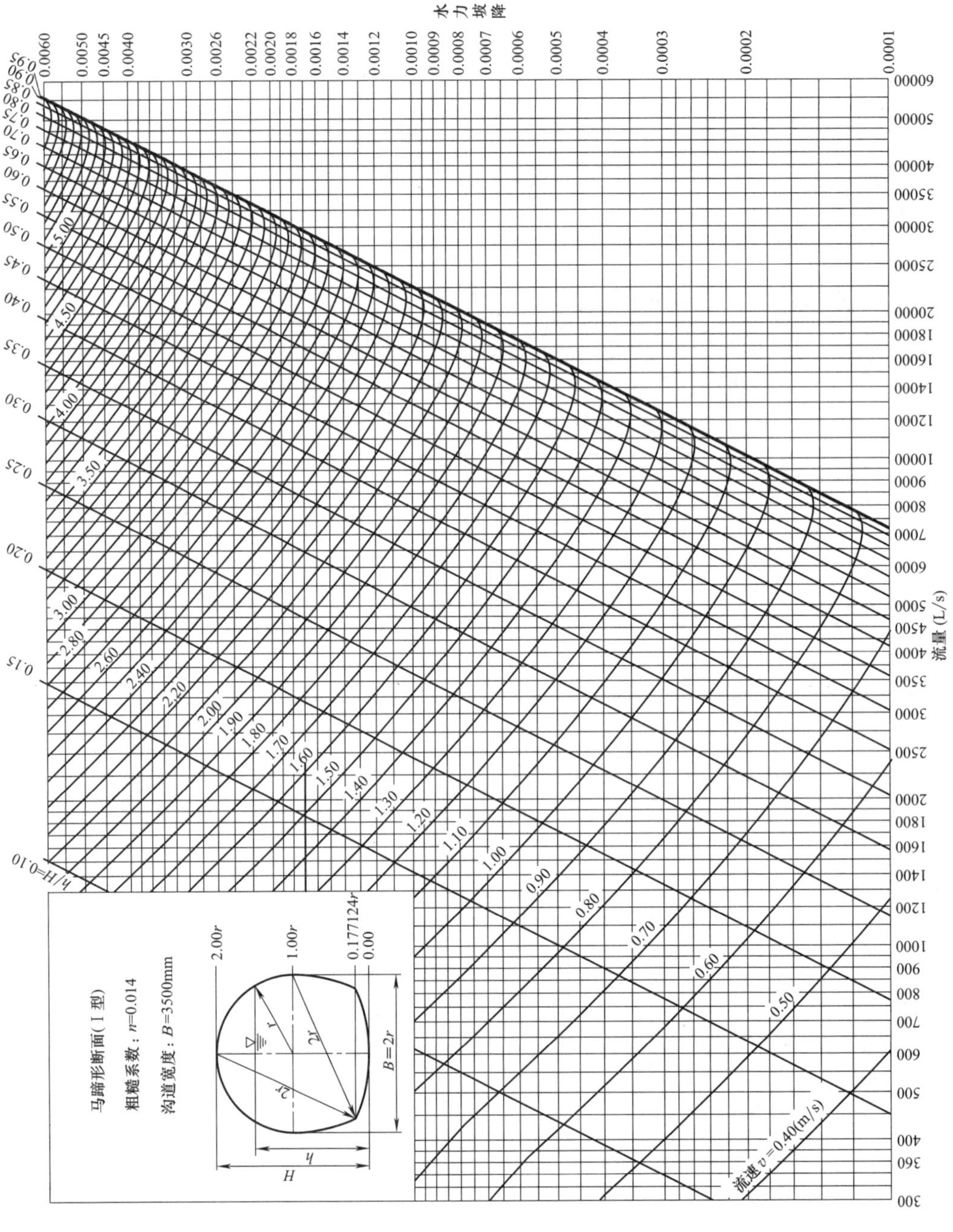

图 12-11 马蹄形断面（I型）水力计算图（B=3500mm）

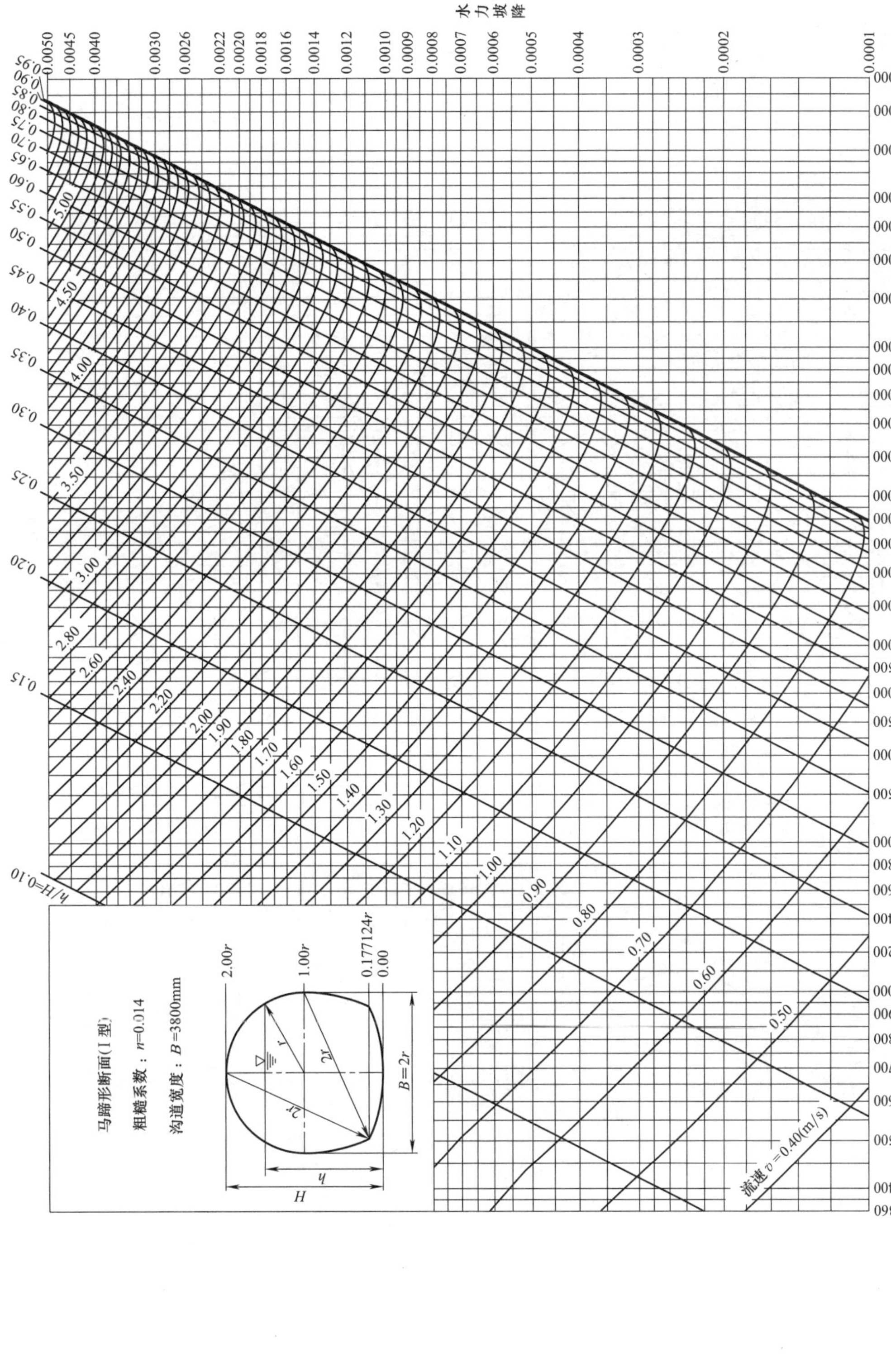

图 12-12 马蹄形断面（Ⅰ型）水力计算图（B=3800mm）

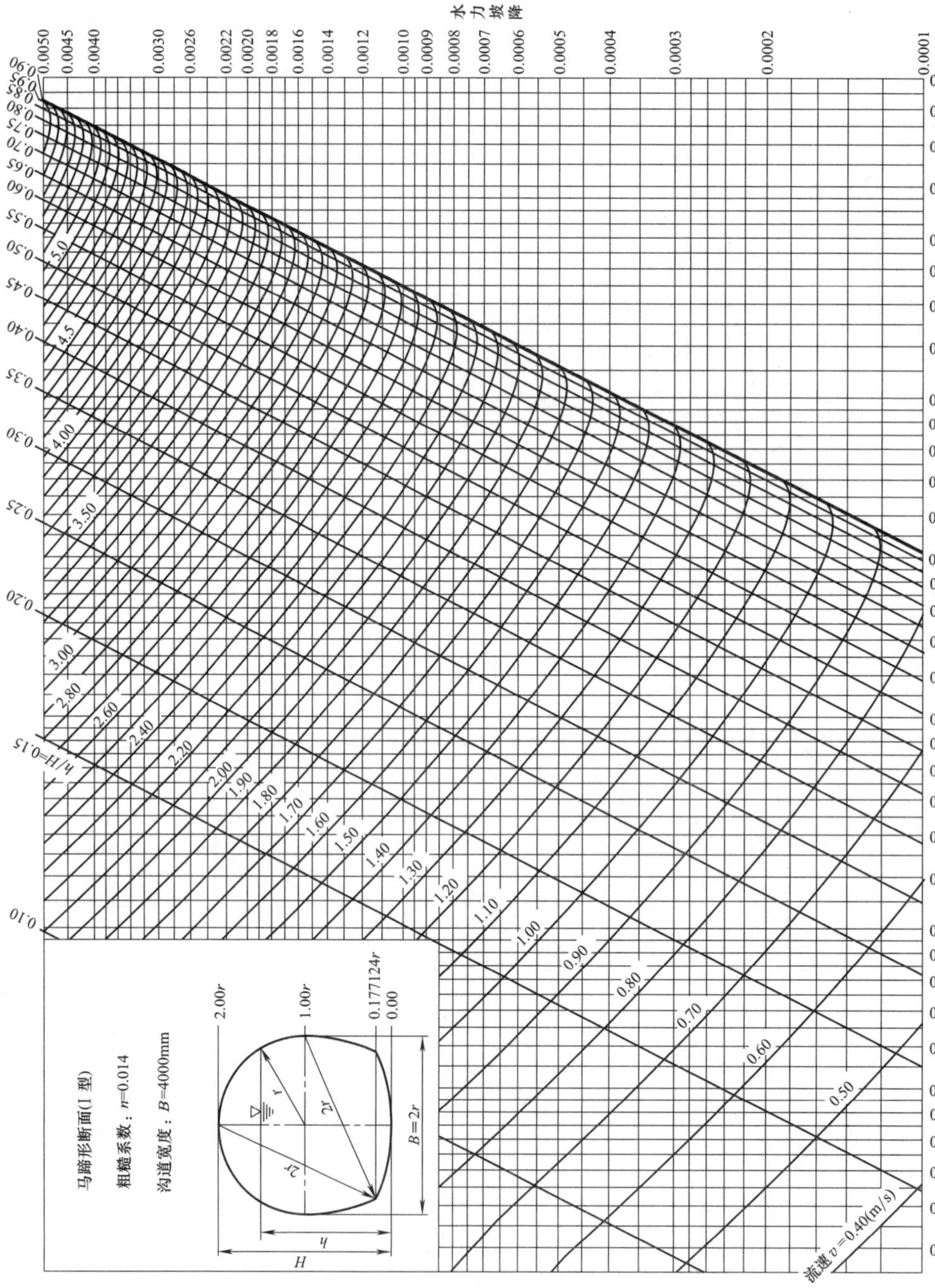

图 12-13 马蹄形断面（I 型）水力计算图（B=4000mm）

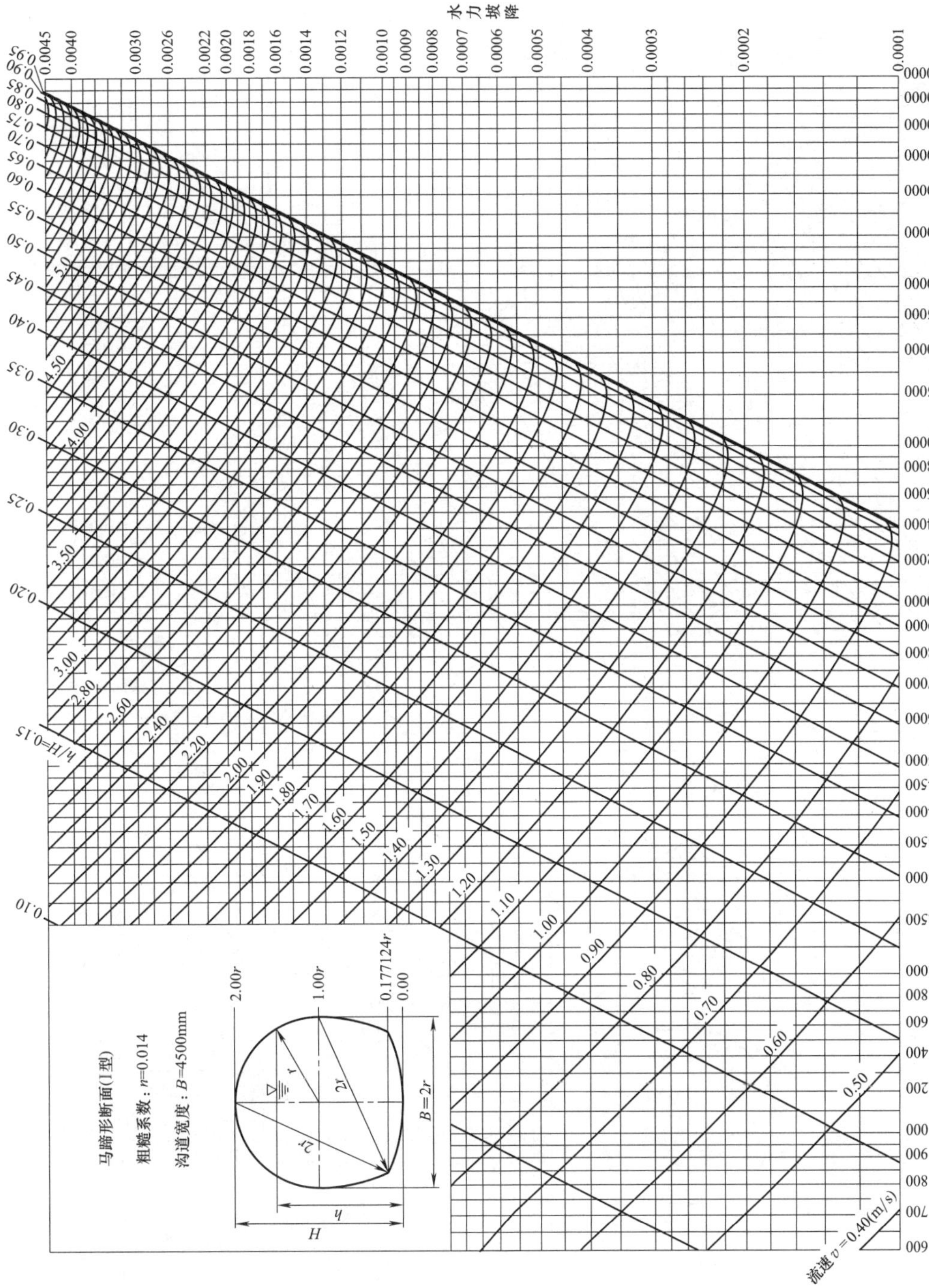

图 12-14 马蹄形断面（Ⅰ型）水力计算图（$B=4500$mm）

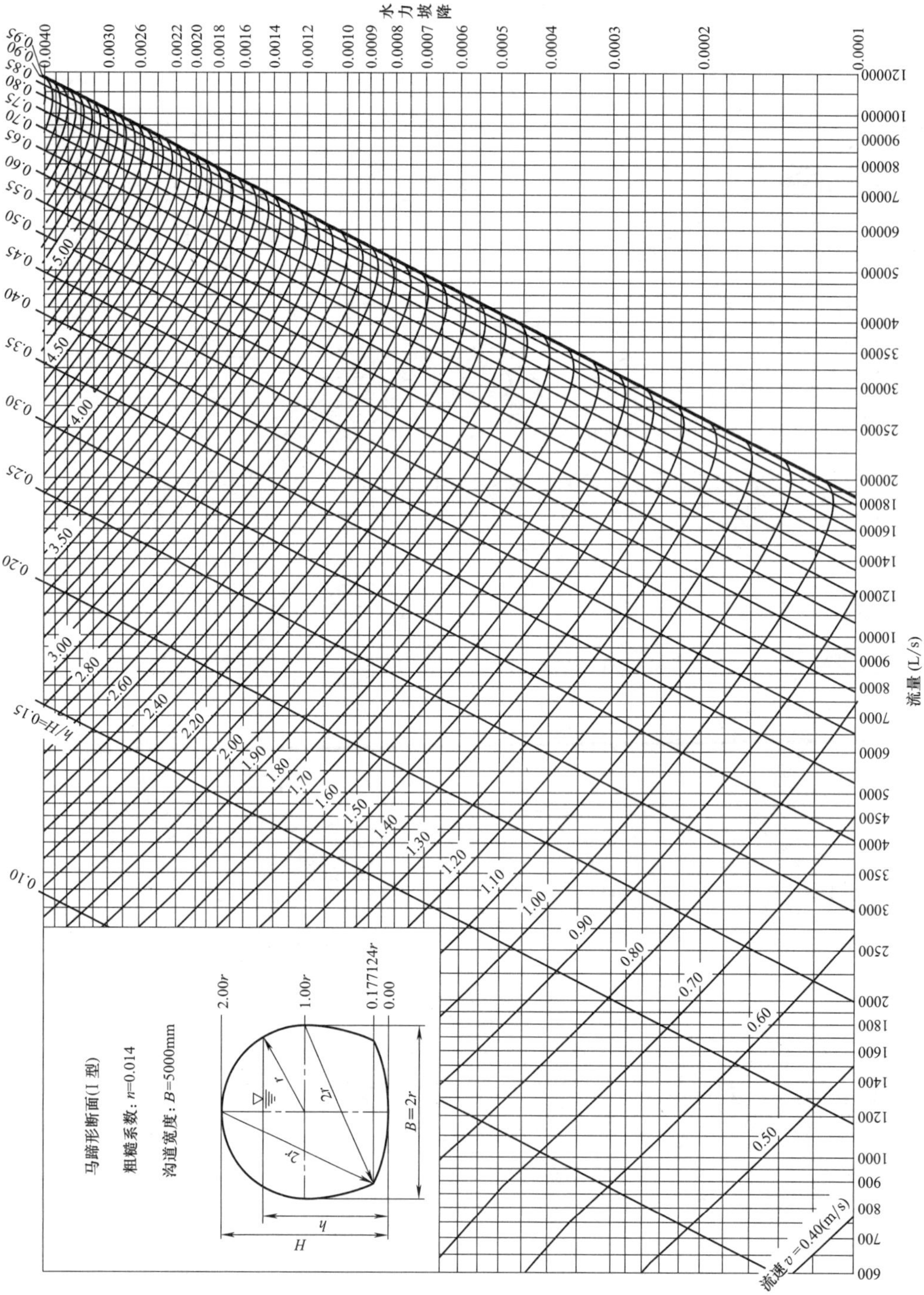

图 12-15 马蹄形断面（I型）水力计算图（B=5000mm）

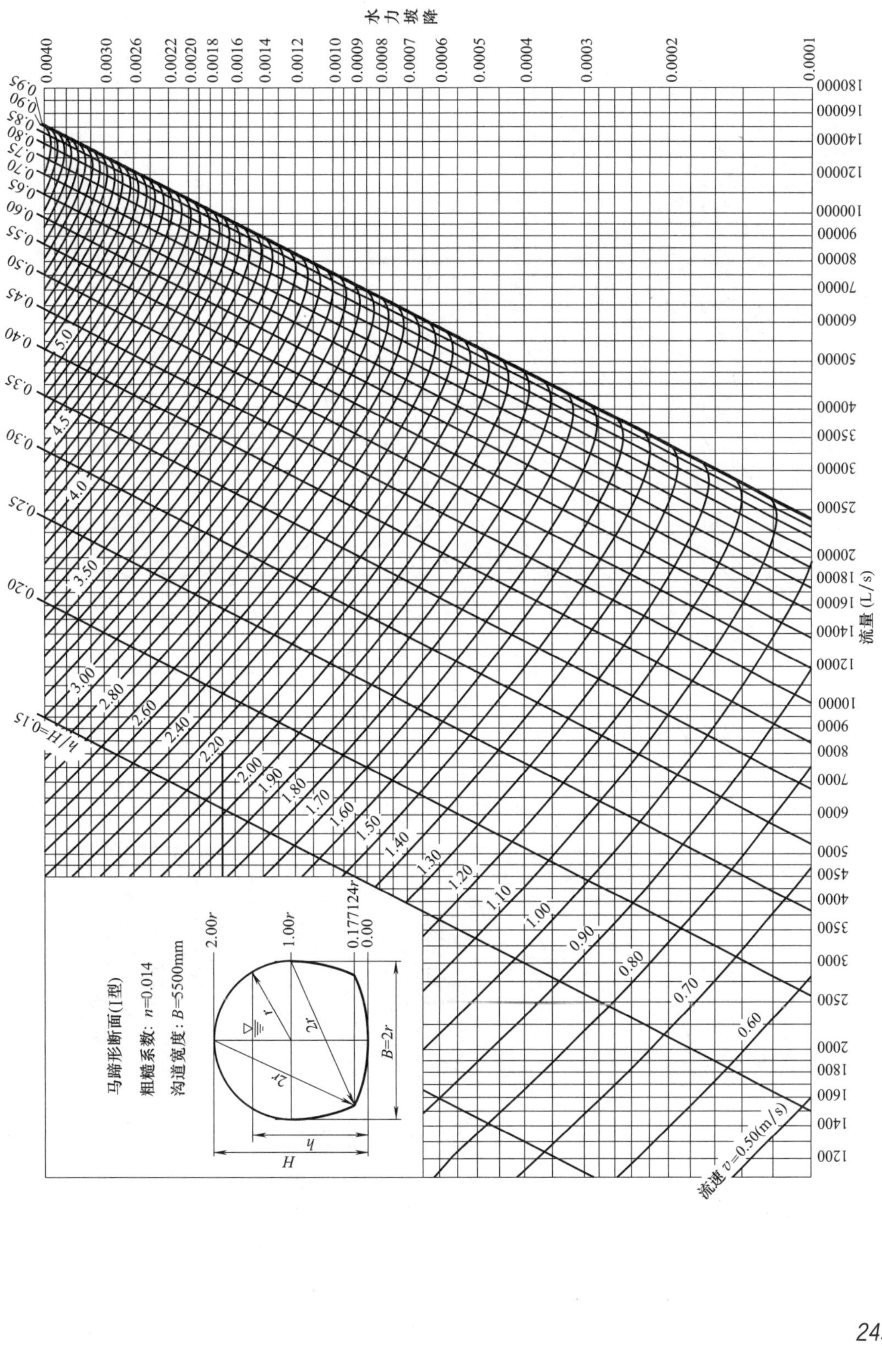

图 12-16　马蹄形断面（Ⅰ型）水力计算图（B＝5500mm）

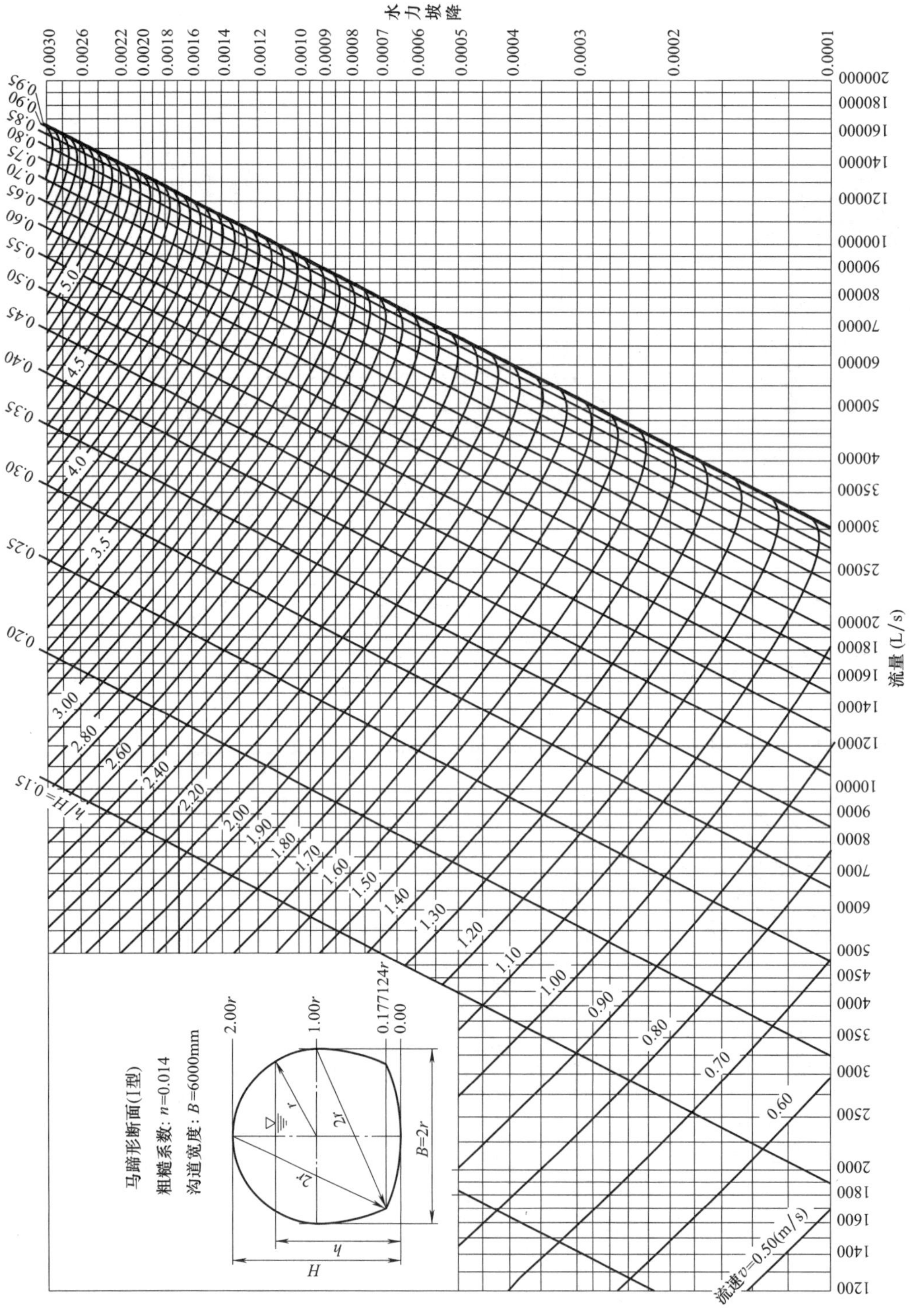

图 12-17 马蹄形断面（Ⅰ型）水力计算图（B=6000mm）

12.2 马蹄形断面（Ⅱ型）暗沟

马蹄形断面（Ⅱ型）是一种良好的水流断面，在给水排水、水利及水电工程中应用历史悠久。在地质条件较差或地形平坦，受到受纳水体水位限制时，需要尽量减少管道埋深以降低造价，可采用高度小于宽度的马蹄形断面（Ⅱ型）。见图 12-18。

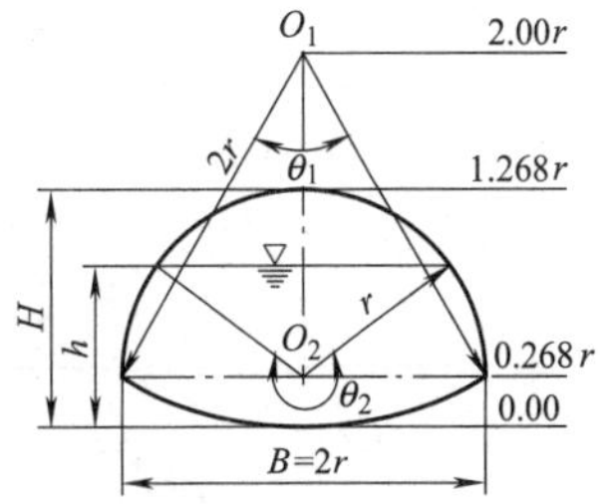

图 12-18 马蹄形断面（Ⅱ型）

12.2.1 计算公式

1. 基本公式

计算公式同 12.1.1。

2. 过水断面 *A* 和湿周 *ρ*

马蹄形断面（Ⅱ型）形状及几何关系见图 12-18，其中顶弧半径为 r，底弧半径为 $2r$。

马蹄形断面（Ⅱ型）过水断面 A 和湿周 ρ 的计算公式经推导后如下：

（1）当水深 $h \leqslant 0.268r$ 时（即 $h/H \leqslant 0.21136$ 时）

$$A = 2r^2(\theta_1 - \sin\theta_1)$$

$$\rho = 2r\theta_1$$

（2）当 $0.268r < h \leqslant 1.268r$ 时（即 $0.21136 < h/H \leqslant 1.00$ 时）

$$A = 0.5r^2(\theta_2 - \sin\theta_2) - 1.208452r^2$$

$$\rho = (\theta_2 - 1.0471976)r$$

式中 θ——管道断面水深圆心角，以弧度计，见图 12-18；

其余同前。

12.2.2 马蹄形断面（Ⅱ型）水力计算图表及其使用说明

（1）水力要素计算见表 12-3，非满流时的流量和流速修正值见表 12-4。

（2）宽度 B=800～6000mm 的马蹄形断面（Ⅱ型）满流时水力计算见图 12-19，最大设计充满度时水力计算见图 12-20，非满流时水力计算见图 12-21～图 12-32。图中流量 Q 以 L/s 计，流速 v 以 m/s 计。

（3）非满流水力计算图中粗糙系数以 $n=0.014$ 计，当 n 为其他值 n_x 时，图中所得流量和流速需乘以修正值 K_n，$K_n = 0.014 \div n_x$。

（4）满流水力计算图中粗糙系数以 $n=0.013$ 计，当 n 为其他值 n_x 时，图中所得流量和流速需乘以修正值 K_n，$K_n = 0.013 \div n_x$。

【例 12-4】 某马蹄形断面（Ⅱ型）雨水暗沟，$B \times H = 2400\text{mm} \times 1522\text{mm}$，粗糙系数 $n=0.013$，坡度 $i=0.001$，求满流（充满度 $h/H=1.00$）时的流量和流速。

【解 1】 查表计算。

由表 12-3 查得，满流时，过水断面 $A=1.9331r^2$，水力半径 $R=0.3692r$。由图 12-18 可知，顶弧半径 $r=0.5B=0.5\times2400=1200\text{mm}=1.2\text{m}$。

所以，流速为：$v=\dfrac{1}{n}R^{2/3}i^{1/2}=\dfrac{1}{0.013}\times(0.3692\times1.2)^{2/3}\times0.001^{1/2}=1.414\text{m/s}$

马蹄形断面（Ⅱ型）水力要素计算表 **表 12-3**

h/H	A (r^2)	ρ (r)	R (r)	h/H	A (r^2)	ρ (r)	R (r)	h/H	A (r^2)	ρ (r)	R (r)	h/H	A (r^2)	ρ (r)	R (r)
0.01	0.0038	0.4507	0.0084	0.26	0.4857	2.2179	0.2190	0.51	1.1012	2.8712	0.3835	0.76	1.6315	3.6332	0.4490
0.02	0.0107	0.6377	0.0169	0.27	0.5110	2.2433	0.2278	0.52	1.1246	2.8987	0.3880	0.77	1.6495	3.6688	0.4496
0.03	0.0197	0.7814	0.0252	0.28	0.5363	2.2688	0.2364	0.53	1.1479	2.9263	0.3923	0.78	1.6673	3.7050	0.4500
0.04	0.0303	0.9027	0.0336	0.29	0.5615	2.2942	0.2448	0.54	1.1710	2.9541	0.3964	0.79	1.6847	3.7420	0.4502
0.05	0.0424	1.0098	0.0420	0.30	0.5867	2.3197	0.2529	0.55	1.1940	2.9821	0.4004	0.80	1.7017	3.7797	0.4502
0.06	0.0556	1.1068	0.0503	0.31	0.6119	2.3453	0.2609	0.56	1.2168	3.0103	0.4042	0.81	1.7184	3.8182	0.4501
0.07	0.0700	1.1961	0.0586	0.32	0.6371	2.3709	0.2687	0.57	1.2395	3.0387	0.4079	0.82	1.7347	3.8576	0.4497
0.08	0.0855	1.2794	0.0668	0.33	0.6622	2.3965	0.2763	0.58	1.2620	3.0672	0.4114	0.83	1.7507	3.8980	0.4491
0.09	0.1019	1.3577	0.0751	0.34	0.6872	2.4222	0.2837	0.59	1.2843	3.0960	0.4148	0.84	1.7662	3.9394	0.4483
0.10	0.1192	1.4320	0.0833	0.35	0.7122	2.4479	0.2909	0.60	1.3065	3.1251	0.4181	0.85	1.7813	3.9820	0.4473
0.11	0.1374	1.5027	0.0915	0.36	0.7371	2.4737	0.2980	0.61	1.3285	3.1543	0.4212	0.86	1.7959	4.0259	0.4461
0.12	0.1564	1.5703	0.0996	0.37	0.7620	2.4995	0.3049	0.62	1.3502	3.1838	0.4241	0.87	1.8101	4.0713	0.4446
0.13	0.1762	1.6354	0.1078	0.38	0.7868	2.5255	0.3115	0.63	1.3718	3.2136	0.4269	0.88	1.8238	4.1182	0.4429
0.14	0.1968	1.6980	0.1159	0.39	0.8115	2.5515	0.3181	0.64	1.3932	3.2437	0.4295	0.89	1.8370	4.1670	0.4408
0.15	0.2180	1.7586	0.1240	0.40	0.8362	2.5775	0.3244	0.65	1.4144	3.2741	0.4320	0.90	1.8496	4.2179	0.4385
0.16	0.2399	1.8172	0.1320	0.41	0.8608	2.6037	0.3306	0.66	1.4354	3.3047	0.4343	0.91	1.8617	4.2712	0.4359
0.17	0.2625	1.8742	0.1401	0.42	0.8853	2.6300	0.3366	0.67	1.4561	3.3357	0.4365	0.92	1.8732	4.3274	0.4329
0.18	0.2857	1.9296	0.1481	0.43	0.9097	2.6563	0.3425	0.68	1.4766	3.3671	0.4385	0.93	1.8839	4.3870	0.4294
0.19	0.3096	1.9836	0.1561	0.44	0.9340	2.6827	0.3482	0.69	1.4969	3.3988	0.4404	0.94	1.8940	4.4508	0.4255
0.20	0.3340	2.0362	0.1640	0.45	0.9582	2.7093	0.3537	0.70	1.5169	3.4309	0.4421	0.95	1.9033	4.5200	0.4211
0.21	0.3590	2.0877	0.1720	0.46	0.9823	2.7360	0.3591	0.71	1.5367	3.4634	0.4437	0.96	1.9118	4.5963	0.4159
0.22	0.3843	2.1164	0.1816	0.47	1.0064	2.7627	0.3643	0.72	1.5562	3.4964	0.4451	0.97	1.9192	4.6826	0.4099
0.23	0.4097	2.1418	0.1913	0.48	1.0303	2.7896	0.3693	0.73	1.5755	3.5298	0.4463	0.98	1.9256	4.7846	0.4024
0.24	0.4350	2.1671	0.2007	0.49	1.0540	2.8167	0.3742	0.74	1.5944	3.5637	0.4474	0.99	1.9305	4.9172	0.3926
0.25	0.4604	2.1925	0.2100	0.50	1.0777	2.8439	0.3790	0.75	1.6131	3.5982	0.4483	1.00	1.9331	5.2360	0.3692

注：h/H——充满度；A——过水断面；ρ——湿周；R——水力半径；r——顶弧半径。

流量为：$Q=Av=1.9331r^2v=1.9331\times1.2^2\times1.414=3.935\text{m}^3/\text{s}$

【解 2】 查图计算。

因为 $n=0.013$，可直接查图得出所求数据，由图 12-19 查得：

流量 $Q\approx3940\text{L/s}=3.94\text{m}^3/\text{s}$

流速 $v\approx1.41\text{m/s}$

所得数据和【解 1】相同。

【例 12-5】 上题中，求设计充满度 $h/H=0.95$ 时的流量和流速。

【解】 由表 12-4 查得，当 $h/H=0.95$ 时，流量修正值 $K_q=1.0748$，流速修正值 $K_v=1.0916$。

故所求流量为：$Q_{0.95}=K_q\times Q_{1.0}=1.0748\times3.935=4.229\text{m}^3/\text{s}$

马蹄形断面（Ⅱ型）在非满流时的流量和流速修正值表　　　　表 12-4

h/H	K_q	K_v	h/H	K_q	K_v	h/H	K_q	K_v	h/H	K_q	K_v	h/H	K_q	K_v
0.01	0.0002	0.0806	0.21	0.1116	0.6009	0.41	0.4137	0.9290	0.61	0.7503	1.0917	0.81	1.0144	1.1411
0.02	0.0007	0.1277	0.22	0.1239	0.6231	0.42	0.4306	0.9403	0.62	0.7661	1.0968	0.82	1.0235	1.1405
0.03	0.0017	0.1672	0.23	0.1367	0.6451	0.43	0.4476	0.9511	0.63	0.7818	1.1016	0.83	1.0320	1.1395
0.04	0.0032	0.2024	0.24	0.1499	0.6662	0.44	0.4646	0.9616	0.64	0.7972	1.1061	0.84	1.0399	1.1382
0.05	0.0051	0.2346	0.25	0.1635	0.6864	0.45	0.4817	0.9718	0.65	0.8124	1.1104	0.85	1.0472	1.1365
0.06	0.0076	0.2647	0.26	0.1774	0.7059	0.46	0.4988	0.9816	0.66	0.8275	1.1144	0.86	1.0539	1.1344
0.07	0.0106	0.2930	0.27	0.1916	0.7247	0.47	0.5159	0.9911	0.67	0.8422	1.1181	0.87	1.0599	1.1319
0.08	0.0142	0.3200	0.28	0.2061	0.7428	0.48	0.5331	1.0002	0.68	0.8567	1.1216	0.88	1.0651	1.1289
0.09	0.0182	0.3458	0.29	0.2208	0.7603	0.49	0.5502	1.0090	0.69	0.8710	1.1248	0.89	1.0695	1.1255
0.10	0.0229	0.3705	0.30	0.2359	0.7771	0.50	0.5673	1.0175	0.70	0.8849	1.1277	0.90	1.0731	1.1216
0.11	0.0280	0.3944	0.31	0.2511	0.7934	0.51	0.5843	1.0257	0.71	0.8986	1.1304	0.91	1.0758	1.1170
0.12	0.0338	0.4176	0.32	0.2666	0.8091	0.52	0.6013	1.0336	0.72	0.9119	1.1327	0.92	1.0774	1.1119
0.13	0.0401	0.4400	0.33	0.2823	0.8243	0.53	0.6183	1.0412	0.73	0.9249	1.1348	0.93	1.0779	1.1060
0.14	0.0470	0.4618	0.34	0.2982	0.8390	0.54	0.6352	1.0485	0.74	0.9375	1.1366	0.94	1.0771	1.0993
0.15	0.0545	0.4831	0.35	0.3143	0.8531	0.55	0.6520	1.0556	0.75	0.9497	1.1382	0.95	1.0748	1.0916
0.16	0.0625	0.5038	0.36	0.3305	0.8669	0.56	0.6687	1.0623	0.76	0.9616	1.1394	0.96	1.0707	1.0827
0.17	0.0712	0.5241	0.37	0.3469	0.8801	0.57	0.6853	1.0687	0.77	0.9731	1.1404	0.97	1.0644	1.0721
0.18	0.0804	0.5439	0.38	0.3634	0.8930	0.58	0.7017	1.0749	0.78	0.9841	1.1410	0.98	1.0550	1.0592
0.19	0.0902	0.5632	0.39	0.3801	0.9054	0.59	0.7180	1.0808	0.79	0.9947	1.1414	0.99	1.0404	1.0418
0.20	0.1006	0.5822	0.40	0.3968	0.9174	0.60	0.7342	1.0864	0.80	1.0048	1.1414	1.00	1.0000	1.0000

注：h/H——充满度；K_q——流量修正值；K_v——流速修正值。

所求流速为：$v_{0.95}=K_v\times v_{1.0}=1.0916\times1.414=1.544$m/s

【例 12-6】 某马蹄形断面（Ⅱ型）污水暗沟，$B\times H=1900$mm$\times1205$mm，粗糙系数 $n=0.014$，坡度 i=0.0004，求最大设计充满度（$h/H=0.75$）时的流量和流速。

【解 1】 在水力计算图中没有该断面尺寸，因此需查表计算：

由表 12-3 查得，$h/H=0.75$ 时，过水断面 $A=1.6131r^2$，水力半径 $R=0.4483r$。由图 12-18 可知，顶弧半径 $r=0.5B=0.5\times1900=950$mm$=0.95$m。

所以，流速为：$v=\frac{1}{n}R^{2/3}i^{1/2}=\frac{1}{0.014}\times(0.4483\times0.95)^{2/3}\times0.0004^{1/2}=0.8087$m/s

流量为：$Q=Av=1.6131r^2v=1.6131\times0.95^2\times0.8087=1.177$m^3/s

【解 2】 用本书的配套应用软件《给水排水工程常用管渠水力计算》软件求解。

在软件的“马蹄形断面（Ⅱ型）暗沟水力计算（非满流）”页面中，用 B、H、i 求 Q、v 的第二种计算方法，输入上述坡度 $i=0.0004=0.4‰$、沟宽 $B=1900$mm、充满度 $h/H=0.75$ 等数据后，得流速 $v=0.809$m/s，流量 $Q=1177.3$L/s$=1.1773$m^3/s。

所得各项数据和【解 1】的结果很接近，符合要求。

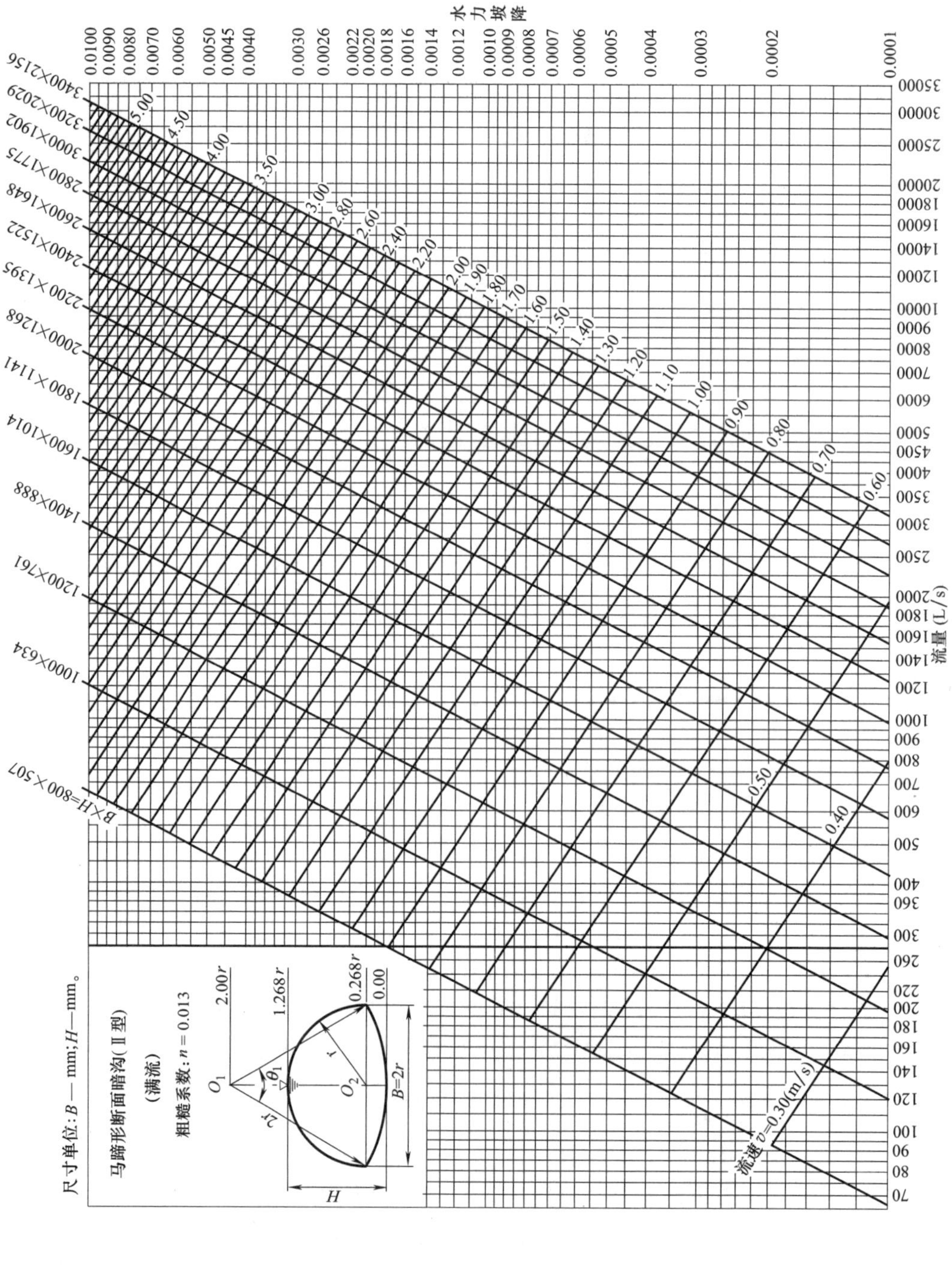

图 12-19 马蹄形断面（Ⅱ型）水力计算图（满流）

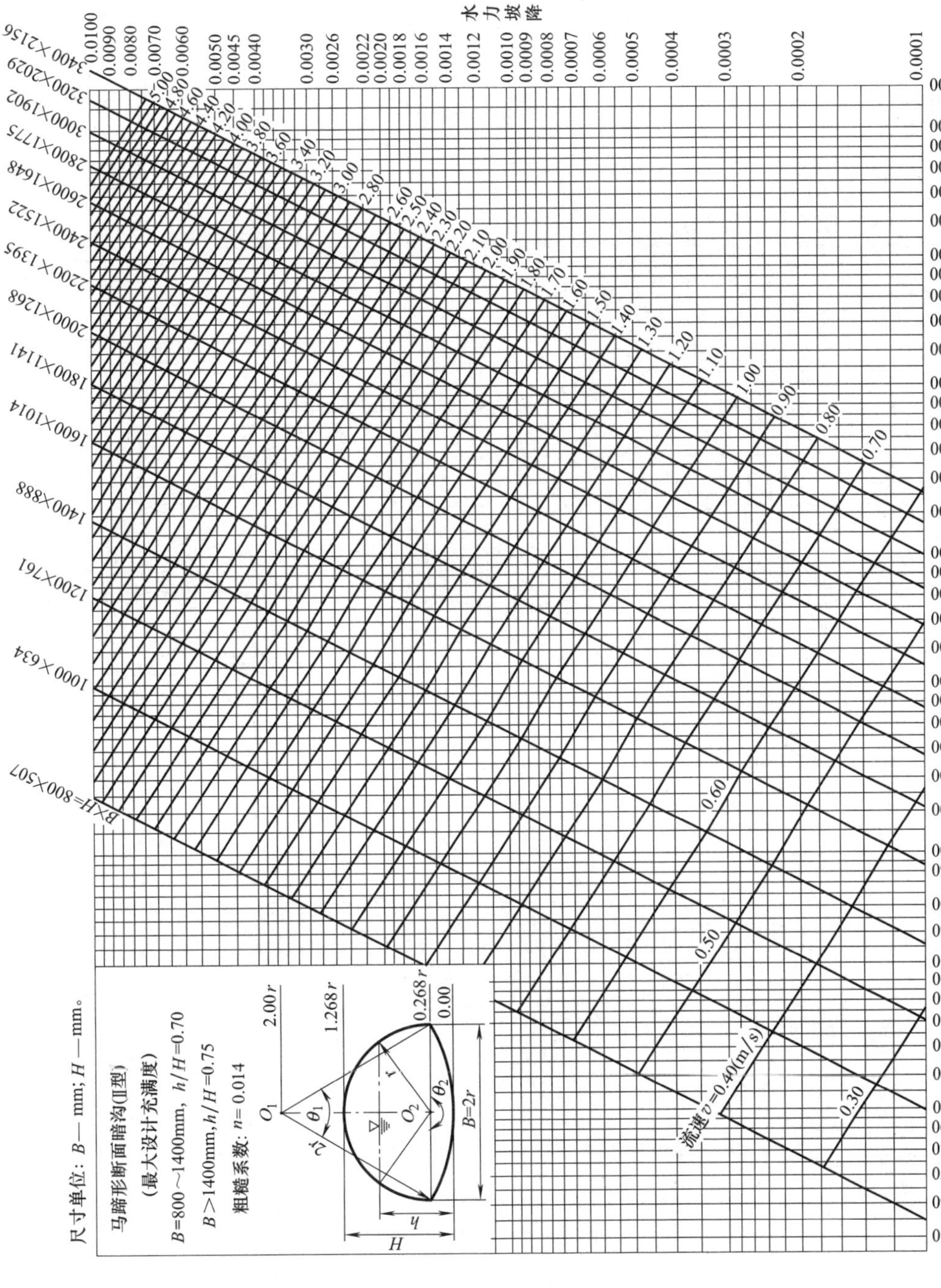

图 12-20 马蹄形断面（Ⅱ型）水力计算图（最大设计充满度）

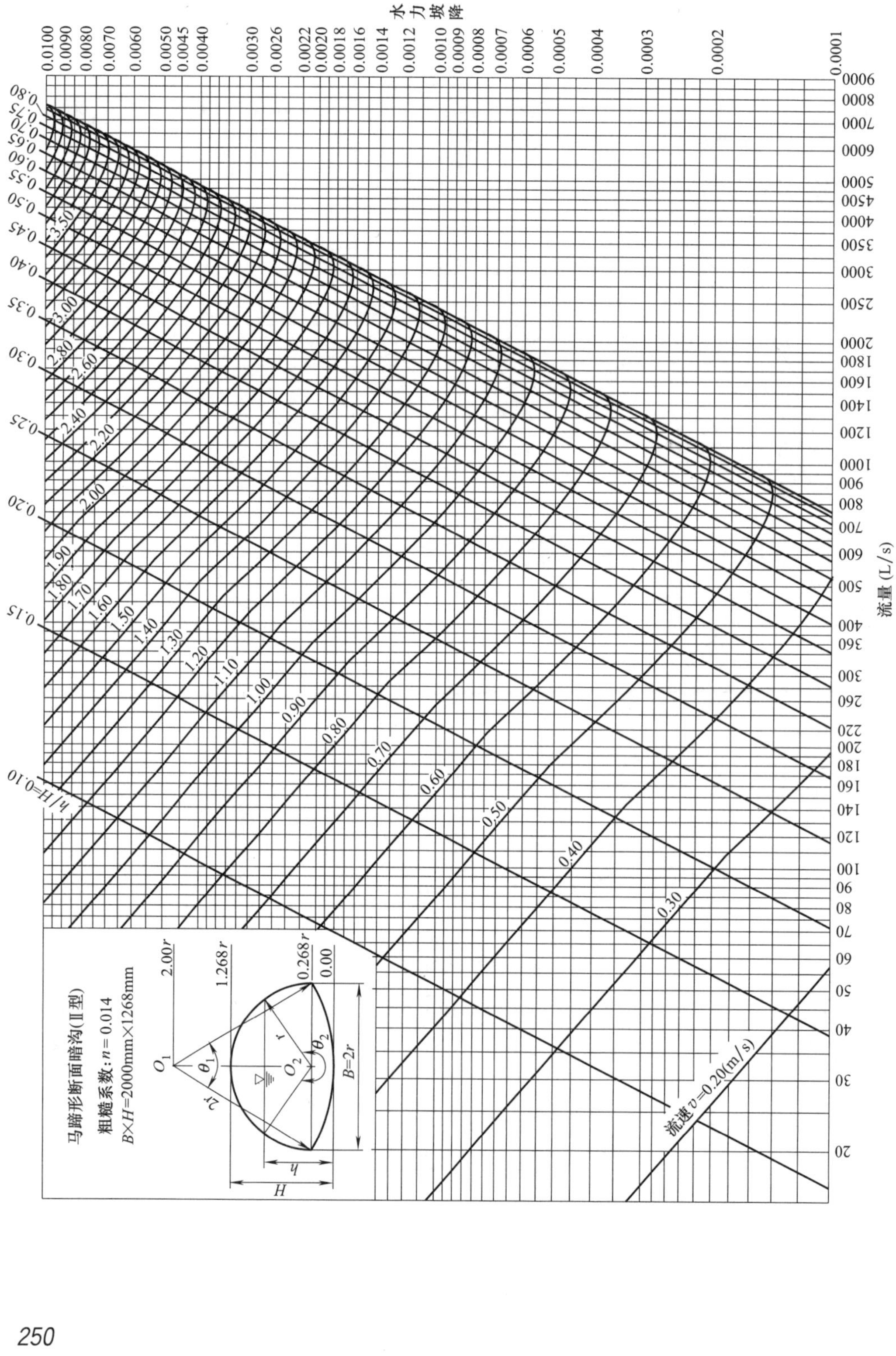

图 12-21　马蹄形断面（Ⅱ型）水力计算图（$B=2000$mm）

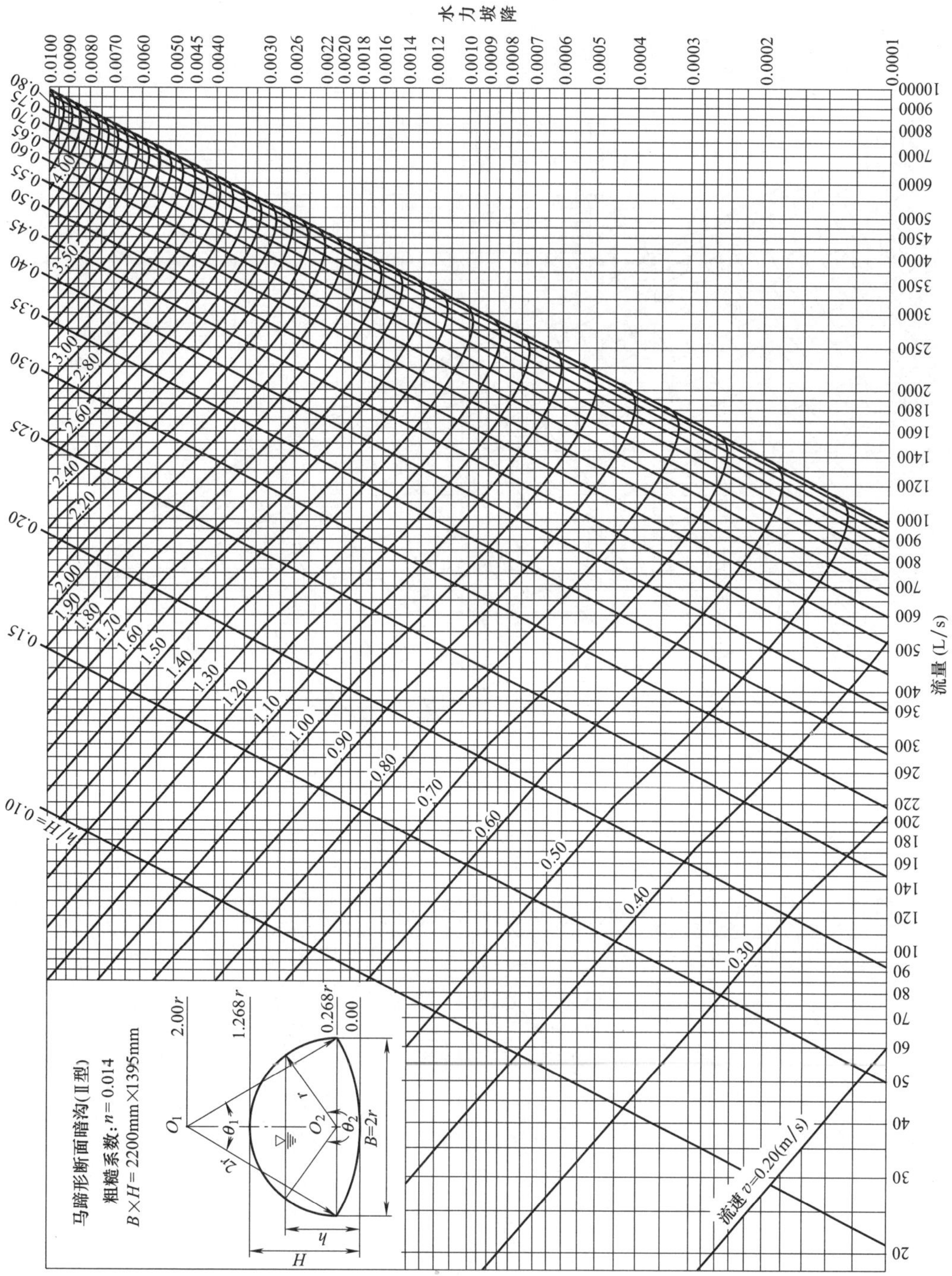

图 12-22　马蹄形断面（Ⅱ型）水力计算图（B=2200mm）

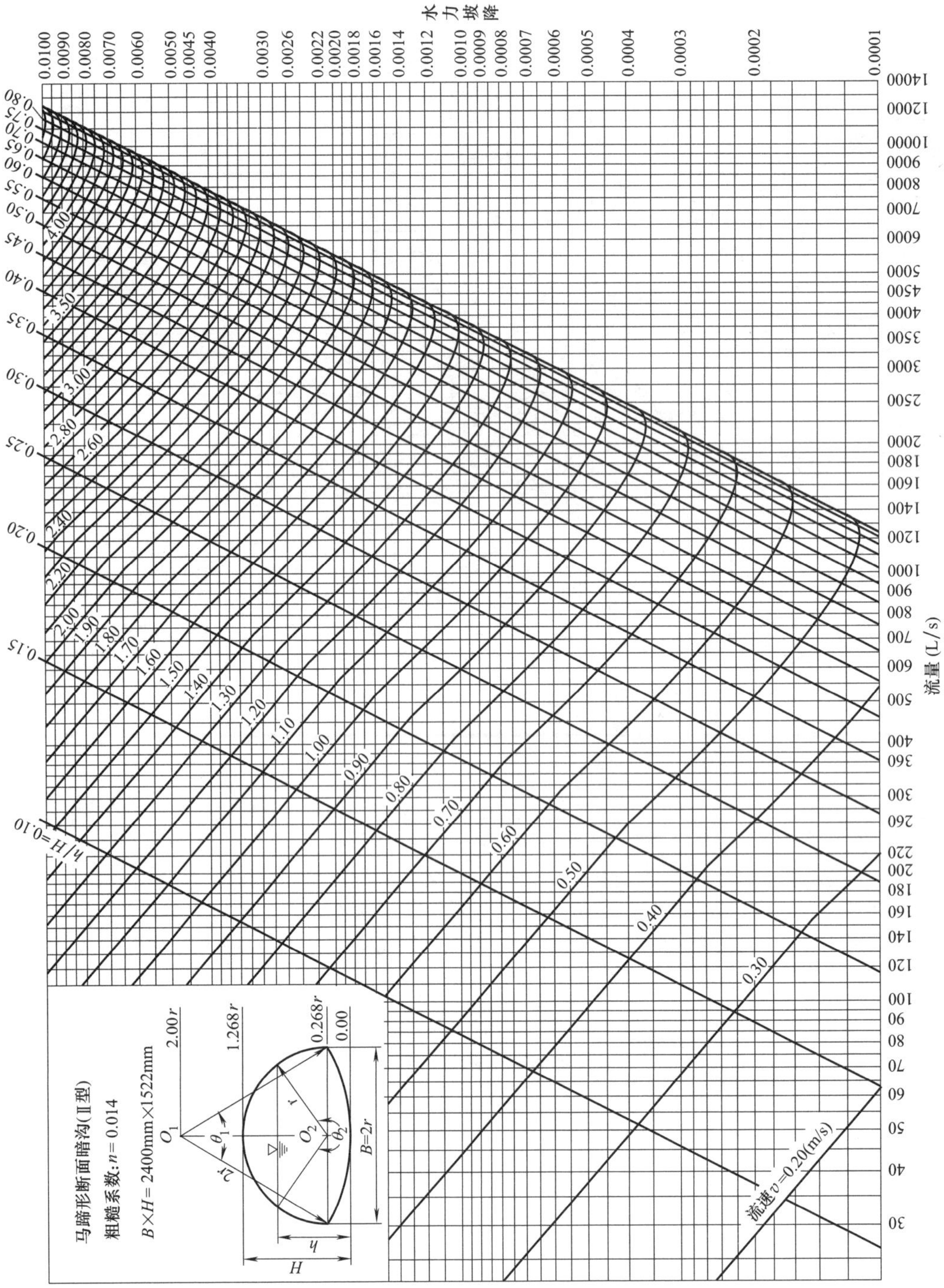

图 12-23 马蹄形断面（Ⅱ型）水力计算图（$B=2400$mm）

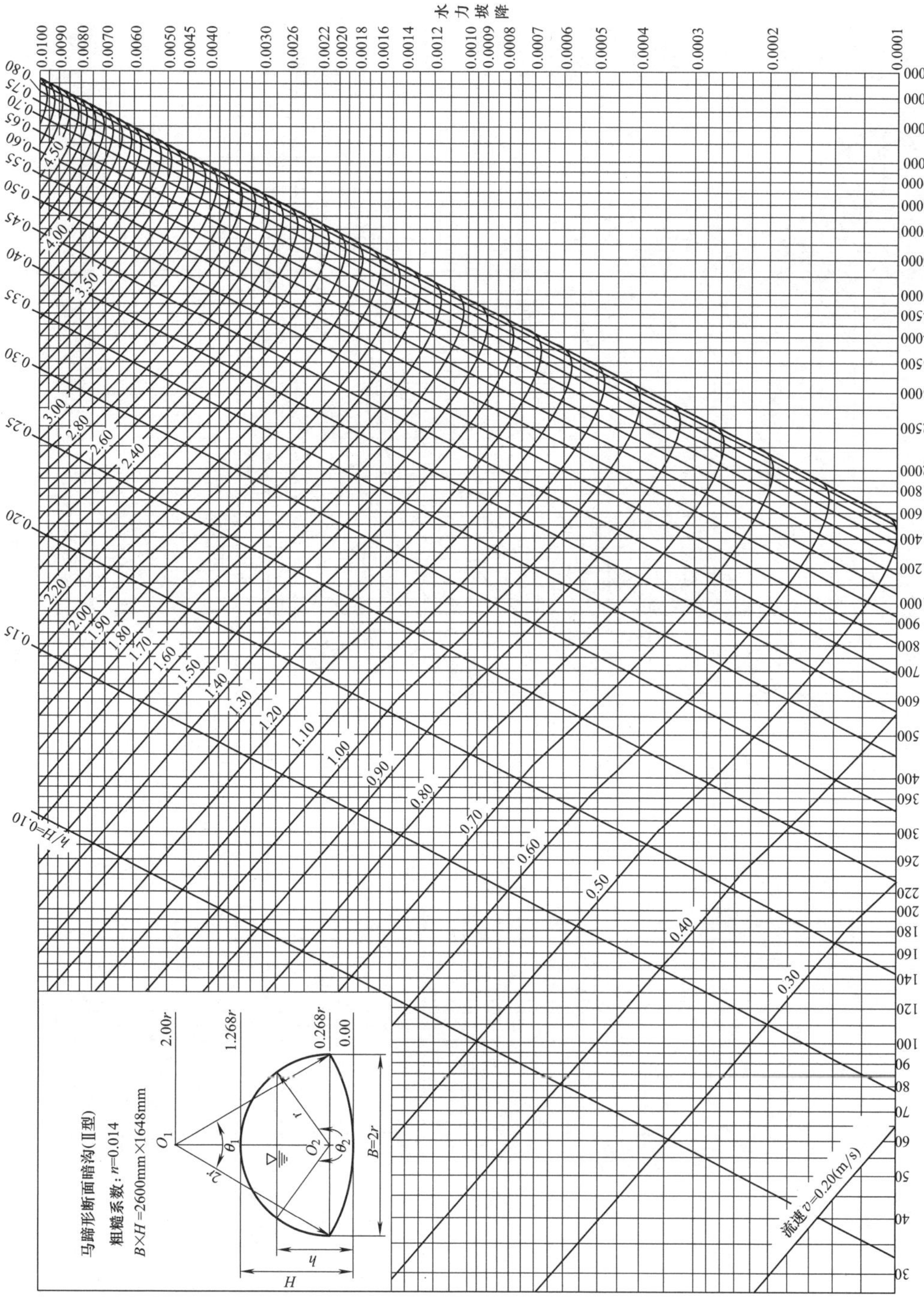

图 12-24 马蹄形断面（Ⅱ型）水力计算图（B=2600mm）

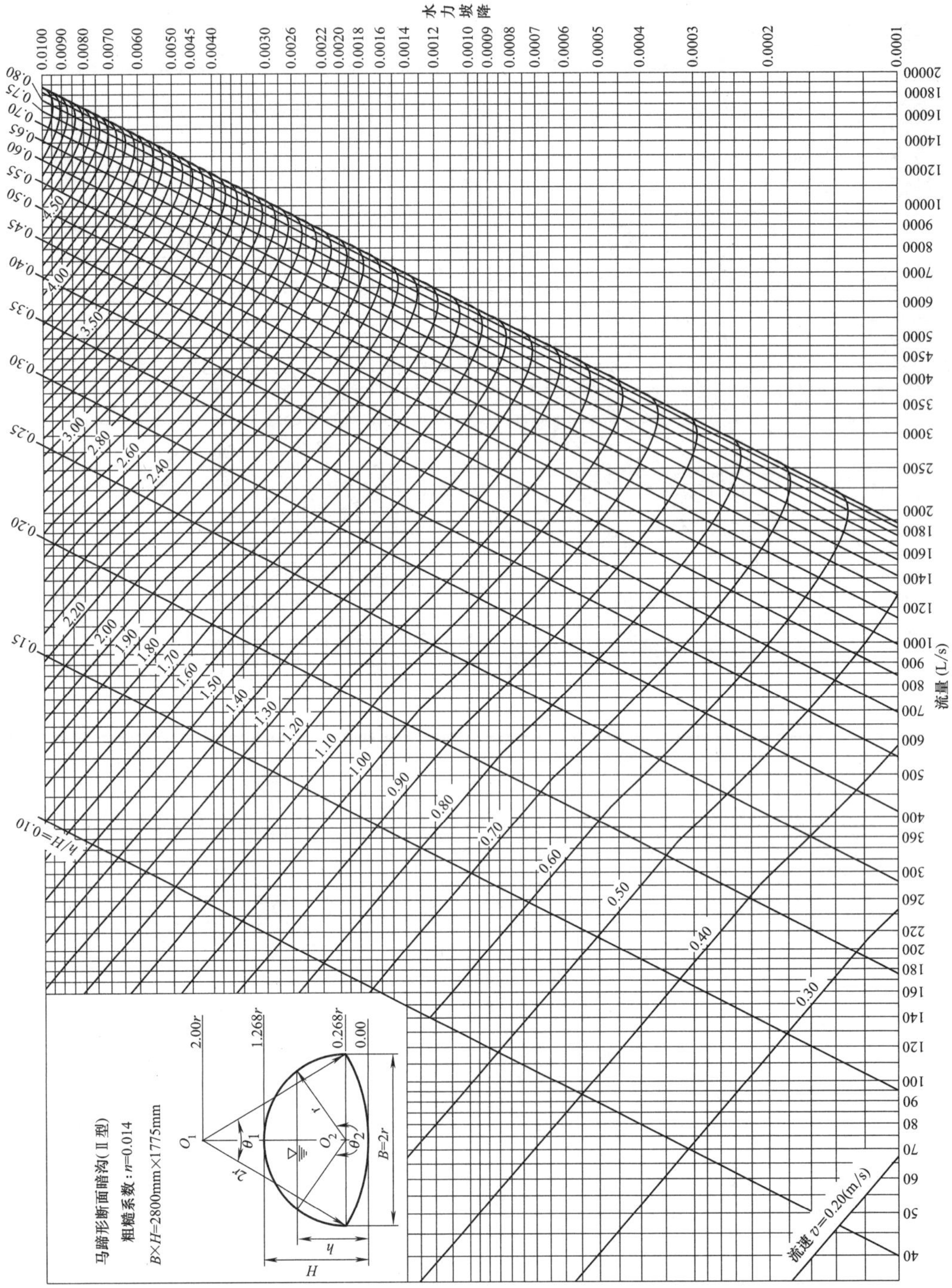

图 12-25 马蹄形断面（Ⅱ型）水力计算图（$B=2800$mm）

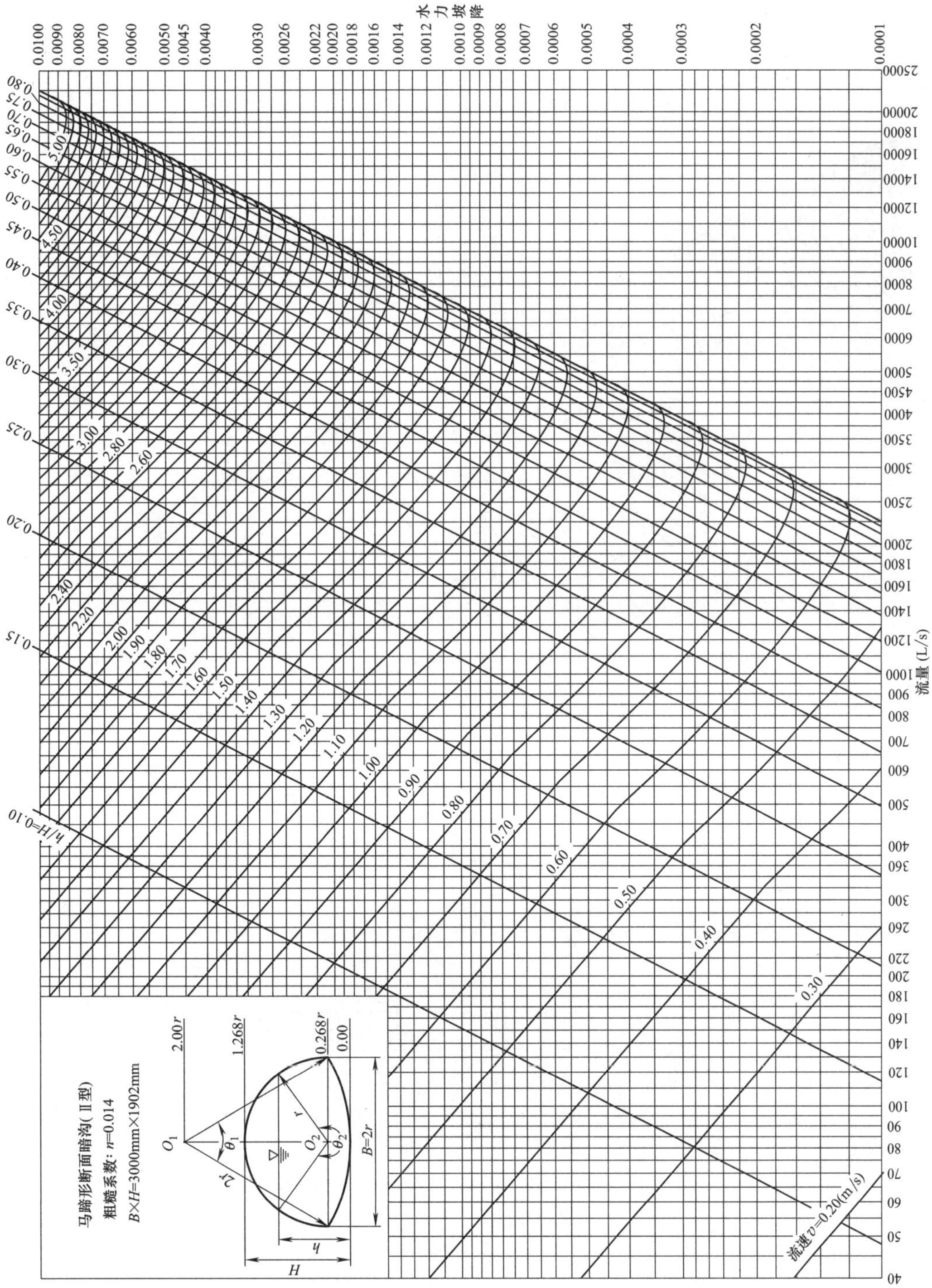

图 12-26　马蹄形断面（Ⅱ型）水力计算图（$B=3000$mm）

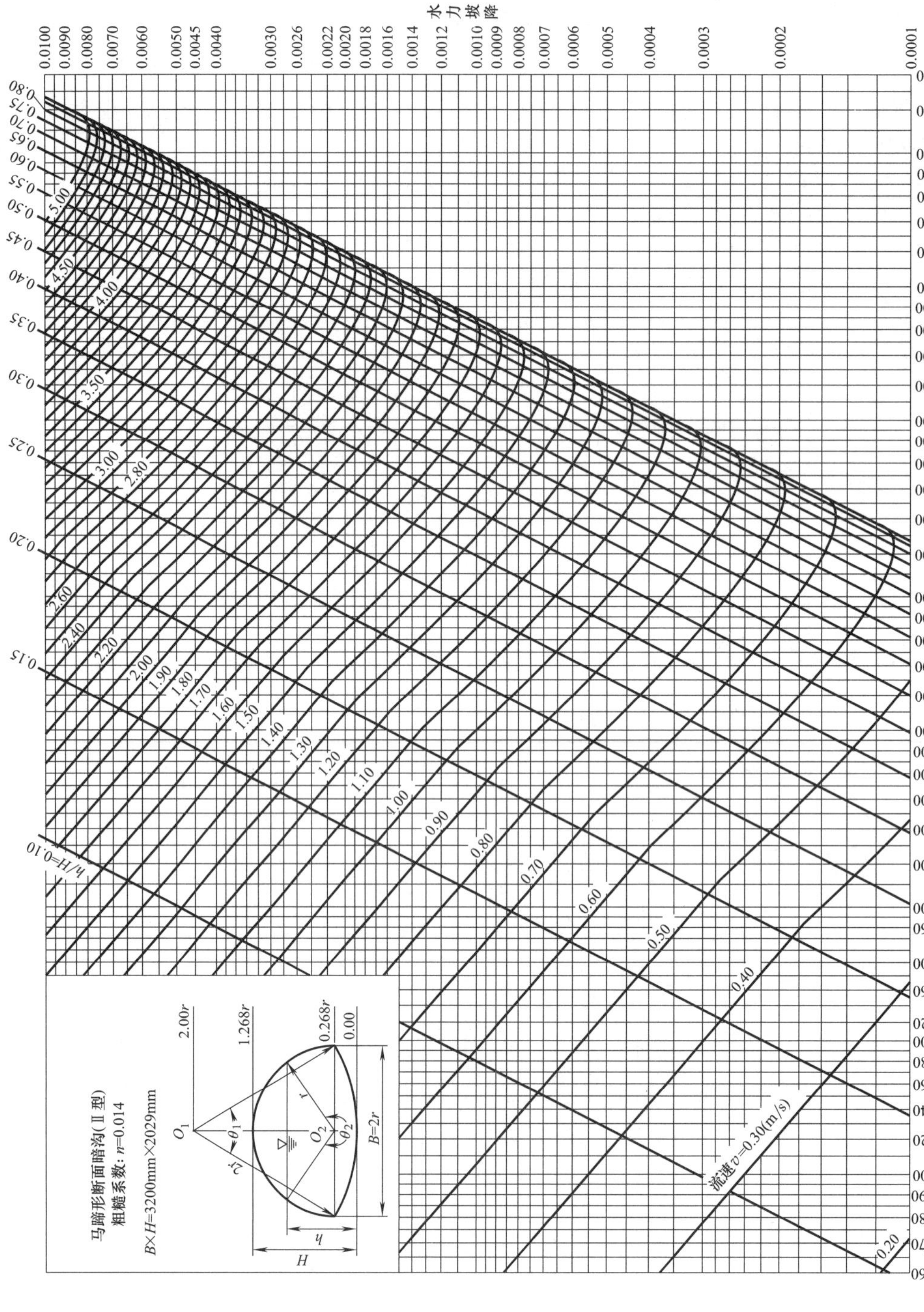

图 12-27　马蹄形断面（Ⅱ型）水力计算图（$B=3200mm$）

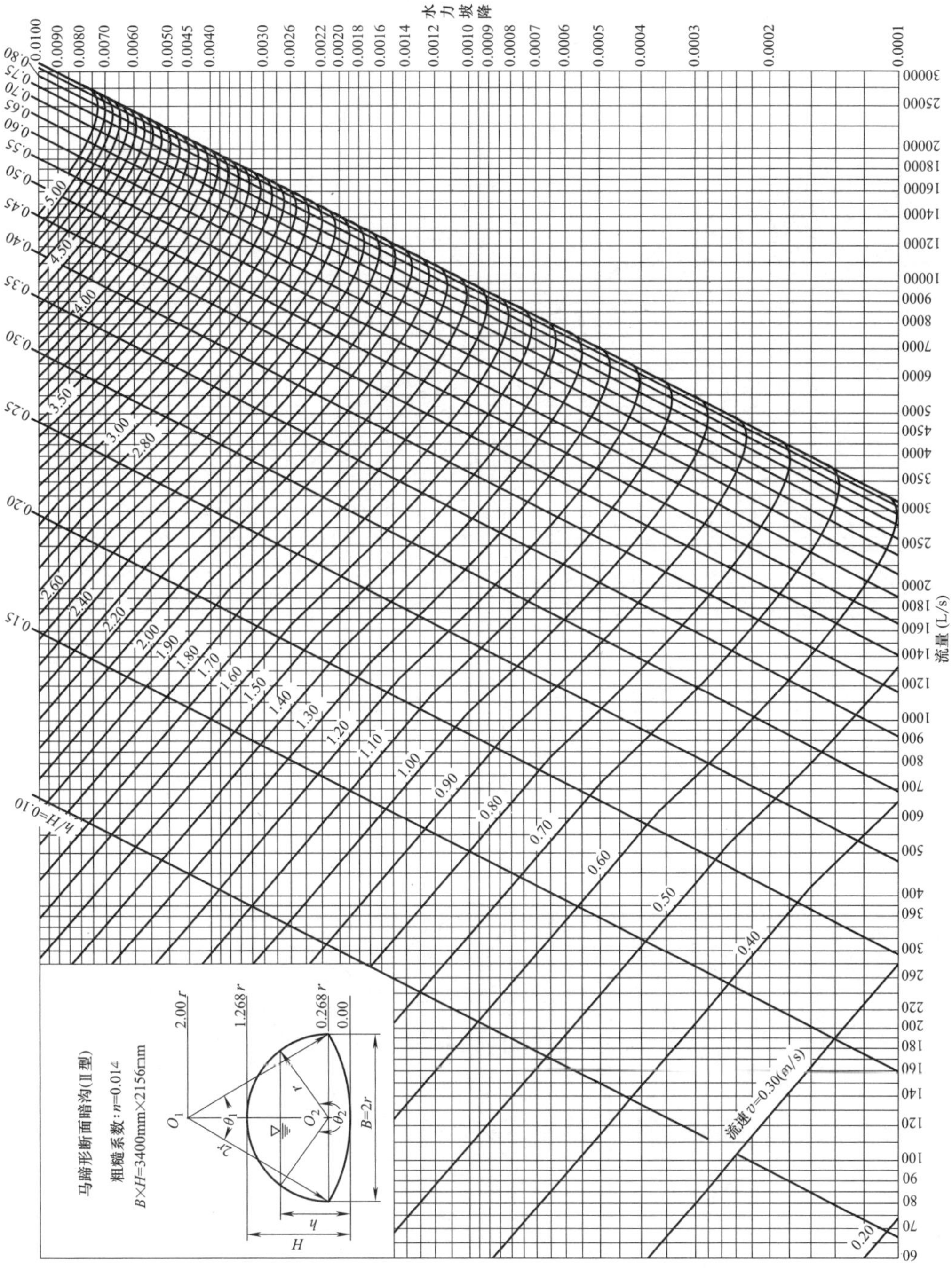

图 12-28 马蹄形断面（Ⅱ型）水力计算图（B＝3400mm）

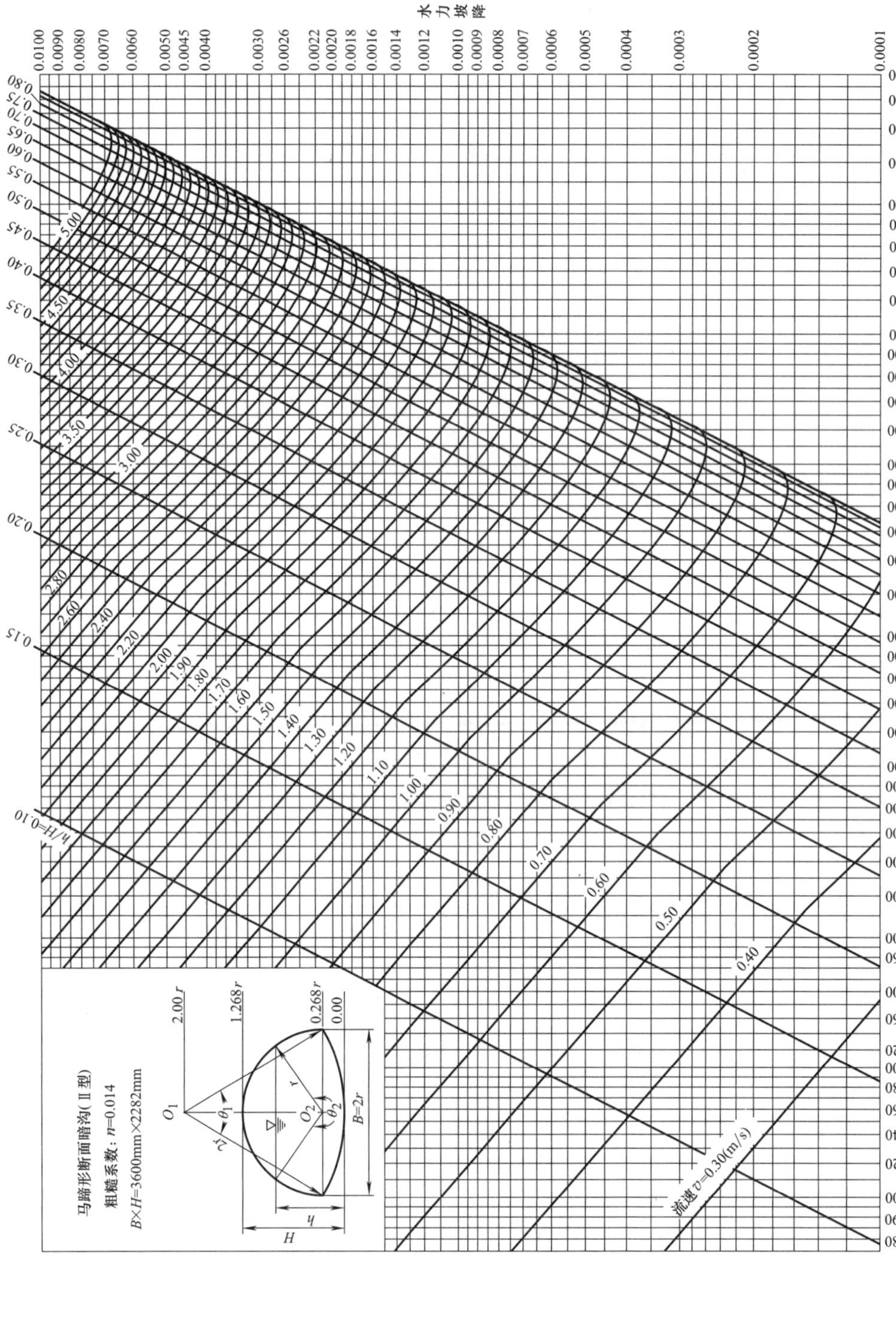

图 12-29 马蹄形断面（Ⅱ型）水力计算图（$B=3600mm$）

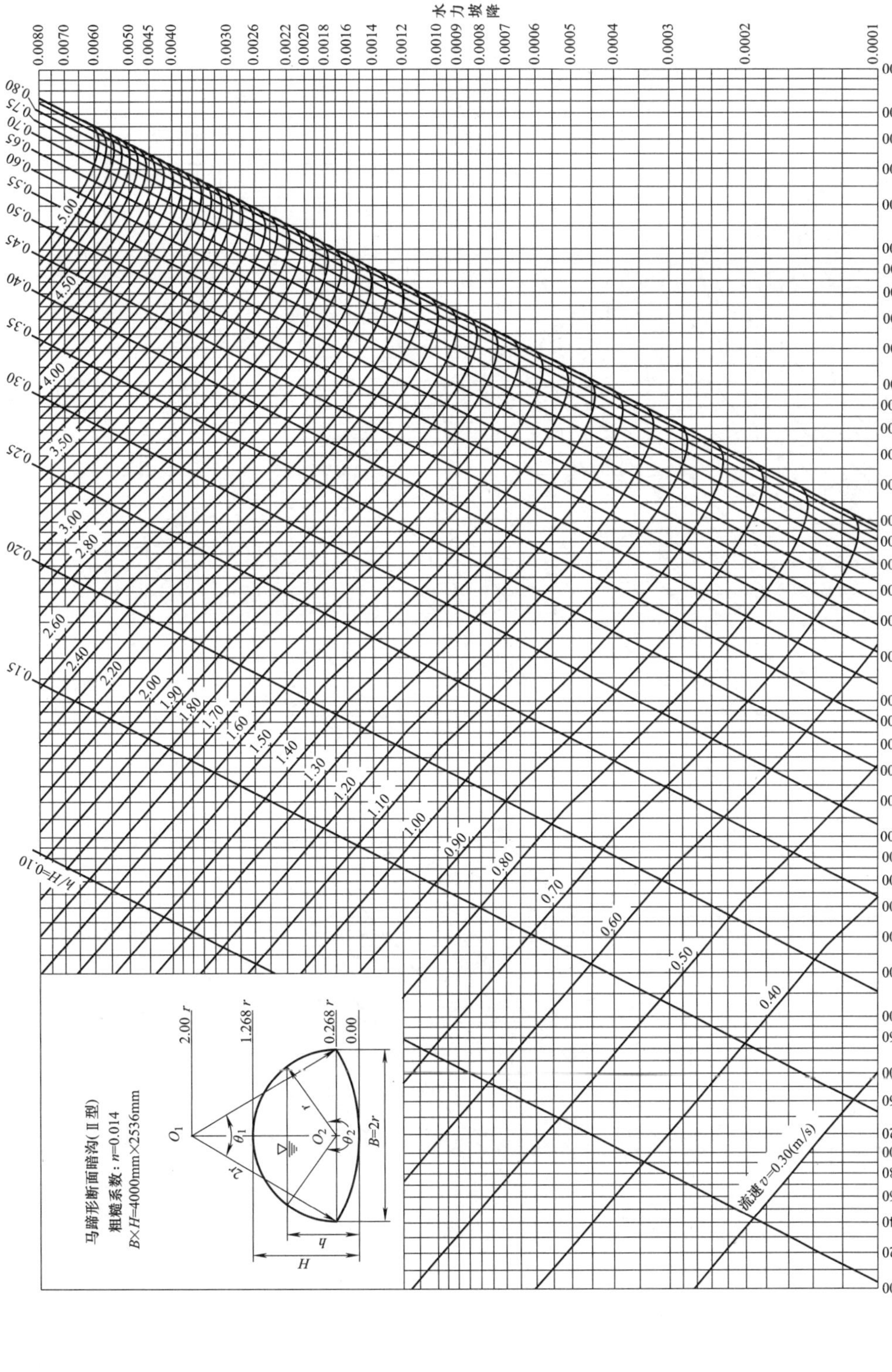

图 12-30 马蹄形断面（Ⅱ型）水力计算图（B=4000mm）

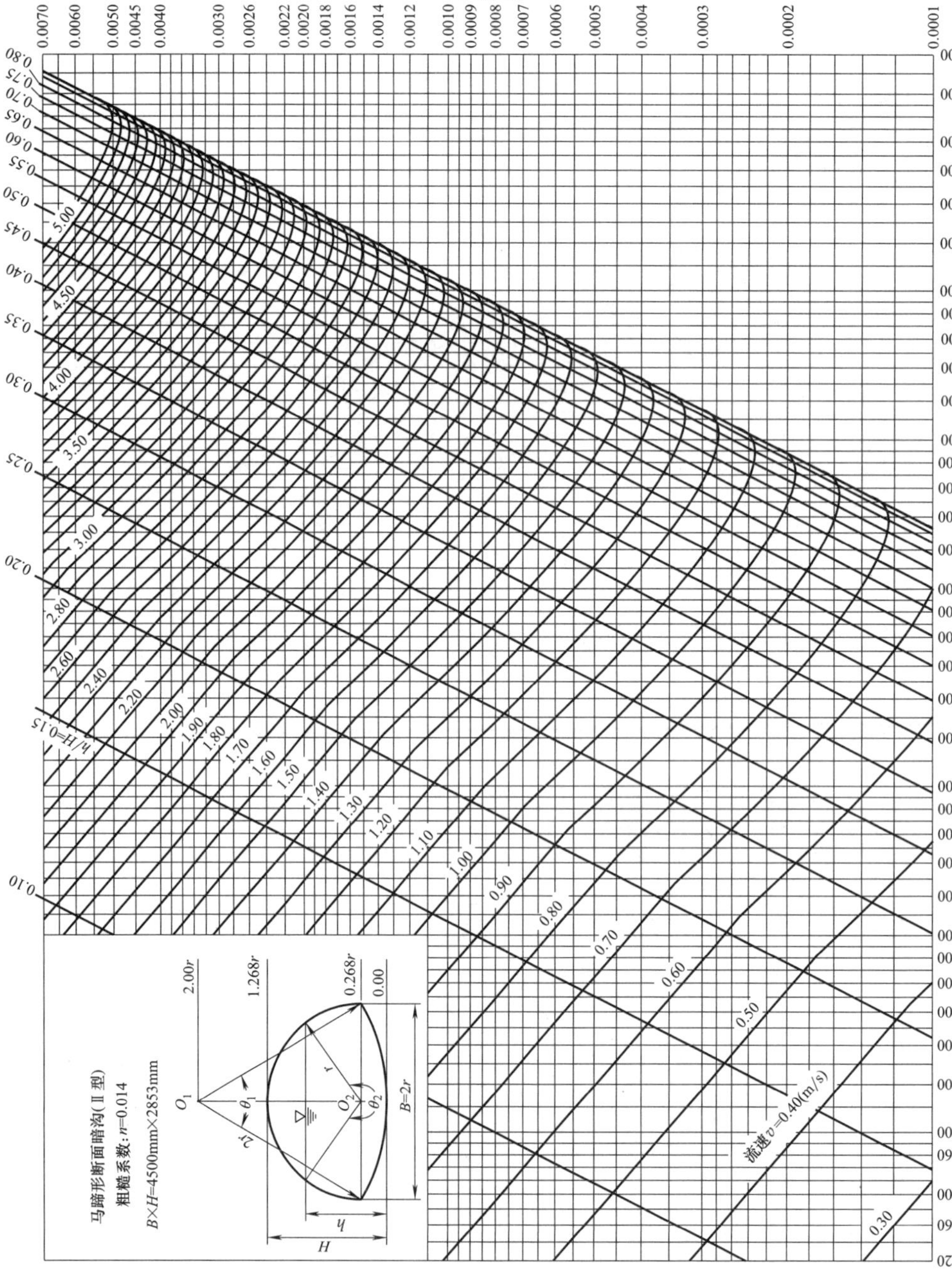

图 12-31 马蹄形断面（Ⅱ型）水力计算图（B=4500mm）

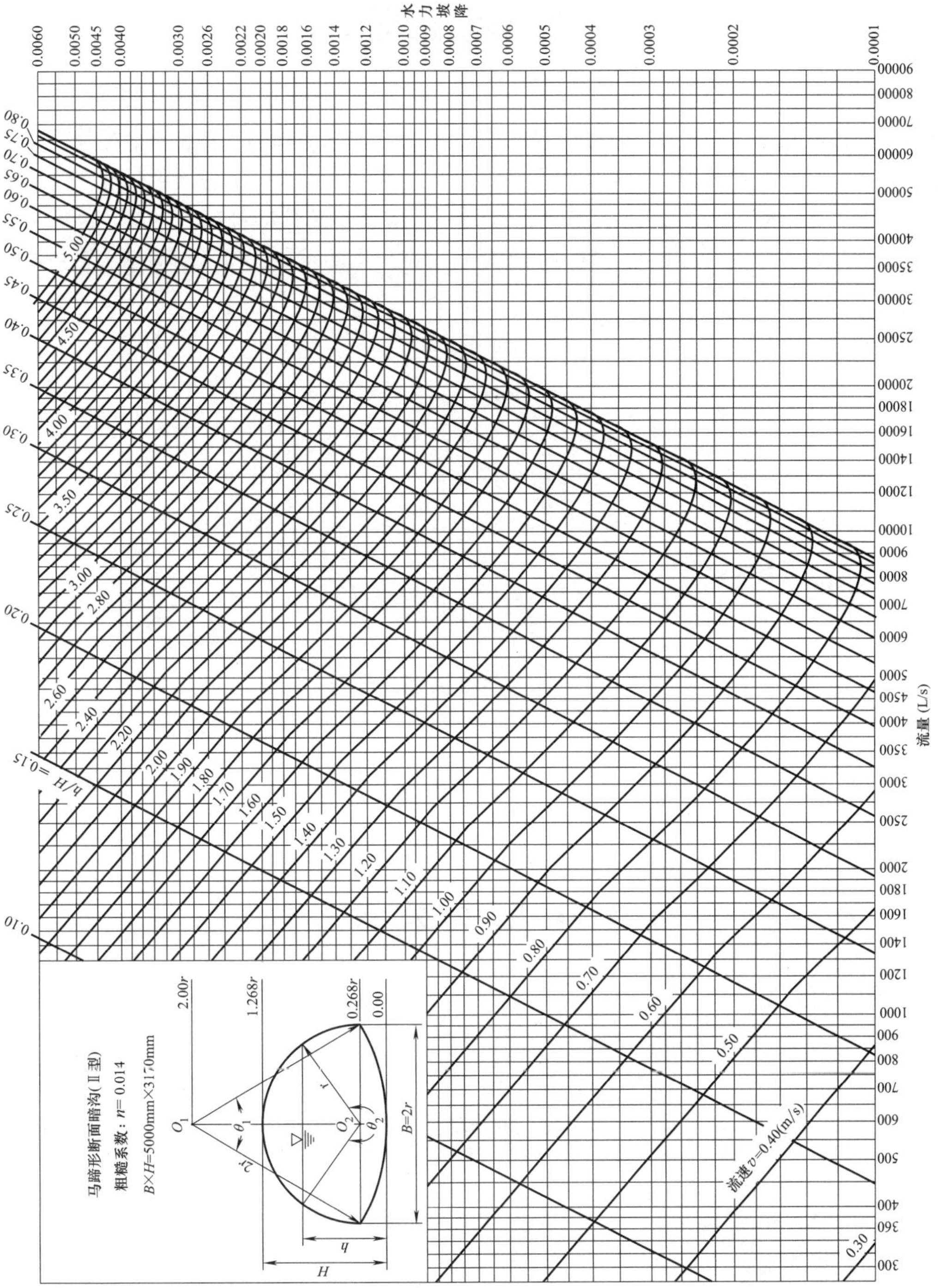

图 12-32 马蹄形断面（Ⅱ型）水力计算图（B=5000mm）

13　蛋形断面管道

蛋形断面是排水工程中常用管渠断面之一，由于该断面底部为半径较小的弧形，在小流量时可以维持较大的流速，因而可减少淤积，适用于污水流量变化较大的情况。为便于冲洗和清通，蛋形断面底弧直径不宜小于 200mm。蛋形断面管道可现场浇制，也可采用玻璃钢或硬聚氯乙烯树脂等预制。随着我国排水工程技术的发展，蛋形断面排水管在城市排水工程中的应用将会扩大。见图 13-1。

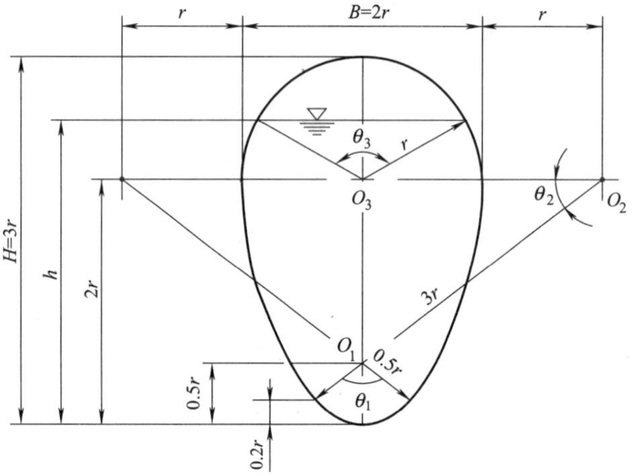

图 13-1　蛋形断面

13.1　计 算 公 式

1. 基本公式

$$Q=Av \tag{13-1}$$

$$v=C\sqrt{Ri} \tag{13-2}$$

$$R=\frac{A}{\rho} \tag{13-3}$$

式中　Q——流量（m^3/s）；

A——过水断面（m^2）；

v——平均流速（m/s）；

i——水力坡降（m/m）；

R——水力半径（m）；

ρ——湿周（m）；

C——谢才系数（$m^{0.5}/s$）。

谢才系数采用曼宁公式：

$$C=\frac{1}{n}R^{1/6} \tag{13-4}$$

式中 n——粗糙系数。

将式（13-4）代入式（13-2），得：

$$v=\frac{1}{n}R^{2/3}i^{1/2} \tag{13-5}$$

2. 过水断面 A 和湿周 ρ

蛋形断面形状及几何关系见图 13-1，其中顶弧半径为 r，底弧半径为 $0.5r$，侧弧半径为 $3r$。蛋形断面过水断面 A 和湿周 ρ 的计算公式经推导后如下：

（1）当水深 $h \leqslant 0.2r$ 时（即 $h/H \leqslant 0.0666667$ 时）

$$A=0.125r^2(\theta_1-\sin\theta_1)$$

$$\rho=0.5r\theta_1$$

（2）当 $0.2r<h \leqslant 2.0r$ 时（即 $0.0666667<h/H \leqslant 0.666667$ 时）

$$A=3.023333783r^2-9r^2\theta_2-r^2(3\cos\theta_2-2)(3\sin\theta_2-2\tan\theta_2)+4r^2\tan\theta_2$$

$$\rho=0.927295218r+6(0.643501108-\theta_2)r$$

（3）当 $2.0r<h \leqslant 3.0r$ 时（即 $0.666667<h/H \leqslant 1.00$ 时）

$$A=4.59413011r^2-0.5(\theta_3-\sin\theta_3)r^2$$

$$\rho=(7.92989452-\theta_3)r$$

式中 θ——管道断面水深圆心角，以弧度计，见图 13-1；

其余同前。

13.2 蛋形断面管道水力计算图表及其使用说明

（1）水力要素计算见表 13-1，非满流时的流量和流速修正值见表 13-2。

（2）宽度 $B=300 \sim 2000$mm 的蛋形断面满流时水力计算见图 13-2，最大设计充满度时水力计算见图 13-3，非满流时水力计算见图 13-4～图 13-16。图中流量 Q 以 L/s 计，流速 v 以 m/s 计。

（3）非满流水力计算图中粗糙系数以 $n=0.014$ 计，当 n 为其他值 n_x 时，图中所得流量和流速需乘以修正值 K_n，$K_n=0.014 \div n_x$。

（4）满流水力计算图中粗糙系数以 $n=0.013$ 计，当 n 为其他值 n_x 时，图中所得流量和流速需乘以修正值 K_n，$K_n=0.013 \div n_x$。

【例 13-1】 某蛋形断面雨水管道，宽度 $B=1000$mm，粗糙系数 $n=0.013$，坡度 $i=0.0045$，求满流（充满度 $h/H=1.00$）时的流量和流速。

【解 1】 查表计算。

由表 13-1 查得，满流时，过水断面 $A=4.5941r^2$，水力半径 $R=0.5793r$。由图 13-1 可知，顶弧半径 $r=0.5B=0.5 \times 1000=500\text{mm}=0.5\text{m}$。

蛋形断面水力要素计算表 表 13-1

h/H	A (r^2)	ρ (r)	R (r)	h/H	A (r^2)	ρ (r)	R (r)	h/H	A (r^2)	ρ (r)	R (r)	h/H	A (r^2)	ρ (r)	R (r)
0.01	0.0069	0.3482	0.0197	0.26	0.7904	2.2755	0.3474	0.51	2.0949	3.8444	0.5449	0.76	3.5759	5.3559	0.6677
0.02	0.0192	0.4949	0.0389	0.27	0.8353	2.3410	0.3568	0.52	2.1528	3.9051	0.5513	0.77	3.6333	5.4187	0.6705
0.03	0.0350	0.6094	0.0575	0.28	0.8809	2.4062	0.3661	0.53	2.2110	3.9657	0.5575	0.78	3.6900	5.4821	0.6731
0.04	0.0534	0.7075	0.0755	0.29	0.9273	2.4711	0.3752	0.54	2.2694	4.0263	0.5637	0.79	3.7461	5.5463	0.6754
0.05	0.0739	0.7954	0.0929	0.30	0.9744	2.5358	0.3842	0.55	2.3281	4.0867	0.5697	0.80	3.8015	5.6113	0.6775
0.06	0.0961	0.8763	0.1097	0.31	1.0222	2.6001	0.3931	0.56	2.3870	4.1471	0.5756	0.81	3.8560	5.6773	0.6792
0.07	0.1199	0.9523	0.1259	0.32	1.0707	2.6642	0.4019	0.57	2.4460	4.2074	0.5814	0.82	3.9098	5.7443	0.6806
0.08	0.1450	1.0267	0.1412	0.33	1.1198	2.7281	0.4105	0.58	2.5053	4.2676	0.5870	0.83	3.9626	5.8125	0.6817
0.09	0.1714	1.1004	0.1558	0.34	1.1697	2.7917	0.4190	0.59	2.5647	4.3279	0.5926	0.84	4.0144	5.8820	0.6825
0.10	0.1991	1.1736	0.1697	0.35	1.2201	2.8550	0.4273	0.60	2.6242	4.3880	0.5980	0.85	4.0650	5.9530	0.6829
0.11	0.2280	1.2461	0.1830	0.36	1.2711	2.9182	0.4356	0.61	2.6839	4.4481	0.6034	0.86	4.1145	6.0258	0.6828
0.12	0.2582	1.3180	0.1959	0.37	1.3227	2.9811	0.4437	0.62	2.7436	4.5082	0.6086	0.87	4.1628	6.1004	0.6824
0.13	0.2895	1.3894	0.2083	0.38	1.3749	3.0438	0.4517	0.63	2.8035	4.5683	0.6137	0.88	4.2096	6.1773	0.6815
0.14	0.3219	1.4603	0.2205	0.39	1.4276	3.1064	0.4596	0.64	2.8634	4.6283	0.6187	0.89	4.2549	6.2567	0.6801
0.15	0.3555	1.5306	0.2323	0.40	1.4808	3.1687	0.4673	0.65	2.9233	4.6883	0.6235	0.90	4.2986	6.3391	0.6781
0.16	0.3901	1.6004	0.2438	0.41	1.5346	3.2309	0.4750	0.66	2.9833	4.7483	0.6283	0.91	4.3406	6.4249	0.6756
0.17	0.4258	1.6698	0.2550	0.42	1.5888	3.2929	0.4825	0.67	3.0433	4.8083	0.6329	0.92	4.3806	6.5149	0.6724
0.18	0.4626	1.7387	0.2661	0.43	1.6434	3.3547	0.4899	0.68	3.1033	4.8683	0.6375	0.93	4.4185	6.6099	0.6685
0.19	0.5003	1.8071	0.2769	0.44	1.6985	3.4164	0.4972	0.69	3.1632	4.9284	0.6418	0.94	4.4541	6.7111	0.6637
0.20	0.5391	1.8752	0.2875	0.45	1.7541	3.4779	0.5043	0.70	3.2230	4.9886	0.6461	0.95	4.4871	6.8203	0.6579
0.21	0.5787	1.9428	0.2979	0.46	1.8100	3.5393	0.5114	0.71	3.2826	5.0490	0.6501	0.96	4.5172	6.9400	0.6509
0.22	0.6193	2.0101	0.3081	0.47	1.8663	3.6006	0.5183	0.72	3.3420	5.1097	0.6540	0.97	4.5439	7.0749	0.6423
0.23	0.6608	2.0770	0.3182	0.48	1.9229	3.6617	0.5252	0.73	3.4010	5.1706	0.6578	0.98	4.5667	7.2336	0.6313
0.24	0.7032	2.1435	0.3280	0.49	1.9800	3.7227	0.5319	0.74	3.4598	5.2319	0.6613	0.99	4.5844	7.4388	0.6163
0.25	0.7464	2.2096	0.3378	0.50	2.0373	3.7836	0.5384	0.75	3.5181	5.2937	0.6646	1.00	4.5941	7.9299	0.5793

注：h/H——充满度；A——过水断面；ρ——湿周；R——水力半径；r——顶弧半径。

所以，流速为：$v=\frac{1}{n}R^{2/3}i^{1/2}=\frac{1}{0.013}\times(0.5793\times0.5)^{2/3}\times0.0045^{1/2}=2.26\text{m/s}$

流量为：$Q=Av=4.5941r^2v=4.5941\times0.5^2\times2.26=2.5945\text{m}^3/\text{s}$

【解 2】 查图计算。

因为 $n=0.013$，可直接查图得出所求数据，由图 13-2 查得：

流量 $Q\approx2595\text{L/s}=2.595\text{m}^3/\text{s}$

流速 $v\approx2.26\text{m/s}$

所得数据和【解 1】相同。

【例 13-2】 上题中，求设计充满度 $h/H=0.95$ 时的流量和流速。

【解】 由表 13-2 查得，当 $h/H=0.95$ 时，流量修正值 $K_q=1.0631$，流速修正值

K_v=1.0885，故所求流量为：$Q_{0.95}=K_q\times Q_{1.0}=1.0631\times2.5945=2.7582m^3/s$

所求流速为：$v_{0.95}=K_v\times v_{1.0}=1.0885\times2.26=2.46m/s$

【例 13-3】 某蛋形断面污水管道，宽度 B=800mm，粗糙系数 n=0.014，坡度 i=0.0011，求最大设计充满度（h/H=0.75）时的流量和流速。

【解 1】 由水力计算图 13-3 中查得：

流量：$Q\approx551L/s=0.551m^3/s$

流速：$v\approx0.98m/s$

【解 2】 用本书的配套应用软件《给水排水工程常用管渠水力计算》软件求解。

在软件的"蛋形断面管道水力计算（非满流）"页面中，用 B、H、i 求 Q、v 的第二种计算方法，输入上述坡度 i=0.0011=1.1‰、沟宽 B=800mm、充满度 h/H=0.75 等数据后，得流速 v=0.979m/s，流量 Q=551.3L/s=0.5513m³/s。

所得各项数据和【解 1】的结果很接近，符合要求。

蛋形断面在非满流时的流量和流速修正值表　　表 13-2

h/H	K_q	K_v	h/H	K_q	K_v	h/H	K_q	K_v	h/H	K_q	K_v	h/H	K_q	K_v
0.01	0.0002	0.1050	0.21	0.0808	0.6418	0.41	0.2926	0.8760	0.61	0.6002	1.0275	0.81	0.9332	1.1118
0.02	0.0007	0.1651	0.22	0.0885	0.6564	0.42	0.3061	0.8852	0.62	0.6171	1.0334	0.82	0.9475	1.1134
0.03	0.0016	0.2143	0.23	0.0965	0.6706	0.43	0.3199	0.8942	0.63	0.6341	1.0391	0.83	0.9614	1.1146
0.04	0.0030	0.2569	0.24	0.1048	0.6844	0.44	0.3339	0.9031	0.64	0.6512	1.0448	0.84	0.9746	1.1154
0.05	0.0047	0.2951	0.25	0.1134	0.6979	0.45	0.3481	0.9117	0.65	0.6683	1.0502	0.85	0.9873	1.1158
0.06	0.0069	0.3298	0.26	0.1223	0.7110	0.46	0.3625	0.9202	0.66	0.6855	1.0556	0.86	0.9993	1.1158
0.07	0.0094	0.3615	0.27	0.1316	0.7239	0.47	0.3772	0.9285	0.67	0.7027	1.0608	0.87	1.0106	1.1153
0.08	0.0123	0.3903	0.28	0.1412	0.7364	0.48	0.3920	0.9366	0.68	0.7199	1.0658	0.88	1.0210	1.1143
0.09	0.0155	0.4166	0.29	0.1511	0.7486	0.49	0.4071	0.9446	0.69	0.7372	1.0707	0.89	1.0306	1.1128
0.10	0.0191	0.4410	0.30	0.1613	0.7605	0.50	0.4223	0.9524	0.70	0.7544	1.0754	0.90	1.0392	1.1107
0.11	0.0230	0.4638	0.31	0.1718	0.7722	0.51	0.4378	0.9600	0.71	0.7716	1.0799	0.91	1.0467	1.1079
0.12	0.0273	0.4853	0.32	0.1826	0.7836	0.52	0.4533	0.9674	0.72	0.7887	1.0842	0.92	1.0531	1.1044
0.13	0.0319	0.5057	0.33	0.1937	0.7948	0.53	0.4691	0.9747	0.73	0.8057	1.0883	0.93	1.0580	1.1001
0.14	0.0368	0.5251	0.34	0.2051	0.8057	0.54	0.4850	0.9819	0.74	0.8225	1.0922	0.94	1.0615	1.0948
0.15	0.0421	0.5437	0.35	0.2168	0.8164	0.55	0.5011	0.9888	0.75	0.8392	1.0958	0.95	1.0631	1.0885
0.16	0.0477	0.5615	0.36	0.2288	0.8268	0.56	0.5173	0.9957	0.76	0.8556	1.0992	0.96	1.0626	1.0807
0.17	0.0536	0.5787	0.37	0.2410	0.8371	0.57	0.5337	1.0023	0.77	0.8718	1.1023	0.97	1.0594	1.0712
0.18	0.0599	0.5952	0.38	0.2535	0.8471	0.58	0.5501	1.0088	0.78	0.8877	1.1052	0.98	1.0526	1.0589
0.19	0.0666	0.6112	0.39	0.2663	0.8569	0.59	0.5667	1.0152	0.79	0.9032	1.1077	0.99	1.0399	1.0421
0.20	0.0735	0.6268	0.40	0.2793	0.8666	0.60	0.5834	1.0214	0.80	0.9184	1.1099	1.00	1.0000	1.0000

注：h/H——充满度；K_q——流量修正值；K_v——流速修正值。

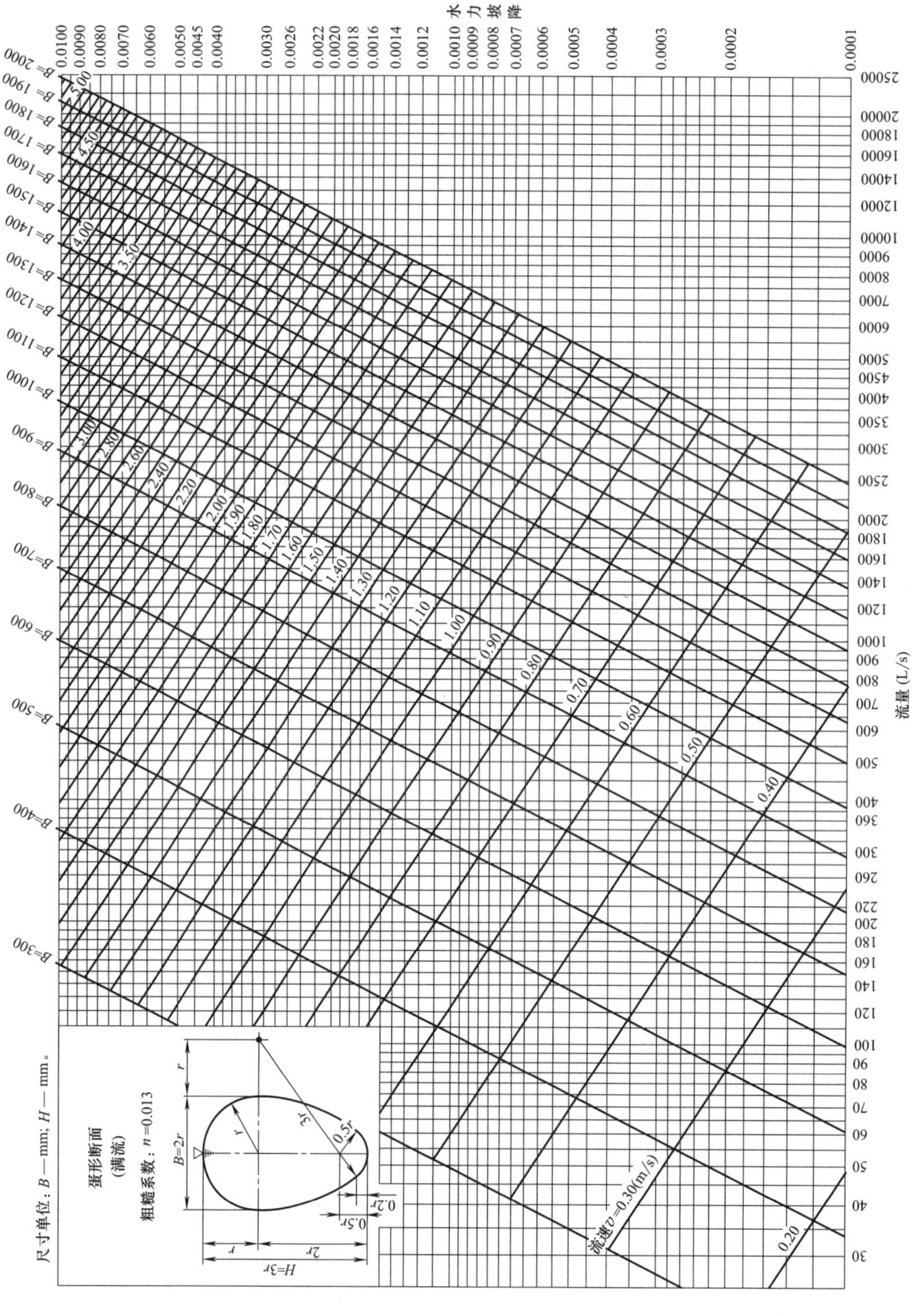

图 13-2 蛋形断面水力计算图（满流）

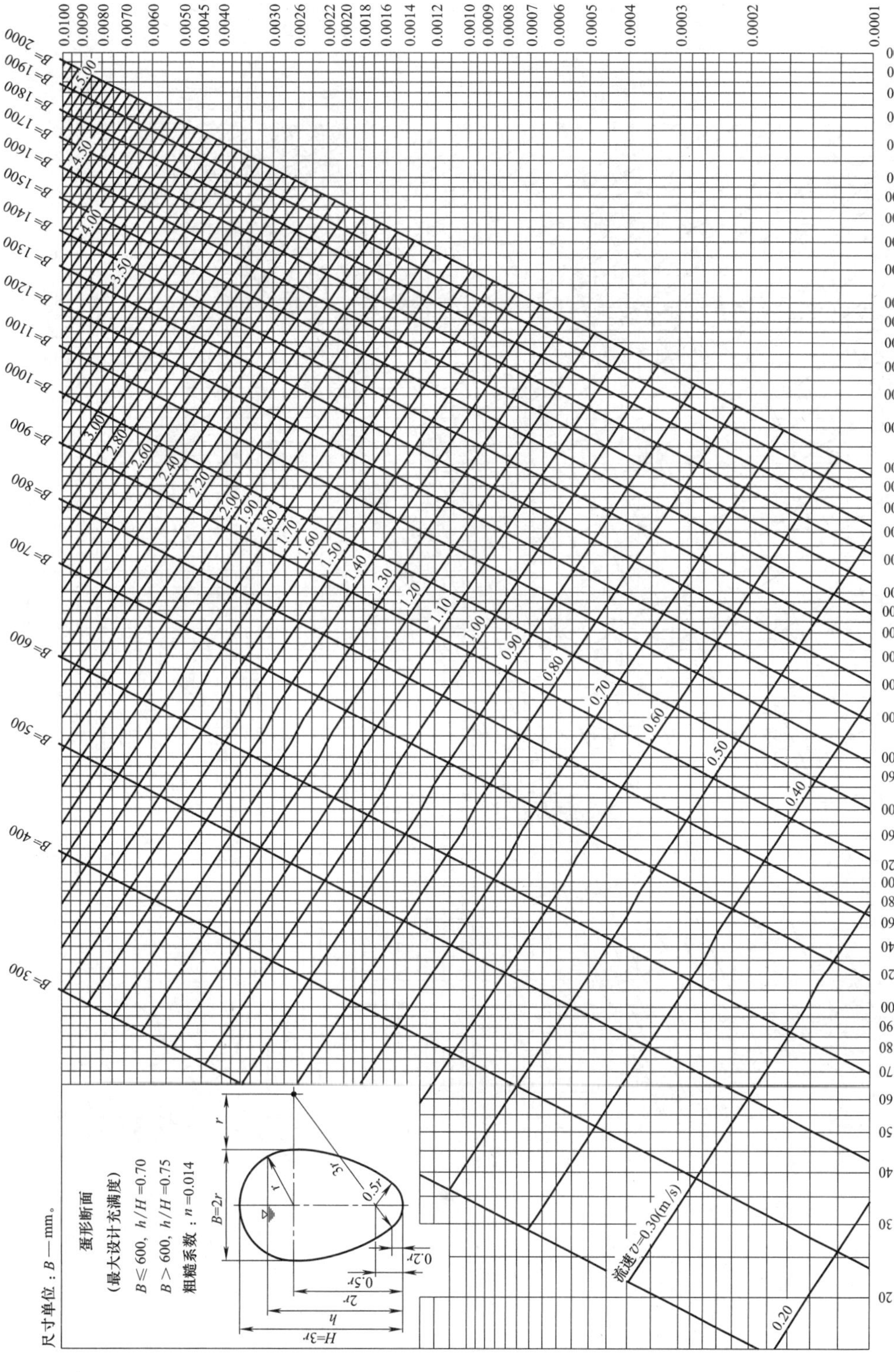

图 13-3 蛋形断面水力计算图（最大设计充满度）

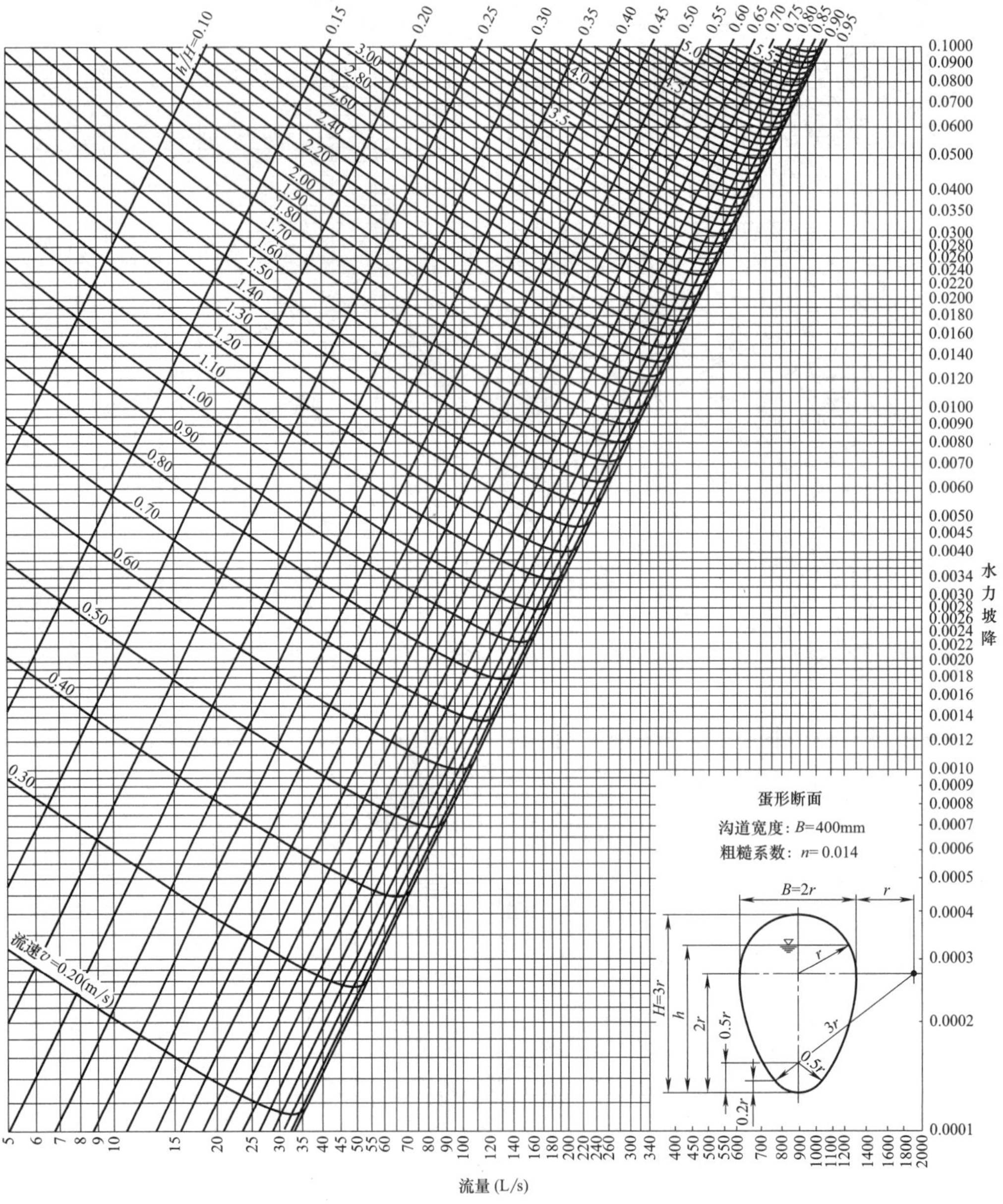

图 13-4　蛋形断面水力计算图（B=400mm）

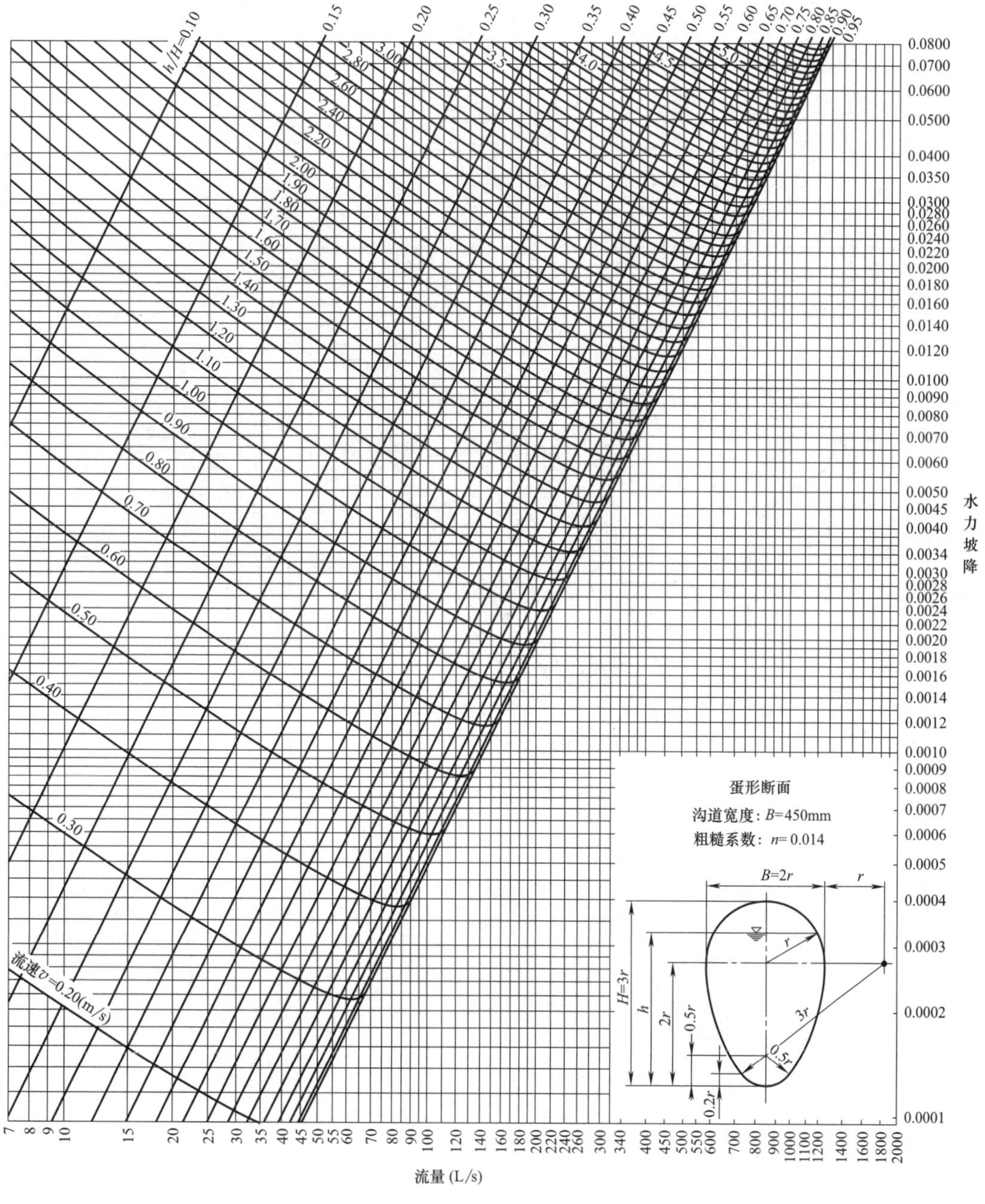

图 13-5 蛋形断面水力计算图（B=450mm）

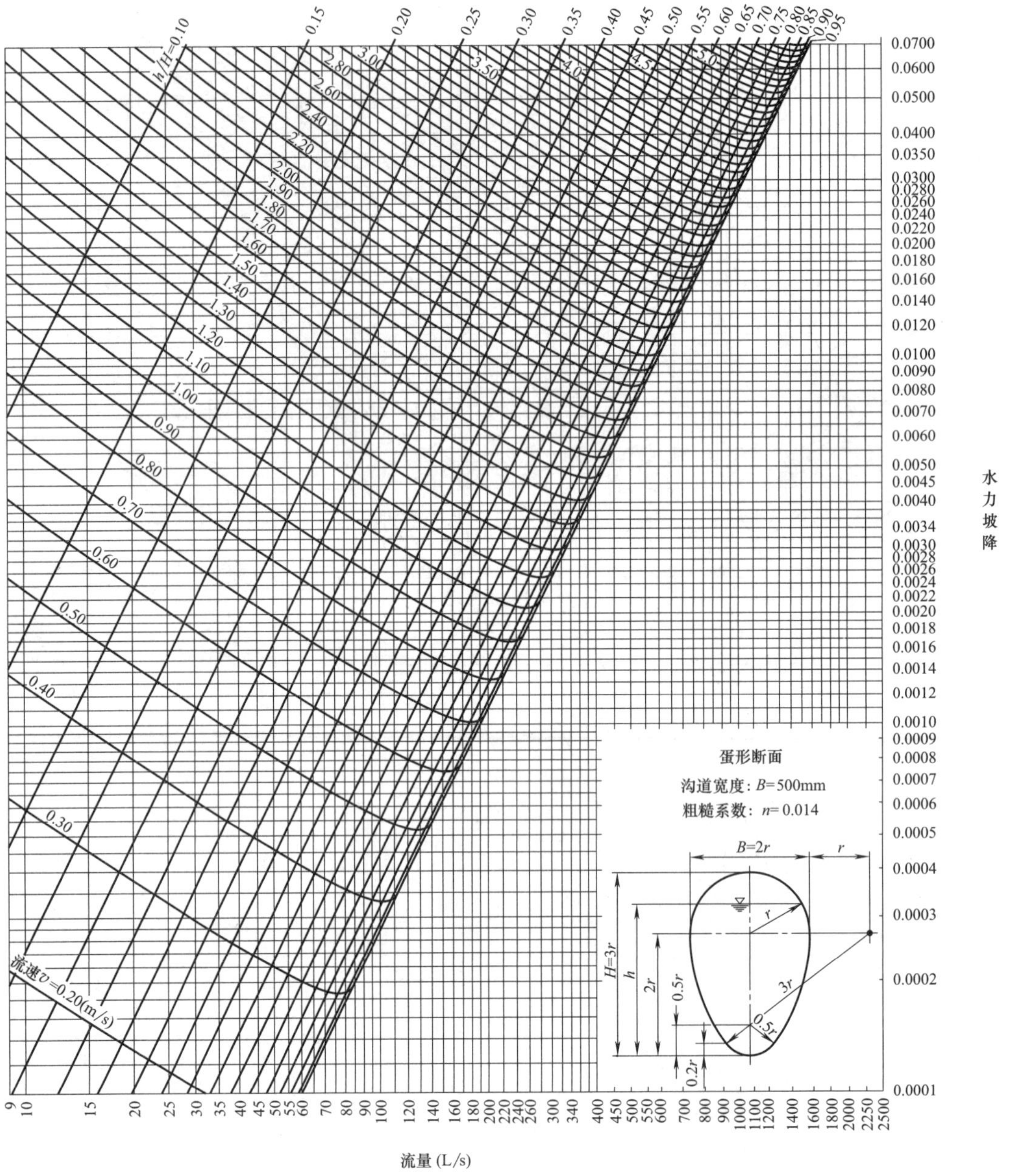

图 13-6 蛋形断面水力计算图（B=500mm）

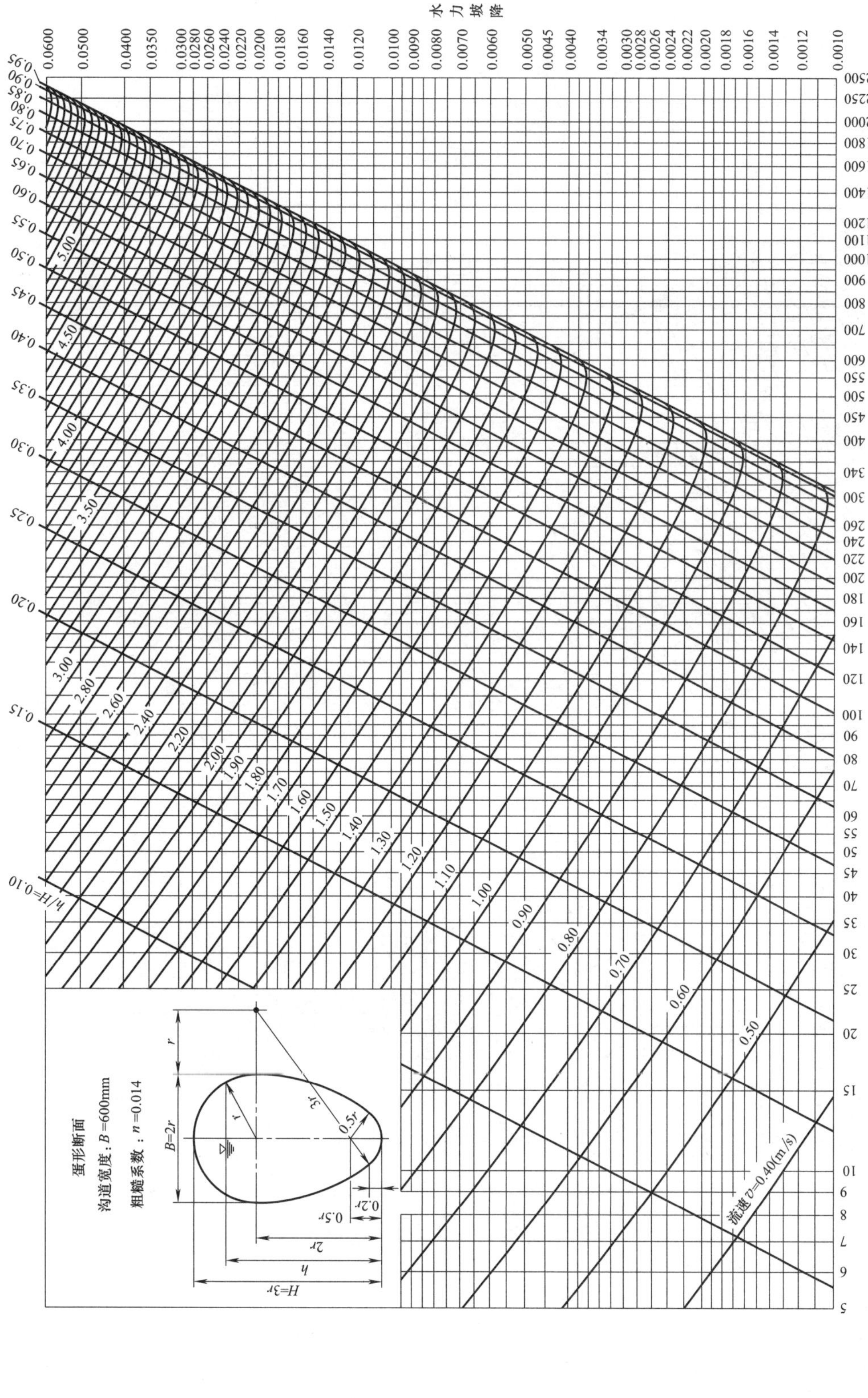

图 13-7 蛋形断面水力计算图（B=600mm）

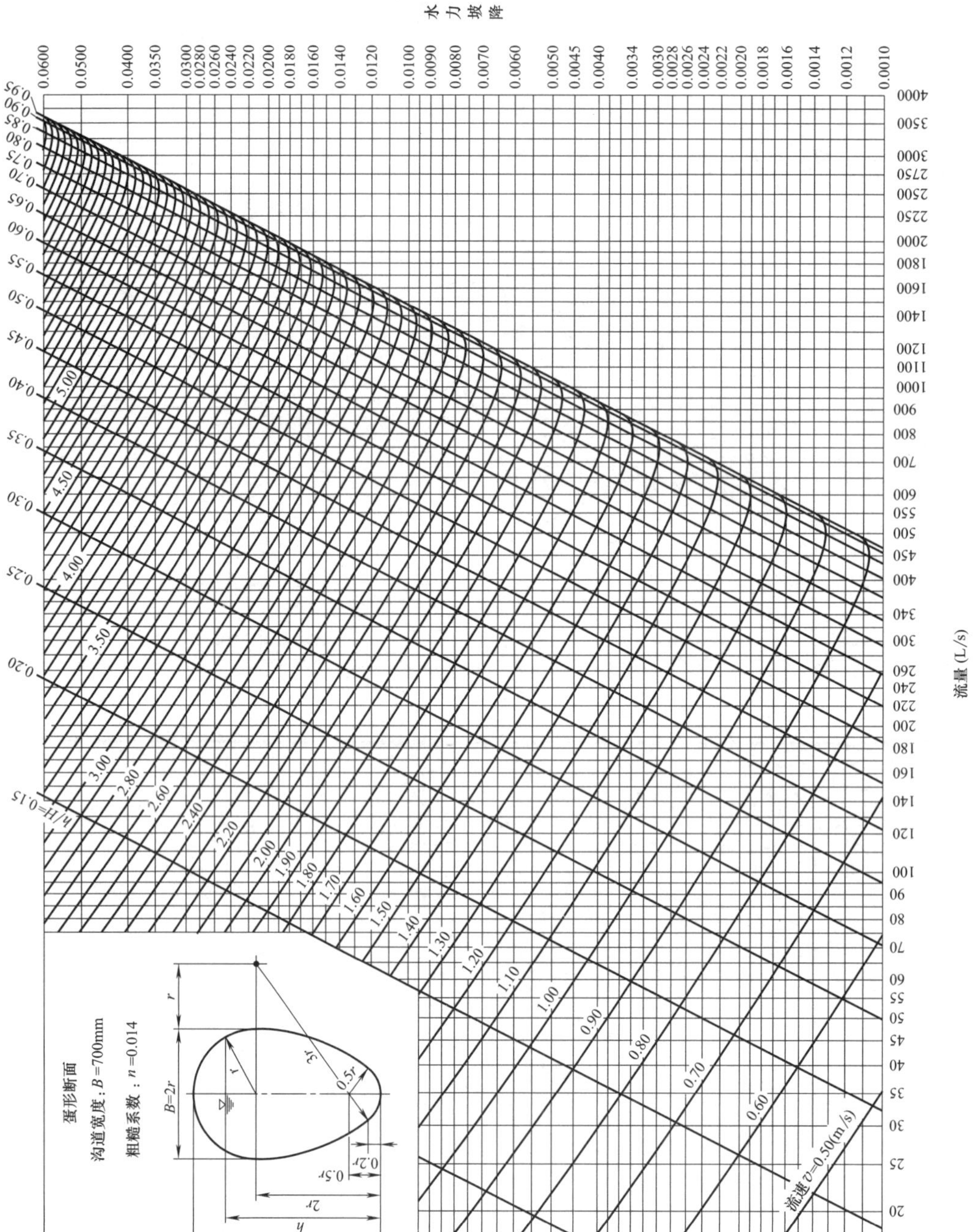

图 13-8　蛋形断面水力计算图（$B=700mm$）

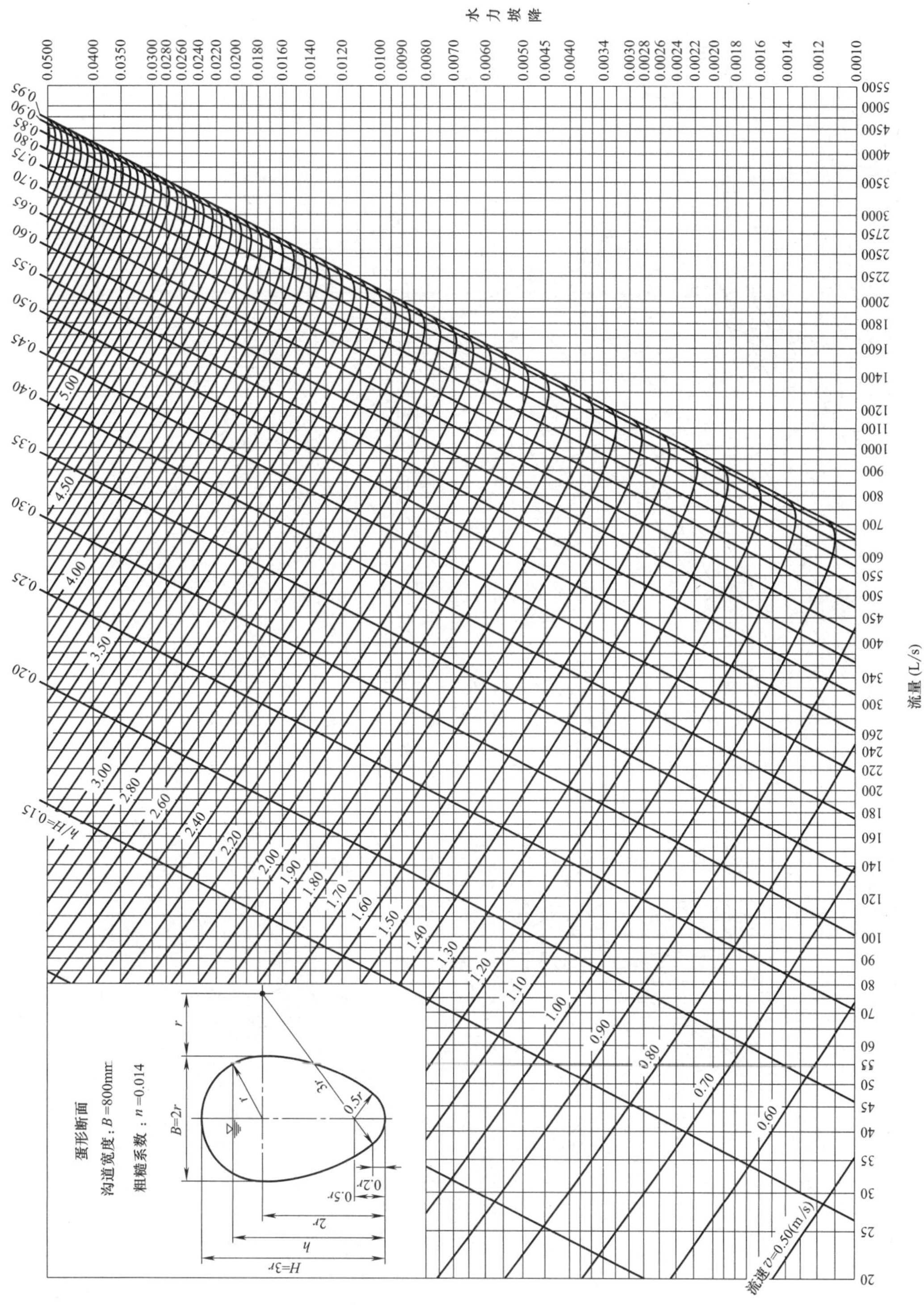

图 13-9　蛋形断面水力计算图（B=800mm）

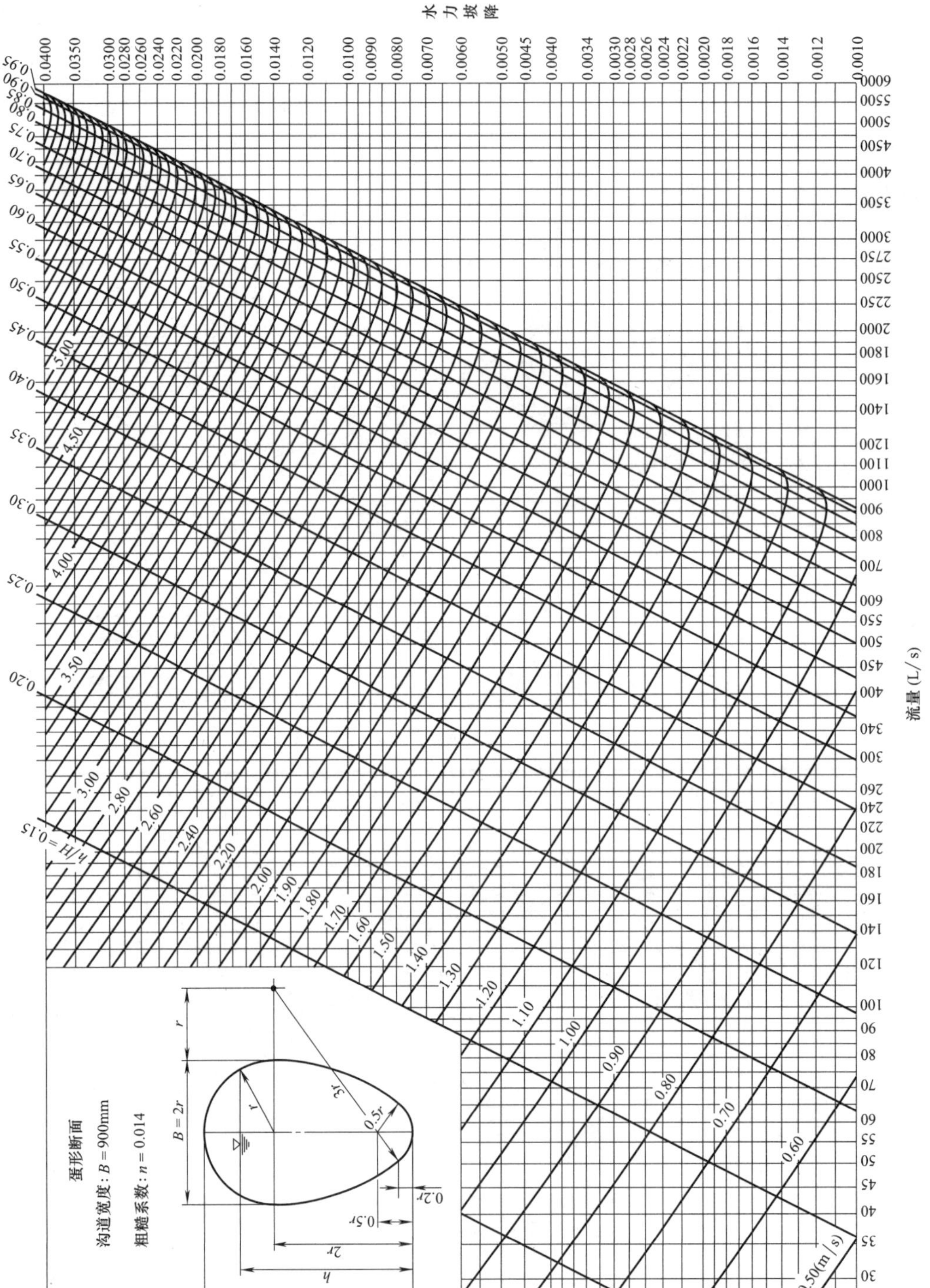

图 13-10 蛋形断面水力计算图（$B=900$mm）

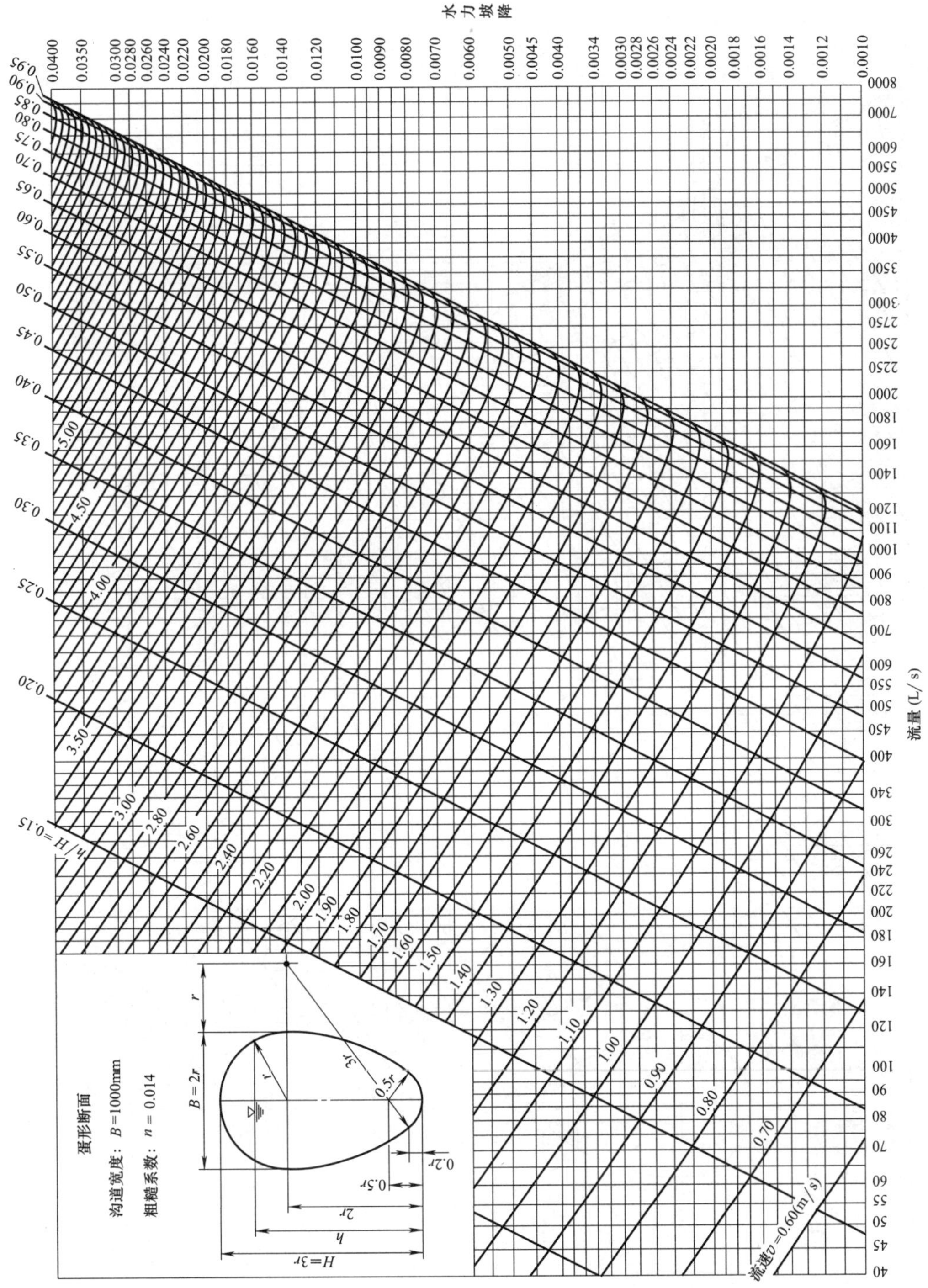

图 13-11　蛋形断面水力计算图（B=1000mm）

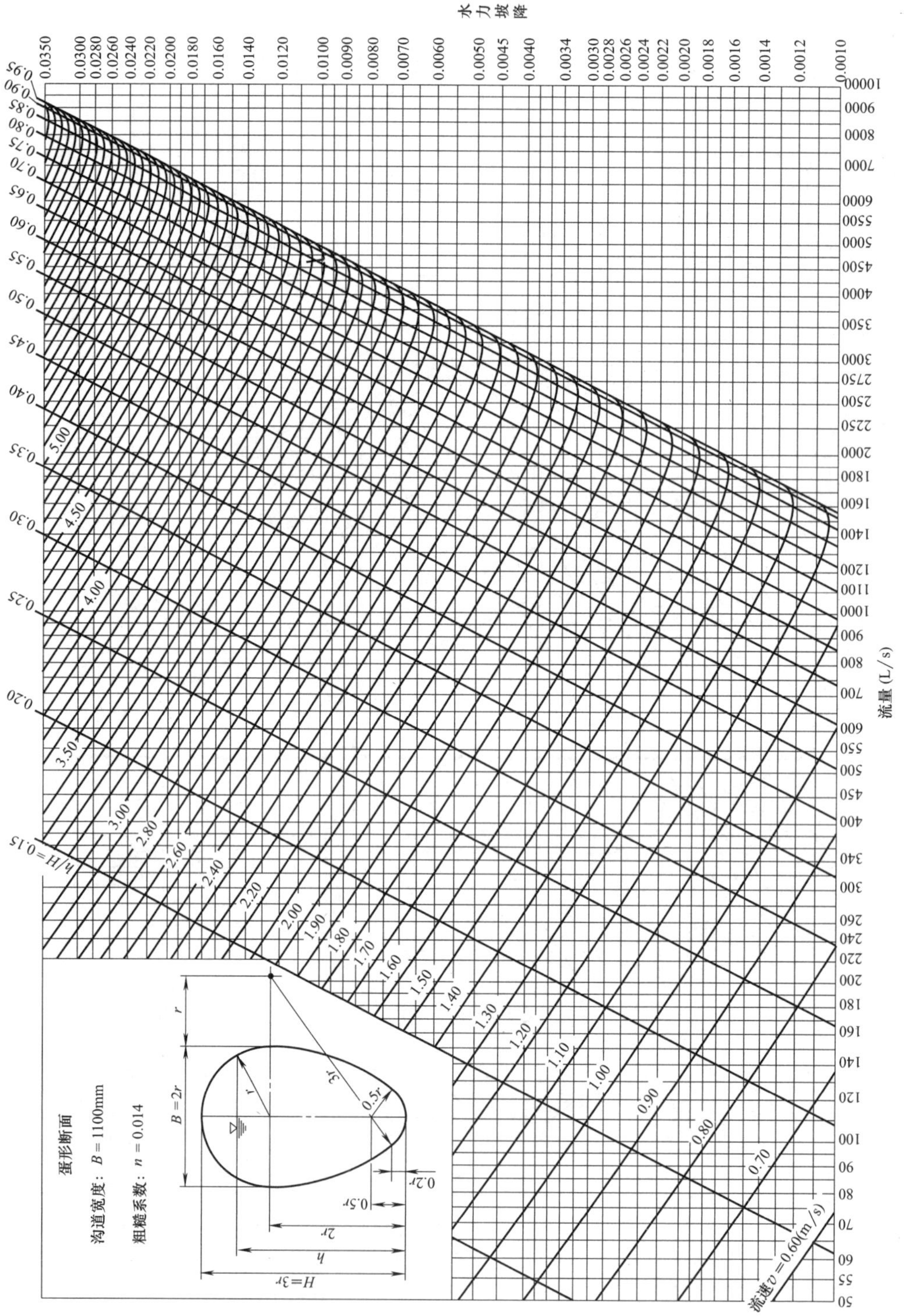

图 13-12　蛋形断面水力计算图（B=1100mm）

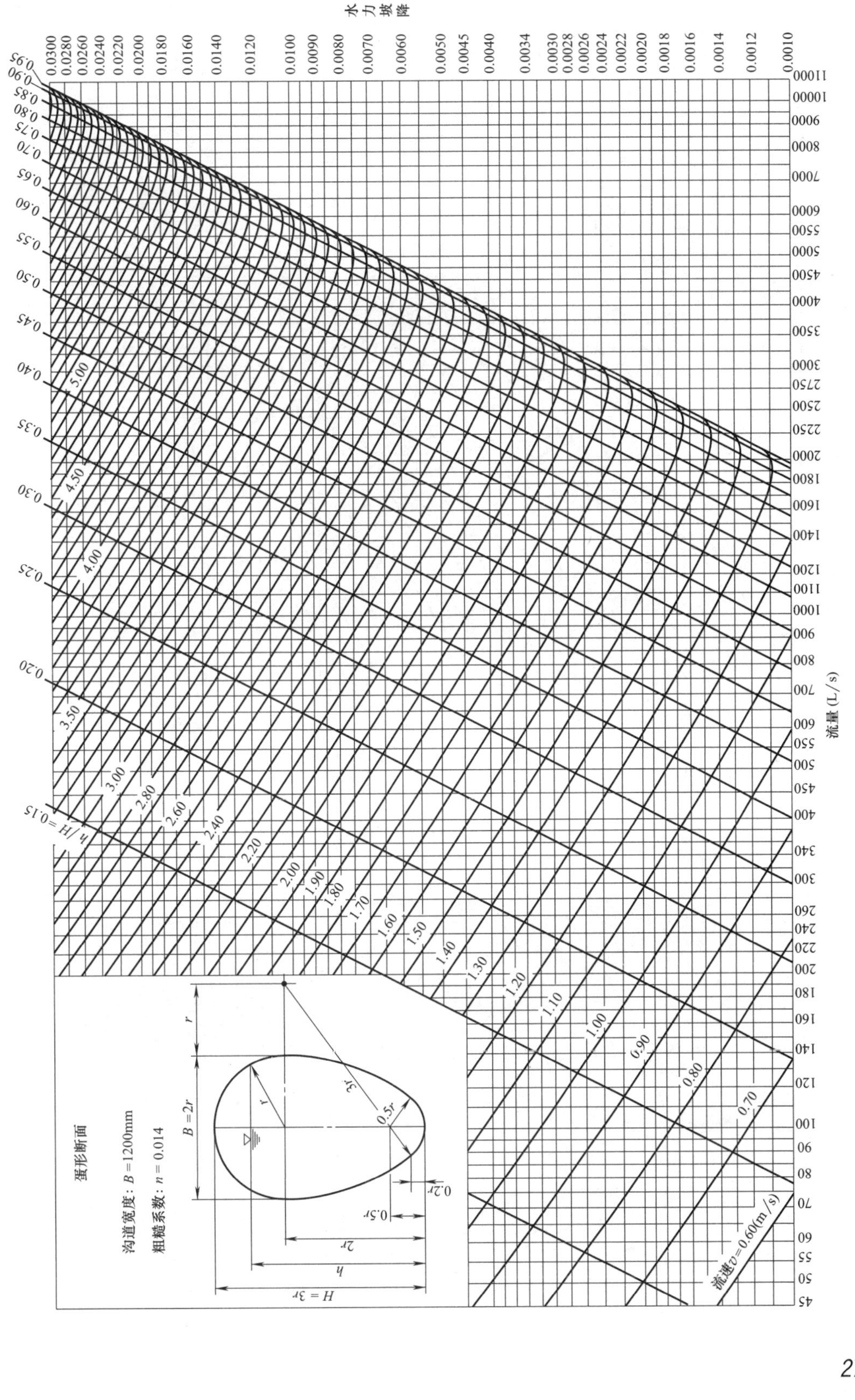

图 13-13 蛋形断面水力计算图（B=1200mm）

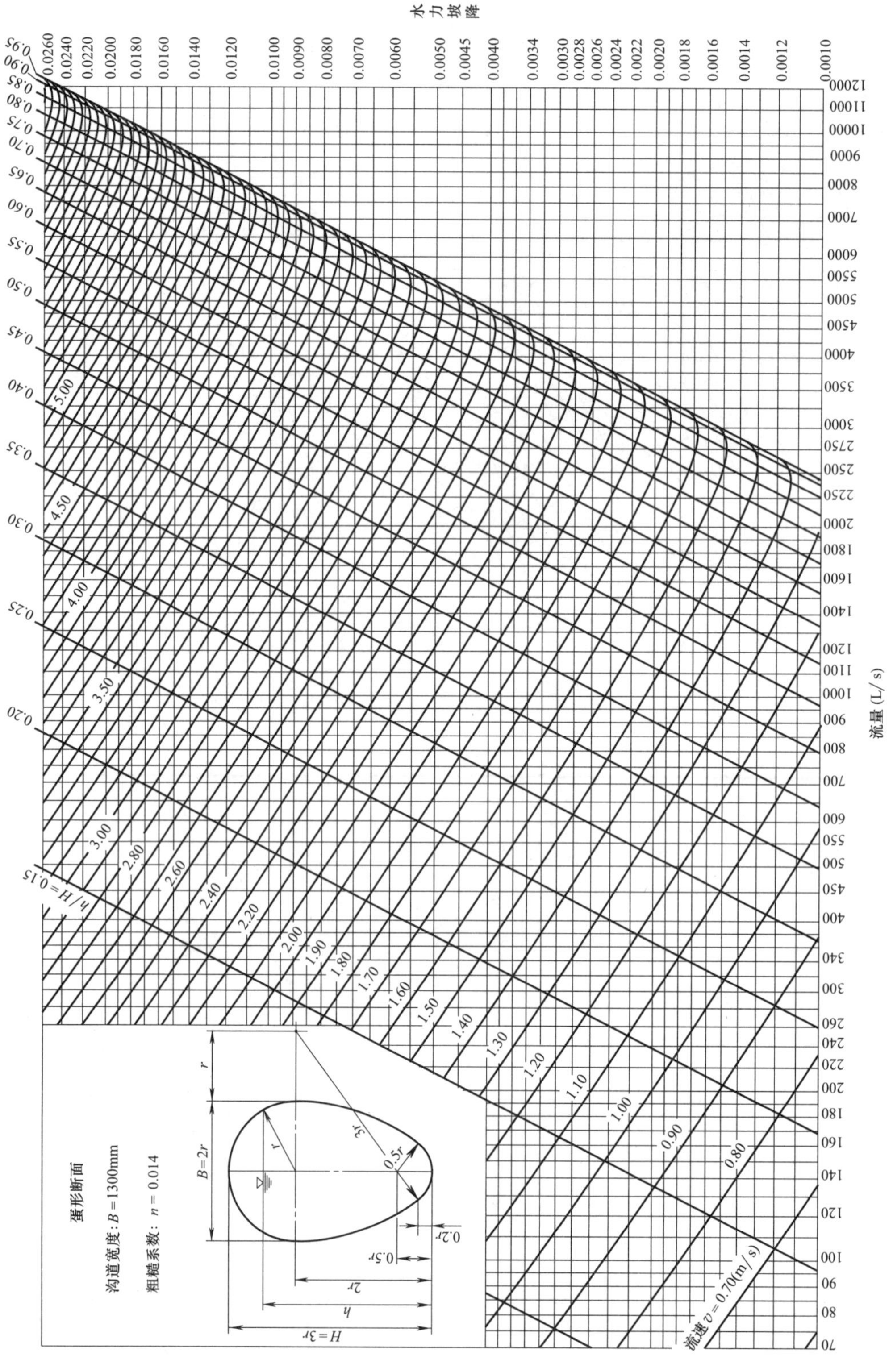

图 13-14　蛋形断面水力计算图（B＝1300mm）

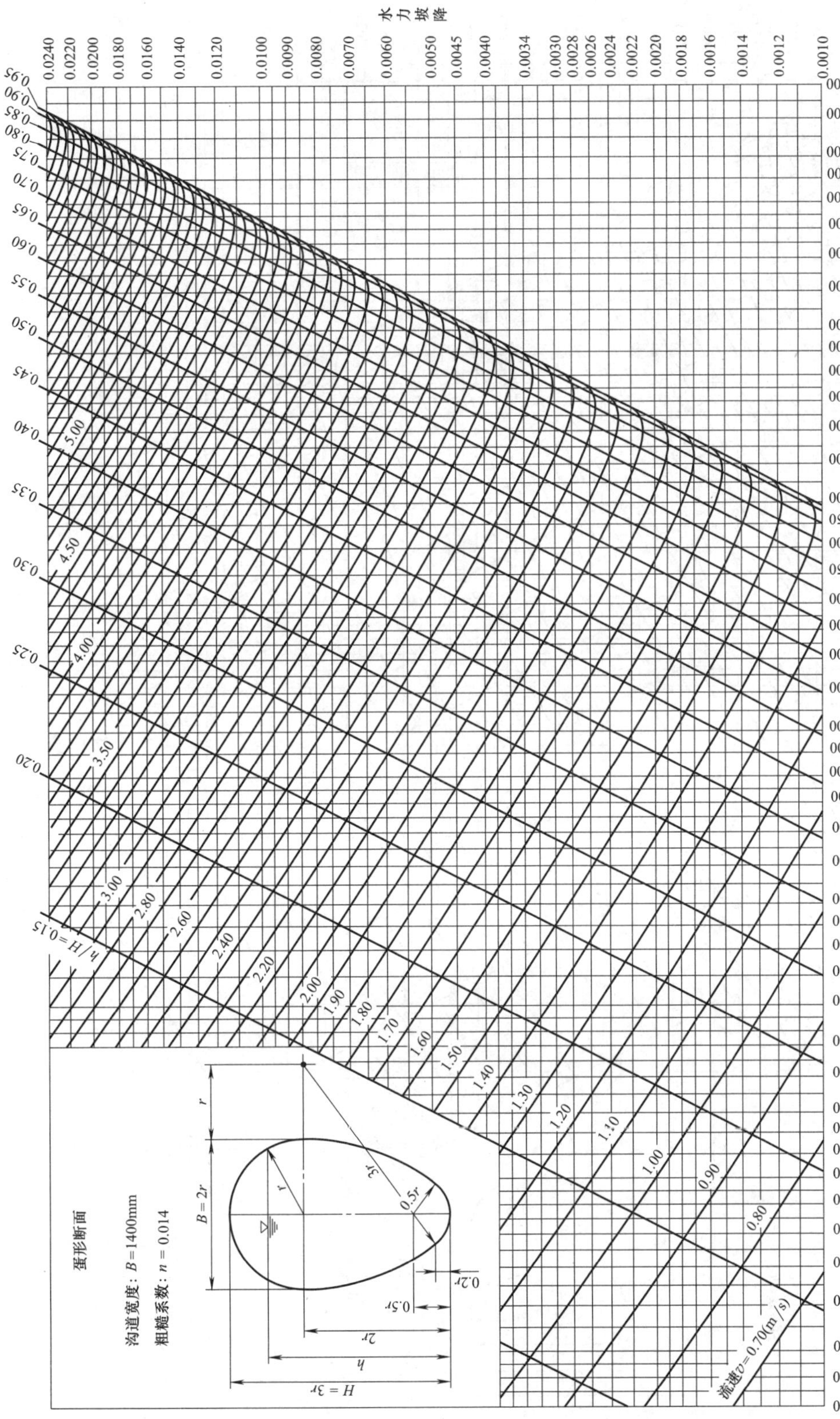

图 13-15　蛋形断面水力计算图（B=1400mm）

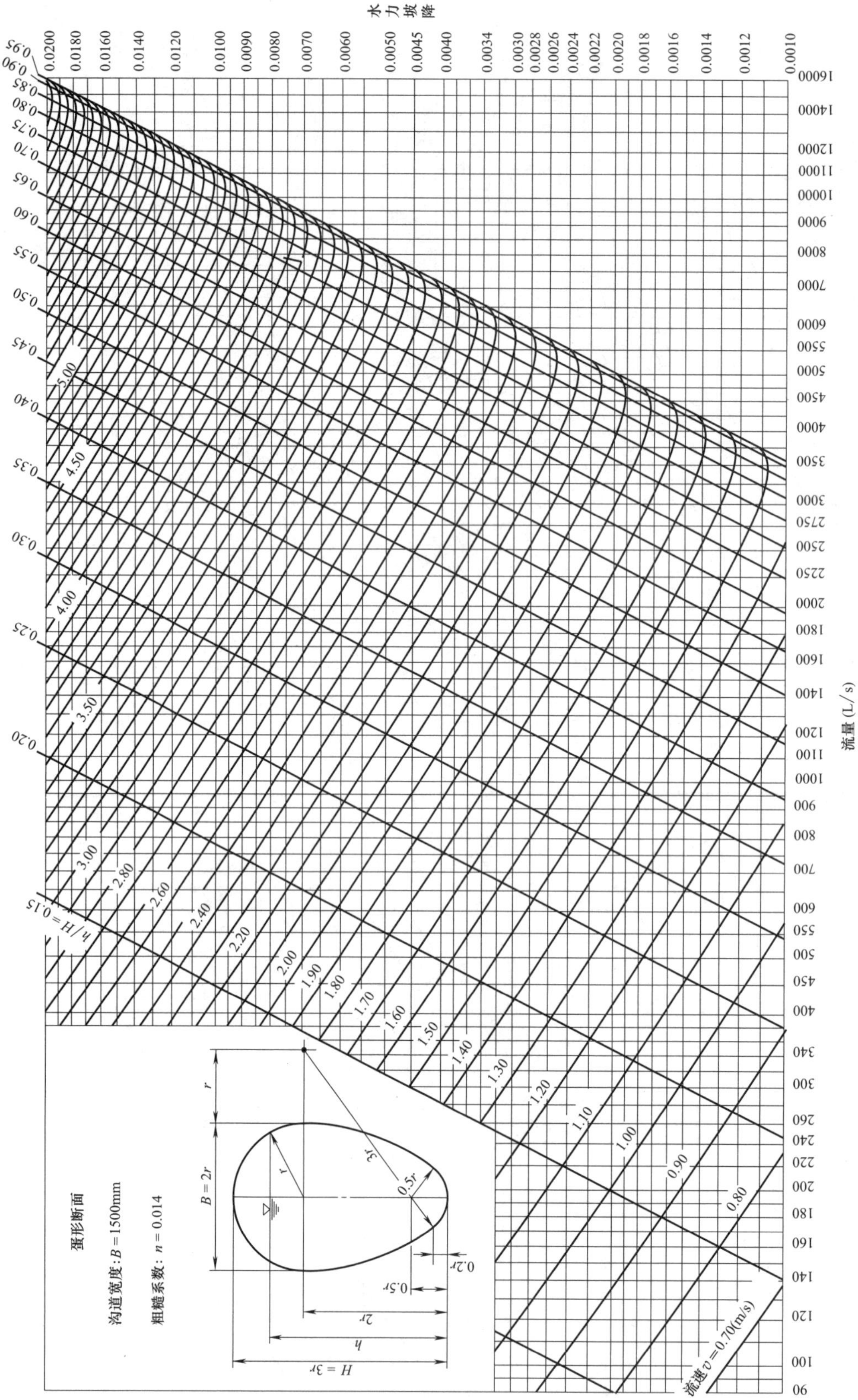

图 13-16　蛋形断面水力计算图（B=1500mm）

第 3 篇　建筑给水排水水力计算

14　水煤气管与热水管

14.1　水煤气管

水煤气管的水力计算公式请参照第 1 章的钢管和铸铁管中的有关内容。水煤气管的水力计算图采用管子计算内径 d_j 的尺寸，见表 1-1。

水煤气管 $DN=8\sim150$mm 的水力计算图见图 14-1。

图中 v 为管中平均水流速度（m/s）。

【例 14-1】 已知冷水流量 $Q=15$L/s，求管长 $L=200$m，公称直径 $DN=100$mm（计算内径 $d=105$mm）的水煤气管的沿程水头损失及平均水流速度。

【解】 由图 14-1 中查得：当 $Q=15$L/s、公称直径 $DN=100$mm 时的水力坡降 $i=0.06$，流速 $v=1.73$m/s。

故所求计算管段的沿程水头损失为：

$$h=iL=0.06\times200\text{m}=12.0\text{m}(H_2O)=12.0\times9.81\text{kPa}=117.72\text{kPa}$$

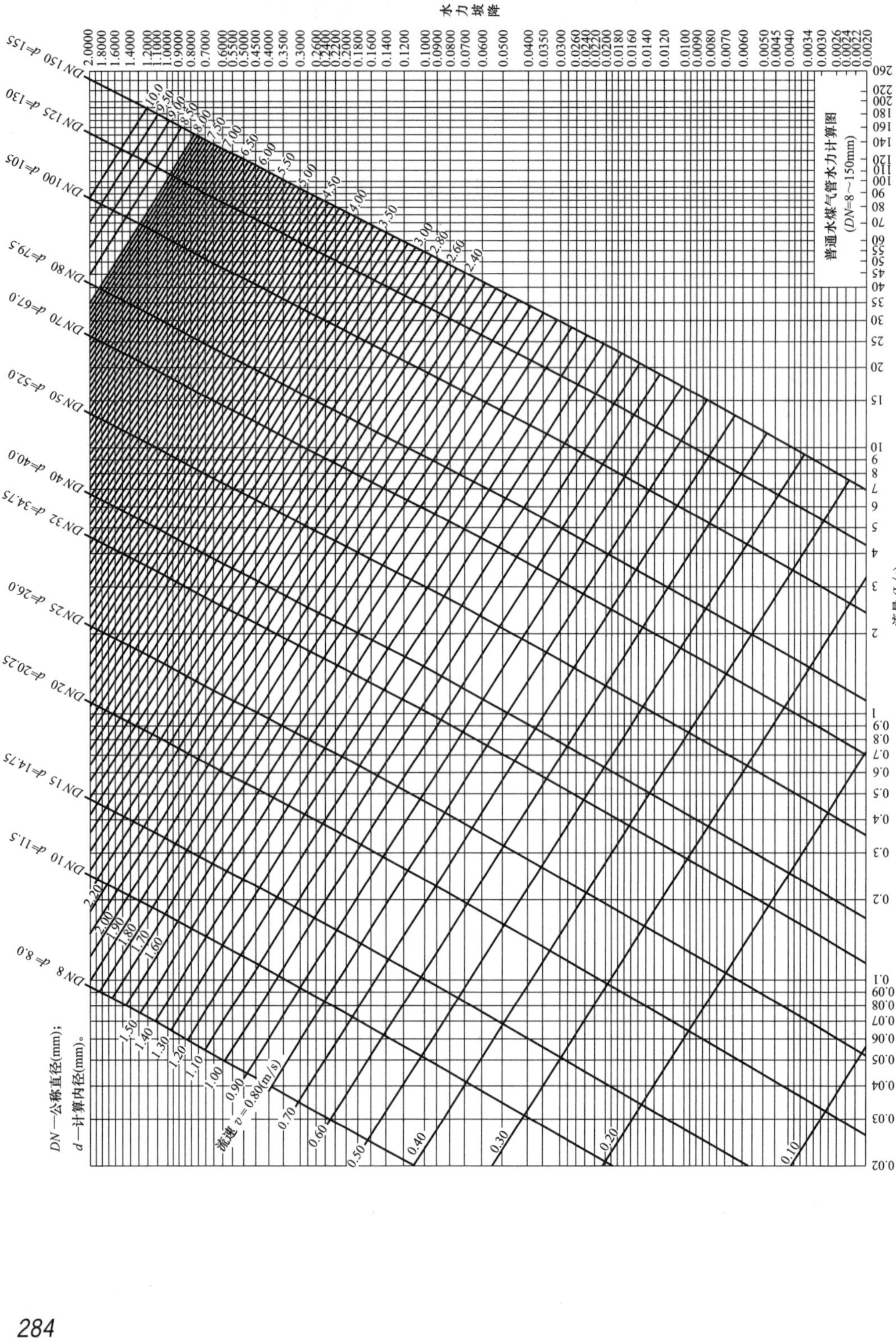

图 14-1 普通水煤气管水力计算图

14.2 热 水 管

14.2.1 热水钢管计算公式

$$R=\lambda\frac{1}{d_j}\frac{v^2}{2g}\gamma \tag{14-1}$$

式中 R——单位水头损失（mH_2O/m），即水力坡降；

λ——摩阻系数；

d_j——管子的计算内径（m）；

v——管内平均水流速度（m/s）；

g——重力加速度，为 9.81m/s^2；

γ——热水的相对密度，为 0.98324（水温为 60℃时）。

按照冷水管的计算原则，λ 值的确定如下：

当$\frac{v}{\nu}\geqslant 9.2\times10^5 m^{-1}$时（$\nu$——液体的运动黏度，m^2/s）

$$\lambda=\frac{0.0210}{d_j^{0.3}} \tag{14-2}$$

当$\frac{v}{\nu}<9.2\times10^5 m^{-1}$时

$$\lambda=\frac{1}{d_j^{0.3}}\left(1.5\times10^{-6}+\frac{\nu}{v}\right)^{0.3} \tag{14-3}$$

当水温为 60℃时，$\nu=0.478\times10^{-6}$ m^2/s，则

$$\lambda=\frac{0.0179}{d_j^{0.3}}\left(1+\frac{0.3187}{v}\right)^{0.3} \tag{14-4}$$

将式（14-2）和式（14-4）中求得的 λ 值代入式（14-1）中，得出热水钢管的计算公式：

当 $v\geqslant0.44$m/s 时

$$R=0.0010524\frac{v^2}{d_j^{1.3}} \tag{14-5}$$

当 $v<0.44$m/s 时

$$R=0.000897\frac{v^2}{d_j^{1.3}}\left(1+\frac{0.3187}{v}\right)^{0.3} \tag{14-6}$$

热水钢管的水力计算图即按式（14-5）和式（14-6）制成。

14.2.2 热水钢管制图说明

（1）热水钢管的水力计算方法与冷水管相同，但是计算时不能直接采用冷水管水力计算图表，因为热水管水温较高（60～70℃），易产生水垢，而且热水的容重和运动黏度也比冷水小。

（2）在热水供应中，加热设备出口处的热水温度一般保持在 65～70℃。热水通过管道输送至最远热水供应点的温度，一般不应低于 55℃。在热水循环管道中，温度一般允许下降 5℃，即返回加热设备的回水温度最低为 50℃。因此，热水管道计算温度一般采取

平均值 60℃。

（3）根据上述几点，热水钢管水力计算图的编制考虑了以下因素：

① 管道结垢后造成管子直径缩小，其缩小数值：

DN=15～40mm 时，直径缩小 2.5mm；

DN=50～100mm 时，直径缩小 3.0mm；

DN=125～200mm 时，直径缩小 4.0mm。

② 水温 60℃时，水的运动黏度 $\nu=0.478\times10^{-6}m^2/s$，密度 $\rho=983.24kg/m^3$。

③ 管内壁的绝对粗糙度 $\delta=1.0mm$。

（4）热水管局部水头损失的计算方法与冷水管相同。但热水管的水温和容重与冷水不同，因此热水管局部水头损失计算表是按照热水的条件，即取计算温度为 60℃，密度 $\rho=983.24kg/m^3$ 的条件编制的。

（5）热水管的局部阻力系数和冷水管相同，因此可直接由表 17-1 查得。

（6）计算热水管局部水头损失时，流速应按管道结垢后直径缩小的流速计算。计算内径值可由表 14-1 查得。

（7）在已知各种局部阻力系数之和后，可由热水管水力计算图查得流速 v，再查表 14-2，即可得出热水管局部水头损失值 h_j。

（8）冷、热水管局部水头损失也可采用管（配）件当量长度法计算或按管网的沿程水头损失的百分数取值计算，详见《建筑给水排水设计规范》GB50015－2003（2009 版）第 3.6.11 条的规定。

热水钢管计算内径 d_j 值 **表 14-1**

公称直径 DN(mm)	15	20	25	32	40	50	70
外径 D(mm)	21.25	26.75	33.50	42.25	48.00	60.00	75.75
内径 d(mm)	15.75	21.25	27.00	35.75	41.00	53.00	68.00
计算内径 d_j(mm)	13.25	18.75	24.50	33.25	38.50	50.00	65.00
公称直径 DN(mm)	80	100	125	150	175	200	
外径 D(mm)	88.50	114.00	140.00	165.00	194.00	219.00	
内径 d(mm)	80.50	106.00	131.00	156.00	174.00	199.00	
计算内径 d_j(mm)	77.50	103.00	127.00	152.00	174.00	195.00	

14.2.3 热水钢管水力计算

热水钢管水力计算图见图 14-2。图中 v 为管中平均水流速度（m/s）。

【例 14-2】 已知热水流量 Q=15.0L/s。求管长 L=200m，公称直径 DN=100mm（计算内径 d=103.0mm）的热水钢管的沿程水头损失及平均水流速度。

【解 1】 由图 14-2 中查得：当 Q=15.0L/s、公称直径 DN=100mm 时的水力坡降 R=0.065，流速 v=1.8m/s。

故所求计算管段的沿程水头损失为：

$$h=RL=0.065\times200m=13.0m(H_2O)=13.0\times9.81kPa=127.53kPa$$

【解 2】 用本书的配套应用软件《给水排水工程常用管渠水力计算》软件求解。

在软件的“热水钢管水力计算”页面中，用 Q、DN 求 v、i 的第一种计算方法，输

入上述流量 Q=15.0L/s、公称直径 DN=100mm 等数据后，得：

流速 v=1.8m/s，水力坡降 i=65.486‰=0.065486

所以 $h=iL$=0.065486×200m=13.1m（H_2O）=13.1×9.81kPa=128.51kPa

和查图结果很接近。

热水管局部水头损失计算表 **表 14-2**

流速	$\Sigma\xi$									
v	1	2	3	4	5	6	7	8	9	10
(m/s)	局部水头损失 h_j(Pa)									
0.02	0.197	0.393	0.590	0.787	0.983	1.180	1.377	1.573	1.770	1.966
0.04	0.787	1.573	2.360	3.146	3.933	4.720	5.506	6.293	7.079	7.866
0.06	1.770	3.540	5.309	7.079	8.849	10.619	12.389	14.159	15.928	17.698
0.08	3.146	6.293	9.439	12.585	15.732	18.878	22.025	25.171	28.317	31.464
0.10	4.916	9.832	14.749	19.665	24.581	29.497	34.413	39.330	44.246	49.162
0.12	7.079	14.159	21.238	28.317	35.397	42.476	49.555	56.635	63.714	70.793
0.14	9.636	19.272	28.907	38.543	48.179	57.815	67.450	77.086	86.722	96.358
0.16	12.585	25.171	37.756	50.342	62.927	75.513	88.098	100.68	113.27	125.85
0.18	15.928	31.857	47.785	63.714	79.642	95.571	111.50	127.43	143.36	159.28
0.20	19.665	39.330	58.994	78.659	98.324	117.99	137.65	157.32	176.98	196.65
0.22	23.794	47.589	71.383	95.178	118.97	142.77	166.56	190.36	214.15	237.94
0.24	28.317	56.635	84.952	113.27	141.59	169.90	198.22	226.54	254.86	283.17
0.26	33.234	66.467	99.701	132.93	166.17	199.40	232.63	265.87	299.10	332.34
0.28	38.543	77.086	115.63	154.17	192.72	231.26	269.80	308.34	346.89	385.43
0.30	44.246	88.492	132.74	176.98	221.23	265.47	309.72	353.97	398.21	442.46
0.35	60.223	120.45	180.67	240.89	301.12	361.34	421.56	481.79	542.01	602.23
0.40	78.659	157.32	235.98	314.64	393.30	471.96	550.61	629.27	707.93	786.59
0.45	99.553	199.11	298.66	398.21	497.77	597.32	696.87	796.42	895.98	995.53
0.50	122.91	245.81	368.72	491.62	614.53	737.43	860.34	983.24	1106.1	1229.1
0.55	148.72	297.43	446.15	594.86	743.58	892.29	1041.0	1189.7	1338.4	1487.2
0.60	176.98	353.97	530.95	707.93	884.92	1061.9	1238.9	1415.9	1592.8	1769.8
0.70	240.89	481.79	722.68	963.58	1204.5	1445.4	1686.3	1927.2	2168.0	2408.9
0.80	314.64	629.27	943.91	1258.5	1573.2	1887.8	2202.5	2517.1	2831.7	3146.4
0.90	398.21	796.42	1194.6	1592.8	1991.1	2389.3	2787.5	3185.7	3583.9	3982.1
1.00	491.62	983.24	1474.9	1966.5	2458.1	2949.7	3441.3	3933.0	4424.6	4916.2
1.10	594.86	1189.7	1784.6	2379.4	2974.3	3569.2	4164.0	4758.9	5353.7	5948.6
1.20	707.93	1415.9	2123.8	2831.7	3539.7	4247.6	4955.5	5663.5	6371.4	7079.3
1.30	830.84	1661.7	2492.5	3323.4	4154.2	4985.0	5815.9	6646.7	7477.5	8308.4
1.40	963.58	1927.2	2890.7	3854.3	4817.9	5781.5	6745.0	7708.6	8672.2	9635.8
1.50	1106.1	2212.3	3318.4	4424.6	5530.7	6636.9	7743.0	8849.2	9955.3	11061

续表

流速	Σξ									
v	1	2	3	4	5	6	7	8	9	10
(m/s)	局部水头损失 h_j(Pa)									
1.60	1258.5	2517.1	3775.6	5034.2	6292.7	7551.3	8809.8	10068	11327	12585
1.70	1420.8	2841.6	4262.3	5683.1	7103.9	8524.7	9945.5	11366	12787	14208
1.80	1592.8	3185.7	4778.5	6371.4	7964.2	9557.1	11150	12743	14336	15928
1.90	1774.7	3549.5	5324.2	7099.0	8873.7	10648	12423	14198	15973	17747
2.00	1966.5	3933.0	5899.4	7865.9	9832.4	11799	13765	15732	17698	19665
2.10	2168.0	4336.1	6504.1	8672.2	10840	13008	15176	17344	19512	21680
2.20	2379.4	4758.9	7138.3	9517.8	11897	14277	16656	19036	21415	23794
2.30	2600.7	5201.3	7802.0	10403	13003	15604	18205	20805	23406	26007
2.40	2831.7	5663.5	8495.2	11327	14159	16990	19822	22654	25486	28317
2.50	3072.6	6145.3	9217.9	12291	15363	18436	21508	24581	27654	30726

14.2.4 适用于各种材质的冷、热水管道计算公式

$$i=\frac{10.67q^{1.852}}{C_{\mathrm{h}}^{1.852}d_j^{4.87}} \tag{14-7}$$

式中 i——水力坡降，即管道单位长度水头损失（mH_2O/m）；

q——设计流量（m^3/s）；

C_h——海澄—威廉系数；

d_j——管道的计算内径（m）。

式（14-7）为《室外给水设计规范》GB 50013—2006 第 7.2.2 条第 3 款规定的水力计算公式。

i 的单位的换算关系为：$1mH_2O/m=9.81kPa/m$。当采用 kPa/m 为管道单位长度水头损失的单位时，式（14-7）化为：

$$i'=105\frac{q^{1.852}}{C_{\mathrm{h}}^{1.852}d_j^{4.87}} \tag{14-8}$$

式中 i'——管道单位长度水头损失（kPa/m）；

其余同前。

式（14-8）即为《建筑给水排水设计规范》GB 50015—2003（2009 版）第 3.6.10 条规定的水力计算公式，根据该规范第 5.5.4 条，热水管网的沿程水头损失也应按式（14-8）计算，但管道的计算内径应考虑结垢和腐蚀引起过水断面缩小的因素。

公式中的海澄—威廉系数 C_h值见表 14-3。

海澄—威廉系数值 **表 14-3**

管材名称	各种塑料管、内衬(涂)塑管	铜管、不锈钢管	内衬水泥、树脂的铸铁管	普通钢管、铸铁管
海澄—威廉系数 C_h	140	130	130	100

按海澄—威廉公式计算的适用于各种材质的冷、热水管道水力计算，本书未绘制其水力计算图，可使用本书配套的《给水排水工程常用管渠水力计算》软件进行计算。使用该软件时，输入的数据应遵照现行的有关标准和规范。

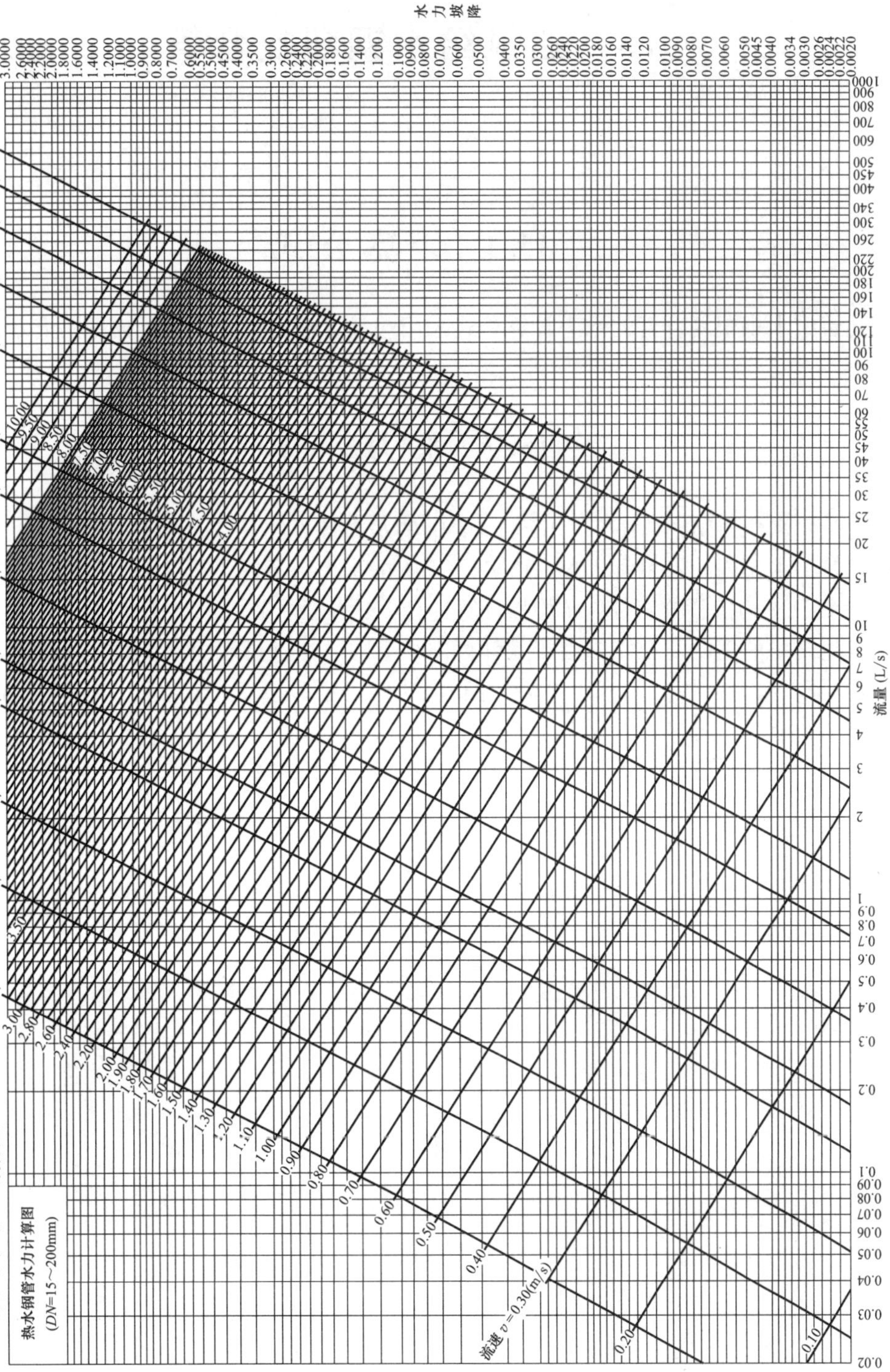

DN—公称直径(mm)；d—计算内径。

图 14-2 热水钢管水力计算图

15 建筑给水钢塑复合管

15.1 计算公式

建筑给水钢塑复合管的水力计算公式采用塑料管水力计算公式，详见第3章。

15.2 水力计算

建筑给水用衬塑钢管 DN=15～150mm 的水力计算图见图 15-1。

建筑给水用内涂塑钢管 DN=15～150mm 的水力计算图见图 15-2。

图中 DN 均指公称直径，d 均指计算内径，v 为管中平均水流速度（m/s）。

其他规格的钢塑复合管，由于其计算内径不同，在进行水力计算时，应将查图所得的 i 值和 v 值，分别乘以阻力修正系数 K_1 和流速修正系数 K_2 进行修正。K_1 和 K_2 的计算公式详见 3.2 节。

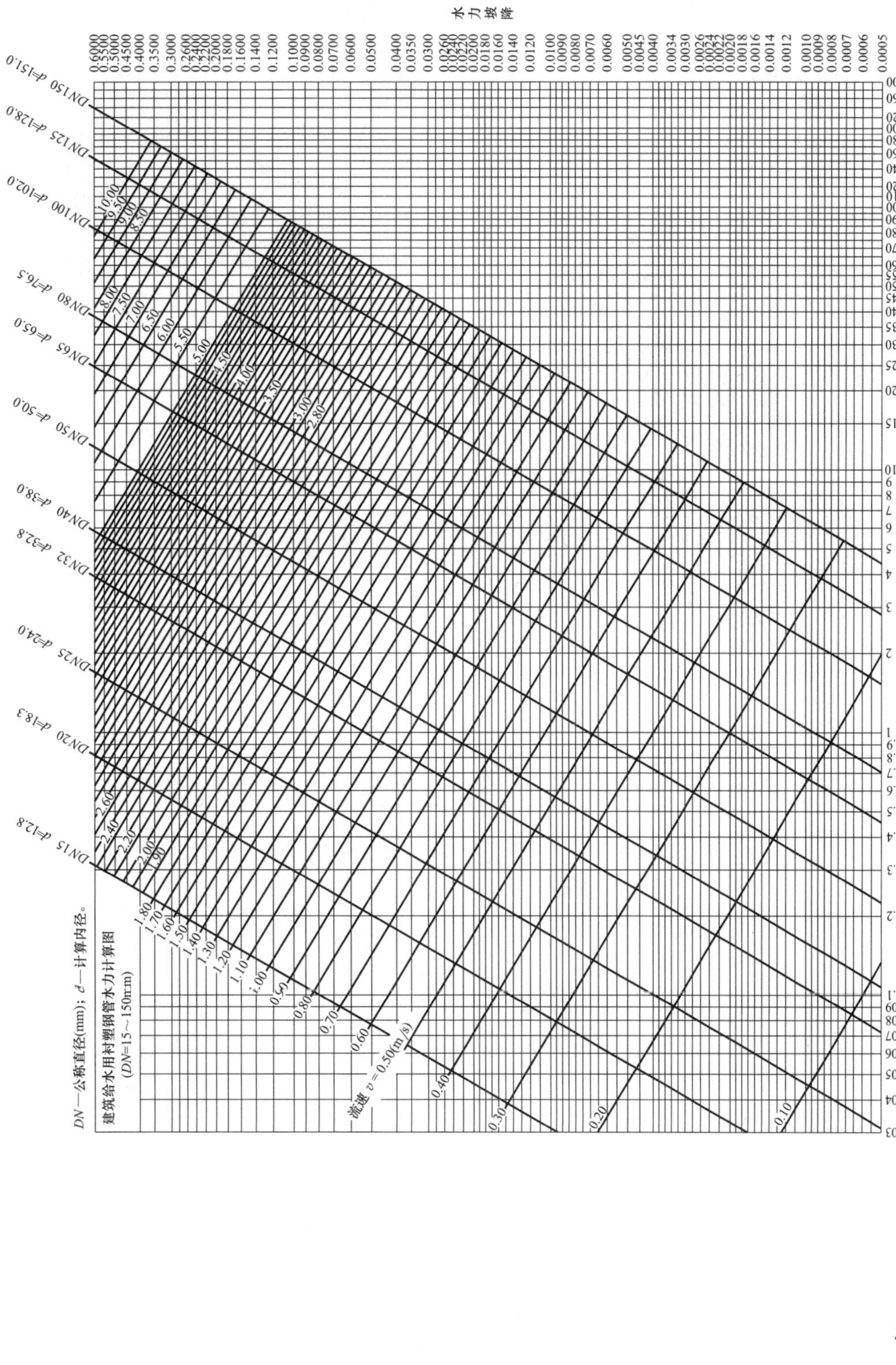

图 15-1 建筑给水用衬塑钢管水力计算图

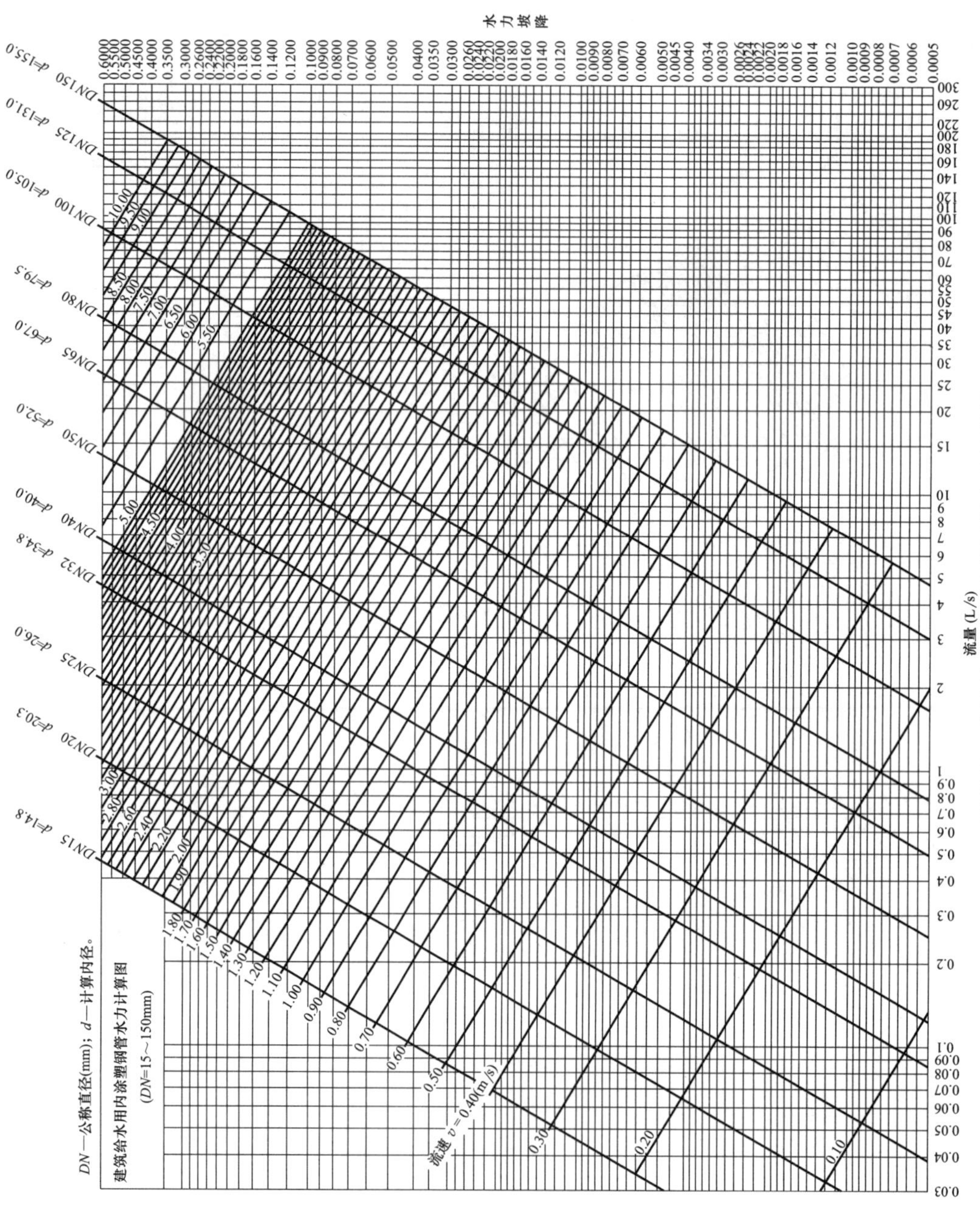

图 15-2　建筑给水用内涂塑钢管水力计算图

16 建筑排水管

16.1 计 算 公 式

圆形排水管计算简图见图 5-1 和图 5-2。

计算公式同 5.1 节。

16.2 水 力 计 算

建筑排水管的水力计算图见图 16-1 和图 16-2。

图中流量 Q 以 L/s 计，流速 v 以 m/s 计。

建筑排水用硬聚氯乙烯圆管水力计算图中粗糙系数以 $n=0.009$ 计，当 n 为其他值 n_x 时，图中所得流量和流速需乘以修正值 K_n，$K_n=0.009\div n_x$。

建筑排水用灰口铸铁圆管水力计算图中粗糙系数以 $n=0.013$ 计，当 n 为其他值 n_x 时，图中所得流量和流速需乘以修正值 K_n，$K_n=0.013\div n_x$。

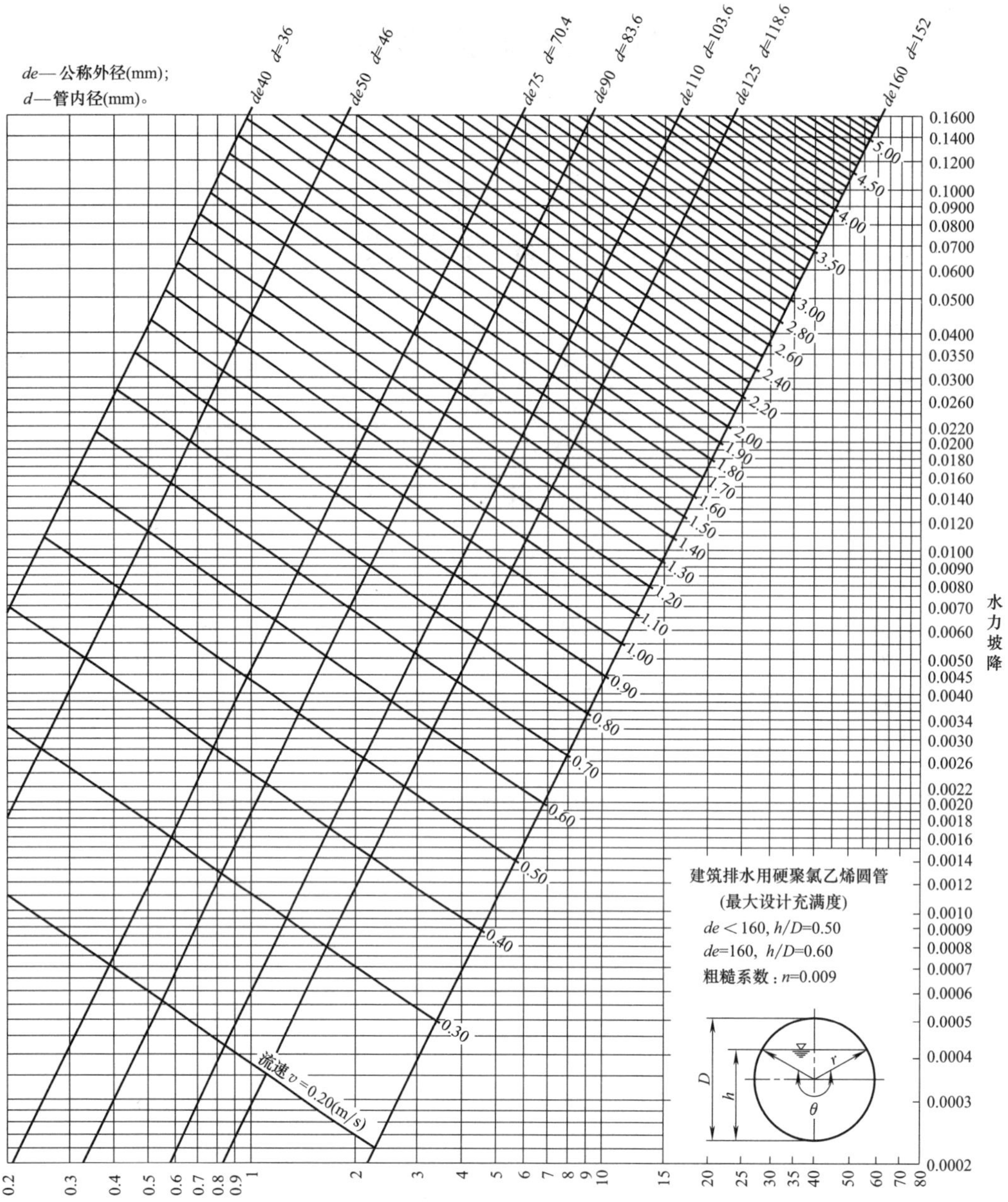

图 16-1 建筑排水用硬聚氯乙烯圆管水力计算图（最大设计充满度，$n=0.009$）

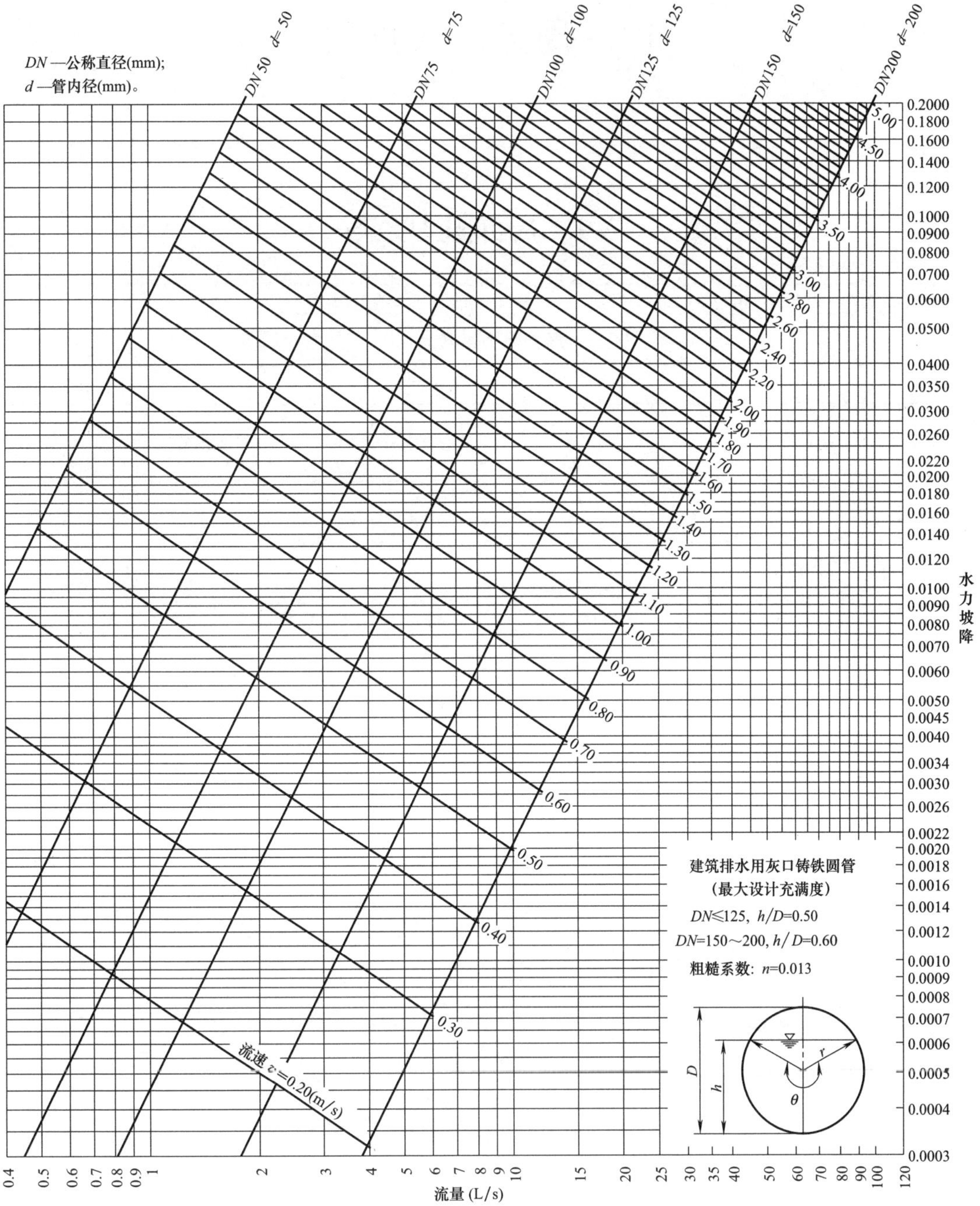

图 16-2 建筑排水用灰口铸铁圆管水力计算图（最大设计充满度，$n=0.013$）

17 局部水头损失

17.1 局部阻力系数

局部阻力系数，见表 17-1。

局部阻力系数表 **表 17-1**

<table>
<tr><th rowspan="2">名称</th><th rowspan="2">图示</th><th colspan="5">ξ</th><th rowspan="2">计算公式</th></tr>
<tr><th colspan="2">规格</th><th rowspan="2">偏心渐缩管</th><th rowspan="2">渐放管</th><th rowspan="2">渐缩管</th></tr>
<tr><td rowspan="31">异径管</td><td rowspan="31">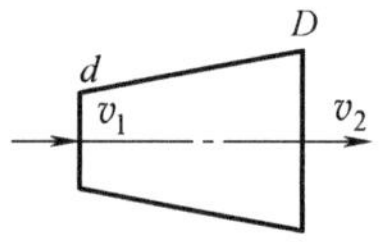

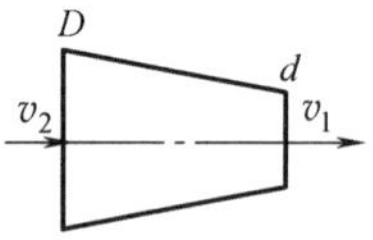

偏心渐缩
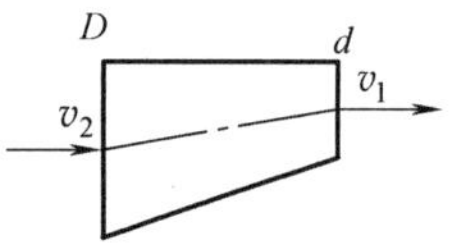

注:管长
$L=2(D-d)+150\text{mm}$</td><td>D</td><td>d</td><td rowspan="31">$h=\xi\frac{v_1^2}{2g}$</td></tr>
<tr><td>100</td><td>75</td><td>0.16</td><td>0.03</td><td>0.16</td></tr>
<tr><td>150</td><td>100</td><td>0.17</td><td>0.08</td><td>0.17</td></tr>
<tr><td rowspan="2">200</td><td>100</td><td>0.18</td><td>0.19</td><td>0.19</td></tr>
<tr><td>150</td><td>0.17</td><td>0.06</td><td>0.17</td></tr>
<tr><td rowspan="3">250</td><td>100</td><td>0.19</td><td>0.27</td><td>0.20</td></tr>
<tr><td>150</td><td>0.18</td><td>0.18</td><td>0.19</td></tr>
<tr><td>200</td><td>0.17</td><td>0.06</td><td>0.17</td></tr>
<tr><td rowspan="4">300</td><td>100</td><td>0.20</td><td>0.32</td><td>0.20</td></tr>
<tr><td>150</td><td>0.19</td><td>0.26</td><td>0.20</td></tr>
<tr><td>200</td><td>0.18</td><td>0.16</td><td>0.19</td></tr>
<tr><td>250</td><td>0.17</td><td>0.05</td><td>0.17</td></tr>
<tr><td rowspan="4">350</td><td>150</td><td>0.20</td><td>0.30</td><td>0.20</td></tr>
<tr><td>200</td><td>0.19</td><td>0.25</td><td>0.20</td></tr>
<tr><td>250</td><td>0.18</td><td>0.15</td><td>0.19</td></tr>
<tr><td>300</td><td>0.17</td><td>0.05</td><td>0.17</td></tr>
<tr><td rowspan="5">400</td><td>150</td><td>0.20</td><td>0.33</td><td>0.21</td></tr>
<tr><td>200</td><td>0.20</td><td>0.30</td><td>0.20</td></tr>
<tr><td>250</td><td>0.19</td><td>0.24</td><td>0.20</td></tr>
<tr><td>300</td><td>0.18</td><td>0.13</td><td>0.19</td></tr>
<tr><td>350</td><td>0.17</td><td>0.04</td><td>0.17</td></tr>
<tr><td rowspan="5">450</td><td>200</td><td>0.20</td><td>0.33</td><td>0.21</td></tr>
<tr><td>250</td><td>0.20</td><td>0.30</td><td>0.20</td></tr>
<tr><td>300</td><td>0.19</td><td>0.25</td><td>0.20</td></tr>
<tr><td>350</td><td>0.18</td><td>0.13</td><td>0.19</td></tr>
<tr><td>400</td><td>0.17</td><td>0.04</td><td>0.17</td></tr>
<tr><td rowspan="5">500</td><td>250</td><td>0.20</td><td>0.32</td><td>0.21</td></tr>
<tr><td>300</td><td>0.20</td><td>0.29</td><td>0.20</td></tr>
<tr><td>350</td><td>0.19</td><td>0.21</td><td>0.20</td></tr>
<tr><td>400</td><td>0.18</td><td>0.12</td><td>0.19</td></tr>
<tr><td>450</td><td>0.17</td><td>0.04</td><td>0.17</td></tr>
</table>

续表

名称	图示	ξ					计算公式
		规格		偏心渐缩管	渐放管	渐缩管	
		D	d				
异径管	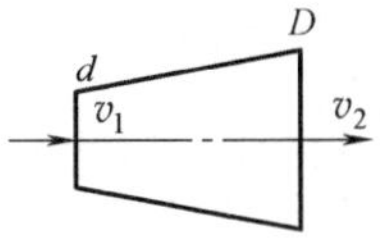	600	300	0.21	0.34	0.21	$h=\xi\frac{v_1^2}{2g}$
			350	0.20	0.30	0.21	
			400	0.20	0.26	0.20	
			450	0.19	0.18	0.20	
			500	0.18	0.11	0.19	
	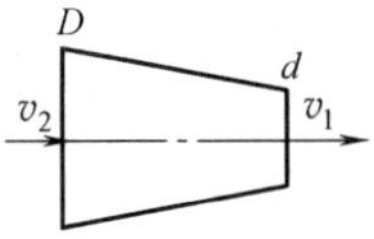	700	400	0.21	0.32	0.21	
			450	0.20	0.29	0.21	
			500	0.20	0.24	0.20	
			600	0.18	0.10	0.19	
		800	450	0.21	0.34	0.21	
			500	0.21	0.31	0.21	
			600	0.20	0.21	0.20	
			700	0.18	0.07	0.19	
	偏心渐缩 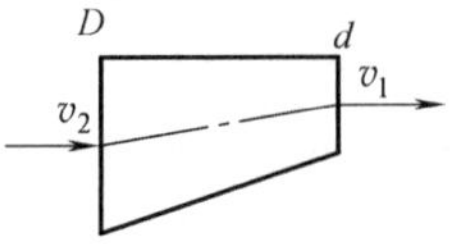	900	500	0.21	0.34	0.22	
			600	0.21	0.29	0.21	
			700	0.20	0.21	0.20	
			800	0.18	0.08	0.19	
	注:管长 $L=2(D-d)+150\text{mm}$	1000	500	0.21	0.37	0.22	
			600	0.21	0.33	0.22	
			700	0.21	0.27	0.21	
			800	0.20	0.18	0.20	
			900	0.18	0.06	0.19	

名称	图示	ξ														计算公式
		直径比 D/d	流速 v_1(m/s)													
			0.6	0.9	1.2	1.5	1.8	2.1	2.4	3.0	3.6	4.5	6.0	9.0	12.0	
突然扩大	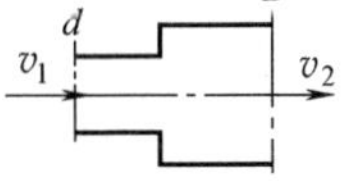	1.2	0.11	0.10	0.10	0.10	0.10	0.10	0.10	0.09	0.09	0.09	0.09	0.09	0.08	$h=\xi\frac{v_1^2}{2g}$
		1.4	0.26	0.26	0.25	0.24	0.24	0.24	0.24	0.23	0.23	0.22	0.22	0.21	0.20	
		1.6	0.40	0.39	0.38	0.37	0.37	0.36	0.36	0.35	0.35	0.34	0.33	0.32	0.32	
		1.8	0.51	0.49	0.48	0.47	0.47	0.46	0.46	0.45	0.44	0.43	0.42	0.41	0.40	
		2.0	0.60	0.58	0.56	0.55	0.55	0.54	0.53	0.52	0.52	0.51	0.50	0.48	0.47	
		2.5	0.74	0.72	0.70	0.69	0.68	0.67	0.66	0.65	0.64	0.63	0.62	0.60	0.58	
		3.0	0.83	0.80	0.78	0.77	0.76	0.75	0.74	0.73	0.72	0.70	0.69	0.67	0.65	
		4.0	0.92	0.89	0.87	0.85	0.84	0.83	0.82	0.80	0.79	0.78	0.76	0.74	0.72	
		5.0	0.96	0.93	0.91	0.89	0.88	0.87	0.86	0.84	0.83	0.82	0.80	0.77	0.75	
		10.0	1.00	0.99	0.96	0.95	0.93	0.92	0.91	0.89	0.88	0.86	0.84	0.82	0.80	
		∞	1.00	1.00	0.98	0.96	0.95	0.94	0.93	0.91	0.90	0.88	0.86	0.83	0.81	

续表

名称	图示	ξ														计算公式
		直径比 D/d	流速 v_1(m/s)													
			0.6	0.9	1.2	1.5	1.8	2.1	2.4	3.0	3.6	4.5	6.0	9.0	12.0	
突然缩小	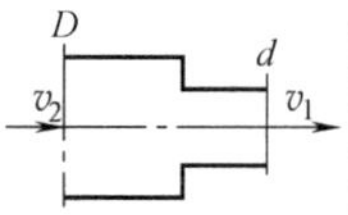	1.1	0.03	0.04	0.04	0.04	0.04	0.04	0.04	0.04	0.04	0.04	0.05	0.05	0.06	$h=\xi\frac{v_1^2}{2g}$
		1.2	0.07	0.07	0.07	0.07	0.07	0.07	0.07	0.08	0.08	0.08	0.09	0.10	0.11	
		1.4	0.17	0.17	0.17	0.17	0.17	0.17	0.17	0.18	0.18	0.18	0.18	0.19	0.20	
		1.6	0.26	0.26	0.26	0.26	0.26	0.26	0.26	0.26	0.26	0.25	0.25	0.25	0.24	
		1.8	0.34	0.34	0.34	0.34	0.34	0.34	0.33	0.33	0.32	0.32	0.31	0.29	0.27	
		2.0	0.38	0.38	0.37	0.37	0.37	0.37	0.36	0.36	0.35	0.34	0.33	0.31	0.29	
		2.2	0.40	0.40	0.40	0.39	0.39	0.39	0.39	0.38	0.37	0.37	0.35	0.33	0.30	
		2.5	0.42	0.42	0.42	0.41	0.41	0.41	0.40	0.40	0.39	0.38	0.37	0.34	0.31	
		3.0	0.44	0.44	0.44	0.43	0.43	0.43	0.42	0.42	0.41	0.40	0.39	0.36	0.33	
		4.0	0.47	0.46	0.46	0.46	0.45	0.45	0.45	0.44	0.43	0.42	0.41	0.37	0.34	
		5.0	0.48	0.48	0.47	0.47	0.47	0.46	0.46	0.45	0.45	0.44	0.42	0.38	0.35	
		10.0	0.49	0.48	0.48	0.48	0.48	0.47	0.47	0.46	0.46	0.45	0.43	0.40	0.36	
		∞	0.49	0.49	0.48	0.48	0.48	0.47	0.47	0.47	0.46	0.45	0.44	0.41	0.38	

名称	图示	ξ									计算公式
渐小	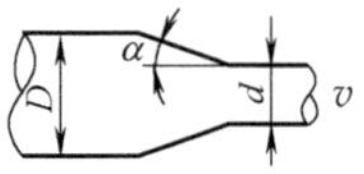	α(°)	10	15	20	25	30	35	40	45	60	$h=\xi\frac{v^2}{2g}$
		ξ	0.16	0.18	0.20	0.22	0.24	0.26	0.28	0.30	0.32	

名称	图示	ξ									计算公式
		α(°)	D/d								
			1.1	1.2	1.4	1.6	1.8	2.0	2.5	3.0	
渐大	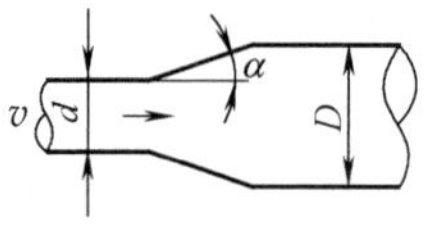	2	0.01	0.02	0.02	0.03	0.03	0.03	0.03	0.03	$h=\xi\frac{v^2}{2g}$
		4	0.01	0.02	0.03	0.03	0.04	0.04	0.04	0.04	
		6	0.01	0.02	0.03	0.04	0.04	0.04	0.04	0.04	
		8	0.02	0.03	0.04	0.05	0.05	0.05	0.05	0.05	
		10	0.03	0.04	0.06	0.07	0.07	0.07	0.08	0.08	
		15	0.05	0.09	0.12	0.14	0.15	0.16	0.16	0.16	
		20	0.10	0.16	0.23	0.26	0.28	0.29	0.30	0.31	
		25	0.13	0.21	0.30	0.35	0.37	0.38	0.39	0.40	
		30	0.16	0.25	0.36	0.42	0.44	0.46	0.48	0.48	
		35	0.18	0.29	0.41	0.47	0.50	0.52	0.54	0.55	
		40	0.19	0.31	0.44	0.51	0.54	0.56	0.58	0.59	
		45	0.20	0.33	0.47	0.54	0.58	0.60	0.62	0.63	
		50	0.21	0.35	0.50	0.57	0.61	0.63	0.65	0.66	
		60	0.23	0.37	0.53	0.61	0.65	0.68	0.70	0.71	

续表

<table>
<tr><th>名称</th><th>图示</th><th>ξ</th><th>计算公式</th></tr>
<tr><td rowspan="7">进口</td><td>具有交角的进口
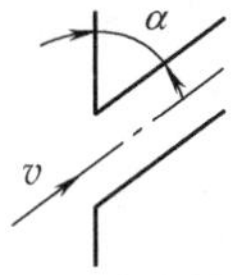
</td><td><table><tr><td>α(°)</td><td>5</td><td>10</td><td>15</td><td>20</td><td>30</td><td>40</td><td>50</td><td>60</td><td>70</td><td>80</td><td>90</td></tr><tr><td>ξ</td><td>1.00</td><td>0.99</td><td>0.98</td><td>0.96</td><td>0.91</td><td>0.85</td><td>0.78</td><td>0.70</td><td>0.63</td><td>0.56</td><td>0.50</td></tr></table></td><td rowspan="7">$h=\xi\frac{v^2}{2g}$</td></tr>
<tr><td>伸入水池的进口
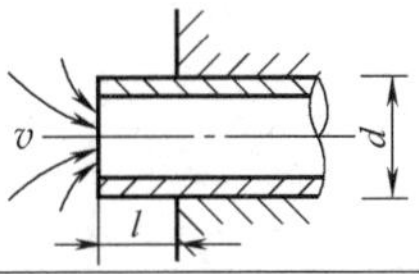
</td><td>(a)当 $l/d \geqslant 4$ 时：$\xi=1.0$；(b)当 $l/d<4$ 时：$\xi=0.75$</td></tr>
<tr><td>带喇叭口的伸入水池的进口
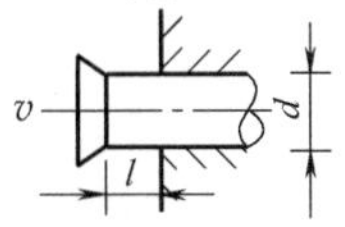
</td><td>(a)当 $l/d \geqslant 4$ 时：$\xi=0.56$；(b)当 $l/d<4$ 时：$\xi=0.20 \sim 0.56$</td></tr>
<tr><td>带喇叭口的进口
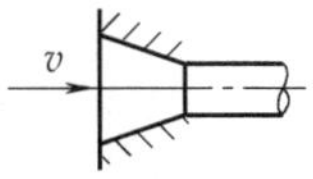
</td><td>0.1</td></tr>
<tr><td>进口没有修圆
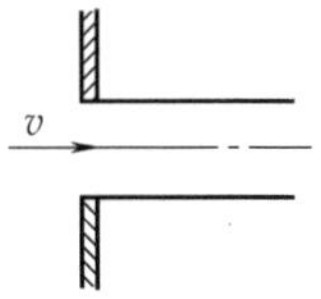
</td><td>0.50</td></tr>
<tr><td rowspan="2">进口稍微修圆
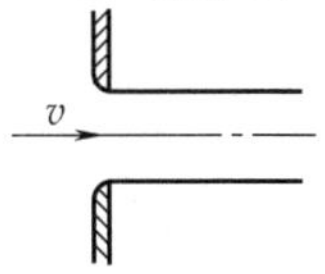

进口完全修圆</td><td>0.20～0.25</td></tr>
<tr><td>0.05～0.10</td></tr>
<tr><td rowspan="2">出口</td><td>流入明渠
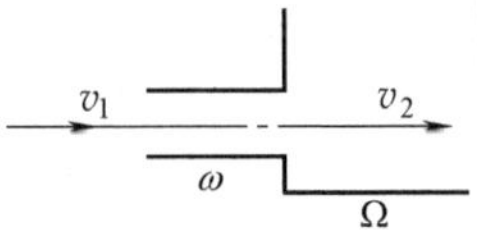
</td><td><table><tr><td>ω/Ω</td><td>0.1</td><td>0.2</td><td>0.3</td><td>0.4</td><td>0.5</td><td>0.6</td><td>0.7</td><td>0.8</td><td>0.9</td></tr><tr><td>ξ</td><td>0.81</td><td>0.64</td><td>0.49</td><td>0.36</td><td>0.25</td><td>0.16</td><td>0.09</td><td>0.04</td><td>0.01</td></tr></table></td><td rowspan="2">$h=\xi\frac{v_1^2}{2g}$</td></tr>
<tr><td>流入水箱(池)
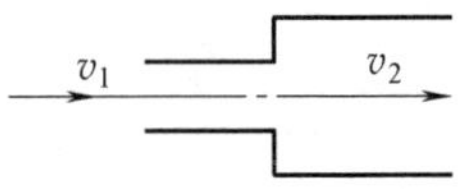
</td><td>1.0</td></tr>
</table>

续表

名称	图示	ξ	计算公式
等径丁字管	直流汇合 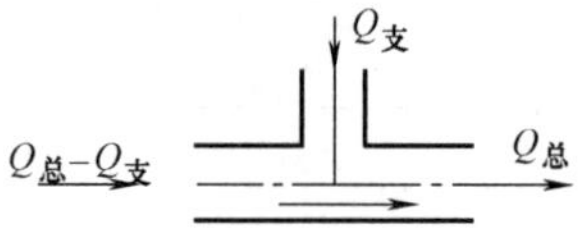	$Q_{总}=Q_{支}$ 时，$\xi_1=1.5$ $Q_{支}=0$ 时，$\xi_2=0.1$	$h_1=\xi_1\frac{v_{总}^2}{2g}$ $h_2=\xi_2\frac{v_{总}^2}{2g}$
	直流分支 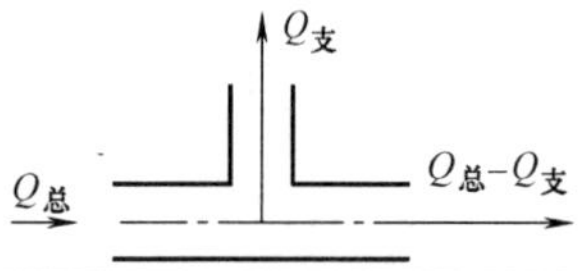	$Q_{支}=Q_{总}$ 时，$\xi_1=1.5$ $Q_{支}=0$ 时，$\xi_2=0.1$	
	直流 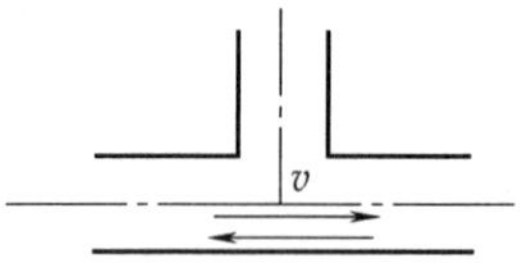	0.1	$h=\xi\frac{v^2}{2g}$
	转弯流 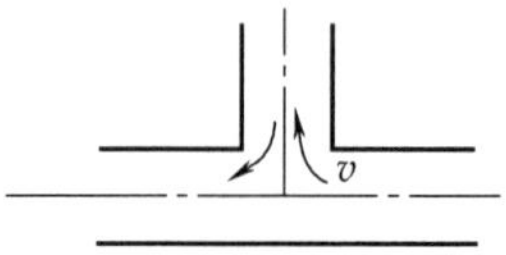	1.5	
	分支流 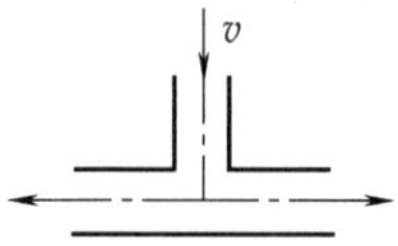	1.5	
	汇合流 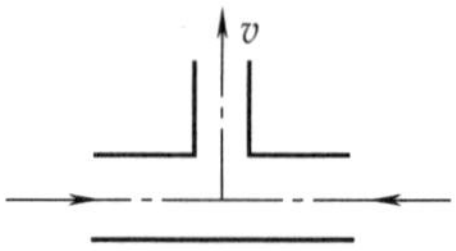	3.0	
异径丁字管	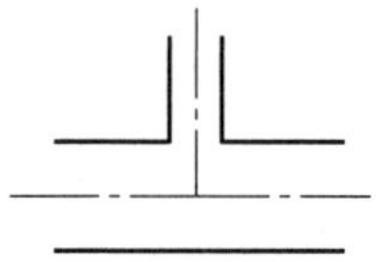	ξ=等径丁字管之ξ值+ 突放（或突缩）之ξ值	
斜丁字管		0.05	
		0.15	

续表

名称	图示	ξ	计算公式
斜丁字管	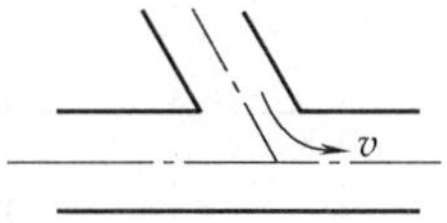	0.5	$h=\xi\frac{v^2}{2g}$
		1.0	
	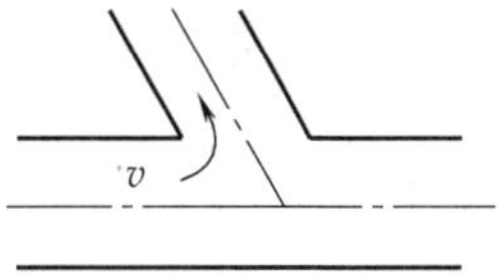	3.0	
叉管	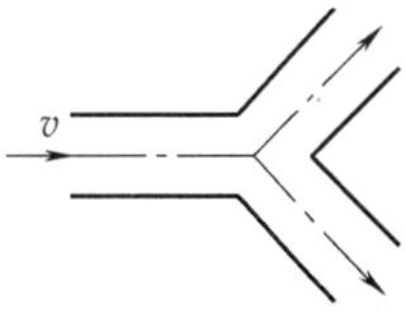	1.0	
	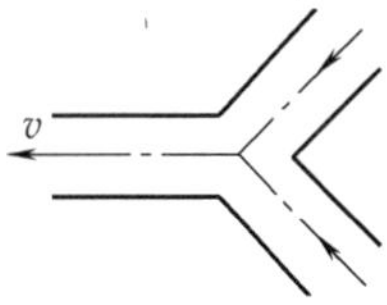	1.5	
十字管	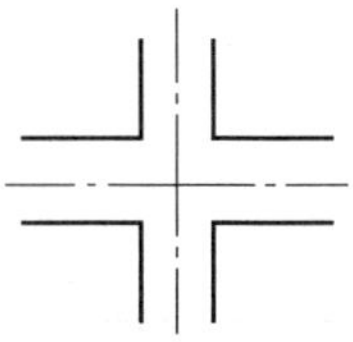	ξ=2×丁字管之ξ值	

名称	图示	ξ							计算公式
弯管	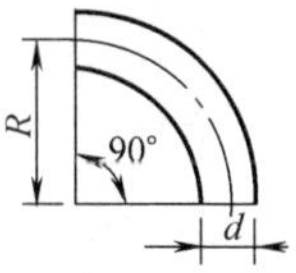	R/d	0.5	1.0	1.5	2.0	3.0	4.0	5.0	$h=\xi_{90^\circ}\frac{v^2}{2g}$
		ξ_{90°	1.20	0.80	0.60	0.48	0.36	0.30	0.29	

名称	图示	ξ														计算公式
弯管	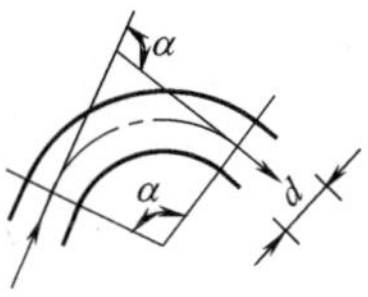	$\xi_\alpha=\alpha\xi_{90^\circ}$														$h=\xi_\alpha\frac{v^2}{2g}$
		α(°)	20	30	40	50	60	70	80	90	100	120	140	160	180	
		ξ_α	0.40	0.55	0.65	0.75	0.83	0.88	0.95	1.00	1.05	1.13	1.20	1.27	1.33	

续表

名称	图示	ξ								计算公式
钢制焊接弯管	急转变管 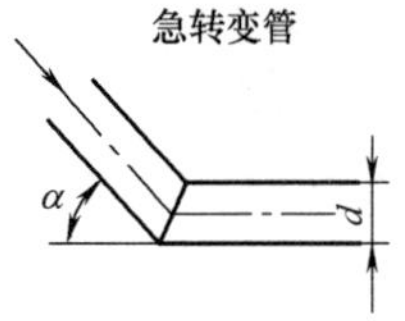	α(°)	30	40	50	60	70	80	90	$h=\xi\frac{v^2}{2g}$
		ξ	0.20	0.30	0.40	0.55	0.70	0.90	1.10	

名称	图示	ξ													计算公式
钢制焊接弯管	90°弯管 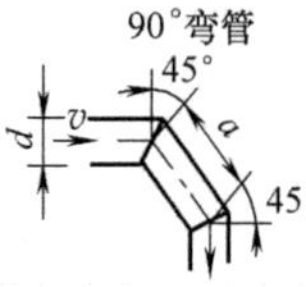	a/d	0.71	0.943	1.174	1.42	1.50	1.85	2.56	3.14	3.72	4.89	5.590	6.28	$h=\xi\frac{v^2}{2g}$
		ξ	0.51	0.42	0.38	0.38	0.38	0.39	0.43	0.43	0.46	0.46	0.44	0.44	

名称	图示	ξ					计算公式
钢制焊接弯管	Z字管 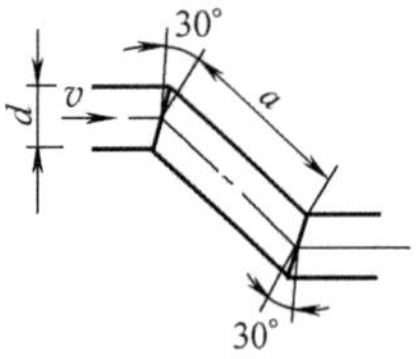	a/d	1.23	1.67	2.37	3.77	$h=\xi\frac{v^2}{2g}$
		ξ	0.30	0.32	0.26	0.24	

名称	图示	ξ																	计算公式
钢制焊接弯管	45°弯头 	d	80	100	125	150	200	250	300	350	400	450	500	600	700	800	900	1000	$h=\xi\frac{v^2}{2g}$
		ξ	0.26	0.32	0.33	0.36	0.36	0.44	0.39	0.45	0.45	0.51	0.48	0.51	0.51	0.53	0.54	0.54	

名称	图示	ξ																	计算公式
钢制焊接弯管	90°弯头 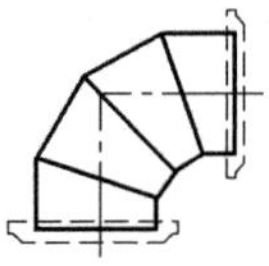	d	80	100	125	150	200	250	300	350	400	450	500	600	700	800	900	1000	$h=\xi\frac{v^2}{2g}$
		ξ	0.51	0.63	0.65	0.72	0.72	0.87	0.78	0.89	0.90	1.01	0.96	1.01	1.02	1.05	1.07	1.08	

名称	图示	ξ															计算公式
铸铁弯头	标准铸铁90°弯头	d	75	100	125	150	200	250	300	350	400	450	500	600	700	800	900	$h=\xi\frac{v^2}{2g}$
		ξ	0.34	0.42	0.43	0.48	0.48	0.58	0.52	0.59	0.60	0.67	0.64	0.67	0.68	0.70	0.71	
	标准铸铁45°弯头	d	75	100	125	150	200	250	300	350	400	450	500	600	700	800	900	
		ξ	0.17	0.21	0.22	0.24	0.24	0.29	0.26	0.30	0.30	0.34	0.32	0.34	0.34	0.35	0.36	
	标准可锻铸铁90°弯头	d	15	20	25	32	40	50	70	80	100	125	150					
		ξ	0.95	1.00	1.03	1.04	1.10	1.10	1.12	1.13	1.14	1.16	1.18					

续表

名称	图示	ξ	计算公式
组合弯头	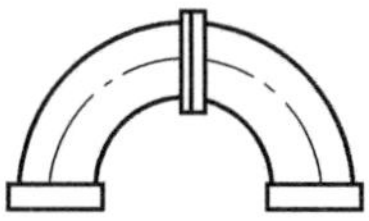	ξ为每个弯头的2倍	$h=\xi\frac{v^2}{2g}$
	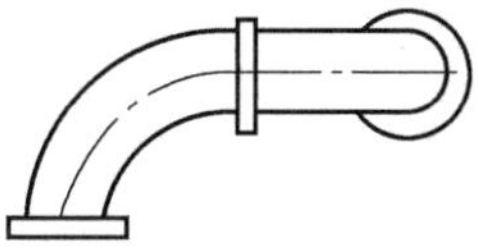	ξ为每个弯头的3倍	
	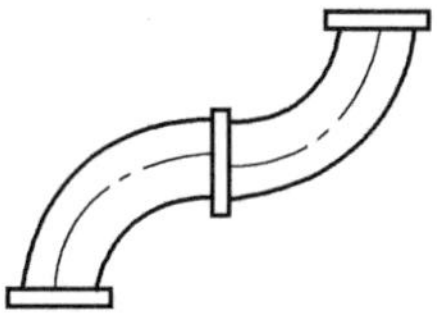	ξ为每个弯头的4倍	
升降式止回阀		7.5	$h=\xi\frac{v^2}{2g}$

旋启式止回阀（计算公式：$h=\xi\frac{v^2}{2g}$）

d	150	200	250	300	350	400	500	≥600
ξ	6.5	5.5	4.5	3.5	3.0	2.5	1.8	1.7

闸阀（计算公式：$h=\xi\frac{v^2}{2g}$）

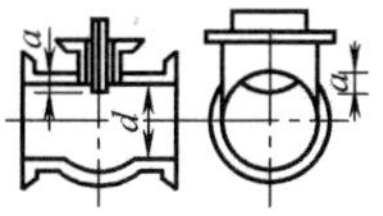

当全开时(即 $a/d=0$)

d	15	20～50	80	100	150	200～250	300～450	500～800	900～1000
ξ	1.5	0.5	0.4	0.2	0.1	0.08	0.07	0.05	0.05

当各种开启度时：

a/d	1/8	2/8	3/8	4/8	5/8	6/8	7/8
$\bar{\omega}_{开启}/\bar{\omega}_{总}$	0.948	0.856	0.740	0.609	0.466	0.315	0.159
ξ	0.15	0.26	0.81	2.06	5.52	17.0	97.8

名称	图示	ξ											计算公式
闸板(方形)	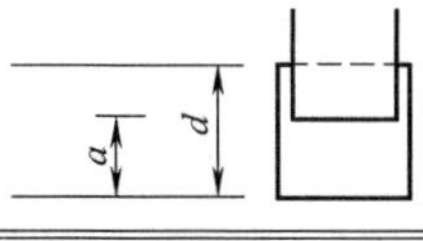	a/d	0.1	0.2	0.3	0.4	0.5	0.6	0.7	0.8	0.9	1.0	$h=\xi\frac{v^2}{2g}$
		ξ	1.93	44.5	17.8	8.12	4.02	2.08	0.95	0.39	0.09	0	

名称	图示	ξ												计算公式
扎口	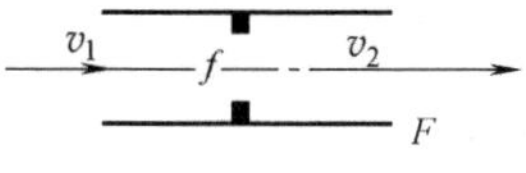	f/F	0.05	0.1	0.2	0.3	0.4	0.5	0.6	0.7	0.8	0.9	1.0	$h=\xi\frac{v_2^2}{2g}$
		ξ	1070	245	51	18.4	8.2	4.0	2.0	0.97	0.4	0.1	0	

名称	图示	ξ											计算公式
隔板	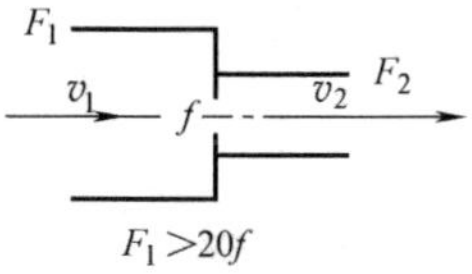	f/F_2	0.1	0.2	0.3	0.4	0.5	0.6	0.7	0.8	0.9	1.0	$h=\xi\frac{v_2^2}{2g}$
		ξ	232	51	20	9.6	5.3	3.1	1.9	1.2	0.73	0.48	

续表

名称	图示	ξ	计算公式
水泵入口	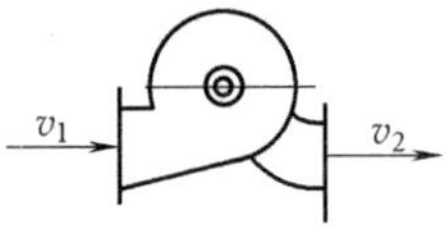	1.0	$h=\xi\frac{v_1^2}{2g}$
滤水网	没有底阀 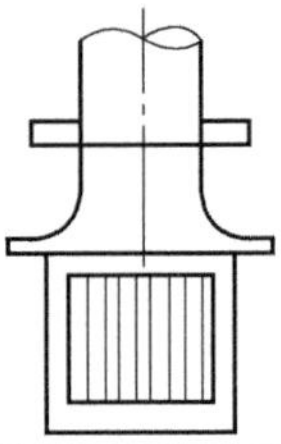	2～3	$h=\xi\frac{v^2}{2g}$
	有底阀 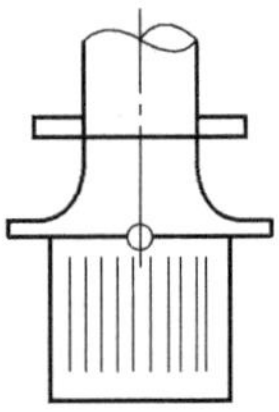	见下表	

滤水网（有底阀）：

d	40	50	75	100	150	200	250	300	350～450	500～600
ξ	12	10	8.5	7.0	6.0	5.2	4.4	3.7	3.6	3.5

名称	图示	ξ	计算公式
格栅	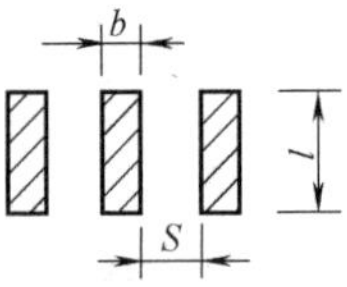	见下	$h=\xi\frac{v^2}{2g}$

$$\xi=K\left(\frac{b}{b+S}\right)^{1.6}\left[2.3\frac{l}{S}+8+2.9\frac{S}{l}\right]\sin\alpha$$

式中　K——格栅杆条横断面形状的系数

矩形　$K=0.504$

圆弧形　$K=0.318$

流线形　$K=0.182$

α——水流与栅杆的夹角

矩形格栅与水流的夹角 $\alpha=90°$时的 ξ 值

l/S	b/S											
	0.1	0.2	0.3	0.4	0.5	0.6	0.7	0.8	0.9	1.0	1.1	1.2
1.0	0.138	0.364	0.613	0.862	1.104	1.332	1.547	1.748	1.938	2.111	2.273	2.425
1.5	0.142	0.375	0.629	0.885	1.133	1.370	1.590	1.796	1.991	2.170	2.336	2.492
2.0	0.150	0.396	0.665	0.936	1.199	1.448	1.681	1.901	2.105	2.294	2.470	2.635
2.5	0.160	0.421	0.710	0.998	1.278	1.543	1.792	2.025	2.244	2.445	2.634	2.809
3.0	0.171	0.450	0.758	1.066	1.364	1.647	1.912	2.161	2.395	2.610	2.810	2.998
3.5	0.182	0.480	0.807	1.137	1.454	1.756	2.039	2.304	2.553	2.783	2.996	3.196
4.0	0.194	0.511	0.859	1.208	1.546	1.868	2.169	2.451	2.716	2.959	3.186	3.399
4.5	0.205	0.542	0.911	1.282	1.641	1.981	2.300	2.600	2.881	3.139	3.385	3.605
5.0	0.217	0.573	0.964	1.357	1.736	2.096	2.434	2.751	3.048	3.322	3.577	3.815

注：如为圆弧形杆条，则上表数据应乘以系数 0.63

如为流线形杆条，则上表数据应乘以系数 0.36

如格栅与水流夹角 $\alpha\neq90°$，则上表数据应乘以 $\sin\alpha$ 值

续表

<table>
<tr><th>名称</th><th>图示</th><th>ξ</th><th>计算公式</th></tr>
<tr><td rowspan="3">蝶阀</td><td>矩形蝶阀
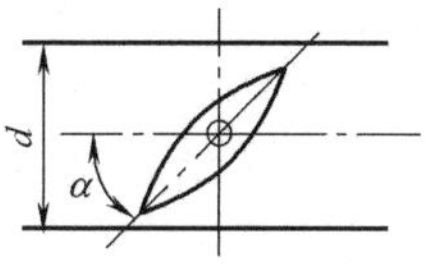
各种开启度</td><td>全开 $\alpha=0°$，全闭 $\alpha=90°$
α——阀的开口面积，A——管的断面面积
<table>
<tr><td>α(°)</td><td>5</td><td>10</td><td>15</td><td>20</td><td>25</td><td>30</td><td>35</td></tr>
<tr><td>α/A</td><td>0.91</td><td>0.83</td><td>0.74</td><td>0.66</td><td>0.58</td><td>0.50</td><td>0.43</td></tr>
<tr><td>ξ</td><td>0.28</td><td>0.45</td><td>0.77</td><td>1.34</td><td>2.16</td><td>3.54</td><td>5.70</td></tr>
</table><table>
<tr><td>α(°)</td><td>40</td><td>45</td><td>50</td><td>60</td><td>70</td><td>90</td></tr>
<tr><td>α/A</td><td>0.36</td><td>0.29</td><td>0.23</td><td>0.13</td><td>0.06</td><td>0.00</td></tr>
<tr><td>ξ</td><td>9.30</td><td>15.10</td><td>24.90</td><td>77.40</td><td>368</td><td>∞</td></tr>
</table></td><td rowspan="3">$h=\xi\frac{v^2}{2g}$</td></tr>
<tr><td>全开时
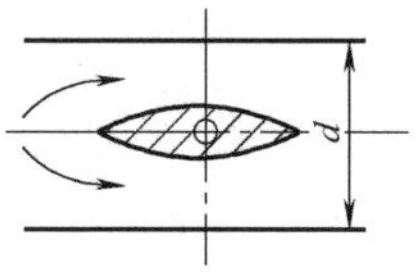
圆形蝶阀</td><td>0.1～0.30</td></tr>
<tr><td>圆形蝶阀
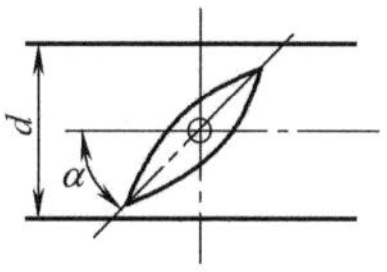
各种开启度</td><td><table>
<tr><td>α(°)</td><td>5</td><td>10</td><td>15</td><td>20</td><td>25</td><td>30</td><td>35</td><td>40</td><td>45</td><td>50</td><td>55</td><td>60</td><td>65</td><td>70</td><td>90</td></tr>
<tr><td>ξ</td><td>0.24</td><td>0.52</td><td>0.90</td><td>1.54</td><td>2.51</td><td>3.91</td><td>6.22</td><td>10.80</td><td>18.70</td><td>32.60</td><td>58.80</td><td>118</td><td>256</td><td>751</td><td>∞</td></tr>
</table></td></tr>
</table>

<table>
<tr><th>名称</th><th>图示</th><th>ξ</th><th>计算公式</th></tr>
<tr><td rowspan="3">截止阀（全开时）</td><td>普通式 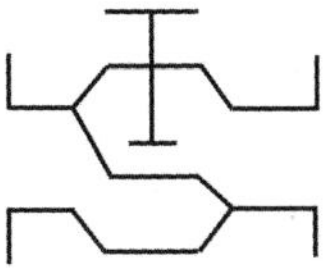</td><td>4.3～6.1</td><td rowspan="5">$h=\xi\frac{v^2}{2g}$</td></tr>
<tr><td>斜轴式 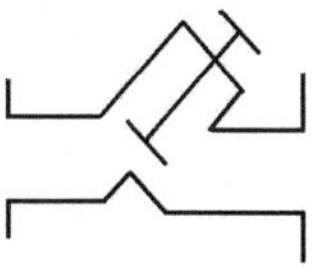</td><td>1.4～2.5</td></tr>
<tr><td>角形 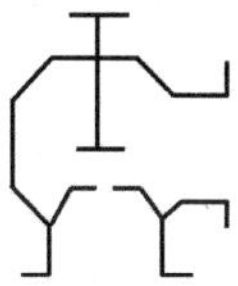</td><td>3.0～5.0</td></tr>
<tr><td>下开式水锤消除器</td><td>ϕ50～ϕ150
ϕ200</td><td>6.0
8.0</td></tr>
<tr><td>自闭式水锤消除器</td><td></td><td>5.5</td></tr>
</table>

续表

名称	图示	ξ														计算公式
旋塞	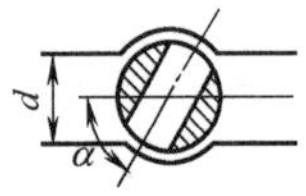 圆形管内旋塞 矩形管内旋塞	$\alpha(°)$	5	10	15	20	25	30	35	40	45	50	55	60	65	82	$h=\xi\frac{v^2}{2g}$
		ξ	0.05	0.29	0.75	1.56	3.10	5.47	9.68	17.30	31.20	52.60	106	206	486	∞	
		全开 $\alpha=0°$，关闭 $\alpha=66°45'$ α——阀的开口面积，A——管的断面面积															
		$\alpha(°)$	5	10	15	20	25	30	35	40	45	50	55	$66°45'$			
		α/A	0.93	0.85	0.77	0.69	0.60	0.52	0.44	0.35	0.27	0.19	0.11	0.00			
		ξ	0.05	0.31	0.88	1.84	3.45	6.15	11.2	20.7	41.0	95.3	275	∞			

名称	图示	ξ							计算公式
浮球阀		6							$h=\xi\frac{v^2}{2g}$
伸缩接头		0.21							
∩形伸缩器	光滑煨弯 	d	50	100	150	200	250	300	$h=\xi\frac{v^2}{2g}$
		ξ	2.0	2.1	2.2	2.3	2.4	2.5	
	局部折皱 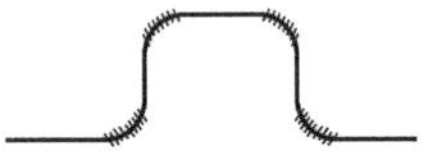	3.0							
Ω形伸缩器	光滑煨弯 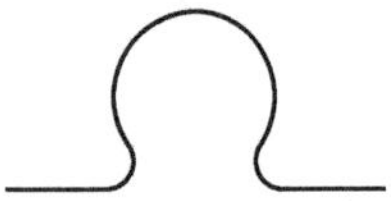	d	50	100	150	200	250	300	$h=\xi\frac{v^2}{2g}$
		ξ	1.7	1.8	1.9	2.0	2.1	2.2	
	局部折皱 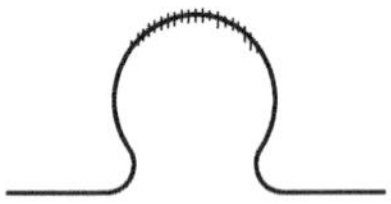	d	50	100	150	200	250	300	
		ξ	2.0	2.2	2.3	2.5	2.6	2.8	
	全部折皱 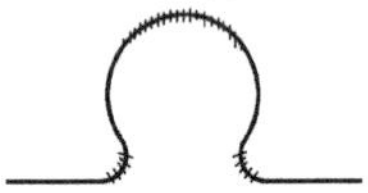	d	50	100	150	200	250	300	
		ξ	3.0	3.3	3.5	3.7	3.9	4.2	
波形伸缩器	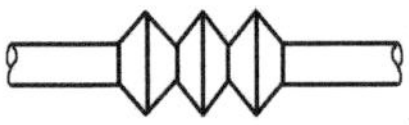	d	50	100	150	200	250	300	$h=\xi\frac{v^2}{2g}$
		ξ	1.5	1.6	1.6	1.6	1.7	1.8	

名称	图示	ξ						计算公式
除污器		4～6						$h=\xi\frac{v^2}{2g}$
分水器		1.5～2.5						
急转弯时的矩形管渠	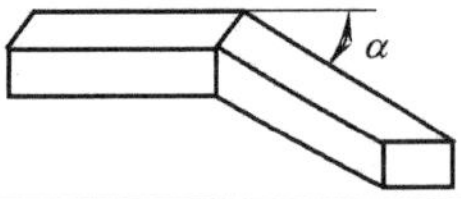	转角 $\alpha(°)$	15	30	45	60	90	$h=\xi\frac{v^2}{2g}$
		ξ	0.025	0.11	0.26	0.49	1.20	
水池中水流经过孔口	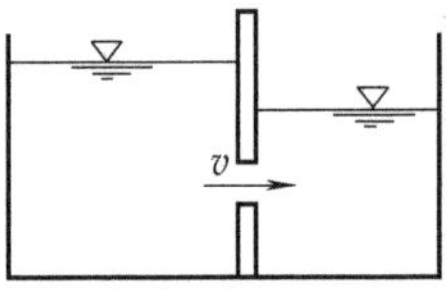	1.06						$h=\xi\frac{v^2}{2g}$

续表

<table>
<tr><th>名称</th><th>图示</th><th>ξ</th><th>计算公式</th></tr>
<tr><td>明渠渐放</td><td>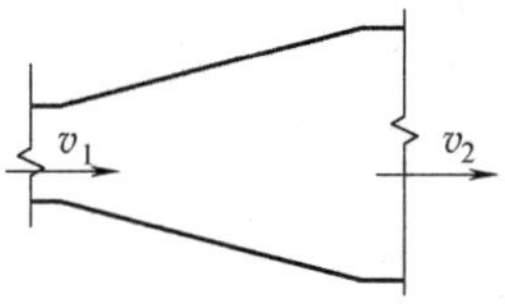</td><td>0.2～0.5</td><td>$h=\xi\frac{v_1^2-v_2^2}{2g}$</td></tr>
<tr><td>明渠渐缩</td><td>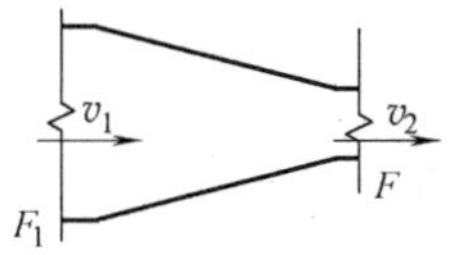</td><td>0.05～0.10</td><td rowspan="2">$h=\left[1+\xi-\left(\frac{F_2}{F_1}\right)^2\right]\frac{v_2^2}{2g}$</td></tr>
<tr><td>明渠突缩</td><td>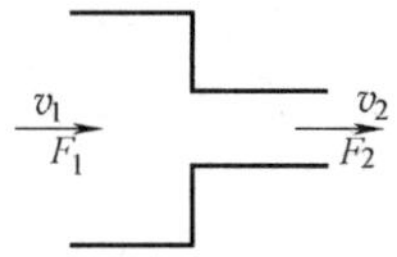</td><td><table><tr><td>F_1/F_2</td><td>0.1</td><td>0.2</td><td>0.4</td><td>0.6</td><td>0.8</td><td>1.0</td></tr><tr><td>ξ</td><td>0.5</td><td>0.4</td><td>0.3</td><td>0.2</td><td>0.1</td><td>0</td></tr></table></td></tr>
<tr><td>明渠突放</td><td>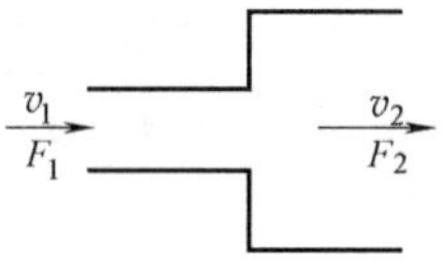</td><td><table><tr><td>F_1/F_2</td><td>0.01</td><td>0.1</td><td>0.2</td><td>0.4</td><td>0.6</td><td>0.8</td><td>1.0</td></tr><tr><td>ξ</td><td>0.98</td><td>0.81</td><td>0.64</td><td>0.36</td><td>0.16</td><td>0.04</td><td>0</td></tr></table></td><td>$h=\xi\frac{v_1^2}{2g}$</td></tr>
<tr><td>渠道的直角入口</td><td>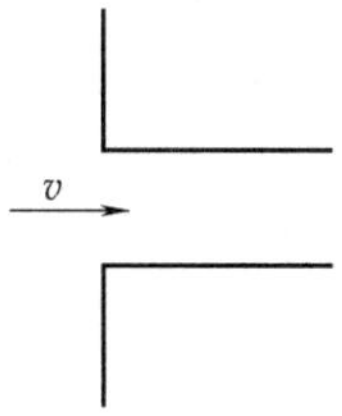</td><td>0.40</td><td rowspan="2">$h=\xi\frac{v^2}{2g}$</td></tr>
<tr><td>渠道的曲面入口</td><td>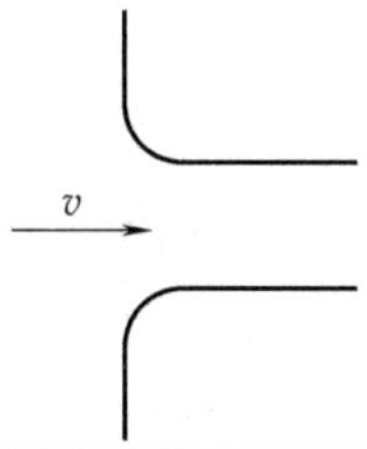</td><td>0.10</td></tr>
<tr><td>升降式泥阀</td><td>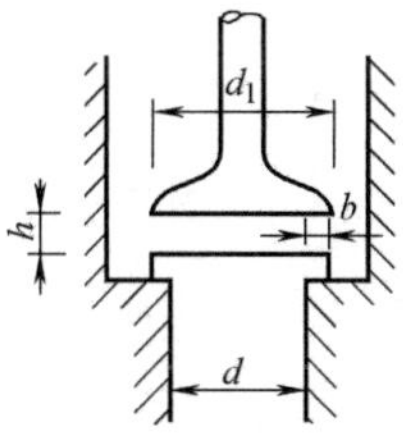</td><td>$\xi=\alpha_1+B_1\left(\frac{d}{h}\right)^2$
$\alpha_1=0.55+\frac{4}{d}(6-0.1d)$
$B_1=0.15\sim0.16$</td><td>$h=\xi_0\frac{v^2}{2g}$
式中：$\xi_0=1.1\gamma_2\xi$
γ_2——泥浆相对密度</td></tr>
</table>

续表

<table>
<tr><th>名称</th><th>图示</th><th>ξ</th><th>计算公式</th></tr>
<tr><td rowspan="2">升降式泥阀</td><td>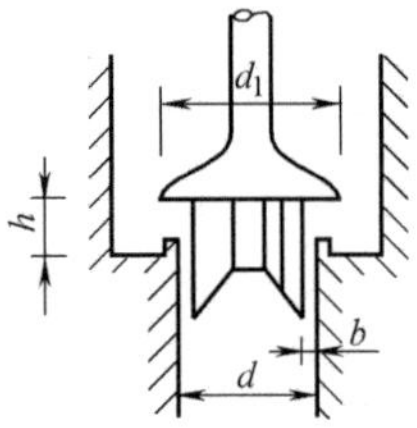
</td><td>$\xi=\alpha_2+B_2\left[\frac{d^2}{(\pi\cdot d-S)h}\right]^2$
$\alpha_2=(0.8\sim1.6)d$
$B_2=1.7\sim1.75$
S——泥阀叶片总厚度。每个叶片厚度为 t,则 $S=nt$
n——叶片个数
注:关于 S 的说明,仅供参考,因原公式未加说明</td><td rowspan="2">$h=\xi_0\frac{v^2}{2g}$
式中:$\xi_0=1.1\gamma_2\xi$
γ_2——泥浆相对密度</td></tr>
<tr><td>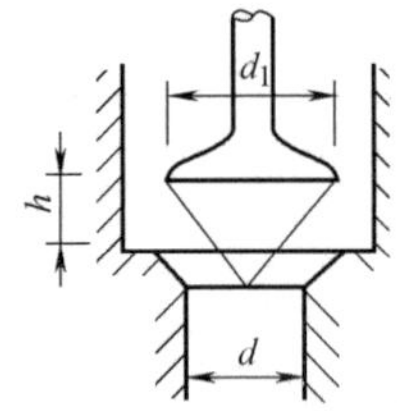
</td><td>$\xi=2.6-0.8\frac{d}{h}+0.14\left(\frac{d}{h}\right)^2$</td></tr>
</table>

<table>
<tr><th>名称</th><th>图示</th><th colspan="10">ξ</th><th>计算公式</th></tr>
<tr><td rowspan="2">蝶式泥阀</td><td rowspan="2">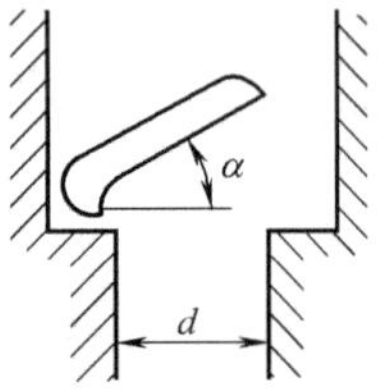
</td><td>α(°)</td><td>15</td><td>20</td><td>30</td><td>45</td><td>60</td><td>70</td><td colspan="4"></td><td rowspan="2">$h=\xi_0\frac{v^2}{2g}$
式中:$\xi_0=1.1\gamma_2\xi$
γ_2——泥浆相对密度</td></tr>
<tr><td>ξ</td><td>90</td><td>62</td><td>30</td><td>9.5</td><td>3.2</td><td>1.7</td><td colspan="4"></td></tr>
<tr><td rowspan="2">孔板</td><td rowspan="2">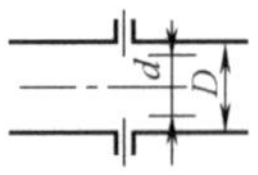
</td><td>$\frac{\text{收缩截面直径}\ d}{\text{进水管直径}\ D}$</td><td>0.30</td><td>0.40</td><td>0.45</td><td>0.50</td><td>0.55</td><td>0.60</td><td>0.65</td><td>0.70</td><td>0.75</td><td>0.80</td><td rowspan="2">$h=H\left[1-\left(\frac{d}{D}\right)^2\right]$或
$h=\xi\frac{v^2}{2g}$
式中:H——进口与收缩截面处压力差(m)
d——收缩截面直径(m)
D——管道直径(m)</td></tr>
<tr><td>ξ</td><td>309</td><td>87</td><td>50.4</td><td>29.8</td><td>18.4</td><td>11.3</td><td>7.35</td><td>4.37</td><td>2.66</td><td>1.55</td></tr>
<tr><td rowspan="2">标准喷嘴</td><td rowspan="2">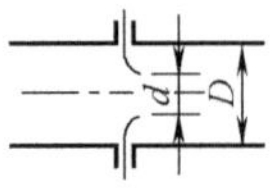
</td><td>$\frac{\text{收缩截面直径}\ d}{\text{进水管直径}\ D}$</td><td>0.30</td><td>0.40</td><td>0.45</td><td>0.50</td><td>0.55</td><td>0.60</td><td>0.65</td><td>0.70</td><td>0.75</td><td>0.80</td><td rowspan="2">$h=H\left[1-1.4\left(\frac{d}{D}\right)^2\right]$
或 $h=\xi\frac{v^2}{2g}$
式中符号意义同上</td></tr>
<tr><td>ξ</td><td>108.8</td><td>29.8</td><td>16.9</td><td>9.9</td><td>5.9</td><td>3.5</td><td>2.1</td><td>1.2</td><td>0.76</td><td>—</td></tr>
<tr><td rowspan="2">文丘利喷嘴</td><td rowspan="2">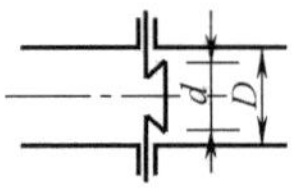
</td><td>$\frac{\text{收缩截面直径}\ d}{\text{进水管直径}\ D}$</td><td>0.30</td><td>0.40</td><td>0.45</td><td>0.50</td><td>0.55</td><td>0.60</td><td>0.65</td><td>0.70</td><td>0.75</td><td>0.80</td><td rowspan="2">$h=0.22H\left[1-\left(\frac{d}{D}\right)^2\right]$
或 $h=\xi\frac{v^2}{2g}$
式中符号意义同上</td></tr>
<tr><td>ξ</td><td>26.6</td><td>7.5</td><td>4.41</td><td>2.76</td><td>1.74</td><td>1.09</td><td>0.69</td><td>0.44</td><td>0.27</td><td>—</td></tr>
<tr><td rowspan="2">文丘利管</td><td rowspan="2">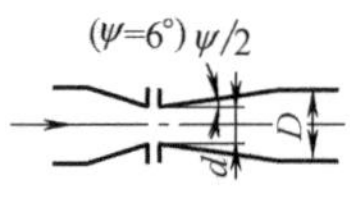
</td><td>$\frac{\text{收缩截面直径}\ d}{\text{进水管直径}\ D}$</td><td>0.30</td><td>0.40</td><td>0.45</td><td>0.50</td><td>0.55</td><td>0.60</td><td>0.65</td><td>0.70</td><td>0.75</td><td>0.80</td><td rowspan="2">$h=0.14H\left[1-\left(\frac{d}{D}\right)^2\right]$
或 $h=\xi\frac{v^2}{2g}$
式中符号意义同上</td></tr>
<tr><td>ξ</td><td>19</td><td>5.3</td><td>3.06</td><td>1.9</td><td>1.15</td><td>0.69</td><td>0.42</td><td>0.26</td><td>—</td><td>—</td></tr>
</table>

17.2　$v^2/2g$ 值

$v^2/2g$ 值，见表 17-2。

$v^2/2g$ 值（g=9.81m/s^2）　　表 17-2

流速 v (m/s)	$\frac{v^2}{2g}$	流速 v (m/s)	$\frac{v^2}{2g}$	流速 v (m/s)	$\frac{v^2}{2g}$	流速 v (m/s)	$\frac{v^2}{2g}$	流速 v (m/s)	$\frac{v^2}{2g}$	流速 v (m/s)	$\frac{v^2}{2g}$
0.20	0.0020	0.65	0.0215	1.10	0.0617	1.55	0.1225	2.00	0.2039	2.45	0.3059
0.21	0.0022	0.66	0.0222	1.11	0.0628	1.56	0.1240	2.01	0.2059	2.46	0.3084
0.22	0.0025	0.67	0.0229	1.12	0.0639	1.57	0.1256	2.02	0.2080	2.47	0.3110
0.23	0.0027	0.68	0.0236	1.13	0.0651	1.58	0.1272	2.03	0.2100	2.48	0.3135
0.24	0.0029	0.69	0.0243	1.14	0.0662	1.59	0.1289	2.04	0.2121	2.49	0.3160
0.25	0.0032	0.70	0.0250	1.15	0.0674	1.60	0.1305	2.05	0.2142	2.50	0.3186
0.26	0.0034	0.71	0.0257	1.16	0.0686	1.61	0.1321	2.06	0.2163	2.51	0.3211
0.27	0.0037	0.72	0.0264	1.17	0.0698	1.62	0.1338	2.07	0.2184	2.52	0.3237
0.28	0.0040	0.73	0.0272	1.18	0.0710	1.63	0.1354	2.08	0.2205	2.53	0.3262
0.29	0.0043	0.74	0.0279	1.19	0.0722	1.64	0.1371	2.09	0.2226	2.54	0.3288
0.30	0.0046	0.75	0.0287	1.20	0.0734	1.65	0.1388	2.10	0.2248	2.55	0.3314
0.31	0.0049	0.76	0.0294	1.21	0.0746	1.66	0.1404	2.11	0.2269	2.56	0.3340
0.32	0.0052	0.77	0.0302	1.22	0.0759	1.67	0.1421	2.12	0.2291	2.57	0.3366
0.33	0.0056	0.78	0.0310	1.23	0.0771	1.68	0.1439	2.13	0.2312	2.58	0.3393
0.34	0.0059	0.79	0.0318	1.24	0.0784	1.69	0.1456	2.14	0.2334	2.59	0.3419
0.35	0.0062	0.80	0.0326	1.25	0.0796	1.70	0.1473	2.15	0.2356	2.60	0.3445
0.36	0.0066	0.81	0.0334	1.26	0.0809	1.71	0.1490	2.16	0.2378	2.61	0.3472
0.37	0.0070	0.82	0.0343	1.27	0.0822	1.72	0.1508	2.17	0.2400	2.62	0.3499
0.38	0.0074	0.83	0.0351	1.28	0.0835	1.73	0.1525	2.18	0.2422	2.63	0.3525
0.39	0.0078	0.84	0.0360	1.29	0.0848	1.74	0.1543	2.19	0.2444	2.64	0.3552
0.40	0.0082	0.85	0.0368	1.30	0.0861	1.75	0.1561	2.20	0.2467	2.65	0.3579
0.41	0.0086	0.86	0.0377	1.31	0.0875	1.76	0.1579	2.21	0.2489	2.66	0.3606
0.42	0.0090	0.87	0.0386	1.32	0.0888	1.77	0.1597	2.22	0.2512	2.67	0.3633
0.43	0.0094	0.88	0.0395	1.33	0.0902	1.78	0.1615	2.23	0.2535	2.68	0.3661
0.44	0.0099	0.89	0.0404	1.34	0.0915	1.79	0.1633	2.24	0.2557	2.69	0.3688
0.45	0.0103	0.90	0.0413	1.35	0.0929	1.80	0.1651	2.25	0.2580	2.70	0.3716
0.46	0.0108	0.91	0.0422	1.36	0.0943	1.81	0.1670	2.26	0.2603	2.71	0.3743
0.47	0.0113	0.92	0.0431	1.37	0.0957	1.82	0.1688	2.27	0.2626	2.72	0.3771
0.48	0.0117	0.93	0.0441	1.38	0.0971	1.83	0.1707	2.28	0.2650	2.73	0.3799
0.49	0.0122	0.94	0.0450	1.39	0.0985	1.84	0.1726	2.29	0.2673	2.74	0.3827
0.50	0.0127	0.95	0.0460	1.40	0.0999	1.85	0.1744	2.30	0.2696	2.75	0.3854
0.51	0.0133	0.96	0.0470	1.41	0.1013	1.86	0.1763	2.31	0.2720	2.76	0.3883
0.52	0.0138	0.97	0.0480	1.42	0.1028	1.87	0.1782	2.32	0.2743	2.77	0.3911
0.53	0.0143	0.98	0.0490	1.43	0.1042	1.88	0.1801	2.33	0.2767	2.78	0.3939
0.54	0.0149	0.99	0.0500	1.44	0.1057	1.89	0.1821	2.34	0.2791	2.79	0.3967
0.55	0.0154	1.00	0.0510	1.45	0.1072	1.90	0.1840	2.35	0.2815	2.80	0.3996
0.56	0.0160	1.01	0.0520	1.46	0.1086	1.91	0.1859	2.36	0.2839	2.81	0.4025
0.57	0.0166	1.02	0.0530	1.47	0.1101	1.92	0.1879	2.37	0.2863	2.82	0.4053
0.58	0.0171	1.03	0.0541	1.48	0.1116	1.93	0.1899	2.38	0.2887	2.83	0.4082
0.59	0.0177	1.04	0.0551	1.49	0.1132	1.94	0.1918	2.39	0.2911	2.84	0.4111
0.60	0.0183	1.05	0.0562	1.50	0.1147	1.95	0.1938	2.40	0.2936	2.85	0.4140
0.61	0.0190	1.06	0.0573	1.51	0.1162	1.96	0.1958	2.41	0.2960	2.86	0.4169
0.62	0.0196	1.07	0.0584	1.52	0.1178	1.97	0.1978	2.42	0.2985	2.87	0.4198
0.63	0.0202	1.08	0.0594	1.53	0.1193	1.98	0.1998	2.43	0.3010	2.88	0.4228
0.64	0.0209	1.09	0.0606	1.54	0.1209	1.99	0.2018	2.44	0.3034	2.89	0.4257

续表

流速 v (m/s)	$\frac{v^2}{2g}$	流速 v (m/s)	$\frac{v^2}{2g}$	流速 v (m/s)	$\frac{v^2}{2g}$	流速 v (m/s)	$\frac{v^2}{2g}$	流速 v (m/s)	$\frac{v^2}{2g}$	流速 v (m/s)	$\frac{v^2}{2g}$
2.90	0.4286	3.35	0.5720	3.80	0.7360	4.25	0.9206	4.70	1.1259	5.15	1.3518
2.91	0.4316	3.36	0.5754	3.81	0.7399	4.26	0.9250	4.71	1.1307	5.16	1.3571
2.92	0.4346	3.37	0.5788	3.82	0.7438	4.27	0.9293	4.72	1.1355	5.17	1.3623
2.93	0.4376	3.38	0.5823	3.83	0.7477	4.28	0.9337	4.73	1.1403	5.18	1.3676
2.94	0.4406	3.39	0.5857	3.84	0.7516	4.29	0.9380	4.74	1.1451	5.19	1.3729
2.95	0.4436	3.40	0.5892	3.85	0.7555	4.30	0.9424	4.75	1.1500	5.20	1.3782
2.96	0.4466	3.41	0.5927	3.86	0.7594	4.31	0.9468	4.76	1.1548	5.21	1.3835
2.97	0.4496	3.42	0.5961	3.87	0.7633	4.32	0.9512	4.77	1.1597	5.22	1.3888
2.98	0.4526	3.43	0.5996	3.88	0.7673	4.33	0.9556	4.78	1.1645	5.23	1.3941
2.99	0.4557	3.44	0.6031	3.89	0.7713	4.34	0.9600	4.79	1.1694	5.24	1.3995
3.00	0.4587	3.45	0.6067	3.90	0.7752	4.35	0.9644	4.80	1.1743	5.25	1.4048
3.01	0.4618	3.46	0.6102	3.91	0.7792	4.36	0.9689	4.81	1.1792	5.26	1.4102
3.02	0.4649	3.47	0.6137	3.92	0.7832	4.37	0.9733	4.82	1.1841	5.27	1.4155
3.03	0.4679	3.48	0.6172	3.93	0.7872	4.38	0.9778	4.83	1.1890	5.28	1.4209
3.04	0.4710	3.49	0.6208	3.94	0.7912	4.39	0.9823	4.84	1.1940	5.29	1.4263
3.05	0.4741	3.50	0.6244	3.95	0.7952	4.40	0.9867	4.85	1.1989	5.30	1.4317
3.06	0.4772	3.51	0.6279	3.96	0.7993	4.41	0.9912	4.86	1.2039	5.31	1.4371
3.07	0.4804	3.52	0.6315	3.97	0.8033	4.42	0.9957	4.87	1.2088	5.32	1.4425
3.08	0.4835	3.53	0.6351	3.98	0.8074	4.43	1.0002	4.88	1.2138	5.33	1.4480
3.09	0.4867	3.54	0.6387	3.99	0.8114	4.44	1.0048	4.89	1.2188	5.34	1.4534
3.10	0.4898	3.55	0.6423	4.00	0.8155	4.45	1.0093	4.90	1.2238	5.35	1.4588
3.11	0.4930	3.56	0.6460	4.01	0.8196	4.46	1.0138	4.91	1.2288	5.36	1.4643
3.12	0.4961	3.57	0.6496	4.02	0.8237	4.47	1.0184	4.92	1.2338	5.37	1.4698
3.13	0.4993	3.58	0.6532	4.03	0.8278	4.48	1.0230	4.93	1.2388	5.38	1.4752
3.14	0.5025	3.59	0.6569	4.04	0.8319	4.49	1.0275	4.94	1.2438	5.39	1.4807
3.15	0.5057	3.60	0.6606	4.05	0.8360	4.50	1.0321	4.95	1.2489	5.40	1.4862
3.16	0.5090	3.61	0.6642	4.06	0.8401	4.51	1.0367	4.96	1.2539	5.41	1.4917
3.17	0.5122	3.62	0.6679	4.07	0.8443	4.52	1.0413	4.97	1.2590	5.42	1.4973
3.18	0.5154	3.63	0.6716	4.08	0.8484	4.53	1.0459	4.98	1.2640	5.43	1.5028
3.19	0.5187	3.64	0.6753	4.09	0.8526	4.54	1.0505	4.99	1.2691	5.44	1.5083
3.20	0.5219	3.65	0.6790	4.10	0.8568	4.55	1.0552	5.00	1.2742	5.45	1.5139
3.21	0.5252	3.66	0.6828	4.11	0.8610	4.56	1.0598	5.01	1.2793	5.46	1.5194
3.22	0.5285	3.67	0.6865	4.12	0.8652	4.57	1.0645	5.02	1.2844	5.47	1.5250
3.23	0.5317	3.68	0.6902	4.13	0.8694	4.58	1.0691	5.03	1.2895	5.48	1.5306
3.24	0.5350	3.69	0.6940	4.14	0.8736	4.59	1.0738	5.04	1.2947	5.49	1.5362
3.25	0.5384	3.70	0.6978	4.15	0.8778	4.60	1.0785	5.05	1.2998	5.50	1.5418
3.26	0.5417	3.71	0.7015	4.16	0.8820	4.61	1.0832	5.06	1.3050	5.51	1.5474
3.27	0.5450	3.72	0.7053	4.17	0.8863	4.62	1.0879	5.07	1.3101	5.52	1.5530
3.28	0.5483	3.73	0.7091	4.18	0.8905	4.63	1.0926	5.08	1.3153	5.53	1.5587
3.29	0.5517	3.74	0.7129	4.19	0.8948	4.64	1.0973	5.09	1.3205	5.54	1.5643
3.30	0.5550	3.75	0.7167	4.20	0.8991	4.65	1.1021	5.10	1.3257	5.55	1.5700
3.31	0.5584	3.76	0.7206	4.21	0.9034	4.66	1.1068	5.11	1.3309	5.56	1.5756
3.32	0.5618	3.77	0.7244	4.22	0.9077	4.67	1.1116	5.12	1.3361	5.57	1.5813
3.33	0.5652	3.78	0.7283	4.23	0.9120	4.68	1.1163	5.13	1.3413	5.58	1.5870
3.34	0.5686	3.79	0.7321	4.24	0.9163	4.69	1.1211	5.14	1.3466	5.59	1.5927

18　压缩空气和通风管道压力损失计算

18.1　计算公式

压缩空气和通风管道单位管长沿程压力损失 R（比摩阻）可用流体力学的达西—魏斯巴赫公式进行计算：

$$R=\frac{\lambda}{d}\frac{\rho v^2}{2} \tag{18-1}$$

$$\frac{1}{\sqrt{\lambda}}=-2.0\log\left(\frac{2.51}{Re\sqrt{\lambda}}+\frac{K}{3.71d}\right) \tag{18-2}$$

$$Re=\frac{\rho v d}{\mu} \tag{18-3}$$

$$\mu=\rho\nu \tag{18-4}$$

式中　R——比摩阻（Pa/m）；

λ——管段的摩擦阻力系数；

d——管子内径（m）；

v——空气在管道内的平均流速（m/s）；

ρ——空气的密度（kg/m^3）；

K——管壁的当量绝对粗糙度（m）；

Re——雷诺数，无量纲；

μ——空气的动力黏度（Pa・s）；

ν——空气的运动黏度（m^2/s）。

在低压（小于1.0MPa）时，气体的动力黏度随温度变化的经验公式为：

$$\mu=\mu_0\frac{273+S}{T+S}\left(\frac{T}{273}\right)^{1.5} \tag{18-5}$$

式中　μ_0——气体在0℃时的动力黏度，对于空气，取 $\mu_0=0.0171\times10^{-3}$Pa・s；

T——气体的温度（K）；

S——依气体种类而定的苏士兰常数（K），对于空气常取 $S=111$K。

一般工业用压缩空气压力小于10MPa，温度大于0℃，所以温度和压力对密度的影响可以用理想气体的状态方程进行计算，空气的密度 ρ 可按下式计算：

$$\rho=\rho_0\frac{\text{空气绝对压力}}{\text{标准物理大气压}}\left(\frac{273.15}{\text{实际绝对温度}}\right) \tag{18-6}$$

式中　ρ_0——空气在0℃时的密度，$\rho_0=1.293kg/m^3$；

标准物理大气压为101.325kPa；

绝对温度=摄氏温度+273.15。

通常情况下，通风管道按标准物理大气压计算（表压为0），当温度为20℃时通风管道内的空气密度 $\rho=1.205\mathrm{kg/m^3}$。

压缩空气和通风管道局部压力损失按下式计算：

$$R_j=\xi\frac{\rho v^2}{2} \tag{18-7}$$

式中 R_j——局部压力损失（Pa）；

ξ——局部压力损失系数，无量纲，其取值按现行的有关规范确定；

空气的动压 $P_v=\frac{\rho v^2}{2}$(Pa)

$\frac{\rho v^2}{2}$——空气的动压 P_v（Pa）。

压缩空气或通风管道总压力损失按下式计算：

$$P=\sum RL+\sum R_j \tag{18-8}$$

式中 P——压缩空气或通风管道总压力损失（Pa）；

L——压缩空气或通风管道管长（m）；

其余同前。

管壁的当量绝对粗糙度 K 根据管材的不同有不同的值，详见表18-1和表18-2。

某些压缩空气管道管壁的当量绝对粗糙度 *K*　　表18-1

序号	管道类别	K(mm)
1	无缝黄铜管、铜管及铅管	0.01～0.05
2	新的无缝钢管或镀锌铁管	0.1～0.2
3	新的铸铁管	0.25～0.42
4	具有轻度腐蚀的无缝钢管	0.2～0.3
5	具有显著腐蚀的无缝钢管	0.5以上
6	旧的铸铁管	0.85以上
7	钢板制管	0.33

某些通风道内表面的当量绝对粗糙度 *K*　　表18-2

管道材料	薄钢板、镀锌薄钢板	塑料板	矿渣、石膏板	刚性玻璃纤维	铁丝网抹灰风道	木板	铝板
K(mm)	0.15～0.18	0.01～0.05	1.0	0.9	10～15	0.2～1.0	0.03
管道材料	地面沿墙砌造风道	表面光滑的砖风道	混凝土板	矿渣混凝土板	墙内砌砖风道	竹风道	胶合板
K(mm)	3～6	3～4	1～3	1.5	5～10	0.8～1.2	1.0

18.2 比摩阻计算

压缩空气和通风管道单位管长沿程压力损失 R（比摩阻）可使用本书配套的《给水排

水工程常用管渠水力计算》软件进行计算。使用该软件时，输入的数据应遵照现行的有关标准和规范。

【例 18-1】 某钢板圆形风管直径 d=1600mm，管长 l=200m，风量 Q=116000m^3/h，管壁的当量绝对粗糙度 K=0.15mm，空气温度为 20℃，求其流速和沿程压力损失及动压。

【解】 用本书的配套应用软件《给水排水工程常用管渠水力计算》软件直接求解。

在软件的“通风管道比摩阻计算”页面中，输入上述流量和风管直径等数据后，得流速 v=16.026m/s，比摩阻 R=1.2385Pa/m，动压=154.715Pa。

所求沿程压力损失=Rl=1.2385×200=247.7Pa

【例 18-2】 某钢板矩形风管宽 a=2000mm，高 b=1250mm，管长 l=200m，风量 Q=144000m^3/h，管壁的当量绝对粗糙度 K=0.15mm，空气温度为 20℃，求其流速和沿程压力损失及动压。

【解】 用本书的配套应用软件《给水排水工程常用管渠水力计算》软件直接求解。

矩形风管的当量直径 $d_e=\dfrac{2ab}{a+b}$

在软件的“通风管道比摩阻计算”页面中，输入上述流量和风管宽、高等数据后，得流速 v=16m/s，比摩阻 R=1.2937Pa/m，动压=154.213Pa，当量直径 d_e=1538mm。

所求沿程压力损失=Rl=1.2937×200=258.74Pa

【例 18-3】 某压缩空气管道采用镀锌钢管，公称直径 DN=100mm，管长 l=100m，工作温度按 40℃计，工作压力（表压）=0.6MPa 时的容积流量 Q=800m^3/h，管壁的当量绝对粗糙度 K=0.15mm，求其流速、沿程压力损失、动压及质量流量。

【解】 用本书的配套应用软件《给水排水工程常用管渠水力计算》软件直接求解。

在软件的“压缩空气管道比摩阻计算”页面中，输入上述表压、容积流量和压缩空气管道直径等数据后，得流速 v=25.664m/s，比摩阻 R=530.39Pa/m，动压=2570.739Pa，质量流量=6245kg/h。

所求沿程压力损失=Rl=530.39×100=53039Pa=53.039kPa

第 4 篇　给水排水工程常用管渠水力计算软件使用说明

给水排水工程常用管渠水力计算软件是本书的配套软件，用 VisualBasic 语言编制，并编译为可执行程序文件，无需安装，可直接在 Windows 环境下运行。

将“给水排水工程常用管渠水力计算（2015 年 12 月第 1 版）.exe”文件拷贝至计算机的某目录下或桌面上，双击该文件即可运行。

本程序操作使用简便，计算所需数据均采用人机对话方式输入。操作过程简介如下：

（1）启动程序，首先出现如下界面：

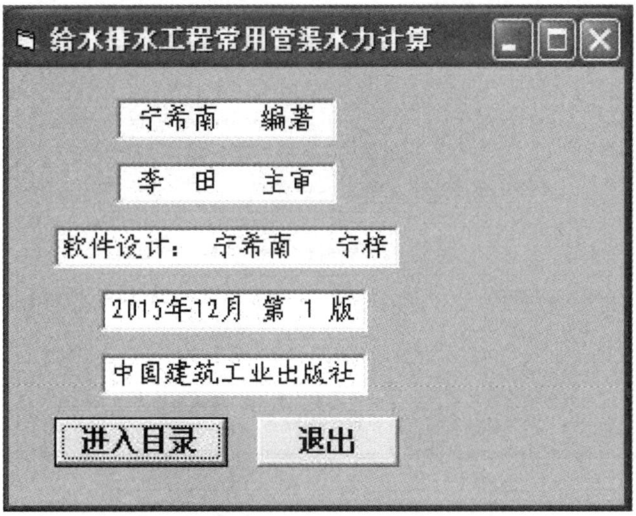

（2）出现上面界面后，再单击“进入目录”，则出现如下水力计算目录界面：

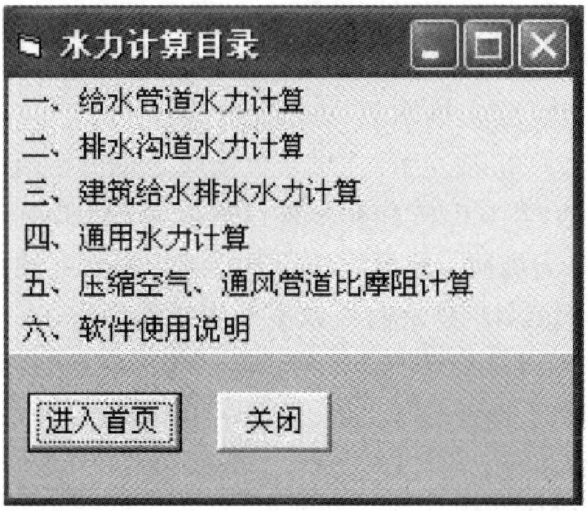

（3）如要进行“自应力和预应力混凝土输水管”的水力计算，再单击“一、给水管道水力计算”，选其中的子目录“2. 自应力和预应力混凝土输水管及采用水泥砂浆内衬的金属管道水力计算”，将出现如下“自应力和预应力混凝土输水管及采用水泥砂浆内衬的金属管道水力计算”界面：

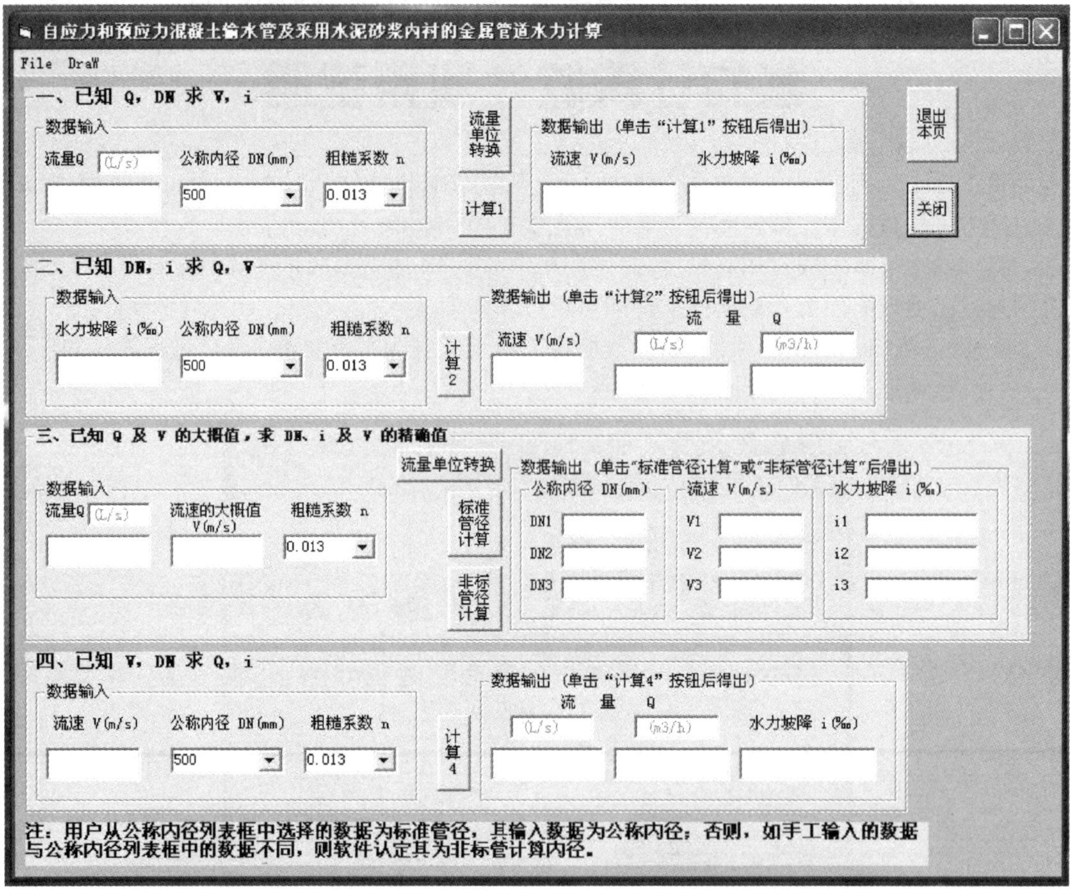

（4）该界面中有四种计算模式，可根据已知数据选择其中的一种模式进行计算。

注：由于流速 v 和水力坡降 i 的平方根成正比关系，当已知流量 Q 和纵坡 i，求管道直径的问题，可按第三种计算模式进行试算：

首先输入已知流量 Q 值和初步拟订的流速 v 值，再根据计算得到的 i 值修改输入流速 v 值，直到计算出的水力坡降 i 和已知的纵坡 i 接近为止。

例如：某预应力钢筒混凝土输水管，粗糙系数 $n=0.013$，设计流量 $Q=8.1\text{m}^3/\text{s}=8100\text{L/s}$，允许水力坡降 $i=0.0007=0.7‰$，求预应力钢筒混凝土输水管直径。

首先输入已知流量 $Q=8100\text{L/s}$ 和初步拟订的流速 $v=1.0\text{m/s}$，然后单击“标准管径计算”按钮，得到3个水力坡降 i 的值均小于0.7‰，因此必须加大流速 v 的值。

再次输入流速 $v=1.6\text{m/s}$，其余输入数据不变，然后单击“标准管径计算”按钮，得到第二个管径 $DN2600\text{mm}$，水力坡降 $i=0.699‰\approx0.7‰$，满足要求。因此可选 $DN2600\text{mm}$ 的预应力钢筒混凝土输水管。

（5）标准管径和计算内径：

① 使用软件时，用户从公称外径（或公称直径）列表框中选择的数据为标准管径，

其输入数据为公称外径（或公称直径）；

② 如手工输入的数据与公称外径（或公称直径）列表框中的数据相同，则软件也认定其为公称外径（或公称直径）；

③ 如手工输入的数据与公称外径（或公称直径）列表框中的数据不同，则软件认定其为非标管计算内径。

如果计算内径 d＝200mm，则手工应输入 200.0001（内径增加 0.0001mm 对计算精度影响很微小），以避免和公称外径（或公称直径）列表框中的数据 200 相同（否则，软件会认定其为公称外径或公称直径 DN200mm，而不是计算内径 d200mm）。

（6）输入流量 Q 的默认单位为 L/s，单击“流量单位转换”按钮后，流量 Q 的单位就改为了 m^3/h，再单击“流量单位转换”按钮后，流量 Q 的单位又可改回为 L/s。

（7）其余给水排水管道的水力计算操作步骤，可依此类推。